자살원인과 자살예방

경영학박사 노 순 규 저

감사의 말씀

　노순규 원장의 160권째 저서 '자살원인과 자살예방'을 저희 연구원에 강의를 의뢰하여 주신 전국의 시도교육청, 교육연수원 교육담당자님께 감사드리며 아울러 서울시교육연수원(교육관련 노동법의 이해), 부산시교육연수원(교원.공무원노조의 이해), 울산시교육연수원(공무원노조의 이해), 충남교육연수원(공무원 노사관계의 발전방안), 경남공무원교육원(단체교섭 및 단체협약 체결사례), 대구시교육연수원(리더십과 갈등관리), 경기도교육청(갈등관리와 교원의 역할), 충북단재교육연수원(교원능력개발평가의 필요성과 성공기법), 강원도교육연수원(학교조직과 갈등관리), 경북교육연수원(공무원 노동조합의 역할과 발전방안), 인천시교육연수원(교원단체와 노사관계), 광주시교육연수원(교육관련 노동법의 이해), 경남교육연수원(교원단체의 이해), 전남교육연수원(학교의 갈등관리와 해결기법), 전북교육연수원(커뮤니케이션의 기법과 효과), 경북교육청(학교의 갈등사례와 해결방법), 제주탐라교육원 및 제주도공무원교육원(갈등의 원인과 해결방법), 대전시공무원교육원(갈등의 유형과 해결방법), 공무원 인재개발원, 강원도공무원교육원, 전북공무원교육원, 경남공무원교육원, 충남공무원교육원, 부산시공무원교육원, 한국기술교육대학교 노동행정연수원(환경변화관리와 리더십), 강원대학교 교육대학원 교육연수원(학교갈등의 사례와 해결방법), 경북교육연수원(학교폭력의 해결방법과 청소년문화의 이해), 충남공무원교육원(소통의 방법), 대구시교육연수원(학생.교원 인권교육), 한국교원대학교 종합연수원(인성교육의 새로운 방안 모색)의 교육담당자님께 감사드립니다.

한국기업경영연구원

머리말

　자살이란 행위자가 자신의 죽음을 초래할 의도를 가지고 자신의 생명을 끊는 행위이다. 독일 패전에 따른 자살 즉, 1945년 4월 20일 라이프치히에서 독일의 한 장교가 연합군에 패하자 그의 딸과 동반자살을 했다. 이는 자살의 분류상으로 볼 때 애타적 자살 형태에 속한다. 자살의 어원은 라틴어의 sui(자기 자신을)와 caedo(죽이다)의 두 낱말의 합성어이다. 통계청에 따르면 국내 자살자수는 2009년 1만5412명, 2010년 1만5566명, 2011년 1만5906명으로 꾸준히 늘고 있다. 올해도 이같은 증가추세를 이어갈 것으로 추정된다. 한국인의 자살은 세계적 수준으로서 OECD 국가 중에서 1위를 차지하고 있다. '자살'은 이제 우리의 일상생활에서 쉽게 접할 수 있는 보편적인 사회현상이 되어 버렸다. 따라서 우리는 급격한 사회변동속에서 우리나라의 자살률이 급격히 증가하고 있으며 다양한 추세로 나타나고 있다는 사실을 간과해서는 안될 것이다.

　해가 갈수록 자살율이 급증하고 있다. 젊은 층의 사망원인 1위가 자살이며, 노인자살 문제도 심각한 상황이다. 자살예방을 위해 자살징후를 아는 것이 매우 중요하다. 1명이 자살을 하면 주변의 6명이 영향을 받는다고 한다. 자살징후를 잘 숙지해서 적절하게 도움을 줄 수 있다면 모두의 정신건강을 위해 좋을 것이다. 자살시도자는 자살이나 죽음에 대해 자주 언급하고 대인관계를 기피하고 대외적 활동이 줄어든다.

　높은 자살율을 보이고 있다는 것에서 자살은 한 개인이 해결해야 할 문제가 아니다. 우리 모두가 떠안고 가야 하는 사회적 책임이다. 자살을 병으로 취급하는 태도는 책임을 지기 싫어서 마치 핑계를 대는 모습으로 보인다. 그래서 자살은 다른 말로 사회적 타살이라고 한다. 생명은 소중하다. 자살의 반대말은 살자이다. 따뜻한 주변사람들의 말 한마디로 한 사람의 생명을 구할 수 있다. 자살하는 사람들의 특징은 정말 힘들어서 누군가에게 털어 놓으려고 한다. 그때 상대방이 어떻게 하느냐에 따라 달라진다. 너무 힘들어서 모든 것을 털어놓고자 하는데 아무도 들어줄 사람이 없을 때, 자살 생각이 더욱더 커진다. 주변사람이 힘들어한다면 이야기를 꼭 들어 주어야 한다. 노인 자살의 심각성과 자살예방을 위한 추진과제를 공유해야 한다. 특히 전쟁과 가난의 시대에 온갖 역경을 이겨내고 오늘날의 풍족한 사회로 거듭나게 한 주인공인 노인세대가 자살로 생을 마감하는 것은 너무 안타까운 일이다. 공공기관, 민간부분, 종교계 등이 함께 협력하여 생명사랑 인식확산을 통해 사회적 관심과 배려할 수 있는 문화를 정착시켜 OECD 국가 중 자살률 1위라는 오명을 깨끗이 씻어버려야 한다. 그만큼 자살은 우리와 가까운 곳에서 쉽게 접할 수 있는 일이다. 자살의 전염성은 크고, 그 피해도 엄청나다. 자살을 막고 싶은 사람은 자신의 주변부터 살펴보자. 직장동료든, 친구든, 이웃이든 그들이 무엇을 필요로 하는지 눈여겨보고 그들의 이야기를 들어주는 것부터 시도하자. 자살과 관련한 응급상황이라면 경찰과 응급구조대에게 구조요청을 해야 한다. 응급구조대는 이러한 상황에서 안전을 확보하는데 매우 중요하며 경찰은 자살 고위험군을 응급실로 이송하여 응급입원을 시킬 수 있는 법적 권한도 가지고 있다.

그동안 160권의 책이 출간되어 나오는 데는 많은 분들의 도움이 있었다. 그동안 저희 연구원으로 강의를 의뢰해 주신 전국의 시.도 교육연수원, 공무원교육원, 한국기술대학교 노동행정연수원, 서울시교육연수원, 부산시교육연수원, 울산시교육연수원, 대구시교육연수원, 경기도교육청, 충남교육연수원, 충북단재교육연수원, 경북교육연수원, 인천시교육연수원, 광주시교육연수원, 강원도교육연수원, 제주도탐라교육연수원, 경북교육청, 강원도공무원교육원, 제주도공무원교육원, 광주광역시 공무원교육원, 대전광역시 공무원교육원, 강원대학교 교육대학원, 한국교원대학교 종합연수원 교육담당자님께 이 기회를 빌어 진심으로 감사드린다.

1989년에 개원하여 지금까지 26년간 우리나라의 산업평화와 인재개발을 위해 강의 및 출판사업을 매진해왔으며 내조자 아내 박순옥, 항상 자신의 일에 열성을 다하는 든든한 아들 '노지훈(현대백화점 경리과장)', 재원인 며느리 '김수향(캐나다대사관 상무과)'에게 고마움을 표한다.

2015년 4월 30일

저자 노 순 규 드림

목 차

제1장 자살의 개념과 현황 ·· 15
1. 자살의 정의 ··· 15
2. 자살의 구체적 의미 ·· 17
3. 자살(自殺, suicide)의 개념 ·· 23
4. 연이은 자살의 원인 ·· 26
5. 자살관련 통계치 ·· 31
   1) 통계청 사이트 공식 자료 ······································· 31
   2) 자살률 5년째 상승, 하루 평균 6백73명 자살 ············· 31
   3) 40대 이상은 암이 사망원인 1위 ······························ 32
   4) 자살관련법 개정 ·· 33
6. 마포대교의 생명의 다리 ··· 34
   1) 마포대교의 또 다른 이름 ······································· 34
   2) 자살 대신 '살자' ··· 34
   3) 자존감: 공포냐, 지혜냐! ··· 35
   4) 자살예방 교수 퇴임, "나만의 목숨아냐" ··················· 36
7. SBS 짝 여성 출연자의 자살원인 ································ 38
8. 자살유전자(suicide gene, 自殺遺傳子) ························ 38
9. 의자매 '협죽도 자살' 묵인, 무속인 항소심도 '집행유예' ······ 40
10. 자살에 대한 고전적 해석 ··· 41

제2장 자살의 원인분석과 유형 ·· 49
1. 자살의 원인분석과 사회적 대안 ·································· 49
   1) 들어가는 말 ··· 49
   2) 자살의 의미 ··· 49
   3) 자살의 현황 ··· 49

2. 자살예방: 우리나라의 자살현황 및 자살원인 ·············· 50
  1) 자살율의 급증 ··· 50
  2) 자살에 대한 일반적 현황 ································· 51
  3) 자살에 관한 진실과 허구 ································· 51
  4) 자살관련 현황 ··· 53
  5) 자살의 위험요인 ·· 55
  6) 자살징후와 자살위기의 사람들을 도울 방법 ········· 56
  7) 자살위기에 있는 사람을 어떻게 도울 수 있는가? ··· 58
  8) 어떤 도움을 받을 수 있는가? ·························· 60
3. 자살원인의 우울증 대비방법 ·································· 62
  1) 즐겁게 운동하기 ·· 62
  2) 가까운 거리는 걷기 ··· 62
  3) 취미 가지기 ·· 62
  4) 그림이나 악기 배우기 ······································ 62
  5) 멘토에게 감사하기 ··· 63
  6) 입체적으로 친구 사귀기 ··································· 63
  7) 친구와 대화하기 ·· 63
  8) 힘들어하는 동료 도와주기 ································ 63
  9) 하루는 쉬어주기 ·· 63
  10) 쉬기 위해 떠나기 ··· 63
4. 자살의 원인분석 ·· 64
5. 생명존중 및 자살예방 ·· 65
  1) 자살의 원인과 예방 ··· 65
  2) 자녀의 생명존중 및 위기상황 대처요령 ············ 65
6. 자살의 원인, 사회적 문제, 현명한 부모되기, 우리아이 잘키우는 법 · 69
  1) 자살의 원인, 사회적 문제 ································ 69
7. 세계자살예방의 날 ·· 71
8. 대구 중학생 자살의 원인은 왕따 ··························· 72

1) 대구 중학생 자살 첫번째 ···················· 72
　　2) 대구 중학생 자살 두번째 ···················· 73
　　3) 대구 중학생 자살 세번째 ···················· 73
　9. 자살의 나라 TOP 5 ······························ 74
　　1) 자살의 나라 1위 그린랜드 ···················· 74
　　2) 자살의 나라 2위 대한민국 ···················· 74
　　3) 자살의 나라 3위 리투아니아 ·················· 75
　　4) 자살의 나라 4위 기아나 ······················ 76
　　5) 자살의 나라 5위 카자흐스탄 ·················· 76
　10. 무너진 영혼의 돌이킬 수 없는 선택 ············· 77
　11. 돈 빌린 사람들 255만명, 연 30% 고금리에 '허덕' ···· 85
　12. 자살관여죄 ····································· 86
　13. 친자동반자살 ··································· 87

제3장 자살예방과 대응요령 ·························· 88
　1. 자살예방에 관한 우수도서 분석 ··················· 88
　2. "너 자신을 의심하라" - 독일 자살비행 참사가 던진 메시지 ·········· 89
　3. 인천시 노인인력개발센터와 인천시 자살예방센터의 업무협약 ······· 92
　4. OECD 부끄러운 1위, 노인자살 ···················· 93
　5. 자살보도 하지않기 실천대회 ······················ 95
　6. 중앙자살예방센터 모니터링단의 생명존중, 자살예방 ······· 96
　7. 학생 자살예방, 학교장이 나서라! ·················· 98
　8. 정읍 상동지구대 자살우려자의 신속 구조 ··········· 99
　9. 국민 4명 중 3명 "자살을 한번쯤 생각한 적이 있다" ····· 99
　10. 경기도, '노인 자살예방' 대책 마련 ················ 101
　11. 자살, 타살 그리고 사회적 살인 ··················· 102
　12. 진천군, 자살예방캠페인 실시 ···················· 105
　13. '비정상회담' 로빈, "신입생환영회 심각, 자살하는 사람도 있어" ······· 105

14. 자살충동의 우울증이 있는데, 정신치료를 받으면 효과가 있을까요? 106
15. 충남태안 고남초 자살의 반대로 말하면? 살자! …………………… 107
16. 클레오파트라의 자살과 십만명당 자살률 ………………………… 108

제4장 자살의 개념 재해석 …………………………………………… 119

1. 자살의 현대적 재해석과 현실적 적용 ………………………… 119
    1) 자살은 자신의 목숨을 끊는 행위 ………………………… 119
    2) 자살징후 ………………………………………………………… 119
2. 자살의 현실적 원인 ………………………………………………… 122
3. 한국의 자살통계 …………………………………………………… 123
4. 자살에 대한 인식 …………………………………………………… 128
5. 자살에 대한 유명인의 정의 ……………………………………… 128
6. 빅데이터로 교통사고・자살예방 ………………………………… 139
7. 성인 8명 중 1명은 우울증 ………………………………………… 141
8. 자살은 전염병 ……………………………………………………… 143

제5장 자살의 징후 ……………………………………………………… 147

1. 우울증으로 인한 자살단계별 징후 ……………………………… 147
    1) 우울증의 초기단계 …………………………………………… 147
    2) 우울증의 중기단계 …………………………………………… 148
    3) 우울증이 주는 자살에 대한 예고 …………………………… 149
2. 학생 스마트폰속 'SNS 자살징후' 발견되면 부모에게 알린다. …… 150
3. 한국과학창의재단 자살징후 ……………………………………… 152
    1) 미리 알 수 있다 ………………………………………………… 152
    2) 자살예방하는 약물 출현 가능할 수도 ……………………… 153
    3) 수면행동도 자살충동과 연관있어 …………………………… 154
4. 우울증 징후, "심하면 자살까지" 전문가들도 원인 몰라, 대처법은? …… 155
5. 죽음충동과 자살 …………………………………………………… 156
6. 우울증 징후, 한국인 표현지수 낮아, '삭이다 병 키운다' ……… 157

7. '우울증 징후' 8가지 vs '한국인을 우울하게 만드는 뉴스' 8가지 ········ 158
8. 우울증 징후 8가지, '해야 한다' 자주 말하는 사람 조심 ·············· 160
9. 자살예방의 구체적 방법 ·· 162
　1) 국가의 자살예방법 ·· 162
　2) 자살예방대책 ·· 167
　3) 자살에 대한 잘못된 편견 ·· 167
　4) 그래도 살만한 가치가 있는 이유 ··· 168
10. 자살예방, 이렇게 도와주세요! ·· 168
　1) 진료과: 정신과 ··· 168
11. 우울병(depression, 憂鬱病)과 자살 ··· 171

제6장 자살예방의 방법 ··· 173

1. 자살위기에 취약한 사람들은 따로 있나 ·································· 173
　1) 개인적, 유전적인 이유로 자살에 취약한 경우 ···················· 173
　2) 사회환경적, 심리적인 원인으로 자살에 취약한 경우 ········ 174
　3) 누구에게나 자살위험요소가 존재한다 ·································· 175
　4) 자살로부터 나를 보호하는 요소들 ······································· 176
2. 자살은 정부예산 늘리면 줄일 수 있다 ···································· 176
　1) 한국자살예방협회에서 하는 일은? ·· 177
　2) 자살을 막는 데 가장 먼저 해야 할 일은? ··························· 177
　3) 예산확보 후 자살예방에 대한 구체적 계획은? ··················· 178
　4) 정부기관 이외에 특별히 협조를 바라는 곳이 있다면? ······ 178
　5) 자살예방에 사회구성원들의 협조가 중요한 이유는? ········· 179
　6) 사회구성원들에게 꼭 하고 싶은 말은? ································ 179
　7) 자살예방협회의 활동에 참여하려면? ···································· 180
3. 자살관련 법률: 자살예방 및 생명존중문화 조성을 위한 법률 ········ 180
　1) 법률의 주요 내용 ··· 180
　2) 자살예방교육과 상담·치료 받으려면 ································· 182

4. 우리나라 청소년 자살의 특징 ·· 182
    1) 성별에 따른 차이가 거의 없다 ·· 183
    2) 다른 세대에 비해 잘 버텨 주고 있다 ······························ 183
    3) 한 순간의 '충동'에 기인하는 경우가 많다 ······················ 184
    4) 청소년에 대한 자살예방이 중요한 이유 ·························· 184
5. 노인의 우울과 자살징후 ··· 185
    1) 씁쓸한 1위, 노인 자살률 ··· 185
    2) 연령군별 인구 10만명당 자살자수 추이 ·························· 186
    3) 무엇이 노인들의 자살을 부르는가? ································· 186
    4) 노인의 자살을 막아라! ·· 187
    5) 자살하려는 노인이 보내는 신호들 ··································· 188
    6) 노인이 자살신호를 보낼 때는 이렇게 대처하라 ············ 188
6. 자살에 대한 9가지 오해와 편견 ··· 189
7. 자살 고위험자 전문기관으로 연결하기 ······························· 193
    1) 자살시도 ··· 193
    2) 119와 112 ·· 194
    3) 시군구 정신보건센터 ··· 195
    4) 우리 지역에서 이용할 수 있는 정신건강증진센터 ········ 195
8. 대한민국의 자살 ·· 196
    1) 법률적 관점 ·· 197
    2) 정사도 형법상으로 다루고 있다. ······································ 197
    3) 원인 ··· 204
9. 자살유전자 ··· 207
10. 사람사랑, 생명사랑, 자살예방 포스터 공모전 수상작 ············ 212
    1) 대상 수상작 ··· 212
    2) 최우수상 수상작 ··· 213
    3) 우수상 수상작(1) ·· 213
    4) 우수상 수상작(2) ·· 214

11. 정신보건법 전면 개정과 130개소에 자살예방 전담인력 배치 ·········· 217

제7장 자살자의 발견과 치료 ················· 219

1. 게이트키퍼(gatekeeper) ·· 219
2. 학생자살 징후시 처방 절차 ·· 221
3. 철학적 의미의 자살원인 ·· 222
4. 자살에 대한 새로운 인식의 전환 ·································· 224
5. 학생들의 자살원인 3가지 ·· 229
6. 청소년 자살 ·· 230
   1) 청소년들에게 자살충동을 불러 일으키는 여러 요인들 ········· 230
   2) 의도적으로 자살시도를 하는 청소년은 거의 없다 ················ 232
7. '자살 부르는 미세먼지', 국내연구진 상관관계 규명 ············ 233
8. 심하면 자살까지 야기하는 다이어트 강박 벗어나려면 ········ 234
9. 생보재단 자살예방사업 예산 20% 늘려 ·························· 236
10. 자살충동 겪는 성소수자, 더 방치할 순 없어 ················· 237
    1) 'LGBT 인권포럼'서 자살위기실태와 예방활동 논의돼 ········ 237
    2) 자살위기 상담 지원하는 '마음연결' 프로젝트 ················· 238
    3) 정부 차원에서 정확한 실태 파악에 나서야 ···················· 239
11. 충북 남성 노인 자살자, 여성 노인보다 3배 더 많다. ········ 240
12. 자살충동 극복하고 돌아온 장타자 이원준 ····················· 241
13. "친한 친구 많을수록 학교폭력 자살충동 감소" ··············· 244

제8장 외국과 한국의 자살사례 ················ 246

1. 중국 관료 108m 투신자살, 우울증? 부패조사? ··············· 246
2. 중국 공직자 자살 잇달아, 10여년간 112명 ···················· 247
3. "아빠, 안아줘" 자살하려던 아버지 살린 두살 아들 ············ 247
4. 숙제 안해 부모 불려온 11살 소녀 투신 자살 ·················· 249
5. 장국영, 사망 12주기 자살 택한 이유 ···························· 251
6. 미 명문 브라운대 한인 유학생, 교내 도서관서 투신 자살 ··········· 252

7. 가정불화에 4살 딸 남겨놓고 자살하려던 엄마 구출한 경찰 ············ 253
8. 가족해체 현상과 자살문제 ································· 255
9. 총기관리업무 맡던 젊은 경찰관 '자살' ··················· 257
10. 늙는 것도 서러운데, 우울한 노년, 노인 10명 중 1명 자살충동 ······ 259
11. "이해해 줄 사람 찾다가" '동반자살'의 늪 ················ 260
12. 노인 10명 중 1명 "자살 생각, 학대 경험" ················ 262
13. 미세먼지·황사, 자살률도 높인다 ························ 264
14. 동덕여대 양윤정 교수팀, 노인 4400여명 조사 결과 ········ 266
15. "'연쇄 자살도미노'로부터 자살유족 지켜야" ·············· 268
16. 시력 나빠지면 '자살'위험 높아져 ························ 270
17. 한국 성인 남녀 10명 중 7명 "한번쯤 자살 생각" ·········· 271
18. '다이어트 강박' 44사이즈 女, 자살 위험성 2.5배 높아 ····· 274
19. 노인자살문제 인식 확산 위한 홍보활동 GO! ·············· 275
20. 죽음의 늪에서 나오기까지: 자살시도자의 이야기 ·········· 276
21. 미국인 80%, 비행기 탑승시 멋대로 자살하는 조종사가 제일 무섭다 279
22. 네덜란드 조종사, "자살비행 시나리오가 결국 현실로" ····· 280

제9장 자살예방 사례와 보험금 지급문제 ···················· 282

1. '삶의 만족도↓·자살률↑' 대한민국, 인성교육진흥법으로 희망찾는다 ·· 282
2. "신부 너무 못생겼다" 中 신랑 '분노 폭발' 자살시도 ········ 284
3. 상문살의 공포는 자살시도까지 하게 만든다? ·············· 286
4. 자살 성완종, 돈·권력 다 가졌지만 모두 무너져 ············ 287
5. '학교폭력에 자살한 아들' 대기업 임원 관둔 아버지 사연 ··· 289
6. 길건의 기자회견, 자살 협박설 해명 "이렇게 살아서 뭐하나 생각
   들었다" ·· 291
7. '명절 자살', 그것이 궁금하다 ····························· 293
8. 힐링 홍진경, '최진실' 너무 보고싶다. ···················· 295
9. 자살기도자 심폐소생술로 구조한 경찰관들 ··············· 297

10. "자살비행 막아라" 항공사들 초비상 ·············· 299
　　1) "부기장, 18개월동안 우울증 치료" ·············· 299
　　2) 재발방지 대책 마련 나선 항공사들 ·············· 300
11. "자살보험금 면책기간 사망원인별 지급 차등화해야" ·············· 301
12. 자살보험금 미지급은 보험사기 ·············· 303

제10장 자살예방의 전문지식과 정보 ·············· 306

1. 지금 자살을 생각하고 있는 당신에게 ·············· 306
2. 정신건강의학과의 도움받기 ·············· 308
3. 고통에 대한 경청 ·············· 311
　　1) 듣고 또 듣고, 마음을 다해 들어라 ·············· 311
　　2) 자살생각에 대해 구체적으로 물어라 ·············· 312
　　3) 논쟁이나 충고를 피하자 ·············· 312
　　4) 말보다 중요한 것은 마음이다. ·············· 313
　　5) 살아야 할 이유를 질문하라. ·············· 313
　　6) 격려와 칭찬과 함께 구체적 약속으로 마무리하라. ·············· 314
4. 대한민국 정신건강의 현주소 ·············· 314
5. 뇌의 신경전달물질과 우울증 ·············· 317
　　1) 세로토닌(Serotonin) ·············· 318
　　2) 노르에피네프린(Norephinephrine) ·············· 319
　　3) 도파민(Dopamine) ·············· 320
6. 공황발작과 공황장애 ·············· 321
　　1) 불안, 공포, 공황 ·············· 321
　　2) 불안할 때 일어나는 우리 몸의 반응 ·············· 321
　　3) 불안은 없애야만 하는 것 ·············· 322
　　4) 갑작스럽게 찾아오는 공포의 공황발작 ·············· 323
　　5) 공황장애 ·············· 324
7. 청소년 비행도 심하면 병 ·············· 325

1) 사춘기의 반항 ··· 325
　　2) 품행장애의 여러 가지 원인 ································ 327
　　3) 훈계보다는 관심과 환경의 변화가 우선 ············· 328
　8. 자살을 생각하는 청소년에게 고함 ························ 329
　9. 자살없는 대한민국의 청소년들 ····························· 331
　　1) 급격한 변화의 파도를 타는 청소년기 ················ 332
　　2) 대한민국의 청소년들이 원하는 것 ····················· 333
　10. 우울한 청소년과 대화하는 방법 ························· 335
　11. 부모와 선생님께 드리는 글 ································ 337
　　1) 위험요인 ··· 337
　　2) 개입이 필요한 이상 징후들 ······························· 338

〈부록〉 자살예방관련법 ·· 341

　1. 자살예방 및 생명존중문화 조성을 위한 법률 ········ 341
　　제1장 총칙 ··· 341
　　제2장 기본계획의 수립 등 ······································ 342
　　제3장 자살예방대책 등 ··· 344
　　제4장 생명존중문화 조성 등 ··································· 345
　　제5장 보칙 ··· 347
　　제6장 벌칙 ··· 347
　2. 자살예방 및 생명존중문화 조성을 위한 법률 시행령 ·········· 347
　3. 자살예방 및 생명존중문화 조성을 위한 법률 시행규칙 ········ 352

제1장 자살의 개념과 현황

1. 자살의 정의

자살은 자발적 또는 의도적으로 스스로 목숨을 끊는 행위로서 자살행위에 대한 이같은 정의는 그 행위 결과에 대한 설명에는 적합하지 않기 때문에 오늘날에는 치명적인 자살과 비치명적인 자살(자살미수)로 구분하는게 보통이다. 역사상 자살은 여러 사회에서 비난과 찬양의 대상이 되어왔다. 이슬람교·유대교·그리스도교 사회에서 자살은 죄악으로 간주되며, 자살시도 행위에 대해 법으로 처벌할 수 있도록 되어 있는 나라들도 있다. 그런가 하면 인도의 바라문(승려계급)은 자살에 대해 관대하며, 지금은 법으로 금지하고 있지만 한때 인도에서는 과부들의 자살이 높이 칭송되기도 했다. 한편 고대 그리스에서 기결수들의 자살은 허용되었으며, 자살에 대한 로마제국의 관대한 태도는 제국 말기에 이르러 로마의 귀한 재산이었던 노예들이 스스로 목숨을 끊는 일이 많아지자 경직되었다. 일본의 할복자살 풍습은 오랜 세월동안 하나의 의식처럼 행해졌다. 귀족들은 자신의 잘못을 스스로 응징하기 위한 방법으로 할복자살을 했다. 할복자살은 실패로 인한 수모를 면하기 위해 또는 적을 모욕하거나 자신의 군주나 황제가 죽었을 때 충성을 보이기 위해 행해졌다.

의무적인 할복자살 풍습은 1868년 법으로 금지되었다. 불교 승려들도 사회적 항의의 일환으로 산 채로 분신하는 희생적인 자살을 행했다. 중세 이래로 인류는 처음에는 교회법으로 그후에는 형법으로 자살을 금하려고 노력해왔다. 1789년 프랑스혁명 이후 유럽 국가들은 자살시도에 대한 형벌제도를 폐지했으며, 영국은 유럽 국가 중 마지막으로 1961년에 이 제도를 폐지했다. 이들 많은 국가와 미국의 여러 주에서는 타인의 자살을 돕는 행위를 법으로 금하고 있다. 그러나 자살에 대한 법적 제재의 강도가 어떻게 변화되었든 자살률 감소에는 전혀 영향을 주지 못했다.

현대사회의 방임주의 경향은 일탈행위들에 대해 보다 관대해짐으로써 자살행위, 특히 음독자살의 증가를 조장하고 있다. 자살행위에 대한 사회적 여론 또한 도덕적 관념에 덜 의존하게 되었고 관대해졌다. 오늘날에는 자살을 비난하기보다는 이해하려는 사람이 훨씬 많으며 그러면서도 자살을 비밀에 부치려는 경향은 여전하다. 실제로 목숨을 잃는 치명적 자살의 경우 주변 사람들은 대개 자신들이 좀더 큰 관심과 애정을 보였다면 자살을 막을 수도 있었다는 자책과 슬픔에 빠지게 된다. 미수로 끝난 자살의 경우 주변 사람들의 도움을 이끌어내 그들과의 관계를 개선하는 데 도움을 주는 경우가 많다. 자살을 하는 사람들은 의식적이든 무의식적이든 간에 이같은 후자의 결과를 기대하고 있는 것 같다. 수많은 이론들이 자살을 하게 되는 이유를 밝혀보려고 했다. 심리학적 이론들은 개인적인 성향과 인지적 요소를 강조하는 반면, 사회학적 이론들은 개인에 대한 사회적·문화적인 압박을 강조하고 있다. 미망인 상태로 있거나 아이가 없는 경우 또는 대도시에 살고 있거나 생활수준이 높거나 정신적·육체적 질병을 앓고 있는 경우와 같은 사회적 요인들이 자살률과 밀접한 관계가 있는 것으로 밝혀졌다. 전쟁중에 자살률이 떨어지는 것은 자신에 대한 공격성이 공통의 적들에게 돌려지기 때문이다. 전쟁중에는 또한 인간관계가 훨씬 밀접해져 자살로 이끄는 가장 큰 요인인 사회적 고립을 약화시키는 경향이 있다. 자살률을 급격히 줄일 수 있는 특별한 방법은 없으나 정신질환의 조기 발견 및 치료는 자살억제에 큰 도움이 된다. 1950년대 이래로 세계 여러 나라에서는 자살방지를 위한 특별상담기구나 기관들이 생겼다. 이들 상담기관들은 대부분 전문의료기관은 아니지만 의학관련 상담원들을 두고 있으며, 도움을 필요로 하는 고독과 절망에 빠진 사람들은 대개 전화를 통해 항상 대기중인 상담원들과 대화를 나눈다. 이런 종류의 상담제도는 자살을 억제하는 데 도움

이 되는 것으로 나타났다.[1]

2. 자살의 구체적 의미

"자신의 목숨이 자기 소유물임을 만천하에 행동으로 명확히 증명해 보이는 일이나 피조물로서의 경거망동 행위이다. 생명체로서의 절대 비극이다. 그러나 가장 강렬한 삶에의 갈망", 이는 작가 이외수가 자살에 대해 내린 정의다. 프랑스의 사회학자 에밀 뒤르켐(Emile Durkheim, 1858~1917)이 1897년에 출간한 『자살론』은 사회학의 고전으로 평가받고 있다. 사회학자 김종엽은 이 책은 "사회학 저작인 동시에 사회학이 무엇일 수 있는지를 보여주는, 다시 말해 사회학 자체를 설립하는 저작"이라고 평가했다. 이 책에서 뒤르켐은 자살을 '문명에 대한 반성수단'으로 보면서 ① 이기적 자살(개인이 사회에 덜 통합되어 있기 때문에 나타나는 자살로 독신자의 자살률이 기혼자보다 높은 것이나, 개신교 신자들의 자살률이 가톨릭 신자들보다 높은 경우가 그 대표적 예다), ② 이타적 자살(개인이 집단이나 공동체에 지나치게 통합이 잘되어 있어서 나타나는 자살로 군대조직과 같은 곳에서 가미카제와 같은 행동이 그 대표적 예다), ③ 아노미적 자살(사회적 규제가 적을 때 나타나는 자살 유형으로 사회적 혼란, 특히 경제적 위기의 상황에서 일어나는 자살이다), ④ 숙명적 자살(사회적 규제가 너무 심하기 때문에 일어나는 자살로 자녀가 없는 기혼여성이나 노예들의 자살이 그 대표적 예다) 등 네 가지로 분류하였다. 자살률과 사회통합간의 관계에 주목했던 뒤르켐은 지나친 개인화나 지나친 규제력 모두 높은 자살률을 낳는다고 보았다. 이는 최근 들어 급격히 치솟고 있는 한국의 자살 신드롬을 설명하는 데에 한 시사점을 던져 주고 있다 하겠다. 세계적으로 전쟁보다는 자살로 죽는 사람들이 더 많다. 매년 100만 명 가까운 사람들이 자살하고 있는데, 이는

---

[1] http://100.daum.net/encyclopedia/view/b18j2297a(2015.3.31.)

40초당 1명꼴이다. 미국에서는 살해되는 사람보다 자살하는 사람의 숫자가 3 대 2의 비율로 더 많다.

한국의 자살자는 1992년 3,533명에서 2002년 8,631명으로 늘었다. 이는 하루 23.6명으로 1시간에 1명씩 자살하는 걸 의미한다. 자살률(5세 이상 인구 10만명당 자살자의 수)도 1992년 9.7명에서 2002년 19.1명으로 늘었다. 이는 헝가리(27.4명), 핀란드(21.2명), 일본(19.9명)에 이어 OECD 회원국 중 4위였으며, 경찰청 통계(자살률 27.4명)에 따르면 헝가리와 함께 공동 1위였다.

라틴계통 국가나 스페인어를 쓰는 남미 국가들은 낙관적으로 사는 태도 때문에 전반적으로 자살률이 낮다. OECD 회원국 중 그리스는 자살률이 3.1명으로 가장 낮았고, 멕시코(3.8명)와 포르투갈(4.2명)이 그 뒤를 이었다. 이탈리아(5.7명)와 스페인(6.9명)도 자살률이 비교적 낮았다. 연세대 심리학과 교수 이훈구는 "서구에서는 고독이나 실존(實存)에 대한 회의 등 철학적 이유의 자살이 많은데 우리나라에선 카드빚, 급격한 가족해체같은 사회적 문제가 원인인 자살이 많다"고 말한다. 한국의 '자살 신드롬'과 관련 '오버하는 사회'라는 말까지 나왔다. 『문화일보』 2003년 7월 25일자에 따르면, "한국 사회가 '오버(Over)'하고 있다. 좁게는 개개인에서부터 넓게는 국민통합이 목표가 되어야 할 정치권에 이르기까지 한국 사회 전반이 '끓어 넘치고' 있다. 최근 연일 보도되고 있는 카드빚으로 인한 개인파산과 이에 따른 가족 자살사건이 대표적인 예다."

2004년 9월 22일 통계청이 발표한 '2003년 사망원인 통계결과'는 더욱 놀랍다. 2003년 사망자수는 24만6,000명으로 하루 평균 673명이 사망하였는데, 원인별 사망자수는 암이 6만4,000명으로 1위, 뇌혈관 질환이 3만6,000명으로 2위, 심장질환이 1만7,000명으로 3위, 당뇨병이 1만 2,000명으로 4위, 자살이 1만1,000명으로 5위를 차지했다.

자살은 하루 평균 30명꼴이며, 인구 10만명당 자살로 인한 사망자수는 24명으로 1983년부터 통계조사를 시작한 이래 최고치를 기록했다. 자살

오카다 유키코 (30명) 로테 (젊은 베르테르효과)
※장신구름비

은 20~30대의 사망원인 1위를 차지했고, 남성의 자살률은 10만명당 33.2명으로 여성(14.9명)보다 2배 이상 높았다. 노인 자살률은 경제협력개발기구(OECD) 회원국 중 1위를 차지한 것으로 나타났다. 2003년 한 해동안 국내에서 65세 이상 노인 2,760명이 스스로 목숨을 끊었는데, 이는 같은 연령대의 노인 10만명당 71명꼴로 호주 12명, 미국 14명, 독일 19명, 핀란드 24명, 일본 32명, 오스트리아 38명, 헝가리 39명, 룩셈부르크 58명 등에 비추어 가장 높은 수치였다. 많은 전문가들이 자살의 전염성에 주목하고 있다. 몇 년전 일본에서 인기 절정의 소녀 가수 오카다 유키코가 투신자살했을 때 30여명의 청소년들이 연쇄자살했던 가장 큰 이유 중의 하나도 바로 전염성 때문인 것으로 분석되었다. 어느 사회학자는 이러한 현상을 일컬어 '인간 비애의 새로운 장르'라고 명명하였다. 이런 연쇄자살 이후 일본에서는 인터넷 자살 채팅이 유행하고 있다.

인터넷 채팅에 자극받아 2003년 34명이 자살한 데 이어 2004년 10월엔 7명이 집단자살을 해 일본 사회를 깜짝 놀라게 만들었다. 1974년 미국의 사회학자 필립스는 1947~1968년의 기간동안 미국에서 발생한 자살 통계를 면밀히 분석한 결과, 자살이 신문의 전면기사로 다루어진 후 두 달 이내에 평균 58명의 자살사건이 다른 때보다 증가되어 나타나는 현상을 관찰했다. 이러한 자살건수의 증가는 특히 미디어의 취급이 요란했던 지역에 국한되어 나타났다. 미디어의 취급 이전에 비해서 이후에 각종 사고(비행기사고, 자동차사고 등)가 급증하며, 이러한 사고에서 인명 치사율은 보통 때의 3~4배에 이르렀으며, 이러한 사고율과 치사율의 급증은 상당 부분이 사고를 가장한 자살로 추정할 수 있다는 것이다. 필립스는 이러한 모방자살 현상을 독일의 문호 괴테(1749~1832)가 1774년에 펴낸 『젊은 베르테르의 슬픔』에서 주인공 베르테르가 연인 로테에게 실연당한 뒤 권총으로 자살하는 내용을 모방한 자살이 전 유럽으로 확산된 것에 비유해 '베르테르 효과'라고 이름지었다. 젊은이들이 『젊은 베르테르의 슬픔』에 열광하면서 베르테르가 소설속에서 사용한 장신구가 젊은 세대에게 크게 유행하더니 결국엔 자살까지 뒤따른 것이다. 당시 괴테는 독자들에게 제발 베르테르를 따르지 말라고 호소하기도 했다.

이 '베르테르 효과'는 주인공의 특성을 닮은 사람들에게서 주로 나타난다. 젊은이의 자살을 크게 보도하면 젊은이들의 자살과 차량사고 사망률이 높아지고, 노인인 경우엔 노인의 자살과 사망률이 높아지는 식이다. 심리학자 시알디니는 '베르테르 효과'가 나타나는 이유를 사람들이 처해 있는 상황에서 적절한 행위가 무엇인지를 판단하기 위해 자기와 유사한 처지에 있는 비슷한 사람들이 어떻게 행동하는가를 관찰하고 단서를 삼기 때문이라고 설명했다. 그는 자살사건이 크게 보도되면 항공기, 고속버스 여행을 삼가라고 조언했다.

일부 전문가들은 2003년 8월 현대아산 이사회 회장 정몽헌의 자살 이후 부산시장 안상영, 전 대우건설 사장 남상국, 전남지사 박태영 등 유명 인사들의 자살이 잇따른 걸 '베르테르 효과'로 추정하였으며, 2005년 2월 22일 영화배우 이은주의 자살도 '베르테르 효과'를 낳은 것으로 분석되었다. 서울중앙지검은 2월 22일부터 3월 17일까지 관할 지역인 서울 시내 7개구에서 발생한 변사사건을 분석한 결과 하루 평균 자살자는 2.13명으로 그 전의 0.84명에 비해 2.5배로 늘었으며, 이은주의 자살을 기점으로 이전 53일동안 45명이 자살을 한 데 반해 이후에는 23일간 49명이 자살했다고 밝혔다. 또 20대 자살자 숫자가 이은주의 자살 이후 15명(30.6%)으로 그 전의 7명(15.5%)에 비해 급증했으며, 과거에는 액사(縊死: 목을 매 죽음) 비율이 절반을 조금 넘는 53.3%였지만, 이후에는 79.6%로 집계돼 10명 중 8명꼴로 이은주와 비슷한 방식으로 목숨을 끊었다는 것이다. 1993년 일본에서는 스루미 와타루가 쓴 『완전자살 매뉴얼』이 50만권이나 팔려나갔다. 비평가들은 이 책으로 인해 일본에서 연간 자살횟수가 2만건이나 늘었다고 주장했는데, 그 책 때문에 많은 사람들이 자살을 생각하게 된 것이 아니라 많은 사람들이 자살을 생각하고 있기 때문에 그 책이 성공한 것이라는 반론도 있다.

9월 10일은 세계보건기구가 정한 세계자살예방의 날이다. 세계보건기구는 자살의 전염을 막기 위해 자살보도원칙을 제안하였는데, 이는 ① '자살률 세계 최고'·'자살 신드롬' 등 섣부른 일반화를 피하라, ② 유명인의 자살은 지면 할애를 최소화하라, ③ 자살수단과 입수경위에 대한 상세한 설명은 피하라, ④ 파산·입시 실패 등 문제에서 벗어나기 위해 자살했다는 식으로 표현하지 말라, ⑤ 자살한 사람을 순교자·영웅으로 미화하거나 비난하지 말라, ⑥ 자살을 피할 수 있는 대안을 제시하라 등이다. 한국언론재단 책임연구위원 김영욱은 『기자협회보』 3월 23일자에 기고한 「한겨레의 자살보도」라는 제목의 칼럼에서 다른 신문들이 이은주의 자살에 대해 자살방법과 정황을 자세히 보도한 반면 『한겨레』는 기사 크기도 작았을 뿐만 아니라 자살방법에 대한 묘사도 없었다며 긍정적으로 평가했다. 한국에서 학교성적을 비관해 자살을 하는 학생은 매년 200여명이나 된다. 전체 자살 시도자 가운데 자살 성공률은 15% 정도에 지나지 않기 때문에 자살기도 실패 후 자살 후유증도 심각한 사회문제로 대두되고 있다.

보건복지부는 2005년 1월 10일부터 '자살 등 위기상담전화(1577-0199)'를 24시간 운영하며 "아빠의 빈자리", "5분만 더 생각하세요"를 주제로 한 자살예방 TV 공익광고를 두 달간 420여차례 내보내기로 했다. 그러나 2005년 4월 들어서도 명문고 영재들의 자살이 잇따르자 『시사저널』 5월 5일자는 이른바 '헤르만 헤세 증후군'이 번지고 있다고 진단했다.

노벨문학상 수상작가인 독일의 헤르만 헤세가 어려운 시험을 통과해 다녔던 엘리트 학교에서의 경험을 바탕으로 쓴 소설 수레바퀴밑에서 에서는 교장이 "지치면 안돼. 지치면 수레바퀴밑에 깔리게 되니까"라며 학생들의 학업을 독려하는데, 지금 한국의 영재들은 학교에서 수레바퀴 밑에 깔리지 않으려고 지쳐가고 있다는 것이다. 2005년 3월 23일 LG경제연구원은 「자살, 이혼, 범죄, 그리고 경제」라는 보고서에서 1991~2003년의 경제성장률과 이혼증가율의 상관계수는 -0.882, 경제성장률과 자살

증가율은 -0.773, 경제성장률과 범죄증가율은 -0.378이었다고 발표했다.

이 계수는 -1에 가까울수록 반비례적인 상관성이 높음을 나타낸다. 버트런드 러셀은 1932년에 쓴「자살이 위법인가?」라는 글에서 "자살이란 주제를 다룰 때 그 장단점을 따지기보다는, 이른바 인간생명의 신성함과 연결시켜 바라보는 경향이 있다"며 다음과 같이 주장했다. "그러나 나는 그 어구를 심각하게 받아들이는 것이 오히려 불법이라고 본다. 그것을 받아들이는 사람이라면 전쟁에 대해서도 비난해야 마땅하기 때문이다 (당시 전쟁을 비난하는 것은 불법으로 간주되었음). 너무나 비참한 나머지 자살을 시도하게 되는 저 불행한 사람들 앞에서 인명의 신성함을 호소하는 것은 전쟁이 인류의 제도의 일부로 존재하는 한 철저하게 위선이다." 자살을 시도하는 사람의 90%가 우울증을 앓는다는 통계에 근거해 자살을 일종의 병(病)으로 보는 시각도 있다. 우울증은 인류를 괴롭히는 열 가지 질병 가운데 네 번째로 평생동안 5명 중 1명이 걸릴 수 있을 정도로 발병률도 높다. 우울증 환자의 15%는 자살로 생을 마감한다고 한다.

〈참고문헌〉

「매년 200여명 학교성적 비관자살」,『내일신문』, 2004년 4월 1일.
공종식,「경제력과 자살의 함수」,『동아일보』, 2004년 10월 4일, B5면.
기선민,「전쟁보다 자살로 더 죽는다: 세계 40초당 1명 자살···매년 100만명 숨져」,『중앙일보』, 2004년 9월 10일, 14면.
김영번,「'오버'하는 사회: 욕망-좌절-자폭의 악순환 고리」,『문화일보』, 2003년 7월 25일, 19면.
김욱동,「베르테르와 '욘사마' 신드롬」,『서울신문』, 2004년 10월 21일, 30면.
김종엽,「자살」, 김진균 외,『사회학의 명저 20』, 새길, 1994, 63~76면.
남대희,「하루 30명 자살률 사상최고」,『한국일보』, 2004년 9월 23일, 2면.

노성열, 「일 '자살 채팅' 충격」, 『문화일보』, 2004년 10월 13일, 23면.
민문홍, 『에밀 뒤르케임의 사회학: 현대성 위기극복을 위한 새로운 패러다임을 찾아서』, 아카넷, 2001.
신호철, 「무엇이 그들을 죽음으로 내모나」, 『시사저널』, 2005년 5월 5일, 40~42면.
오재환, 「자살 바이러스」, 박재환 외, 『현대 한국 사회의 일상문화코드』, 한울아카데미, 2004.
우득정, 「우울증」, 『서울신문』, 2005년 2월 24일, 31면.
이본영, 「"이론·자살·범죄순 경제와 연관성"」, 『한겨레』, 2005년 3월 24일, 27면.
이외수, 『감성사전』, 동숭동, 2004.
이천종·김태훈, 「'이은주' 모방자살 늘었다」, 『세계일보』, 2005년 3월 24일, A10면.
임호준, 「한국 자살률 초고속 증가 10년새 2배」, 『조선일보』, 2004년 9월 10일, A14면.
정선구 외, 「노인자살 급증 OECD 1위」, 『중앙일보』, 2005년 5월 18일, 1면.
한규석, 『사회심리학의 이해』, 학지사, 1995.
루이스 A. 코저, 신용하·박명규 옮김, 『사회사상사』, 일지사, 1978.
버트런드 러셀, 송은경 옮김, 『인간과 그 밖의 것들』, 오늘의책, 2005.
이언 앵겔, 장은수 옮김, 『지식노동자 선언』, 롱셀러, 2001.
Emile Durkheim, 『Suicide: A Study in Sociology』, New York: Free Press, 1951.[2]

3. 자살(自殺, suicide)의 개념

자살이란 행위자가 자신의 죽음을 초래할 의도를 가지고 자신의 생명

---

[2] http://terms.naver.com/entry.nhn?docId=1846110&cid=43114&categoryId=43114 (2015.4.5.)

을 끊는 행위이다. 독일 패전에 따른 자살 즉, 1945년 4월 20일 라이프치히에서 독일의 한 장교가 연합군에 패하자 그의 딸과 동반자살을 했다. 이는 자살의 분류상으로 볼 때 애타적 자살의 형태에 속한다.

자살의 어원은 라틴어의 sui(자기 자신을)와 cædo(죽이다)의 두 낱말의 합성어이다. 여기서 알 수 있듯이 자살이란 그 원인이 개인적이든 사회적이든, 당사자가 자유의사(自由意思)에 의하여 자신의 목숨을 끊는 행위를 말한다. 이 정의는 일견 명백하기는 하나 실제로는 여러 문제가 있다. 예를 들어, 음독(飮毒)은 일반적으로는 자살의 한 형태인 것으로 되어 있지만, 그것이 처벌(處罰)의 형식으로서 이루어졌을 때(예전의 賜藥) 과연 자살이라 할 수 있는지, 그리고 전쟁에 의한 사망은 일반적으로 자살이라고 하지 않으나 과거 일본 군대의 '가미카제[神風]특공대'나 이른바 '육탄용사(肉彈勇士)'처럼 스스로 자진해서 죽음으로 뛰어드는 경우를 자살적 행위라고 할 수 있는지 그 한계는 모호하다. 자살의 시비(是非)에 관한 윤리관과 종교관에 대해서는 예로부터 여러 제의가 제기되어 왔다.

먼저 자살긍정론자(自殺肯定論者)는 인간은 누구든지 자기의 생명에 관해서 절대적인 권리를 가진다는 윤리적 입장에서 긍정해왔다. 종교적 관습으로서도 인도의 사티(satī) 등에서 볼 수 있듯이 남편을 잃은 아내가 남편의 극락왕생(極樂往生)을 기원하여 뒤따라 자살하는 경우가 있었다. 한국에도 옛날에는 임금의 죽음에 대하여 신하가 순사(殉死)하는 관습이 있었으며, 근세 이후의 문예작품이나 연극 중에는 자살을 동정하고 정사(情死)를 미화하는 사상이 드러나는 작품이 있다. 또 자살부정론자는 자살은 신과 국왕에 대한 의무를 포기하는 행위로서 비난하였는데, 특히 그리스도교에서 자살은 신을 모독하는 행위라 하여 이를 죄악시하고 종교적 제재를 가하였다. 가톨릭에서는 오늘날에도 자살을 죄악시하는 사상이 강하다. 불교에서는 열반사상(涅槃思想)의 입장에서 자살을 경계하고 있지만, 현실적으로 종교자살이 없지는 않다.

> 이기적자살 : 개인 + 사회
> 애타 " : 과도한 집단화
> 아노미적 " : 도덕적 결여

자살은 지역적·시대적으로 다양한 발생상황을 보여주고 있다. 자살률이 높은 나라는 리투아니아·러시아·벨라루스 등이며, 반대로 낮은 나라는 이탈리아·영국·스페인 등이다. 이것만으로는 나라별 자살경향을 판단하기는 어려우나, 서유럽의 경우 전반적으로 자살경향이 북부일수록 높고, 남부로 갈수록 낮아진다. 남녀별·연령별 자살경향을 보면, 남녀별로는 어느 나라에서나 여자의 자살률이 남자보다도 훨씬 낮다. 이것은 여러 이유를 생각할 수 있으나, 역경에 순응하고 곤경을 참아내는 능력이 남자보다도 뛰어나다는 것과 여자는 남자에 비하여 사회적 활동의 범위가 좁아, 자살의 동인(動因)이 될만한 사회적 곤경에 봉착하는 경우가 적다는 것 등이 주된 원인으로 지적된다. 연령별로는 어느 나라에서나 자살률은 연령이 높아짐에 따라 점차 높아지고 있다. 자살의 원인을 살펴보면, 프랑스의 사회학자 É.뒤르켐에 의하면 자살에는 이기적 자살(利己的自殺)·애타적 자살(愛他的自殺)·아노미(anomie:無規制狀態)적 자살의 세 가지가 있다고 한다. 이기적 자살은 개인이 사회에 결합하는 양식(樣式)서 과도한 개인화를 보일 경우, 즉 개인과 사회의 결합력이 약할 때의 자살이다. 애타적 자살은 그 반대로 과도한 집단화를 보일 경우, 즉 사회적 의무감이 지나치게 강할 때의 자살이다. 아노미적 자살은 사회정세의 변화라든가 사회환경의 차이 또는 도덕적 통제의 결여(缺如)에 의한 자살이다. 자살의 원인은 복잡하고 파악하기 어려운데, 통계에 의하면 신경쇠약·실연·병고(病苦)·생활고·가정불화·장래에 대한 고민·사업실패·염세(厭世) 등 여러 가지가 있으며, 그 중에서도 염세·병고·신경쇠약·실연·가정불화가 두드러지게 많다. 이것을 남녀별로 보면 남자에게는 신경쇠약과 병고가 많고, 여자에게는 가정불화와 실연이 많다. 그리고 연령별로는 청소년에서는 실연과 염세가 많고, 노인에서는 병고가 특징적으로 많다. 가정불화는 20~30대에 많다.

어느 경우이든 자살의 원인은 자살기수자(自殺既遂者)의 유서나 가족의 증언 또는 미수자의 진술 등으로 파악하게 되는데, 여러 조건이 서로

얽혀 있다.3)

4. 연이은 자살의 원인

빈곤층 가정의 동반자살이 며칠 째 언론에 연이어 보도되면서 자살의 원인은 무엇일까 다시금 생각해봅니다. 2011년 읽었던 '자살에 대한 연구서적인 에밀 뒤르켐의 <자살론>을 다시 읽어보았습니다. 2011년 당시에도 자살이 한국 사회를 떠들썩하게 했는데, 지난 3년동안 아무런 대책도 변화도 없이 또다시 국가와 사회가 사람들을 죽음으로 내몰고 있네요.4)5)

현재 언론과 인터넷에서 논의되는 것들은 사회복지제도의 취약함, 복지예산의 축소, 보편적 복지의 필요성 등입니다. 정부와 정치권의 책임이 제1차적이고 가장 크다는 점에서 모두가 적극 동의합니다. 하지만, 과연 언론과 학자, 유권자들이 정부와 지자체, 정치권에게만 모든 책임을 묻는 것이 타당한지에 대해서는 회의적입니다. 그 이유는 현재의 정권과 지자체의 구성, 국회의 구성, 그리고 그들의 정책이 언론, 학자, 유권자의 생각이나 의사표시, 정치적 선택, 사회문화와 분리되지 않기 때문이고, 정치권의 변화나 정부정책의 변화가 하루이틀 사이에 이루어지지 않는다는 점을 감안한다면 단기적, 중기적 해결책은 마련하기 어려우며(당장 할 수 있는 게 없다.) 개개인과 여러 사회계층들이 일정부분 책임져야 할 것과 감당해야 할 몫을 정치권과 정부에 전가할 수 있기 때문입니다. 뒤르켐은 자살은 대부분 사회적 원인에 의해 발생한다고 결론을 내립니다. 사회적 원인이란 국가나 정부의 정책 뿐 아니라 사회문화, 공동체 구성과 운영, 인간관계 역시 큰 영향이 있다는 것입니다. 뒤르켐이 분석하는 자살의 대상은 "모든 자살"이기 때문에 최근 한국에서 나타난

---

3) http://terms.naver.com/entry.nhn?docId=1137573&cid=40942&categoryId=31637(2015.3.31.)
4) 출처 세계문화사전 : 지식의 세계화를 위하여, 강준만, 2005.8.20, 인물과사상사.
5) http://terms.naver.com/entry.nhn?docId=1846110&cid=43114&categoryId=43114(2015.3.31.)

빈곤층의 자살에 직접 대입하기 어려울 수도 있지만, 자살의 원인을 개인적 이유가 아니라 사회적 이유에서 찾는다는 점에서 한국사회에 충분히 시사점이 있다고 생각합니다. 최근 자살한 가정에서 겉으로 드러나는 것은 빈곤과 절망입니다. 하지만 빈곤하다고 하여 누구나 자살하는 것이 아닙니다. 빈곤에서 벗어날 희망이 보이지 않기 때문이고, 빈곤이 빈곤으로 끝나는 것이 아니라 상대적 박탈감과 사회적 배제와 인간적 수치심을 동반하기 때문입니다. 그것이 바로 절망입니다.

　그분들이 몇 조원대의 재벌과 자신들을 비교하면서 그런 기분이 들었을까요? 절대 그렇지 않을 것입니다. 오히려 사회 밑바닥에서, 일상의 삶에서, 학교에서, 동네에서, 동사무소에서, 방송에서 박탈감과 배제와 수치심과 절망을 느꼈을 것입니다. 그렇다면 우리가 느끼고 반성하고 행동해야 할 것들이 있다고 생각합니다.6) 이 책을 쓴 진정한 목적은 공부모임의 취지와는 약간 달랐다. 물론, 책의 제목에서부터 드러나다시피 책의 소재와 주제는 19세기 후반 서구사회에서 '자살'이 일어나는 원인을 규명하는 것이지만, 당초 책을 집필한 궁극적인 동기는 그것보다 '자살'을 주제로 하여 사회가 무엇인지 밝혀내고 학문으로써 사회학을 어떻게 연구하는지를 보여주기 위함이었다. 물론 <사회란 무엇인가?>를 읽은 다음에야 저자의 진짜 목적을 알게 되었다.(그래서 다음 주 공부모임 토론 주제가 조금 애매해지긴 했고...) 비록 사회학이나 사회과학을 전공하지 않았지만 저자가 19세기 후반에 사회학을 학문으로 일으켜내기 위해 도입한 사회에 대한 정의와 개념, 사회학의 연구방법론은 아마 추어의 시각으로도 대단하다고 생각한다. 해당 도서의 저자는 1880년대 초반에 이 고전을 발간했다. 지금으로부터 약 130년전에 프랑스, 그리고 서구에서 사회와 국가의 변동흐름을 읽어내고 사회학을 위해 여러 국가의 통계를 이용해 분석해내고 그 데이타로부터 '자살'의 사회적 원인을

---

6) [서평] 자살공화국 대한민국, 무엇이 문제인가? <에밀 뒤르켐의 자살론>

밝혀내는 저자의 학문적 능력은 대단해 보인다. 그렇기 때문에 현대 사회학계에서 그를 '사회학의 창시자'로 예우할만하다고 생각한다.

몇몇 인터넷에서는 책에 대해 제대로 알지 못한 채 책을 소개하기도 한다. 예를 들어 "현대인들의 사망원인 중의 하나인 자살에 관한 궁금증을 설명한 책"이라거나 "사회문제가 아닌 현대인의 질병으로 바라보고 다양한 자료와 통계를 분석하여 자살을 사회학적으로 접근하여 풀어낸다."라는 설명이 있다. 첫번째 설명은 이 책이 단순히 '자살의 궁금증'을 다루는 책이 아니라 자살의 원인을 사회의 변동과 연관하여 분석한다는 점에서 잘못되었고, 두번째 설명은 완전히 거꾸로 설명한 것으로 무지와 오해의 극치다. 저자는 자살이 개인들의 질병이 아닌 사회적 원인에 의해 발생한다고 결론을 내리기 때문이다. 저자는 사회적 응집력/통합정도가 극단으로 치우칠 경우 자살이 늘어난다고 설명한다. 저자는 19세기 말 프랑스와 프로이센, 작센, 함부르크(모두 현재 독일연방지역), 스웨덴, 덴마크, 영국, 오스트리아, 이탈리아 등의 정부자료를 이용하여 가난과 고통, 권태와 우울증 혹은 명예를 위해 자살하는 사람들의 원인과 연령과 지역, 기후와 건강, 결혼의 유무에 따른 자살률의 변화와 자살방지법은 무엇인지 분석한다. 저자는 그 자료들을 활용하여 자살을 선택할 만큼 그 이유가 정말 괴롭고 힘든 것인지, 왜 많은 사람들이 자살을 선택하는지, 비슷한 상황이어도 자살을 하는 사람과 그렇지 않은 사람의 차이는 무엇인지 등을 통해 사람들이 흔히 하는 착각, 이를테면 신경쇠약 등의 정신병이 있는 사람들이 자살을 할 것이라든지, 자살을 막으면 그 폭력성이 살인으로 연결된다거나, 경제부흥보다는 경제위기 때 훨씬 자살하는 사람이 많을 거라는 생각 등을 엄격한 자료의 비교와 분석을 통해서 사회적 원인을 규명해낸다.(알려져 있는 것처럼 자살의 유형을 이기적인 자살, 이타적인 자살, 아노미적 자살로 구분한다.) 공부모임에서 정확한 개념을 정리한 바로는 사회공동체의 규범과 같은 방향에서의 자살은 이기적 자살로, 다른 방향에서의 자살은 이타적 자살로 정의했다.

결론은 개인이 그보다 큰 도덕적 실체, 즉 집단적 실체(사회를 의미)에 지배되고 있다는 것이다. 각국의 국민들은 사망율보다 더욱 확고한 자살률을 보인다. 하루, 한달, 한해에 따라 나타나는 자살률의 변화는 사회생활의 리듬을 반영한다는 것이다. 결혼, 이혼, 가족, 군대, 종교 등의 제도는 명확한 규칙(법칙)에 따라 자살에 영향을 미치고 있다. 이러한 자살의 결론을 통하여 저자는 사회라는 제도를 실재하고 살아 있는 능동적인 세력으로 인정해야 한다고 주장한다. 왜냐하면 그런 제도가 사회를 구성하는 개인들에게 결정적인 영향을 미치는 방식을 통해서 제도들이 개인으로부터 독립된 존재임을 입증하고 있기 때문에 따라서 저자는 사회학이 왜 객관적일 수 있으며 객관적이어야 하는지 분명함을 밝힌다. 사회학은 심리학이나 생물학과 마찬가지고 명확하고 실질적인 사회라는 실체를 연구하기 때문이다.

그리고 자살을 줄이고 방지하기 위하여 조합을 유력한 대안으로 제시한다. 당시 유럽사회가 중세적인 가족제도와 장원제도, 그리고 종교가 지위와 역할, 사회적인 통합, 커뮤니케이션에서 영향력을 급속히 상실하였고 국가 역시 그 역할을 대신하기가 불가능하기 때문에 직업과 교류시간, 통합력과 소통가능성을 고려하여 당시 폭발적으로 늘어가기 시작한 조합이 그런 기능들을 대신해야 하고 따라서 조합을 더욱 확대하고 활성화시켜야 한다고 결론을 내린다. 21세기 한국으로서는 여러가지 이유로 상상도 할 수 없는 관점과 제안이지만, 조합을 유력한 대안으로 내세운 이유들을 심사숙고하면서 지금의 한국이 어떤 대안을 마련해야 할지 고민해야 할 때라 생각한다.(프랑스에서 공부하고 온 어느 참석자는 당시 사회학계와 뒤르켐은 노동분업과 그에 따른 조합이 사회적 통합을 가져올 것이라는 생각이 지배적이었다고 자세히 설명해 주었다.)

이 책이 현재 한국사회에 필요한 이유는 자살을 사회적인 사실로 받아들이고 사회적인 원인으로 자살을 바라보는 관점이 필요하기 때문이다. 대부분의 국가도 그런 경향이 있지만, 한국사회 역시 자살을 개인적인 나약함이나 개별적인 조건으로 치부하는 경향이 강하기 때문이다.

한국사회의 자살은 사회(종교, 가족, 국가, 정치 등)가 응집력이 부족하기 때문인 것이다. 응집력의 요소는 의사소통, 감정교류, 세대간 단절, 급격한 가족해체, 이해와 공감, 도덕적 규제 등의 문화적인 것과 사회안전망 부족, 급속한 빈부격차 확대, 예기치 않은 실직과 부도 등의 제도적인 것이 모두 포함된다. 사회가 사람들을 자살로 몰고 있다고 얘기해도 과언이 아닌 것이다. 19세기 후반의 사망율, 자살율 통계가 20세기와 21세기에도 이어지는지에 대해서는 알아보지 못했다고 한다. 다만, 21세기 한국의 자살률이 OECD 국가 중에서 최고라는 언론보도를 통하여 우리사회가 심각한 문제가 있음은 우리 모두가 느끼고 있을 것이다. 저자의 분석과 결론을 통해 현대의 한국사회를 바라보면, 결국 21세기 한국사회가 객관적으로 엄중한 문제를 안고 있다고 생각이 든다. 크게 기대하기 힘든 정부와 정치권, 기존 학계에게 기대하거나 기다리기 보다는 외부에서 시민 각자가, 관심있는 사람 하나하나가 연구하고 분석하고 대안을 마련하고 실행하면서 방향과 목표를 세우는 것이 필요하다는 주장도 있다.(뉴스에 따르면 자살방지를 위해 법규에 반영한 것이 고작 '자살방지센터'를 설치하는 것이다. 열심히 홍보하면 자살이 줄 것이라는 발상이다.)

자살을 방지하는 방법은 무엇일까? 그것은 자살의 원인에 모두 내포되어 있다. 국가, 정치적으로는 제도적인 정비를 서둘러야 하고 사회적으로는 각종 소통과 공감의 조직과 문화가 활성화되어야 하며, 종교도 제 기능을 발휘해야 하고, 가족간의 해체를 줄이고 복원시킬 수 있는 노력이 있어야 한다.[7][8][9]

---

7) 2011년 2월 17일
8) http://eto.co.kr/news/view.asp?Code=20110109151551493
9) http://blog.daum.net/hy2oxy/8691924(2015.3.30.)

5. 자살관련 통계치

1) 통계청 사이트 공식 자료

한국의 사망통계와 자살통계가 궁금한 사람들은 첨부한 통계청의 보도자료를 참고하면 좋을 것이다. 주의해야 할 점은 통계청이 데이터를 '마사지'한다는 느낌이 강하다는 것이다.

한 가지 예를 들면, 2006년 통계자료에서는 자살수치가 10만명당 23.0명인데, 2007년 자료에서는 21.8명으로 바꾸어져 있다. 2009년 통계청 발표자료에서는 10만명당 무려 42명이다. 한국이 더 문제가 되는 것은 지난 30년간 자살 증가율이 무려 400%에 달한다는 것이다.

"한국 자살률, 2년 연속 세계 1위" '장기 내수불황'으로 5년째 자살급증, 20~30대 사망원인 1위, 우리나라의 자살률이 5년 연속 높아지며 작년 10만명당 26명을 기록, 경제협력개발기구(OECD) 회원국 중 2년 연속 1위를 차지했다.

2) 자살률 5년째 상승, 하루 평균 6백73명 자살

통계청이 발표한 '2005년 사망원인 통계결과'에 따르면, 우리나라의 자살률(인구 10만명당 자살자수)은 10년전인 1995년의 11.8명의 2배가 넘는 26.1명으로 OECD 회원국 중 가장 높았다. 우리나라의 연도별 자살률은 1999년 16.1명에서 2000년 14.6명으로 일시적으로 낮아졌다가 2001년 15.5명, 2002년 19.1명, 2003년 24.0명, 2004년 25.2명에 이어 작년까지 5년 연속 수직상승했다. 자살자 급증은 '장기 내수불황'과 아파트값 폭등으로 '양극화'가 극심히 진행된 시기와 일치하는 현상이어서, 극심한 청년실업과 비정규직 확산 등 경제난에 따라 자살율이 급증하는 게 아니냐는 해석을 낳고 있다.

OECD 기준인구로 국가별 연령구조 차이를 표준화한 자살률을 보면 우리나라는 작년 10만명당 24.7명으로 2004년에 이어 불명예스러운 1위를 차지했고, 헝가리가 22.6명(2003년 기준), 일본이 20.3명 등으로 뒤를 이었다. 반면 영국(6.3명), 이탈리아(5.6명), 스페인(6.7명) 등은 자살률이 10명을 밑돌았다. 특히 20~30대의 사망원인 중 자살이 1위를 차지해, 차세대를 이끌어갈 젊은 세대의 좌절감이 심각한 것으로 나타나 세계에서 가장 낮은 출산률과 더불어 나라 앞날을 어둡게 하는 먹장구름으로 받아들여지고 있다. 전문가들은 "경제난에 따른 자살은 사회적 타살 성격이 짙다"며 "자살원인을 구조적으로 해소하기 위한 총체적 해법 마련이 시급하다"고 지적했다.

3) 40대 이상은 암이 사망원인 1위

한편 지난해 우리나라의 사망자 수는 24만5천5백11명으로 하루 평균 6백73명이 사망한 것으로 나타났다. 성별로는 남자의 사망률이 여자보다 평균 1.2배 정도 높았으며, 50대 남자의 사망률은 여자의 2.85배에 달해 가장 높았다. 40대와 50대 남자의 간질환 사망률은 여자보다 각각 7.45배와 7.26배 높았고 자살률도 여자의 2~3배로 높았다. 남자는 여자에 비해 간질환으로 인한 사망률이 3.9배, 운수사고가 2.8배, 자살이 2배 수준으로 높았다. 여자는 고혈압성 질환으로 인한 사망률이 남자보다 1.8배 정도로 높았다. 연령별로는 20대 미만은 운수사고로 인한 사망이 가장 많았고, 20~30대는 자살이, 40대 이상은 암이 사망원인 1위를 차지했다.

사망원인별로는 통계조사가 시작된 1983년 이후 22년째 1위를 차지한 암 사망자가 작년에도 전체의 26.7%인 6만5천명으로 가장 많았고, 이어 뇌혈관질환 12.7%((3만1천명), 심장질환 7.9%(1만9천명) 순으로 이들 3대 사망원인으로 인한 사망자가 전체의 절반에 가까운 47.3%를 차지했다. 하루 평균으로는 1백79명이 암으로, 86명이 뇌혈관질환으로, 53명이 심장질환으로, 33명이 자살로 사망했다. 그 뒤를 이어 자살로 인한 사망자와 당뇨병으로 인한 사망자도 각각 1만2천명에 달했으며, 후천성면역결핍증후군(AIDS)으로 인한 사망자는 지난해 70명이었다.

사망률별 증가 사인으로는 암으로 인한 사망률이 1995년 110.8명에서 작년에는 134.5명으로 23.7명 증가해 증가율이 가장 높은 것으로 나타났다. 작년의 암 종류별 사망률은 폐암(28.4명), 위암(22.6명), 간암(22.5명), 대장암(12.5명) 순으로 높았다. 10년전과 비교하면 폐암으로 인한 사망률이 9.5명, 대장암이 6.7명, 전립선암이 2.5명씩 늘어난 반면 위암은 3.9명, 자궁암은 0.6명 감소했다. 반면 교통사고에 의한 사망률은 작년 16.3명으로 10년전보다 22.4명이나 줄었고 고혈압성 질환은 9.0명, 뇌혈관 질환은 15.4명, 간질환은 12.1명 감소했다.[10]

4) 자살관련법 개정

세계 최고 자살국가란 불명예를 떠안는 현실에서 자살예방과 방지에 대한 교육을 실시하고 자살방지대책센터를 설치하는 방안이 추진된다.

김영선 의원은 최근 이러한 내용의 '국민건강증진법 일부 개정 법률안'을 발의했다고 9일 밝혔다.[11] 우리나라에서 지난 2009년 한해 자살에 의한 사망자수는 총 1만4413명으로 하루 평균 42.2명이 스스로 목숨을 끊어 자살률 세계1위라는 오명을 가지고 있다. 더욱이 2000년부터 10년간 자살사망률이 2.38배로 급증하고 있어 사회적 심각성이 날로 높아지는 실정이다. 1990년부터 2006년까지 OECD회원국 대상 자살증가율을 조사한 결과 회원국 자살률은 평균 20.4% 감소한 반면 한국은 172.2% 증가한 것으로 나타나, 국가적 품격에도 악영향을 미치고 있다. 김 의원은 이번 개정 법률안 발의와 관련, "국민의 생명을 보호해야 할 일차적 책임이 있는 국가가 나서서 효과적이고 체계적인 예방대책을 강구해 나가야 한다"고 강조했다. 이어 "자살방지교육과 자살방지대책센터를 설치해 국민의 자살대책의 중요성에 대한 관심을 증대시키고 국민의 소중한 생명을 보호하고 모든 국민이 건강하고 보람있는 삶을 영위할 수 있는 사회를 구현하고자 한다"고 덧붙였다. 이번 개정 법률안은 김영선 의

---

10) 김홍국 기자(archomme@viewsnnews.com), 세상을 보는 다른 눈 "뷰스앤뉴스"
11) "세계 최고 자살국 '한국' 자살방지대책센터 설치 추진" 2011-01-09 15:15[경제투데이]

원이 대표발의하고 김기현, 김정권, 김태원, 김호연, 손범규, 신영수, 안효대, 유승민, 이인기, 이종혁 의원이 공동발의했다.12)13)

6. 마포대교의 생명의 다리

1) 마포대교의 또 다른 이름

<u>생명의 다리를 아는지?</u> 서울시내에 위치한 한강다리 가운데 자살시도자가 가장 많은 마포대교의 또 다른 이름이라고 한다. 서울시가 자살자 예방을 위해 마포대교에 시설물을 설치하기 시작하면서 붙여진 이름이다.14) 마포대교가 자살다리로 악명을 떨치며 사회문제로 인식되자 서울시는 지난해 9월 마포대교의 자살자 예방을 위해 보행자의 걸음걸이에 맞춰 다리 난간에 불이 켜지는 등 '생명의 다리'를 꾸몄다. 그리고 올해 7월에도 자살예방 조형물과 CCTV 및 자살예방 문구 그리고 'SOS 생명의 전화' 등과 같은 안전장치들을 보강해 자살시도 방지조치를 강화했다.

자살예방을 위해 상담 서비스를 제공하는 SOS 생명의 전화로 지난해 163명이 죽음 앞에서 마음을 돌렸다. <u>9월 10일</u>은 세계보건기구(WHO)와 국제자살예방협회(IASP)가 제정한 '세계 자살예방의 날'이다.

WHO의 발표에 의하면 매일 3000명, 매년 100만명이 자살하는 것으로 나타났다. 지난 50년간전 세계 자살률은 60% 증가했다고 하는데, 우리나라도 심각한 상황이다. 우리나라는 지난 8년간 경제협력개발기구(OECD) 국가 중 자살률 1위라는 불명예를 안고 있다.

2) 자살 대신 '살자'

통계청에 따르면 국내 자살 사망자수는 2009년 1만5412명, 2010년 1만5566명, 2011년 1만5906명으로 꾸준히 늘고 있다. 지난해와 올해도 이

---

12) http://eto.co.kr/news/view.asp?Code=20110109151551493
13) http://blog.daum.net/hy2oxy/8691924(2015.3.30.)
14) 이미지 출처 : 서울신문

같은 추세를 이어갔을 것으로 추정된다. 한강 다리에서 자살을 시도한 사람은 2009년부터 올 7월 말까지 849명, 이틀에 한 명꼴로 투신한 셈이다. 특히 야외활동이 증가하는 6~8월 여름철에 한강 투신 건수가 큰폭으로 증가한다는 조사 결과도 있다.15) 인간은 3가지 심리적 조건이 합쳐지면 자살을 시도한다고 한다.

첫째는 사회적으로 고립되었다고 느끼는 마음, 둘째는 타인에게 짐이 된다는 부담감, 셋째는 두려움이 없는 마음의 상태이다. 3가지 조건 중 하나라도 부족하면 절대 자살하지 않는다고 한다. 미국, 일본, 캐나다는 이 조건들 중 사회적 고립감을 제어하는 방법으로 자살문제를 해결하려고 하고 있다고 한다. 자살의 가장 큰 원인을 정서적 침체현상으로 보고 있는데 정서적 침체현상이 노인이나 청장년들에게 뿐 아니라 어린이들과 십대들에게까지 중요한 문제가 되고 있다. 우리들이 이같은 침체현상으로부터 벗어나려면 어떻게 해야 할까?

3) 자존감: 공포냐, 지혜냐!

스스로가 자신을 존중하고 사랑하는 것과 그렇지 않은 것과는 삶의 질에 있어 커다란 차이가 있을 수밖에 없다. 스스로를 비하하고 사랑하지 않는 사람, 즉 자존감 낮은 사람의 삶의 질이 좋을 리 만무하다. 거꾸로 자존감 높은 사람의 삶의 질은 높아질 수 있는 가능성이 충분하다.

자존감이 낮으면 자살과 같은 치명적인 결과에 이를 수도 있다. 자존감이 급격히 떨어지는 고령의 초반에 자살을 생각하는 사람이 유난히 많은 이유다. 그러나 이 시기를 잘 넘기고 나이가 더 들어서는 오히려 자살을 생각하는 사람의 비율이 빠르게 감소한다.

결국 고령 초반의 높은 자살 생각률은 나이 때문이 아니라, 내가 나이가 들어 늙었다는 인식과 환경의 변화에 적응을 못해서, 즉 자존감이 급격히 떨어지면서 나타나는 결과라는 판단이 가능하다. 이 시기를 잘 넘

---

15) 아세아 경제 2013-09-09

기고 적응한 이후에는 오히려 마음이 편해져 자살을 생각하는 비율도 떨어지는 것으로 보인다.16) 자살충동시 본인 스스로를 컨트롤하기 위한 방법으로 자존감 형성을 이야기하고 있다. 삶을 버티게 하는 힘, 자아존중감(self-seteem)을 줄여서 자존감이라고도 하는 자아존중감은 자신을 존경하고 사랑하는 마음이다. 남이 나를 바라보는 눈은 상관없다. 스스로가 자신을 존중하고 사랑한다면 자존감이 높은 사람이다.

이 세상에 나란 존재는 하나이다. 이 넓은 우주에 지구라는 곳에 인간으로 태어날 확률이 얼마나 될까? 또한 나란 존재는 수많은 사람과 구별되는 단 한 명의 사람이다. 나는 나로써 존재할 때 가치가 있는 것이다.

그만큼 '나는 소중하고 가치있는 존재이다.'라고 스스로 고귀하다고 생각할 줄 알아야 한다. 또한 자기를 창의적으로 바라보고 자신이 주인이 되어 끌고 나가는 법을 배운다면 긍정적으로 변할 것이다. 보고에 따르면 자살의 사회적 심각성은 본인의 아픔으로 끝나는 게 아니라는 점이다.

4) 자살예방 교수 퇴임, "나만의 목숨아냐"

"혹시라도 자살충동이 들면 내가 죽으면 누가 슬퍼할지, 살아오면서 잘해줬던 한 사람만 떠올려 보자." '자살예방전문가'로 불리는 이광자(65・여) 이화여대 간호학부 교수가 37년간의 교직생활을 뒤로하고 정년퇴임한다. 서울 서대문구 이대 연구실에서 만난 이 교수는 "생명은 나 혼자만의 것이 아니다"라며 '생명'이란 단어를 여러 차례 힘주어 말했다.

그는 "모방자살이나 추종자살 고위험군을 경계해야 한다"며 "한 사람이 자살하면 그의 지인 6명이 심리적으로 강한 자살충동을 느낀다. 특히 널리 알려진 사람이라면 더욱 많은 사람에게 영향을 미칠 수 있다"고 지적했다.17) 자살자가 발생할 경우 가족 등 평균 6명 정도의 우울증이나

---

16) 머니위크 2013-06-29
17) 연합뉴스 2013-07-28

외상 후 스트레스 장애 등을 겪으며 고통받게 되고 그들은 어떤 집단보다 자살 가능성이 높은 위험군에 포함된다. 자살자 가족에 대한 관심이 무엇보다 필요한 이유이며 자살충돌을 느낄시 반드시 생각해야 할 것은 훗날 남겨질 주변 사람들의 고통이다.[18]

일반적으로 자살을 생각하는 사람은 삶을 포기하려 한다는 것을 먼저 직접적으로 말하지 않는데, 대신 삶이 힘들고 버겁다는 신호를 보내게 된다. 이러한 신호를 접하게 되었을 때 가장 중요한 것은 공감의 자세이다.

또한 말을 끊지 않고 끝까지 경청하는 태도도 중요한데, 자살충동을 느끼는 사람의 말의 내용과 함께 표정과 감정을 잘 살피는 것도 중요하다.

인도의 잠언 시집 수바시따에는 이런 문구가 있다. "나 아닌 것들을 위해 마음을 나눌 줄 아는 사람은 아무리 험한 날이 닥쳐도 스스로 험해지지 않는다." 우리는 행복한 동시에 불행해질 수밖에 없다. 둘 다 가질 수밖에 없다. 그게 우리의 운명이다. 빛이 있으면 그림자가 있고, 낮이 있으면 밤이 있다. 불행이 없으면 행복이라는 개념도 없는 것이다. 우리는 현실에 매여 진짜 자기의 행복을 억압하곤 하는데 관건은 어떡하면 행복을 찾을 수 있을까가 아니다. 내 안에 이미 있는 행복과 불행을 얼마나 잘 볼 수 있느냐, 잘 꾸려 나갈 수 있느냐 그게 핵심이다. 우리는 흔히 '자살할 용기로 살아라'고 말한다. 하지만 자살충동이 든 사람에게는 그 말이 더 고통스러울 수 있다는 생각을 해봐야 한다. 이 말은 곧 자신이 그 상황에 처해보지 못했기 때문에 자칫 당사자에게는 위로같지 않은 '무심한 말'이 될 수 있다. '얼마나 고통스러웠으면 그랬을까'의 관점에서 다시 생각하고 손을 잡아 주어야 한다. 이 글을 읽고 주위에 생각나는 사람이 있나? 오늘 당장 그에게 손을 내밀어 주어야 한다. 여러분의 한마디는 생명의 고귀함을 다시 한번 일깨워주고 자살위기의 이웃들에게는 희망을 주는 기회가 될 수 있다.[19]

---

18) 자료출처 : 한국보건사회연구원
19) http://dadoc.or.kr/1045(2015.3.30.)

7. SBS 짝 여성 출연자의 자살원인

SBS 짝 프로그램을 다들 알 것이다. 싱글인 남녀가 일주동안 같이 생활하면서 마음에 드는 이성을 선택하는 프로그램이다. 한 여성 출연자가 화장실에서 목을 매어 자살을 했다고 한다.[20] SBS '짝' 여성 출연자 사망이 충격을 주고 있다. 5일 SBS는 "깊은 유감의 말씀을 드린다. 오늘 '짝' 제작 중 여성 출연자가 사망하는 일이 발생했다. 이 사실에 대해 매우 안타깝게 생각하고 유감을 표명한다. 유가족 여러분께 진심으로 깊은 위로의 말씀을 드린다"고 밝혔다.

숙소 화장실에서 목을 맨 채 발견된 SBS 짝 여성 출연자 A씨는 '엄마 아빠 미안해'라고 유서를 남겼으며 A씨는 일기장에 '살기 힘들다'는 내용도 적혀있던 것으로 알려졌다.

SBS '짝' 여성 출연자 사망에 누리꾼들은 "SBS '짝' 여성 출연자 자살, 이게 무슨 일이야",

"SBS '짝' 여성 출연자 자살, 큰일이네", "SBS '짝' 여성 출연자 자살, 이유가 뭘까" 등의 반응을 보였다. 3월 말 방송예정이었다고 하는데 당연히 해당 방송분은 폐지가 될 것이다. 아울러 프로그램 자체도 폐지가 될지, 여성 출연자는 왜 자살을 했는지 궁금하다.[21]

8. 자살유전자(suicide gene, 自殺遺傳子)

자살유전자란 암세포에서 발현하는 유전자의 일부분을 다른 유전자와 결합시켜서 정상세포에는 무해하고, 암세포만 공격하도록 하는 유전자이다. DNA에 손상이 생기면 우선 이를 수선하고 복구하는 단백질들이 활동하는데, 수선되지 않은 유전정보가 다음 단계로 넘어가지 않도록 잠

---

20) 꼭챙겨요 생활정보 / Doctor's Tip 2014/03/06 09:00,
   http://blog.naver.com/gabewoon/10186889625
21) http://blog.naver.com/PostView.nhn?blogId=gabewoon&logNo=10186889625
   (2015.3.30.)

시 세포분열을 정지시키지만, 손상 범위가 너무 크거나 수선이 제대로 되지 않으면 자살유전자를 작동시켜서 결함이 있는 세포를 죽게 함으로써 잘못된 유전정보가 전파되거나 결함이 있는 세포 하나로 인하여 인체 전체가 피해를 입는 것을 예방한다. 인체는 대사의 산물이나 외부의 환경인자로부터 끊임없이 공격을 받는다. 이때 DNA에 손상이 생기면 우선 이를 수선하고 복구하는 단백질들이 활동하기 시작한다. 이 경우에는 수선할 시간을 벌고 또 수선되지 않은 유전정보가 다음 단계로 넘어가지 않도록 잠시 세포분열을 정지시킨다. 그러나 손상의 범위가 너무 크거나 수선이 제대로 되지 않으면 자살유전자를 작동시켜서 결함이 있는 세포를 죽게 함으로써 잘못된 유전정보가 전파되거나 결함이 있는 세포 하나로 인하여 인체 전체가 피해를 입는 것을 예방한다. 이 유전자는 특정한 신호가 주어지면 자기 몸의 세포를 죽이게 된다. 또 더 이상 쓸모없거나 병든 세포를 염증반응없이 제거한다.

　이 유전자는 용도를 다한 림프구를 제거하여 불필요한 면역반응이 계속되지 않도록 하거나 결함이 있는 정자를 제거하여 유전적인 결함이 자손에 전파되지 않도록 하는 역할도 수행한다. 또한 태아의 뇌에서 연결성을 획득하지 못한 미성숙 뇌세포를 제거하고 벙어리 장갑과 흡사한 세포덩어리에서 손가락이 생겨나도록 하며, 흉선에서 도태된 미성숙 림프구를 제거하기도 한다. 그러나 인체를 지키는 자살유전자의 기능이 지나치게 발휘되는 경우나 정작 필요할 때 그 기능이 억압되는 경우 등에는 여러 중대한 질병이 발생할 수 있다. 치매·헌팅턴병 등과 같은 병이나 심근경색증 등은 자살유전자가 과도하게 작용하여 세포가 지나치게 파괴되기 때문에 생긴다. 반면 암세포나 일부 바이러스에 감염된 세포는 자살유전자의 기능을 무력화시켜서 자신들의 세력을 확장해 나간다.[22]

---

22) http://terms.naver.com/entry.nhn?docId=1214532&cid=40942&categoryId=32326

9. 의자매 '협죽도 자살' 묵인, 무속인 항소심도 '집행유예'

의자매가 독초를 달인 물을 마시고 사망하도록 방조하고 보험금을 타내려 한 혐의로 기소된 여성 무속인이 항소심에서도 실형을 면했다.[23]

서울고법 형사6부(부장판사 김상환)는 사기혐의로 집행유예를 선고받은 무속인 오모(29·여)씨에게 3일 1심과 동일하게 징역 6개월과 집행유예 2년을 선고했다. 재판부는 오씨가 사망한 의자매 A씨의 오빠 B씨를 속여 2000만원을 받아 챙긴 혐의(사기)는 1심과 같이 유죄로 인정했다.

그러나 오씨가 의자매 A씨의 자살을 돕거나 방관한 혐의(자살방조)와 자살인 걸 알면서도 A씨 명의의 보험금을 수령하려 한 혐의(사기미수)는 1심과 같이 무죄로 판단했다. 재판부는 "검사가 제출한 증거만으로 오씨의 자살방조혐의가 합리적 의심없이 충분히 증명됐다고 볼 수 없다"며 "나름의 의심을 가지고 국립과학수사연구원으로부터 받아 본 사실조회 회신 결과에 의하더라도 1심 재판부의 판단을 바꿀만한 사정은 보이지 않는다"고 판시했다. 오씨는 평소 자신의 신력을 신봉하던 지인 A씨와 의자매를 맺고, A씨가 2012년 고액의 보험을 든 후 자살하는 것을 방치해 보험금을 수령하려 한 혐의로 기소됐다. 사망한 A씨는 2004년부터 오씨와 알고 지냈으며, 오빠 등 가족들과 불화를 빚자 집을 나와 2011년 9월부턴 아예 오씨와 함께 살아왔다. A씨는 오씨와 함께 사는 동안 유흥업소에 나가 돈을 벌어 오씨에게 경제적 도움을 줬던 것으로 조사됐다.

A씨는 이후 오씨가 생활형편과 이혼문제 등을 비관하며 자주 자살을 언급하자 자신 명의로 보험을 들고 자살해 오씨가 보험금을 수령하게 하기로 마음 먹었다. A씨는 2012년 9월 사망시 약 27억원 상당의 보험금이 지급되는 종신보험에 신규로 가입하고 인터넷에서 협죽도와 투구꽃을 주문했다.

---

[23] 등록 일시 [2015-04-03 14:56:57], O 法 "자살방조 혐의 충분히 증명안돼", 【서울=뉴시스】김난영 기자

이들 식물은 약재로 쓰이기도 하지만 독성이 있어 다량 복용할 경우 생명에 위험을 초래할 수 있다. A씨는 이후 같은 해 10월 보험사를 방문해 종신보험의 보험금 수령자를 오씨로 변경한 후 협죽도를 달여 마시고 며칠 뒤 심장마비로 사망했다. 오씨는 A씨가 협죽도를 달여 마시는 것을 돕거나 방치하고, A씨가 사망하자 이를 급성심장사로 꾸며 보험금을 받으려 한 혐의로 재판에 넘겨졌다.

오씨는 또 A씨 생전에 A씨의 오빠 B씨에게 접근해 "아는 무당이 집안의 우환을 없애준다고 하니 굿과 기도값을 달라"며 2000만원을 받은 혐의도 있다. 오씨는 이때 '팔공'이라는 무속인이 B씨를 위해 기도해줄 것처럼 속였지만, 실제 '팔공'은 의자매인 A씨가 자신을 부르던 이름이었고 제3의 무속인은 없었던 것으로 조사됐다. 1심 재판부는 "자살방조 혐의가 성립하기 위해선 자살하려는 사람의 구체적인 자살실행을 원조해 이를 용이하게 하는 행위가 있어야 한다"며 "오씨가 죽고 싶다고 말한 것이 A씨의 자살을 정신적 방법으로 도와줬다거나 A씨가 협죽도를 달여 마실 때 오씨가 이를 도와주는 행위를 했다고 인정할 증거가 없다"고 판단했다. 1심 재판부는 또 오씨가 A씨가 자살했다는 사실을 알고도 보험금을 수령하려 했다는 혐의(사기미수)에 대해서는 A씨가 협죽도를 복용한 행위와 A씨 사망간 인과관계가 명확하지 않다는 이유로 역시 무죄로 봤다. 1심은 이같은 논리로 A씨 오빠인 B씨에 대한 사기혐의만 유죄로 인정해 오씨에게 징역 6개월과 집행유예 2년을 선고했다.[24][25]

10. 자살에 대한 고전적 해석

어떻게 삶을 향한 그 엄청난 충동을 억누를 수가 있단 말인가? 만일 충동이 아니라면 수 만년동안이나 의미에 대해 생각하기도전에 습관적

---

24) imzero@newsis.com
25) http://www.newsis.com/ar_detail/view.html?ar_id=NISX20150403_0013578887&cID=10202&pID=10200(2015.4.5.)

으로 수행해 온 본능에 따른 삶의 욕망을 꺾어 버릴 수 있다는 것인가?

그것도 아니라면 도대체 어떤 길에 의해서 고귀한 자아가 그 자신을 긍정하는 것을 거부하게 된다는 것인가? 괴테는 『베르테르의 슬픔』에서 한 존재가 죽음으로써 자신에게 고하는 작별의 의미를 말하려 했다.

"떠나게 되어서 얼마나 기쁜지 모르겠다!" 그가 떠나온 친구 알베르트에게 보낸 편지의 첫 구절이다. 외관으로는 단지 떠나고 싶다는 단순한 바람으로 시작되는 것 같지만, 그것은 곧 그에게는 하나의 강박관념이자 집착이었던 '세상과의 결정적 작별'로 구체화될 것이다. 자신이 바라는 위안을 구할 수 있는 아무런 출구도 없었기에 베르테르는 친구인 알베르트에게 "문제는 약한 인간인가 강한 인간인가를 아는 것이 아니라 육체적이거나 심리적인 그 고통의 무게를 감당할 수 있는가하는 것이다"라고 적고 있다. 즉, '한 인간이 고통을 참아낼 수 있는가'라는 것이 문제가 되는 셈이다. 괴테에게는 자살이 죽음에 이르는 치명적인 질병과 마찬가지로 '자연의 사건'으로 여겨졌다. 두 가지 경우 모두에서 자살은 자연에 의해서 일어난 갈등의 유일한 해결책으로 등장하고 있다. "자연은 온갖 모순적이고 혼동된 힘으로 이루어진 미로의 출구를 찾지 못한다. 그러니 죽음 뿐이다." 이 시점에서 죽음의 충동이 그치지 않고 내적으로 넘쳐날 때에는 운명적으로 이 충동이 축성의 의미로 다가온다. 즉, 자살하고픈 욕구가 심적 충동으로 다가올 때는 거부하기 힘든 유혹이 될 수 있다는 것이다. 베르테르의 핏기없는 고독은 그것의 근원이 사랑하는 사람이든 넘쳐나는 충동의 서식지이든, 죽음의 충동이라는 모호한 욕망이 형태를 갖고 마침내 이루어져 축성을 받게 될 신성한 장소가 될 것이다.

그래서 그는 "그것(충동)은 성스러운 것이어서 모든 욕망도 그 앞에서는 빛을 잃고 만다"라고 롯데에게 쓰고 있다. 베르테르의 욕망이라는 것은 다른 출구가 없었기에 그 근원 자체로부터도, 그 대상으로부터도 단절되었던 것이다.

왜냐하면 베르테르는 채워지지 않을 욕망일지라도 어떻게든 스스로 위안하면서 삶을 계속 끌고 나가기에는 너무 순수했기 때문이다. 그의 욕망은 그 근원으로부터도 단절되었고 너무나 찬란한 그의 대상은 접근이 가능하지 않은 지점에 놓여 있었기에 대상으로부터도 단절되었던 것이다. 그 시점에서는 성스럽다는 것 자체가 참을 수 없는 것이 되어 버린다. 왜냐하면 무한히 넘쳐나는 욕망, 즉 하나의 절대 주체의 존재가 가로막고 있기 때문이다. 어떤 의미에서 베르테르는 너무 즉각적으로 신성한 것에 다다르려고 자살한 셈이다. 모든 불행과 욕망을 간직한 채로 세계속에서 구체화된 주체 너머로 무한히 확장된 주체를 생각했기 때문이다. 이 절대적인 요구에 맞서서는 근본적으로 무기력하다는 것을 어떻게 느끼지 않을 수 있겠는가! 답장을 받지못한 채 보낸 편지에서 베르테르는 친구에게 자신의 경험과 고통, 결국 권총 자살을 결심한 것까지 털어놓는다. 그의 자살을 막을 사람은 아무도 없었다. 누구도 그의 자살에 관해서 도덕을 이야기하지 않았다. 괴테는 주인공에게 동질성을 요구해 피할 수 없는 결론으로 자살을 부과했던 것이다.1) 그러나 이제 베르테르도 노쇠했다. 감성이 찬양되는 낭만주의 시대에 사는 것도 아니니 베르테르의 세계관은 더 이상은 삶의 기준으로서 절망한 젊은이들을 매혹하는 일도 없을 것이다. 세상은 변한 것이다. 여기 또 하나의 편지를 보자. 부인과 딸을 남기고 자살한 어느 유명인사가 남긴 유서이다. 음악을 듣는 것 뿐만 아니라 음악활동을 하는 것이 더 이상 나를 자극하지 못한지가 벌써 수년이 되었습니다. 책을 읽거나 글을 쓰는 것도 마찬가지였습니다. 단어들이 표현할 수 있는 모든 것 이상으로 나는 이 상황에 책임을 느낄 뿐입니다. 내가 공연장의 통로에 있고 조명이 꺼지면 관중들의 환호 소리가 증폭될 때, 내겐 그 상황을 부추기고 즐기는 프레디 머큐리(Freddy Mercury)식의 방식이 아무런 감흥을 주지 못했습니다. 그렇지만 그것은 내가 언제나 감탄하고 또 바라던 바이기도 했습니다. 진실은 내가 당신들 중 그 누구도 속일 수 없다는 것입니다. 그것은 당신에 대해서도, 그리고 나 자신에 대해서도 정직한 태도가 아닐 것입니다.

제1장 자살의 개념과 현황

최악의 죄는 내가 언제나 고래고래 소리를 지르듯이 거짓으로 그런 체하며 사람들을 속인다는 것입니다. 때로는 무대에 오르기전에 시간등록기에 체크를 하는 느낌이 들곤 했었답니다. 나는 지금까지 모든 것을 사랑하려고 내가 가진 능력을 다했습니다. 맹세컨대 믿어주기 바랍니다.

그러려고 노력했습니다. 나는 내(아니, 우리)가 많은 사람들을 감동시켰고 즐거움을 주었다는 것을 기쁘게 생각하지만 많이 부족했습니다. 아마도 나는 오직 홀로 있을 때만 사물의 고마움을 깨닫는 소위 나르시스트 타입인가 봅니다. 나는 너무 신경이 예민합니다. 어린 시절의 열정을 다시 찾으려면 조금은 둔감해질 필요가 있겠지요. 최근에 치렀던 3번의 순회공연 동안에 마주쳤던 사람들과 우리 음악의 팬들에 이르기까지, 나는 내 주변 사람 모두를 훨씬 더 감사하게 생각하게 되었습니다. 하지만 그렇다 해도 내 안에 있는 분노와 죄책감을 지울 수 없었고, 동시에 사람들에게 내 자신을 증명해야 한다는 느낌도 떨쳐버릴 수가 없었습니다. 우리들 모두에게는 선한 부분이 있으며 나는 정말 사람들을 좋아합니다.

이것이 나를 정말로 슬프게(슬프고, 왜소하고, 민감하고, 사랑받지 못하고, 독약, 예수!)합니다. 왜 나는 이것을 즐겨서 행복해지지 못하는 것일까요?

나도 모릅니다. 나에게는 야심과 배려가 넘치는 여신같은 아내와 너무나도 어린 시절의 나를 생각나게 하는 딸이 있지요. 그 아이는 너무나 사랑스럽고 쾌활해서 만나는 사람 누구에게나 키스를 하려고 합니다. 왜냐하면 그들은 모두가 착하고 그녀에게 전혀 해를 가하려는 사람들이 아닌 까닭이지요. 이것이 지금의 나에게는 어떻게 손쓸 수 없을 정도의 두려움으로 다가옵니다. 나는 내 딸 프랜시스가 지금의 나처럼 자기 파괴적인 막다른 골목으로 돌진하는 가련한 인간이 되는 상상을 견딜 수가 없습니다. 나는 성공했고 이 모든 것에 감사합니다.

일곱 살 이후로는 인간이라는 족속에 대해 대체적으로 증오를 가지게 되었습니다. 그것은 단지 그들이 너무 쉽게 어깨를 나란히 하고 걷는 것처럼 보였기 때문입니다. 어쩌면 단지 내가 너무 사랑했고 너무 많은 슬픔을 느꼈기 때문일지도 모릅니다. 몇 년간 편지를 보내주고 염려해 주었던 당신에게, 타서 짓무르고 토할 것 같은 뱃속 깊은 곳에서부터 감사를 표하고 싶습니다. 나는 이제 더 이상 아무런 열정도 느끼지 못한 채 어찌할 수 없는 방황만을 계속하는 낙오자가 된 것입니다. 그리고 기억해주기 바랍니다. "서서히 사라져 가는 것보다는 한순간에 타올라서 폭발해 버리는 것이 낫다"는 닐 영의 노래 가사를. 유서의 주인은 1994년 자살한, 니르바나(Nirvana)의 리드 보컬이었던 커트 코베인(Kurt Cobain)이다. 유서의 내용은 비교적 함축적이어서 그의 음악과 가족관계에 대한 일종의 의욕상실을 자살의 주요요인으로 추정할 수도 있을 것이다. 어쩌면 외관상으로 드러나는 자기혐오가 가장 근접한 요인으로 작용했는지도 모른다.

　그러나 그의 자살 혹은 타살(?), 아니면 의문의 죽음을 둘러싸고 일어나는 세간의 설들만 난무할 뿐이다. "사랑하는 사람을 떠나보내는 데에는 50가지 방법이 있다"는 그룹 벨벳 언더그라운드(Velver Underground)의 루 리드(Lou Reed)의 노래로 답한들, 떠난 자에게나 남겨진 부인과 딸에게나 그것이 무슨 소용이 있겠는가? 자살의 이유에 대해서 생각해 볼 때, 단순하고 분명한 단 한 가지 원인만이 우리들 자신으로 하여금 스스로를 파괴하는 행위로 이끄는 것이라고는 믿기 어렵다. 특히 오늘날에 이르러서는 다양한 요인들의 중첩에 의해서 자살이 발생한다고 보는 것이 정설일 것이다. 이 복합성이란 것은 이른바 근대성의 가장 분명하고 대표적인 특징인데 역설적으로 바로 그것이 심각한 문제를 야기한다.

　즉, 자살이라는 현상에 관해서는 단 한 가지 이유, 한 가지 비밀만을 찾아야 하는 것이 아니라 여러 가지 이유와 여러 가지 비밀, 어쩌면 산일(散逸)되어 있으면서도 상호간에 서로 얽히고 설킨, 이루 헤아릴 수 없는 수많은 요인들을 찾아야 하기 때문이다. 막시마 아 미니미스(Maxima a miminus, 최소 원인에 최대 효과)로 대변되는 라이프니츠적인 단자론의 원칙에서 그 역인 미니마 아 막시미스(Minana a maximis)로 전도된 것이다. 사실 자살이라는 현상, 그것을 '현상'이라고 꼭 인정해야 한다면 진짜 문제는 그것에 대한 해답이 없다거나 그 원인을 이해할 수 없어 침묵하는 것이 아니라, 너무나 많은 답이 있고 원인의 규명에 대한 너무나 많은 담화들이 존재한다는 것이다. 스톡홀름 출신의 작가인 어거스트 스트린버그(August Strindberg, 1849~1912)는 여주인공의 자살로 막을 내리는 『줄리 양(孃) Miss Julie』(1888)2)의 서문에서 이렇게 적고 있다.

여기 누가 자살했다! 좋지 않은 일이군! 브르즈와는 그렇게 말할 것이다! 불행한 사랑이군! 여자들은 그렇게 말할 것이다! 병이 있었군! 질병에 걸린 사람들은 그렇게 말할 것이다! 절망을 경험했군! 낙오자들은 그렇게 말할 것이다!

그런데 어느 것이나 그 이유가 될 수 있을 것이고 또 그 어느 것도 정확한 이유가 되지 못할 수도 있을 것이다. 오직 저 세상으로 가버린 자만이 진짜 이유를 감추고 그것을 생의 기억들을 가장 잘 밝혀줄 수 있을 어떤 것으로 위장한 채로 사라져버렸다! 줄리 양에게 부과된 운명. 나는 그것들에 수많은 상황을 설정했다. 어머니로부터 물려받은 본성, 부친의 잘못된 교육, 그녀의 성격에 대한 암시와 그녀의 약혼자가 유약하고 퇴폐적인 그녀의 정신에 미친 영향의 암시, 그리고 특히 성 요한 축제일의 분위기, 아버지의 출타, 그녀 자신이 자신의 규칙을 가지고 있었다는 것, 동물을 돌보았던 것, 춤추면서 느낄 수 있는 흥분된 분위기, 어슴푸레한 밤, 어쩌면 정염을 자극하는 꽃의 향기, 그리고 외딴 방에 단둘만 남게 된 우연과 흥분한 남자의 무례함 등이다. 도대체 줄리 양은 왜 자살했을까? 성 요한 축제일 전야의 어슴푸레한 밤의 분위기가 줄리 양을 몽롱하게 했을까? 그럴 수도 있었을 것이다. 하지만 작가가 몸소 잡다하게 열거한 것처럼 언급한 모든 요소들 모두가 한결같이 추정 가능한 원인일 수도 있다. 그러나 역시 모두가 하나같이 자살을 인정해야 할만큼 정확하지는 않다. 그런데 가능한 요인 중에서도 우리가 찾는 것은 언제나 '직접적이고 자살을 하지 않으면 안될만큼 필연성이 드러나는' 요인이다.

잘 살펴보면 나름대로 타당성이 충분하든 그렇지 못하든간에 이러저러한 원인들을 읽어낼 것이다. 여기에서도 작가가 나열한 수많은 요인들이 결국은 우리를 피곤하게 하고 그 진짜 이유, 그것이 정말로 있을 수 있다면 그에 대한 생각으로 질려버리게 하고 있다. 심지어 우연은 이 모든 요인들과 자살행위와의 인과성을 모호하게 만들어 버리고 만다.

실제로 우리는 자살이라는 현상 앞에서는 언제나 하나의 설명을 갈구하고 있다. 자살로 몰고 갈만한 필연적이고 결정적인 진짜 이유가 무엇인가? 수많은 전문가들은 자살에 대해 수긍이 갈만한 명쾌한 이유를 찾기 위해, 사라져간 자의 흔적으로부터 가능한 기호적 지표와 상징적 메시지를 찾으며 혼신의 힘을 다한다. 물론 자살의 원인을 둘러싼 수수께끼가 비교적 명확하게 해독되는 경우도 간혹 있다. 그러나 대개의 경우에는 오직 스스로를 파괴해 버리고자 했던 강력한 의지를 제외한 다른 분명한 해독을 허용하지 않기 때문에 자살의 원인은 영원한 비밀로 남을 뿐이다. 이에 대해 우리는 오직 '침묵만이 미덕'이라며 스스로를 달래야 할 것인가?

〈각주〉

1 애절한 베르테르가 행하지 못한 것을 파우스트는 성취하는 셈이다. 그러나 이는 현실의 모순으로부터 도망치고자 하는 욕망에서가 아니라 복잡한 존재의 현실에 자극을 받아서 성취하는 것이다. 파우스트가 죽음의 독약이 담긴 술잔에 매혹된 것은 생의 원천이 고갈되어서도 아니고 화병의 물이 말라버렸기 때문도 아니다. 반대로 신으로부터 선택받은 그는 그의 아버지인 신으로부터 무엇과도 비교될 수 없는 조그만 약병을 받아서 하나의 절대적 행동만이 지평을 열어줄 새로운 세계로 들어가게 된다. 그러나 부활절의 노래 소리는 삶의 부드러움으로 파우스트를 유혹하고, 부인했던 신을 찬미하는 찬송가는 죽음의 욕망을 떨쳐버리게 한다. 그리스도가 부활한 것이다! 마찬가지로 파우스트는 그

의 헛된 탐색과 절대로서의 진리에 대한 집착을 버린 대가로 사변적 절망에서 해방된 것이다. 그리하여 그의 정열의 결과와 노력의 수고를 통해서 보다 풍부하고 매력적인 할 일을 찾게 된다. 파우스트는 그가 자신의 존재에 의해서 순수한 철학적 자살이란 불가능한 것이라는 것을 증명한다는 관점에서는 안티-베르테르다. 그의 관점에서 본다면, 실체없는 하나의 열정에 의한 자살이 아니라면 아직 자연적인 죽음이 저 멀리에 있는데 어떻게 냉정하게 끝을 맺을 수가 있겠는가![26)

---

26) http://terms.naver.com/entry.nhn?docId=1394984&cid=42066&categoryId=42066

제2장 자살의 원인분석과 유형

1. 자살의 원인분석과 사회적 대안

1) 들어가는 말

한국인의 자살은 세계적 수준으로 OECD 국가 중에 1위를 차지하고 있다. 뿐만 아니라 기독교인의 자살마저 늘고 있어 사회에 큰 파장을 일고 있다. '자살'은 이제 우리의 일상생활에서 쉽게 접할 수 있는 보편적인 사회현상이 되어 버렸다. 따라서 우리는 급격한 사회변동속에서 우리나라의 자살률이 급격히 증가하고 있으며 다양한 추세로 나타나고 있다는 사실을 간과해서는 안될 것이다. 자살이 사회윤리적 차원 뿐 아니라 목회적 차원에서도 접근해야 하는 도덕적 문제와 함께 목회적 문제도 수반되고 있음을 자각해야 한다. 따라서 자살의 원인분석과 사회적, 목회적 대안을 제시하되, 자살한 당사자를 포함하여 그 유가족들의 아픔까지도 품을 수 있는 대안을 제시하고자 한다.

2) 자살의 의미

자살(suicide, 自殺)이란 사전적 정의에 따르면 그 원인이 개인적이든 사회적이든 '당사자가 자유의사에 의하여 자신의 목숨을 끊는 행위'이다. 자살을 뜻하는 영어의 'suicide'라는 말은 라틴어에 어원을 둔 sui와 'cide의 합성어이다. 'sui'는 '스스로', '자신의'라는 뜻을 가지고, cide는 'caed'에서 전환된 것으로 '죽이다'라는 뜻을 각각 지니고 있다. 그래서 'suicide'는 앞에서 언급한 바와 같이 자살은 '자기 자신을 죽이는 행위'를 지칭한다.

3) 자살의 현황

우리 사회의 자살은 개인 차원의 정신 병리적 문제로 다루어져서는 안된다. 자살은 가족처럼 가장 작은 단위의 사회 뿐만 아니라 소속된 직장이나 지역사회 더 넓게는 국가라는 집합체안에서 작동하는 여러 메커니즘의 맥락에서 이해되어야 한다. 따라서 이미 자살은 OECD국가들의 주요한 보건의료문제로 규정되어 각 국가별 자살예방대책 마련과 실천이 분주하다.

OECD 국가들의 자살률을 비교해 보면 우리나라는 세계에서 자살률이 가장 높은 나라이며, 이미 자살대책기본법을 제정한 일본에 비해서도 월등히 높은 수치를 보이고 있다.27)

2. 자살예방: 우리나라의 자살현황 및 자살원인

1) 자살율의 급증

해가 갈수록 자살율이 급증하고 있다고 합니다. 젊은 층의 사망원인 1위가 자살이며, 노인자살 문제도 심각한 상황입니다.

〈그림. 자살예방 슬로건〉

"우울증은 치료가능하고 자살은 예방가능하다"
〈세계보건기구(WTO) 2000년 자살예방의 해 슬로건〉

 보건복지부

자료: http://blog.naver.com/PostView.nhn?blogId=kw20541&logNo=20137186269

---

27) http://blog.daum.net/tbhn5951adf41w/10?srchid=BR1http://blog.daum.net/tbhn5951adf41w/10 (2015.3.30.)

지난 해 시간당 2명에 가까운 사람들이 자살했다고 하니 자살문제에 대한 대책이 시급해 보입니다. 내년에는 자살율이 급격히 감소되었다는 소식, 자살한 사람이 한명도 없었다는 소식을 들었으면 좋겠습니다.

2) 자살에 대한 일반적 현황

자살은 자살행위로 인하여 죽음을 초래하는 경우로서 죽음의 의도와 동기를 인식하면서 자신에게 손상을 입히는 행위로 정의되어지고 있습니다(세계보건기구). 세계보건기구(WHO)는 2000년을 자살예방의 해로 선포하고 간단명료한 슬로건을 내걸었습니다. "우울증은 치료가능하고 자살은 예방가능하다" 여러분은 이 말에 동의하십니까? 우울증에 대해서 본 연구에서는 주로 자살예방을 위해 우리 스스로가 알아야 될 지식과 주변의 자살위기자를 어떻게 도울 수 있는지에 대해서 주로 살펴보고자 합니다. 본 연구에서는 삶과 죽음에 대한 철학적 접근은 하지 않을 것이고 과학적 사실에 입각한 사실 위주의 정보를 드리고자 합니다. 먼저 우리가 일반적으로 인식하고 있는 자살에 대한 허구와 진실은 무엇일까요?

3) 자살에 관한 진실과 허구

(1) 허구
자살에 대해서 언급하는 경우, 실제 자살시도를 하지 않는다.
자살시도자는 절대적으로 죽을 의도를 가지고 있다.
자살위기 이후의 회복은 곧 모든 상황의 회복을 의미한다.
모든 자살이 예방될 수 있는 것은 아니다.
한번 자살 생각에 빠지게 되면 항상 그러하다.

(2) 사실
자살자는 경고 사인을 준다.
자살에 대해서 대개는 양면적이다.
많은 경우 자살은 파괴적 생각을 행동으로 옮길만큼 충분한 에너지를

〈그림. 우리나라의 자살 사망자 수〉

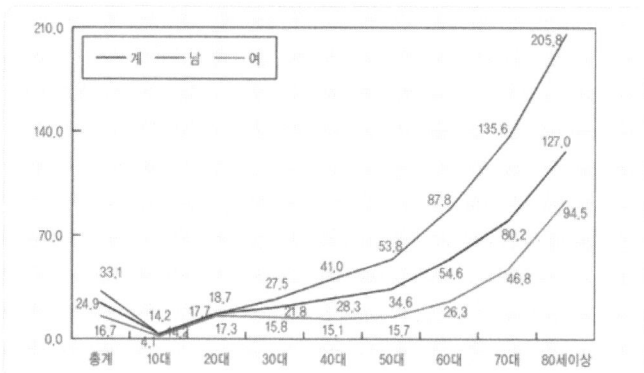

인구 10만 명당 연간 약 24명
(2007년)이 자살

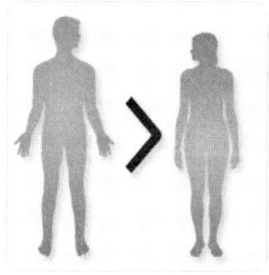

50분마다 한명씩 자살로
생을 마감

남자가 여자보다 자살을 많이 함

나이가 많을수록 자살을 많이 함

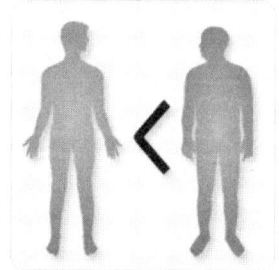

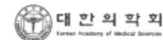

자료: http://blog.naver.com/PostView.nhn?blogId=kw20541&logNo=20137186269

가지고 있을 때, 즉 회복기에 일어난다.
모든 자살이 예방될 수는 없다. 하지만 대다수는 예방가능하다.
자살생각은 다시 올 수 있다. 하지만 영구적인 것은 아니며 어떤 경우에는 다시 오지 않는 경우도 있다.[28]

4) 자살관련 현황

(1) 우리나라의 자살 사망자수

우리나라의 자살사망률은 전 세계적으로 아주 높으며 OECD가입국 중 제일 높은 자살사망율을 보이고 있습니다. 인구 10만명당 연간 약 24명이 자살을 하고 있는데, 이를 다른 방식으로 계산해 보면 약 50분마다 한명씩 자살로 생을 마감하고 있다는 것을 의미합니다. 위의 그래프에서 보이는 바와 같이 일반적으로 남자가 여자보다 자살을 많이 합니다. 또한 나이가 많을수록 자살을 많이 합니다. 우리나라의 노인자살율은 세계적으로도 매우 높습니다.

(2) 자살생각과 자살시도

그림에서 나와 있는 바와 같이 1명이 자살하는데 있어 그 이전에 24명이 자살시도를 하게 되고 또 그 이전에 약 750명이 자살에 대한 생각에 빠져 있게 됩니다. 역으로 이야기하면 자살에 대한 생각을 하고 있는 사람들이 적절하게 도움을 받는다면 자살시도도 줄어들고 궁극적으로 자살사망자도 줄일 수 있다는 이야기가 됩니다. 다시 한번 강조하지만 인류 역사를 돌아보더라도 모든 자살을 막을 수는 없습니다. 하지만 많은 자살은 사전에 예방이 가능한 것이기도 합니다. 자살시도와 관련한 또 다른 사실을 살펴보면, 청소년들은 약 200건의 자살시도가 1건의 자살사망으로 이어지는 반면, 노인의 경우에는 4건의 자살시도가 1건의 자살사망으로 이어지고 있습니다. 이는 다시 말하면 노인 자살의 경우 훨씬 더 심각하게 자살의지를 가지고 결행에 옮기는 것이라고 할 수 있겠

---

[28] 자료원 : 자살예방, 세계보건기구, 2000.

습니다.

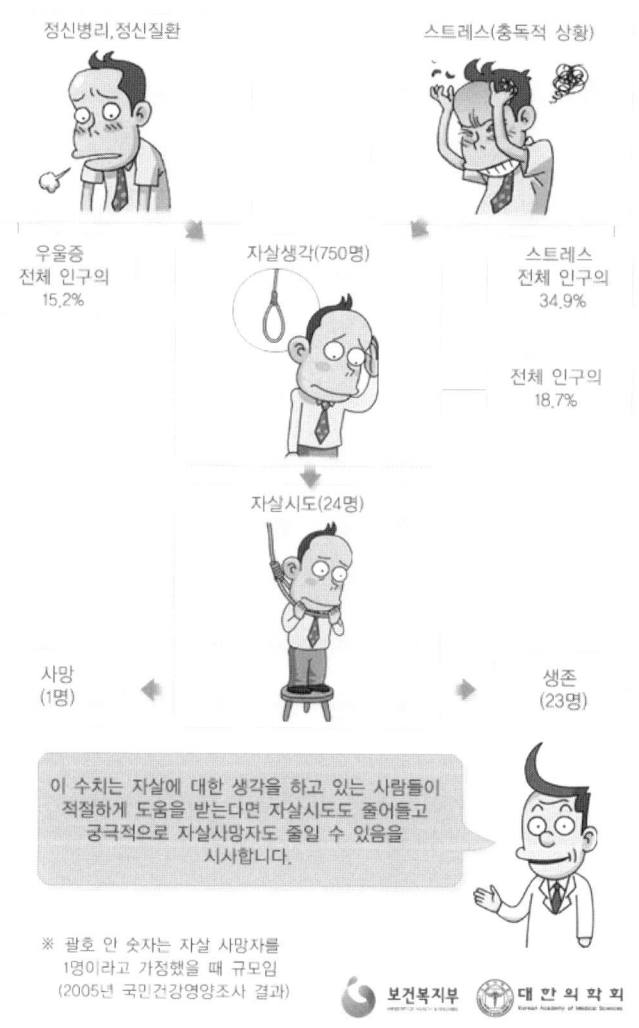

자료: http://blog.naver.com/PostView.nhn?blogId=kw20541&logNo=20137186269

5) 자살의 위험요인

(1) 정신질환과 자살과의 관련성

자살은 급격한 스트레스에 따른 일시적 충동으로 자살을 시도하는 경우도 있습니다만 정신질환 또는 정신병리와 밀접한 연관성을 가지고 있습니다. 미국의 공공보건국에서는 자살을 예방할 수 있는 가장 적합한 방법은 우울증이나 다른 정신질환을 조기에 진단하여 적절하게 치료하는 것이라고 발표하였습니다. 또 다른 연구 결과들을 살펴보면 자살자의 약 60% 이상이 우울증에 기인하는 것이라고 발표하기도 했습니다.

(2) 사회경제적 요인과 자살과의 관련성

물론 자살은 정신병리 뿐 아니라 다양한 사회경제적 요인의 영향을 받을 수 있습니다. 통계상 우리나라의 자살은 이혼율, 소득양극화, 실업률 등의 사회적 지표와 관련이 있는 것으로 나타나고 있습니다. 하지만 대다수의 이혼자, 취약계층, 실업자들은 자살을 하지 않고 있습니다. 상관관계가 있다는 것이지 원인은 아닙니다. 대다수는 심리적 회복 능력을 가지고 회복할 수 있지만 이런 능력이 결여되어 있는 경우, 우울증 등의 정신적 어려움을 겪게 될 가능성이 높아지게 되고 자살위험이 커진다고 할 수 있습니다. 실제로 한 자살상담기관에서 자살관련상담을 받은 대상자 중 경제적 이유로 자살을 생각하고 있다고 응답하는 대상자는 약 15% 정도의 수준에 머물고 있습니다.

(3) 심리적 요인과 자살과의 관련성

자살은 심리적 측면을 가지고 있습니다. 어릴 때부터 일관성있게 사랑으로 잘 보살펴 주는 부모나 또는 그 대리 역할을 하는 분들을 가지고 자라난 사람들은 삶에 대한 일종의 자신감을 가지게 됩니다. "나는 사랑받을만한 사람이고 이 세상에 받아들여질만한 사람"이라는 의식을 깊이 가지게 되는 것입니다. 그러나 그 반대의 경우가 된다면, 그 사람은 자살에 매우 취약한 존재가 될 가능성이 큽니다. 그러나 그런 취약성을 가지고 있음에도 불구하고, 자신의 삶의 과정에서 새로이 누군가가 나타나 그런 사랑과 관심을 베풀어 준다면, 그는 그런 어린 시절의 취약성을 극복할 힘을 가지게 될 수 있습니다. 그런 의미에서 개인적인 사랑과 관심을 주변에 베풀어 줄 수 있는 건강한 사람들이 그 사회안에 얼마나 많은가가 한 사회의 자살률을 좌우하게 된다고 할 수 있습니다.

(4) 사회문화적 요인과 자살

자살은 동시에 문화적 측면도 가지고 있습니다. 예를 들어 부모-자식 간의 관계가 가지는 문화적 전통은 자살에 구체적인 영향을 끼칠 수 있습니다. 아이들 때문이라고 이를 악물고 살아가야 한다는 생각을 하는 것은 모든 문화권에서 있기는 하나, 그 정도가 모두 똑같이 나타나는 현상은 아닐 것입니다. '나' 라는 존재의 사는 이유가 바로 자식을 위해서라고 보는 그런 강력한 유대감과 공동의식을 가지고 있는 문화속에서는 자식이 자살을 막는 가장 큰 힘이 될 수 있을 것입니다. 반대로 자식에게 부담을 주기 싫어서 자살을 선택하는 노인들도 많이 있습니다. 이와 같이 자살이 좀더 쉽게 일어날 수 있는 문화와 그렇지 않은 문화가 존재할 수 있습니다. 결과적으로는 그것을 어떻게 바라보고 그 문화적 특성에 어떻게 대응해 나가는가가 가장 중요한 사회문화적 과제 중의 하나일 것입니다.

6) 자살징후와 자살위기의 사람들을 도울 방법

(1) 자살징후란 무엇인가?

자살징후를 알아차리는 것은 매우 중요합니다. 1명이 자살을 하면 주변의 6명이 영향을 받는다고 합니다. 이와 우리 가족의 정신건강을 위해서도 자살징후를 잘 숙지해서 적절하게 도움을 줄 수 있다면 모두의 정신건강을 위해 좋을 것입니다.

농담식으로라도 자살이나 죽음에 대해 자주 언급합니다.
대인관계를 기피하고 대외적 활동이 줄어듭니다.

평소에 자주 안만나던 사람들을 일부러 챙겨서 만나러 다닙니다.
술을 평소보다 자주 마십니다.
소중하게 간직하던 물건들을 다른 사람에게 나눠 줍니다.
죽음에 관한 시를 쓰거나 낙서를 합니다.
사후세계에 관심을 보입니다.
평상시와 달리 주변을 정리정돈합니다.
평상시보다 더 밝고 평온해 보이며 주변상황에 초연해집니다.
식사량과 수면양이 평상시에 비해 지나치게 줄거나 늘어납니다.
위의 자살위험징후들의 공통점은 평상시 잘 안하던 행동들을 하는 것입니다.
하나하나의 행동만으로는 자살징후라고 알아내기 어렵습니다.
하지만 최근의 상황을 잘 아는 주변인이라면 위의 징후들 중 두 세 개 이상의 모습들을 보이는 경우 관심만 가지고 있다면 알아차릴 수 있을 것입니다.
혹시 가까운 사람에게서 자살위험징후를 발견하면 어떻게 해야 될까요? 정답은 "질문하라"입니다. 상대방은 당신이 묻지 않으면 대답하지 않을 것입니다.

〈그림. 가까운 사람에게서 자살위험 징후를 발견하면?〉

자료: http://blog.naver.com/PostView.nhn?blogId=kw20541&logNo=20137186269

7) 자살위기에 있는 사람을 어떻게 도울 수 있는가?

(1) 도움을 주고자 할 때 해야 할 것과 하지 말아야 할 것입니다.
- DO(해야 할 것)

집중해서 들으십시오. 차분하십시오
상대방의 감정을 이해하십시오. 공감하십시오
수용과 존중의 비언어적 메시지를 주십시오

상대방의 의견에 대한 존중의 의미를 전달하십시오
솔직하고 진실되게 말하십시오
당신의 관심, 도움의지, 따뜻함을 보여주십시오
내담자의 감정에 집중하십시오
 - DON'T(하지 말아야 할 것)
너무 잦은 질문으로 내용을 끊지 마십시오
감정적이 되거나 충격을 받았다는 느낌을 주지 마십시오
당신이 바쁘다는 뉘앙스를 풍기지 마십시오
베푸는듯한 느낌을 주지 마십시오
너무 파고들거나 명료하지 않은 메시지는 주지 마십시오
과중한 부담을 주는 질문은 삼가하십시오.

〈표. 자살예방 상담서비스 현황〉

운영주체	개설연도	전화상담	온라인상담	비고
생명의 전화	1977년	1588-9191	www.ligeline.or.kr	전국적 조직망 구축 24시간 운영 자원봉사단 활용
수원시 자살예방센터	2001년	-	www.csp.or.kr	자원봉사단 활용 전화상담 현재는 사이버 상담만 제공
전국 정신보건센터	2005년	1577-0199	www.suicide.or.kr (서울자살예방센터)	서울 자살예방센터 - 24시간 운영 - 정신보건전문요원 상담 - 응급출동체계 구축 경기도.인천 광역센터
한국자살예방협회	2005년	-	ww.ciunselling.or.kr	전문직 상담 그룹 구성
보건복지 콜 센터	2006년	129	www.129.go.kr	24시간 운영 긴급 상담체계

자료: http://blog.naver.com/PostView.nhn?blogId=kw20541&logNo=20137186269

8) 어떤 도움을 받을 수 있는가?

(1) 상담과 치료

우울이라는 선글라스를 벗어야 합니다. 여름철 강한 태양과 자외선으로부터 우리의 눈과 피부를 지키기 위해서, 또는 패션 소품의 하나로서 우리는 선글라스를 착용합니다. 선글라스를 끼게 되면 자외선은 차단되지만 우리가 보는 세상은 선글라스 색의 강도에 따라서 조금 어둡게 혹은 아주 어둡게 보이게 됩니다. 하지만 인간의 눈은 조리개의 기능이 있어서 홍채를 평상시보다 더 많이 열게 되고, 조금의 시간이 지나게 되면 우리의 눈은 새로운 색깔과 명도에 적응하게 됩니다. 선글라스를 끼고 있다는 사실을 잊기도 합니다. 그러다가 우연찮게 선글라스를 벗게 되는 경우를 생각해 봅시다. 세상이 훨씬 밝게 느껴집니다. '아 이렇게 밝았었구나', 선글라스를 끼고 쇼핑을 했는데 나중에 집에 와서 물건을 보면 당시와 색감이 차이가 나는 경험을 해 보신 분들도 있으실 겁니다. 우울은 선글라스와 같습니다. 우울이라는 선글라스는 자기 자신과 미래, 그리고 살고 있는 이 세상에 대한 우리의 인식을 왜곡시킵니다. 우울의 강도에 따라서 말입니다. 그리고 곧 그것에 적응하게 되서 마치 그것이 사실인 양, 그것에 영향을 받으면서 인간관계를 맺고, 공부하고 직장생활을 하고 있으며 그것에 준해서 판단하게 됩니다. 부부간의 불화는 우울을 야기시키지만 결국 관계를 더욱 악화시키고 파국으로 치닫게 만드는 주범도 우울입니다. 남편과의 갈등으로 우울에 빠진 주부에게 항우울제를 처방하면 "내가 잘못한 것이 아닌데 왜 나에게 이런 처방을 하느냐?"고 묻습니다. 우울증약을 먹는다는 것이 마치 처벌이라도 되는듯한 반응입니다. 하지만 이유야 어찌되었건 우울이라는 선글라스를 끼게 된 사람은 자신이며 결국 상황이 파국으로 가지 않게 하기 위해서, 그리고 상황을 있는 그대로 판단할 수 있는 힘을 찾기 위해서는 선글라스를 벗어야 하며 이는 우울증을 치료하는 것과 같습니다. 상황을 있는 그대로 객관적으로 판단하는 것, 바로 이것이 우울증 치료의 목적이라고 할 수 있습니다. 부도를 맞은 사람이 우울해졌는데 치료를 받는다고 무너진 사업이 다시 정상화되는 것은 아닙니다. 하지만 미래와 세상과 자신에 대한 판단을 훨씬 비관적으로 하는 것은 막을 수 있습니다. 선글라스를 끼고 고른 옷의 색깔은 원색과 비슷하기는 하지만 다릅니다. 판단은 선글라스를 벗고 해야 합니다. 우울증이 좋아질 때까지 판단을 미루어야 합니다.

특히 삶의 중요한 판단은 더욱 그렇습니다. 가장 극단적인 것이 바로 자살입니다. 정신질환, 특히 우울증은 자살의 고위험 질환입니다. 우울증은 정신치료 및 약물치료 등을 통해 효과적으로 치료될 수 있습니다.

다음의 홈페이지에서는 질환과 관련된 정보 뿐 아니라 상담도 받을 수 있으며, 지역의 가까운 정신과 병의원에 대한 자세한 소개도 되어있습니다.

대한신경정신의학회 홈페이지 www.mind44.co.kr(해피마인드 상담실)
대한신경정신과 의사회 홈페이지 www.onmaum.com(온마음 상담실)

(2) 지역사회에서의 자살예방상담 서비스

생명의 전화는 1973년 아가페의 집을 시작으로 시민자원봉사단을 중심으로 하는 24시간 전화상담 서비스를 제공하고 있습니다. 수원시 자살예방센터 역시 2001년부터 자원봉사단에 의한 24시간 전화상담실을 운영해오다 최근 들어서는 온라인 상담 서비스만 제공하고 있습니다. 한국자살예방협회도 2005년 사이버 상담실을 열어 운영하고 있습니다.

보건복지가족부는 2005년 자살 및 정신질환 고위험군을 대상으로 전국 공통전화인 1577-0199를 개설하여 전국의 정신보건센터를 중심으로 운영하도록 하고 있고, 서울, 경기, 인천지역에서는 24시간 운영하고 있습니다. 서울시는 2005년부터 서울시 광역정신보건센터를 설립하였고 위기관리팀을 운영하기 시작하였습니다. 광역센터 위기관리 서비스의 특징은 전국공통전화인 1577-0199를 대표번호로 사용하면서 서울시 전역의 창구를 일원화하여 24시간 체제로 운영합니다. 정신보건전문요원에 의한 보다 전문적인 서비스체계를 구현하고 응급출동체계 구축을 통해 상담 이후의 즉각적인 개입도 가능하도록 되어 있습니다. 2009년부터는 서울시자살예방센터로 확대 운영되고 있습니다.

"정신건강은 우리의 최우선 가치 중의 하나입니다"
"우울증은 치료가 가능하고 자살은 예방 가능합니다"[29)30)]

3. 자살원인의 우울증 대비방법

마음이 건강하면 아무리 힘들고 우울한 일이 있더라도 어렵지 않게 극복하고 일어날 수 있습니다. 몸과 마음의 건강은 기본적인 사항을 지키는 것에서부터 시작하는 것이랍니다.

1) 즐겁게 운동하기

몸을 움직이면서 여분의 칼로리를 태우는 것은 정신과 몸을 건강하게 합니다. 야외에서의 운동이든, 실내에서 하는 운동이든 본인이 즐겁게 운동하기만 하면 됩니다.

2) 가까운 거리는 걷기

출근할 때 걷는 것 등 부담되지 않는 거리를 걸으며 평소 지나치던 것들에 대해 둘러보는 시간을 가져봅니다. 소소한 행복이 될만한 것을 발견할 수 있습니다.

3) 취미 가지기

취미는 남이 하라고 종용하지 않아도 스스로 찾아서 하는 즐거운 일입니다. 이 긍정적인 에너지가 스트레스 해소에 큰 도움이 될 것입니다.

4) 그림이나 악기 배우기

그림을 그리거나 악기를 연주하려면 생각하고 표현해야 합니다. 자신

---

29) 출처:국가건강정보포털
30) http://blog.naver.com/PostView.nhn?blogId=kw20541&logNo=20137186269(2015.3.30.)

의 현재 상태에 대해 생각해 볼 수 있는 시간이 될 것입니다.

5) 멘토에게 감사하기
인생의 멘토라 할 수 있는 존재를 정해놓고 멘토에게 고마운 점이 무엇인지를 생각하다 보면 자신의 강점과 장점을 발견할 수 있습니다.

6) 입체적으로 친구 사귀기
친한 대상을 한정짓지 말 것. 한 세대 어린 친구는 생활에 자극을 줄 수 있고, 한 세대 위의 친구는 삶의 방향에 도움을 줄 수 있는 견인차 역할을 할 것입니다.

7) 친구와 대화하기
마음을 터놓을 수 있는 친구에게 스트레스를 받는 일 뿐만 아니라 대수롭지 않은 일도 털어놓는 것이 좋습니다. 자신도 모르던 스트레스 요인을 말로 털어 놓으면 심리적인 이완효과가 있습니다.

8) 힘들어하는 동료 도와주기
힘들어하는 동료가 있다면 먼저 도움을 주어 봅시다. 커피 한잔을 건네주거나 한마디 말을 해주는 것만으로도 나 자신이 행복해집니다.

9) 하루는 쉬어주기
아무리 바빠도 적어도 하루는 완전히 쉴 수 있는 날이 필요합니다. 뇌를 전혀 쓰지 않는 날도 필요합니다.

10) 쉬기 위해 떠나기
할일이 쌓여 있어도 휴가는 휴가답게 보내는 것이 좋습니다. 평소와 다른 환경에 놓여 새로운 자극을 받아들이는 것만으로도 재충전을 할 수 있습니다.[31]

---

[31] http://blog.daum.net/gpeka2010/10321?srchid=BR1http://blog.daum.net/gpeka2010/10321 (2015.3.30.)

4. 자살의 원인분석

자살에 딜이 있었는 것 같다는 이야기가 나오는건 지금 확실하지 않으니 미뤄두더라도 트위터 및 언론에서 멍청한 이야기가 들리는데, 경찰 등이 유서가 있는데도 불구하고 자살원인을 호도한다고 비난하더라고요.[32] 한 몇년전에 비슷한 일이 있었습니다. 제가 그 사건을 찾아보려다 실패했는데 간략한 설명을 하자면 다음과 같습니다. 아마 경상도 쪽에서 있었던 일인데 이명박을 까면서(박근혜에 기대를 품은(확실치 않음)) 유서였던걸로 기억하는데, 물론 이때는 분신자살 같은게 아니라서 주목받지는 못했습니다. 그 사건을 제보받고 뉴스를 본 후 이 사람이 유서를 그렇게 썼긴 하지만 자살을 택한 근본적인 원인이 가정살림이 망해서라는 판단을 했습니다. 이번 사건도 비슷한데 분신을 택한 원인은 정치적 판단에 의거하는게 맞겠죠. 근데 분신이란 수단을 택하기 이전에 왜 자살을 마음먹었는지가 중요하다고 봅니다. 그래야 자살을 막는데 도움이 되니까요. 그렇기 때문에 주변 제반 사정을 살펴보는 것이고요. 이 분의 경우도 위 사건과 마찬가지로 저분의 개인적인 상황이 영 좋지 않았는 것을 알 수 있습니다. 그러니까 근본적인 원인은 빚 때문이 아닐까 추측이 가능하다는 이야기죠.
(http://www.munhwa.com/news/view.html?no=2014010201071427170004)
보험에 의도적으로 가입한 것도 이 추측에 힘을 실어주겠죠.

만일 저 분의 사정이 안좋게 된 원인이 박근혜나 이명박의 정책의 피해자라면 어느 정도 연관을 지을 수 있겠지만 현재로써는 정보가 없습니다. 연관이 있다면 경향같은데서 볼 수 있겠죠. 자살관련 뉴스에서 연관있는 다른 사건이 보이긴 했지만, 이번 사건에 한해서는 현재까지는 별 다른 이야기는 없네요. 이렇게 그 사람이 처해 있는 여러가지 상황을 분석해서 결론 내려야지, 저렇게 유서만 내밀면서 시야를 가리면 당장의

---

32) http://gustav.egloos.com/5784577

정쟁에는 도움이 될지 모르겠지만 그게 장기적으로 도움이 되지는 않으리라고 봅니다.33)34)

5. 생명존중 및 자살예방

복실아지매, 조금 심각한 부분을 말씀 드리지 않을 수가 없네요. 세월호의 아픔으로 인해 사실 맘껏 기뻐하고 즐기기에는 마음이 편치 않은 요즘, 대국민적 우울감에 빠져있다가 브라질 월드컵으로 잠시 끌어 올려보는 컨디션이죠. 근데, 간간히 들려오는 자살의 소식, 그리고 이전에도 자살에 관련된 보도는 많았지만 세월호 이후 자살충동에 대한 반응이 급증하고 있다니 정말 안타까울 수 밖에요.

1) 자살의 원인과 예방

예전에는 성적비관 및 가족간 갈등 등의 영향으로 생명 경시풍조가 만연하여 자살의 길을 선택하는 경우가 많았지요. 생명존중은 간곳없이 이뤄지는 자살이 심각한 사회문제로 대두된지 한참입니다. 그런데 엎친데 덮친격으로 세월호의 아픔으로 인해 국민적 대 우울증세로 나라가 모두 우울증을 앓고있는 지금 자살충동이 급증하는 현실입니다. 이같은 사회적 문제가 학생들에게 나쁜 영향을 끼칠까 염려하는 엄마의 마음에서 생명존중 및 자살예방에 대해 정리해 봅니다. 브라질 월드컵으로 들썩이는 이때 쌩뚱맞다고 여기진 않으실런지 조심스럽습니다만, 아픔에서 헤어나오지 못해 자살이란 나쁜 선택을 하게 되는 주변을 외면할 순 없잖아요. 그쵸?

2) 자녀의 생명존중 및 위기상황 대처요령

하나, 자살예방! 왜 해야 할까요? 자살기도율이 가장 높은 시기는 청

---

33) 자살, 자살의 원인, 사회적인 문제
34) http://blog.daum.net/gpeka2010/10321?srchid=BR1http://blog.daum.net/gpeka2010/10321 (2015.3.30.)

소년기이며, 충동성이 강해 순간적으로 이루어집니다. 자살은 끝이 아닙니다. 개인의 자살은 남겨진 가족 및 동료, 공동체에게 평생 고통과 정신적 충격, 죄책감을 남깁니다. 자살은 개인적인 사건이 아닙니다. 자살은 사회적인 사건이며 또 다른 모방자살을 유도하고 생명경시 풍조를 만들고 공동체의 불안정한 정서를 유발합니다.

둘, 자살의 원인은 무엇일까요?

개인적 요인 : 견딜 수 없는 고통과 절망, 염세비관, 신체결함, 이성관계, 성적비관, 학교폭력피해, 부모님과의 갈등

정신적 요인 : 우울증, 불안장애, 반사회적 성격장애, 약물중독, 과거 자살시도 경험

사회적 요인 : 가정에서의 지지망 약화(가정궁핍, 가정폭력, 가정불화), 경쟁적이고 개인적인 사회풍토, 폭력적, 선정적, 생명경시 대중문화(인터넷 유해사이트), 방송매체의 선정적 자살자 보도(청소년 자살 중 20%가 충동적 자살)

셋, 자살에 대한 바른 인식, 여러 사건과 감정이 오랜 시간동안 개입된 것이므로 주위의 관심과 도움은 자살위험에 처한 이들에게 큰 힘이 됩니다. 청소년 10명중 8명은 자살의도에 대한 경고신호를 보인다고 합니다.(직접적 자살이야기, 식욕감퇴/증가, 수면변화, 심한 감정의 변화, 평소와 다른 행동 등) 상대방의 자살 생각에 대한 솔직한 대화와 진심어린 걱정은 자살의 즉각적인 위험을 줄이는 중요한 요소가 됩니다.

넷, 자살의 위험요인을 어떻게 알 수 있나요?

언어적 단서 : 내가 사라질 때~~, 나는 더 이상 너를 괴롭히지 않을거야, 그동안 고마웠어, 나는 한 발자국도 더 나가기가 어려워, 아무 것도 내 상황을 바꿀 수 없어, 안녕.

행동적 단서 : 이전의 자살시도, 물건 정돈(빚 갚기), 최근 친한 친구들 방문, 받았던 상장 버리기, 갑작스런 기분향상, 가출

상황적 맥락 : 청소년의 중요한 상실과 관련된 상황(사랑하는 사람과

의 별거나 죽음, 희망상실, 시험성적비관, 친구관계)

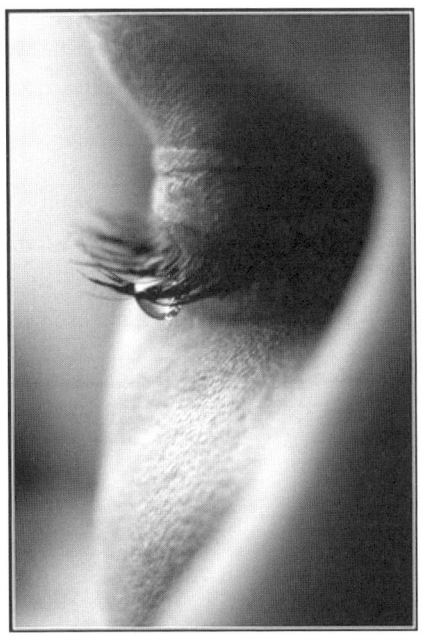

자료: http://blog.naver.com/PostView.nhn?blogId=whdtnrdl44&logNo=220034236604

　다섯, 청소년 자살예방을 위해 평상시 필요한 여건은 무엇일까요? 가족 구성원간의 좋은 관계유지, 자녀와 자유로운 대화, 자녀에 대한 인정, 칭찬, 격려, 중요한 결정을 내려야 할 때 조언을 구하게 함, 해결책을 잘 받아들이는 태도가 필요하며 동료들과 잘 어울리고 학교선생님이나 주위 사람들의 정서적 지지가 필요합니다.
　여섯, 청소년이 자해 의도가 있다면 어떻게 도와야 할까요? 아이가 하는 말을 기꺼이 들어주며, 진실된 상황을 이해시키며, 너와 함께 너의 문제를 직접 이야기하기를 희망한다는 메시지를 전달합니다. 다른 가족과 학교에 알리고 혼자 내버려 두어서는 안되며 조심스럽게 충분한 관심을 보여주어 "많은 사람들이 나를 도울 수 있다"라는 것을 이해시킵니다.

일곱, 정신건강을 위한 생활수칙

자료: http://blog.naver.com/PostView.nhn?blogId=whdtnrdl44&logNo=220034236604

혼자만의 시간을 갖고 나에게 쓰는 일기를 씁니다. 즐거운 상상을 많이 하고 좋아하는 음악을 듣고 흥얼흥얼 따라 부릅니다. 거울속의 자신에게 칭찬과 격려를 해줍니다.('아주 잘해냈어! 최선을 다하는거야', 스스로에게 '난 정말 괜찮은 사람이야')

도움을 청할 수 있는 기관 안내

생명의 전화 / 1588-9191 : www.lifeline.or.kr
사랑의 전화 / 1566-2525 : www.counsel24.com
한국청소년상담원 전화 / 1388 : www.kyci.or.kr
정신건강위기 상담전화 / 1577-0199
보건복지 콜센터 희망의 전화 / 129

대한의 엄마 복실아지멈, 오지랖이 뻗쳤다 생각마시고 우리 자녀 혹은 내 주변의 맘 아픈 사람들에게 생명존중 및 자살예방에 모두가 힘을 보태어야 하지 않을까 해요. 생명존중이 우선되는 그날까지, 자살예방이 필요없을만큼 밝고 명랑한 모두의 내일을 기대하며, 복실아지멈은 이만 총총총35)

6. 자살의 원인, 사회적 문제, 현명한 부모되기, 우리아이 잘키우는 법

1) 자살의 원인, 사회적 문제

자살은 라틴어의 sui(자기 자신을)와 cædo(죽이다)의 두 단어의 합성어입니다. 자살이란 그 원인이 개인적이든 사회적이든, 당사자의 자유의사에 의해 자신의 목숨을 끊는 행위입니다.36)

보건복지부가 지난 9월 10일 자살예방의 날을 맞아 발표했던 통계를 살펴보면, 우리나라의 자살자는 인구 10만명당 28.4명으로 33개 OECD 국가 중에서 가장 많이 나온 것으로 결과가 나왔습니다. 자살은 10대 ~ 30대까지가 사망원인 1순위로 나타나 큰 충격을 주었죠.

자살의 원인은 주로
10대들은 학업 스트레스
20대들은 취업 스트레스
30대들은 금전적인 스트레스로 추정되고 있습니다.

---

35) http://blog.naver.com/PostView.nhn?blogId=whdtnrdl44&logNo=220034236604(2015.3.30.)
36) 2011/10/27 13:44, http://blog.naver.com/br_brainedu/110122306652

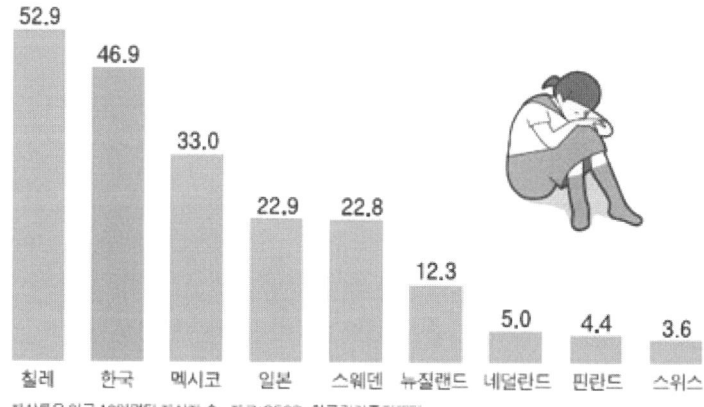

자료: http://blog.naver.com/PostView.nhn?blogId=1vjhv1&logNo=140196989292

　자살은 우울증과 같은 병이 아니라 사회적인 문제라고 꼽고 있습니다. 하지만 자살의 원인으로 꼽히는 우울증도, 자살까지 이르는 현상중의 하나라고 강조는 하고 있죠! 연예인들의 자살도 많은 충격이 되고 있는데요. 무명연예인들의 고충을 몰라주는 것도 문제지만, 사회가 나쁘게 돌아가니 사람들이 TV에 나오는 프로그램들로 스트레스를 풀어 갑니다.
　그러다보니 연예인들에 대한 악플로 이어지고 그것을 연예인들의 자살로 몰고 가기도 합니다. 일명 키보드 워리어라고도 하죠. 욕을 하려면 혼자 하면 될 것을, 꼭 글을 남겨서 연예인들에게 상처를 주는 사람들을 추적해서 찾아보면 사회적으로 피해를 입은 사람이 많다고 해요.
　이렇게 높은 자살율을 보이고 있다는 것, 자살은 한 개인이 해결해야 할 문제가 아닙니다. 우리 모두가 떠안고 가야 하는 사회적 책임이죠.
　자살을 병으로 취급하는 태도는 사회적 책임을 지기 싫어서 마치 핑계를 대는 모습으로만 보이지 않아요. 그래서 자살은 다른 말로도 사회적 타살이라고 합니다. 생명은 소중합니다. 자살의 반대말은 살자입니다.
　주변사람들의 말 한마디로 한 사람의 생명을 구할 수 있답니다. 자살하는 사람들의 특징은 정말 힘들어서 누군가에게 털어 놓으려고 합니다.

그때 상대방이 어떻게 하느냐에 따라 달라진다고 해요! 너무 힘들어서 모든걸 털어놓고자 하는데 아무도 들어줄 사람이 없을 때, 자살 생각이 더욱더 커진다고 합니다. 주변사람이 힘들어한다면 이야기를 꼭 들어주세요.37)38)

7. 세계자살예방의 날

9월 10일은 세계자살예방의 날이었습니다. OECD 회원국의 평균 청소년 자살률은 점점 줄어가는데 우리나라 청소년 자살률은 10년간 57%나 높아졌습니다. 성인과 달리 '충동적 자살'이 대부분이라 그에 따른 대책이 필요하겠는데요.39) 통계청 사망원인통계를 분석한 결과, 10~19세 인구 10만명당 자살자수는 10년새에 5.58명으로 57.2% 증가했습니다.

50% 증가한 성인보다 높은 수치입니다. 또, 우리나라는 자살률 순위가 10년전에는 18위였지만 5위로 뛰어오르는 등 매우 심각한 상황입니다.

성인의 자살은 우울증을 동반한 경우가 많지만, 청소년의 자살은 우울증보다 충동적인게 많습니다. 성적 스트레스, 학교폭력, 부모와의 관계, 대인관계 등 주로 내적인 문제가 아닌, 외부환경에 의한 스트레스나 억울함에 대한 반응인 경우가 많습니다.

성인의 자살이유는
1위, 경제적 어려움
2위, 질환 및 장애
3위, 외로움과 고독
청소년의 자살이유는
1위, 성적 및 진학문제

---

37) 출처 : 국학뉴스
38) http://blog.naver.com/PostView.nhn?blogId=1vjhv1&logNo=140196989292(2015.3.30.)
39) 자살의 원인, 복지유아학부 2013/09/11 10:51, http://blog.naver.com/1vjhv1/140196989292

2위, 가정불화

3위, 경제적 어려움

4위, 외로움과 고독

청소년의 우울증 자살률은 10% 미만입니다. 대부분 충동적으로 자살을 결정하는만큼 좀더 세심한 대책이 필요한 실정입니다.[40)]

8. 대구 중학생 자살의 원인은 왕따

대구 중학생 자살, 대구 중학생 자살 왜? 대구 중학생 자살의 원인은 왕따라고 해요. 대구 중학생 자살, 안타까운 소식 전해드릴게요.[41)] 여러분들에게 안타까운 소식을 전해드릴게요. 왕따로 인해 대구 중학생 자살사건이 일어났답니다. 정말 요즘 왕따가 많다고 하는데 왕따로 인해 안타까운 소식들이 많이 들려 오는것 같아요. 대구 중학생 자살에 대한 안타까운 소식 자세한 내용 살펴봐요.

1) 대구 중학생 자살 첫번째

지난 20일 친구들의 괴롭힘을 견디다 못해 대구 중학생이 자살을 했어요. 대구 수성경찰서에 따르면 A군은 지난 20일 오전 아파트 베란다에서 뛰어내렸다고 해요. 스스로 목숨을 끊기전에 집안청소를 하고 잘 보이는 곳에 유서까지 놓아뒀데요. A4용지 4장 분량의 유서속에는 그동안 A군이 마음고생을 얼마나 많이 심하게 했는지 알 수 있는 내용들이 담겨져 있었어요. A군은 유서에다가 몇명 학생의 이름을 거론했어요. "게임을 같이 키우자고 했다. 그 아이는 게임에 쓴다고 통장의 돈까지 다 가져갔다. 담배를 피우게 하고 매일 집에 와서 때렸다. 날이 갈수록 더 심해져 키우라는 양은 더 늘고 수업시간에 공부하지 말고 시험문제 다 찍고 돈벌라하고 물로 고문하고 모욕을 하고 단소로 때리고 우리가족을

---

40) http://egloos.zum.com/gustav/v/5784577(2015.3.30.)
41) 2011/12/23 20:18, http://sat_univ.blog.me/140147934229

욕하고 문제집 다 가져가 버리고 학교에서도 몰래 때리고 온갖 심부름과 숙제를 시키는 등 그런 짓을 했다"라고 유서에 적혀 있어요.

2) 대구 중학생 자살 두번째

A군은 12월에 들어서 자살하고자 몇번이나 결심을 했는데 그때마다 엄마 아빠가 생각이 나서 막았고 매일 그 녀석 때문에 엄마한테 돈 달라고 화내고 매일 게임하고 공부 안하고 말도 안듣고 계속 불효만 했다라고 적혀 있어요. 하지만 내가 사는 유일한 이유는 우리 가족이 있었기에 쉽게 죽지 못했다라는 내용도 적혀 있었답니다. 이어 12월 19일 그 녀석들이 피아노 의자에 엎드려 놓고 손을 봉쇄한 다음 무차별적으로 구타를 했고 몸에 칼등을 새기려고 했다가 실패하자 오른쪽 팔에 불을 붙이려고 했으며 다른 날은 라디오선을 뽑아 목에 묶고 끌고 다니면서 떨어진 부스러기를 주워 먹으라고 했다라는 등의 충격적인 가혹행위를 했다고 해요.

3) 대구 중학생 자살 세번째

A군은 유서 밑에 집 도어키 번호를 바꾸라는 당부의 말을 썼어요. 가해 학생들이 번호를 알고 있어 집에 드나드는 일을 우려한 것이랍니다.

A군의 유서는 매일 남몰래 울고 제가 한짓도 아닌데 억울하게 꾸중을 듣고 매일 맞았던 시절을 끝내는 대신 가족들을 볼 수 없다는 생각에 벌써부터 눈물이 앞을 가린다. 그리고 슬퍼하거나 죽지마라, 가족들이 슬프다면 분명히 나도 슬플거다, 행복하길이라는 문구로 유서마무리를 했어요. 경찰은 이번 사건에 대해 A군의 몸에서 구타 흔적이 발견되었고 같은반 친구들의 진술에 따라 피해내용이 사실일 가능성이 높다고 보고 있답니다. 또 이미 해당 학생들에 대한 1차 조사를 마쳤으며 추가조사 후 사법처리 여부를 결정할 계획이라고 해요.[42]

---

42) http://blog.naver.com/PostView.nhn?blogId=sat_univ&logNo=140147934229(2015.3.30.)

9. 자살의 나라 TOP 5

1) 자살의 나라 1위 그린랜드

그린랜드의 자살률은 세계 최고 수준으로 인구 1천명당 1명 꼴로 자살을 합니다. 또한 전체 인구 중 1/4이 살아가면서 최소 1번 이상 자살을 시도한 적이 있는 것으로 나타났습니다. 그린랜드에서 자살은 더이상 개인문제가 아닌 국가적 이슈이기도 합니다.[43] 그린랜드의 자살률은 1970년대부터 꾸준히 증가하여 그린랜드의 몇몇 도시에서는 사망률 1위로 자살이 꼽히기도 했다고 합니다. 놀랍게도 일반인들의 예상과는 다르게 그린랜드의 자살률은 몇날 몇일 밤이 지속되는 겨울철이 아니라 오히려 백야현상이 일어나는 여름, 정확히 6월에 최고점을 찍습니다. 이 나라의 자살원인에는 다양한 요소가 있는데 대부분 가난과 우울증, 그리고 알콜중독 등이 그 원인으로 꼽히고 있습니다. 그렇다면 도대체 왜 백야인 6월에 이렇게 많은 이들이 자살을 할까요? 일각에서는 백야현상으로 인한 불면증이 우울증의 원인이 되어 자살을 유발한다고도 합니다. 믿거나 말거나죠.

2) 자살의 나라 2위 대한민국

20세기에 들어와 지난 20년간 대한민국의 자살률은 두배가 증가하였습니다. 2011년에는 인구 10만명당 31.7명이 자살하였습니다. 꽤 높은 수치이기는 하지만 그린랜드의 자살률에 비하면 1/3에도 못미치는 상황이죠. 대한민국 사망원인 중 40대 이하 연령층의 사망원인 1위로 자살이 꼽히고 있으며 그보다 높은 중장년층 중에서도 자살은 꽤나 일반적인 사망원인 중 하나입니다. 대한민국의 자살률은 왜 이리 높은걸까? 일부는 대한민국의 사회지도층 및 연예인들 중 상당수가 자살을 선택한 것이 큰 영향을 주었다고 합니다. 다른 원인으로는 금전적인 고통, 육체적인 고통, 감정적 문제 및 가족간의 갈등이 꼽히고 있습니다. 한국사회에

---

[43] 공포,혐오 2013/11/20 00:47, http://ehgusrptdpa.blog.me/130180150959

서는 특유의 효사상으로 인하여 젊은이들이 나이든 친족들을 부양하는 것이 관습적으로 당연시되고 있습니다. 그래서 노년층 자살 중 많은 부분이 자식세대에게 금전적인 짐을 지우지 않게 하기 위하여 스스로 자살을 선택하고 있다고 합니다. 반대로 청소년들의 경우 대학수능시험에 대한 부담감으로 자살을 선택하는 경우가 많습니다.

무슨 시험이 이렇게도 스트레스를 많이 줄 수 있는지 위키백과를 찾아봤습니다. 위키백과에서는 대학수능시험은 대한민국의 모든 대학이 수용하는 표준화된 시험으로 정의합니다.

수능시험날에는 공무원들도 평소보다 늦게 출근하며 회사원과 심지어 증권시장마저도 수험생이 교통체증 때문에 시험장에 지각하는 일이 발생하지 않도록 늦게 연다고 합니다.

이는 세계에서 가장 엄격한 시험 중의 하나이며 대한민국의 학생들은 수능시험 1개를 위해 초등학교때부터 준비한다고 합니다. 대한민국이 세계에서 가장 많은 대학생을 배출하는 나라 중의 하나임을 볼 때 이들 10대 수험생들이 받는 스트레스의 양은 그들의 높은 자살률로 나타나고 있습니다. 이들 수험생들은 심지어 그들이 무슨 수를 쓰든지 제 시간에 시험장에 도착하지 못할 것이라 예상되는 상황에서도 무조건 경찰의 에스코트를 받게 되며 공항의 비행기들도 아예 이착륙이 금지당한다고 합니다. 이처럼 삶이냐 죽음이냐를 결정하는 대학수능시험은 이것이 시작된 1993년 이래 문제출제 보안에 각별히 신경을 써서 단 한번도 문제유출이 발생된 적이 없습니다. 수능시험 문제는 특별히 선발된 교수와 선생들이 출제하는데 그들은 출제기간동안 암막처리된 호텔방에서 모든 종류의 유무선 통신이 끊긴 채 지낸다고 합니다. 와우, 엄청 빡세 보입니다.

3) 자살의 나라 3위 리투아니아

리투아니아의 자살률은 한국에 거의 근접한 인구 10만명당 31.6명입니다. 리투아니아의 자살률은 지난 1998년 러시아연방의 경기불황의 영향을 받아 전국적인 가난이 발생하며 2배 이상 증가하였습니다. 농촌지역의 젊은 세대는 일자리와 생활수준의 향상을 꿈꾸며 도시로 이주하였고 농촌에 남겨진 장년 이상 세대들은 빠른 속도의 노령화 및 심각한 가난에 시달리게 되었으며 이윽고 노동이 불가능해진 노년세대들은 굶주림과 질병에 시달리게 되었습니다.

리투아니아 자살에는 80%가 술과 연관되어있으며 농촌지역의 사람들은 거의 모두가 심각한 알콜중독증상을 보이는데 이들은 심각한 가난과 노령화로 인하여 농촌인구는 급감하는 추세입니다.

4) 자살의 나라 4위 기아나

남아메리카에서도 가장 가난한 빈국인 기아나의 자살률은 인구 10만명당 26.4명에 달합니다. 기아나 자살의 가장 큰 특징은 그들의 자살이 대부분 농약 음독자살이라는 점입니다. 이상하게 들리겠지만 사리에 맞는 것이 기아나같은 농업중심 개발도상국가에서 농약은 가장 싸고 쉽게 구할 수 있는 자살도구이기 때문입니다. 썩 유쾌한 죽음은 아닐테지만 말이죠. 이 나라 전체를 짓누르고 있는 심각한 가난이 물론 자살의 원인 1위이기는 하지만 종교적 갈등에서 빚어지는 문화적 압박 또한 자살의 원인이 되기도 합니다. 특히 종교적, 문화적 갈등으로 핍박받는 동 인디오족의 자살률은 매우 빠른 속도로 증가하고 있습니다.

5) 자살의 나라 5위 카자흐스탄

인구 10만명당 25.6명으로 세계 5위를 차지한 카자흐스탄은 독특하게도 15~19세 여성세대에서 세계 1위를, 15~19세 남성세대에서 세계 2위를 기록하고 있습니다. 카자흐스탄 정부는 이러한 청소년세대의 높은 자살률의 원인으로서 학교폭력, 가치상실, TV매체를 통한 폭력적인 영상물의 영향으로 인한 전통적인 행동규범과 일탈행위라고 보고 있습니다. 하지만 생각은 다를 수 있습니다. 만약 위의 요소들이 진짜 자살의 원인이라면 영국의 자살율이 훨씬 높아야 정상입니다. 영국에서는 위의 요소들이 훨씬 더 심각하거든요. 어쨌든 카자흐스탄의 높은 자살률의 원인은 일종의 미스터리입니다.

다행스럽게도 최근 카자흐스탄의 자살률은 다소 주춤한 상태입니다. 결론은 그렇게 되니 해외여행계획표에서 이 우울한 나라들은 빼셔도 좋습니다. 한국만 다른 나라의 두배 분량이네요. 부끄럽습니다.44)45)

10. 무너진 영혼의 돌이킬 수 없는 선택

자살, 청소년기의 충동적이고 즉흥적인 자살, 자살에 대한 여러 가지 이론, 자살을 어떻게 막을까? 의대에 재학하던 시절 정신과 수업을 듣는데, 한 교수님이 퀴즈를 냈다.

"정신과와 다른 과를 나누는 아주 쉽고도 중요한 기준이 있다. 그것이 무엇인지 아니?"

"정신과에는 미친 사람이 오고, 다른 과에는 멀쩡한 사람이 온다는 거죠."

"정신과는 마음을 다루고, 다른 과는 몸을 다룹니다."

우리는 생각나는대로 대답했다. 교수님은 웃으며 이렇게 대답했다.

"여러분들의 대답에도 일리는 있다. 그러나 내가 생각할 때 가장 분명한 차이는 일반병원을 찾는 환자들은 '살려 주세요'라고 도움을 청하러 오지만, 정신과를 찾는 환자는 '죽고 싶다'며 찾아온다는 것이다. 환자들의 지향점이 180도 다르다."

자살은 생각보다 흔하다. 특히 20~30대에서는 사망원인 1위이고, 15~19세 사이에서는 2위다. 한국만이 아니라 미국에서도 15~19세 사이의 청소년의 사망원인의 3위가 자살이다(참고로 미국의 경우 2위는 타살이다). 암과 같은 불치병은 현대 의학의 발전과 함께 사망률이 급속도로

---

44) 출처 : http://www.sickchirpse.com
45) http://blog.naver.com/PostView.nhn?blogId=ehgusrptdpa&logNo=130180150959(2015.3.30.)

낮아지고 있고, 교통사고와 같은 사고사도 안전수칙을 준수하면 예방이 가능하다. 그렇지만 자살만은 당사자가 자의적으로 저지르는 것이기 때문에 예방하기가 쉽지 않다.

 청소년기의 충동적이고 즉흥적인 자살임상에서 수많은 환자들을 만났지만, 잊혀지지 않는 이야기가 있다. 얼마전 찾아온 고등학교 2학년 여학생이 이틀전에 집을 나갔다가 지친 모습으로 귀가했다. 죽으려고 돌아다녔는데 마지막에 용기가 없어서 그냥 돌아왔다고 어머니에게 고백했다. 학교를 빼먹거나 특별히 우울해 보이지 않았던 딸의 말에 놀란 어머니는 딸을 데리고 병원을 찾았다. 알고 보니 2~3년전부터 항상 우울한 기분이 들었고, 자살에 대해 생각해 본 적도 여러 번 있었다. 그래서 뛰어 내릴 장소를 물색하기도 했다. 그렇지만 매번 용기가 없어서 주저했는데, 최근 더욱 마음이 괴로워지면서 힘들고 괴로운 기분에서 해방되는 유일한 방법이 자살이라는 생각이 얼핏 들어 충동적으로 거리를 헤매게 되었다는 것이다. 이후 약물치료와 상담을 거치면서 우울증은 상당히 호전되었다. 그러나 가끔씩 기분이 가라앉거나 친구와 다투거나 하면 갑자기 자살에 대한 생각이 떠오른다는 것이다.

 이렇게 청소년기의 자살은 충동적이고 즉흥적인 경우가 많다. 심각한 죄의식이나 우울감보다는 성적비관, 일상적 말다툼, 생활상의 스트레스 등이 원인이다. 그래서 성인에 비해 자살시도를 10배나 많이 하는 경향이 있다. 그렇지만 그에 비해 실제 죽음에 이르는 비율은 낮다. 특히 여자가 남자보다 4배나 많이 시도하지만 실제 사망률은 큰 차이가 없는데, 여자는 상대적으로 덜 위험한 방법을 사용하기 때문이다. 남자든 여자든, 현재의 일상적 고통을 견디기 어려워서 어떻게든 벗어나려는 노력이 1차적인 이유다. 일상적 스트레스가 여러 가지 겹칠 때 시너지를 일으키면서 폭발적으로 위험한 행동을 저지르기 쉽다는 것이 청소년기 자살의 특징이다. 자살에 대해 생각하거나 행동에 옮긴다는 것은 그만큼 스트레스를 겪고 힘들어 한다는 징후다. 그러므로 적극적으로 대처해야 한다.

처음에는 그저 막연하게 생각만 하다가 그 생각이 잦아지면 방법과 계획을 떠올린다. 점차 생각은 정교해지고 구체적인 계획을 세우는 단계까지 간다. 이 단계까지 가기전에 여러 번 멈출 수 있다. 그러나 자살에 대한 생각이 마음속에 이식되고 나면 자신의 의지만으로는 극복하거나 없애기가 쉽지 않다. 여러 번 생각을 접고 마음을 돌리지만, 만에 하나 안 좋은 일이 겹치면 가속도가 붙으면서 결행하게 된다. 시간이 갈수록 자극에 대한 역치1)가 낮아지기 때문이다. 자살에 대한 여러 가지 이론, 그렇다면 왜 자살을 할까? 가장 유명한 것은 사회학자 뒤르켐(Emil Durkheim)2)의 이론이다. 그는 자살에는 이기적(egoistic), 이타적(altruistic), 붕괴적(anomic) 자살이 있다고 한다. 집단과의 결속이 없어져 버린 개인이 견디지 못하면 이기적 자살이고, 가미카제 특공대나 논개와 같이 국가와 민족을 위해 생명을 던지면 이타적 자살이다. 붕괴적 자살이란 한 사회가 다른 구조로 변화될 때 이에 적응하지 못한 개인이 견디지 못하는 것이다. 사회의 급격한 변화에 낙오되거나 희생된 많은 이들의 자살이 이 유형에 속한다. 한편 개인적인 심리의 관점에서 프로이트는 외부 대상으로 향했던 사랑이 공격성으로 변해 자신을 향해 일어나는 것이 자살이라고 해석했다. 밖을 향해 쏘려던 총구를 자신을 향해 돌린 셈이다. 여기에는 여러 가지 환상이 기여한다.

  첫번째는 복수 환상이다. 자신이 죽으면 다른 사람들이 미안해 할 것이라고 생각하고 자존심에 입은 상처를 자기 파괴적인 복수로 보상받으려는 것이다.

  두번째는 징벌 환상이다. 복수 환상과는 정반대로 자신이 너무나 나쁜 짓을 저질렀다고 자책한 나머지 살아있을 가치가 없다고 여기고 스스로에게 사형을 선고한다.

  세번째는 재결합 환상이다. 노인들에게 흔한데, 배우자나 사랑하는 사람이 죽고 나면 더 이상 살아갈 이유를 찾지 못하고 사후세계에서 그들과 재결합하려 시도한다.

네번째는 리셋 환상이다. 컴퓨터가 잘 돌아가지 않으면 리셋 버튼을 눌러 새로 시작하면 되듯이, 마찬가지로 인생이 너무 꼬였다고 여기면 자살을 일종의 리셋 버튼으로 여기는 경우가 있다. 컴퓨터 게임을 하다가 마음에 안들면 새로 캐릭터를 만들어 시작하면 된다는 생각과 비슷하다.

그러나 이런 환상들은 삶의 의미를 부정하고, 현재 겪는 스트레스에서 도망치거나 자신의 행동을 합리화하는 것일 뿐이다. 결국 실제로 왜 그랬는지는 아무도 모를만큼 복합적인 이유가 작용한다. 사회적인 변화도 자살에 영향을 미친다. 길리건(James Gilligan)이라는 정신과 의사는 자살과 살인을 치명적 폭력(lethal violence)으로 규정하고, 실업률과 빈부의 격차가 증가하면 치명적 폭력의 발생률이 높아진다고 말했다. 우리나라도 1998년 IMF사태로 실업률이 급격히 올라갔을 때 일시적으로 자살률이 올라갔다. 사회적 환경이 나빠지면 수세에 몰린 사람들이 자살이란 극단적 선택이 유일한 해결책이라고 판단할 수 있다. 아니면 '동반자살'이라는 부작용으로 나타나기도 한다. 무엇보다 중요한 것은 자살을 시도했던 사람들이 다시는 시도하지 않도록 보살피는 것이다. 1명의 자살은 당사자만의 문제가 아니다. 한 사람의 자살은 주변의 6명에게 심각한 영향을 미친다고 알려져 있다. 모 탤런트가 자살한 후에 동생마저 자살한 사건을 봐도 그렇다. 이렇듯 연쇄적인 비극의 도미노를 막으려면 자살시도자와 자살성공자의 주변인을 잘 돌보아야 한다. 특히 자살시도자의 30퍼센트가 1년내로 또다시 자살을 시도한다. 가장 흔한 자살의 원인은 치료되지 않은 우울증이다. 우울증이 있는 경우 자살에 대한 생각이 건강한 사람의 4~5배로 증가하고 생활상의 스트레스나 음주문제 등이 겹치면 그 위험도는 급상승한다. 한 연구에서는 자살한 사람을 대상으로 심리적 부검(psychological autopsy)3)을 하면 75퍼센트가 우울증이라고 했을 정도다. 더 나아가 자살시도자의 우울증을 발견해서 적극적으로 치료하면 자살을 재시도하는 비율을 80퍼센트나 줄일 수 있다고 한다. 그러므로 자살과 우울증은 뗄려야 뗄 수 없을 만큼 밀접히 관련되어 있다는 사실을 알 수 있다. 그러나 치료를 받는 사람은 여전히 소수다. 외국의 보고에 의하면 자살사망자의 3분의 1만이 항우울제를 복용했고, 3퍼센트만이 치료적 용량의 항우울제를 복용했다. 약물치료를 동반한 적극적인 우울증치료는 자살위험을 낮추는 데 매우 효율적이지만, 자살을 시도할 위험이 있는 90퍼센트가 넘는 사람들이 여러 가지 이유로 치료받지 않고 있다. 그러므로 적극적인 치료와 지속적인 모니터링이 자살예방의 중요한 전략이 된다.

한편 자살은 전염성이 있다. 특히 유명한 사람이 자살하면 그와 같은 방법으로 자살하는 사람이 늘어나는데, 이를 '베르테르 효과'라고 한다. 괴테의 소설『젊은 베르테르의 슬픔』의 주인공이 권총 자살을 했는데 그 후 유럽의 젊은이들 사이에 권총 자살이 늘어났다는 사실을 발견하고, 1974년 미국의 사회학자 필립스(David Phillips)가 이름 붙였다. 그는 20년동안 자살을 연구하면서 유명인의 자살이 언론에 보도된 뒤 자살률이 급증했다는 사실을 토대로 이 연구 결과를 이끌어 냈다. 2005년 한 여배우가 자살한 지 2달 후에 자살자가 평균 기대치인 2,073명보다 많은 2,568명으로 늘어났고, 2008년 또다른 여배우의 자살 후에는 3,081명으로 1,000명이나 더 자살하는 일이 벌어졌다. 그만큼 유명한 이들의 자살은 대중들에게 큰 영향을 미친다. 울고 싶은 아이의 뺨을 때리는 셈이다.

자살을 어떻게 막을까? 주변에 자살을 생각하고 있는 사람이 있다면 어떻게 도울 수 있을까? 잘 살펴보면 자살을 시도하기전에 주변에 자신의 의지나 고통을 표현하는 경우가 많다. 그러나 주변에서 예민하게 받아들이지 않거나, 대수롭지 않게 여기고 넘어가면 비극에 이르게 된다.

그러므로 주변에서 그런 신호를 보내면 적극적으로 대화하고, 전문가의 도움을 받아 치료를 받게 하거나 가족에게 알려야 한다. 어느 정도로 구체적으로 생각하고 있는지, 또 유서를 남겼는지, 얼마나 자주 그런 생각을 하는지 물어보면 어두운 그림자가 그 사람의 마음을 얼마나 뒤덮고 있는지 가늠해 볼 수 있다.

이후에는 응급적 중재를 위한 계획을 세운다. 이는 생활상의 스트레스로 인한 긴장을 분산하고 자살행동까지 가지 않도록 막는 것이다. 또한 특정한 상황, 정서적 반응이 자살행동으로 이어지거나 과거의 시도로 이어지는지 분석해서 통제못할 상황으로 진행되는 것을 막고, 분노, 좌절, 상실에 대해 파괴적이지 않은 다른 해결책을 제공한다. 더 나아가 가족과 상의하여 위험한 약품, 흉기 등을 보이지 않는 장소에 숨겨 놓는 것도 간단하지만 매우 효율적인 방법이다. 자살을 시도하는 사람들은 자살이 모든 일의 해결책이라고 믿는다. 그러나 자살은 무책임한 행동이다.

본인은 모두 끝났으니 속 시원할지 몰라도, 가족과 가까운 사람들에게는 평생 짊어져야 할 상처를 남기는 셈이기 때문이다. 혹시 자살에 성공하지 못한 경우, 심각한 신체적·정신적 후유증이 남을 수 있다는 것도 자살의 부작용이다. 앞으로 해야 할 일도, 경험할 것도 너무 많은데, 현재 겪는 일상적인 스트레스와 대인관계의 어려움, 학업성적처럼 지나고 나면 웃으면서 말할 수 있는 일이 감당하기 어려울만큼 심각하게 느껴질 수 있다. 그렇다고 해서 즉흥적이고 충동적으로 돌이킬 수 없는 결심을 하는 것만은 막아야 한다. 자살은 문제의 해결이 아니라 중간에 책을 덮는 행동이다. 인생이란 소설은 끝까지 가보지 않으면 희극인지 비극인지 알 수 없다. 그리고 자신이 소설의 주인공인지, 조연인지도 직접 보지 않으면 알 수 없다. 처음 몇 쪽 읽고 별로라며 덮어 버리기에는 인생이란 소설에 흥미로운 구석이 너무나 많다.

〈각주〉

1 역치 : 생물이 외부환경의 변화, 즉 자극에 대해 반응을 일으키는 데 필요한 최소한의 자극의 세기로 역치값 미만의 세기로 자극이 오면 더 이상 반응을 일으키지 않는다.
2 에밀 뒤르켐(1858~1917) : 프랑스의 사회학자로 근대 사회학의 기초를 세웠다.
3 심리적 부검 : 사망자의 가족, 친구, 동료들에게 남긴 공식·비공식적

기록이나 인터뷰 등을 통해 죽기전의 삶의 궤적을 파악하여 죽음의 원인을 밝히는 것을 말한다.

자살관련 우수도서의 목차

청소년을 위한 정신의학 에세이 연관목차, 청소년을 위한 정신의학 에세이

저자소개 - 하지현
들어가는 글. 나와 세상에 대한 이해를 도와주는 정신의학
1장. 인간의 정신을 어떻게 들여다 볼까?
정상과 비정상은 어떻게 구분할까?
정상이라고 다 건강할까?
성격은 타고날까, 만들어질까?
프로이트는 왜 인간의 정신을 연구했을까?
인간을 이해하기 위한 정신분석
정신은 어떻게 치료하지?
나를 보호하는 무의식적 방법
자기방어를 위한 다양한 방법들
[흥미로운 연구] 먹는 것보다 포근한 것이 중요하다
2장. 우리 뇌는 무슨 일을 할까?
뇌는 기억하고 싶은 것만 기억한다
IQ가 높다고 공부를 잘하는 것은 아니야
시간을 지배하는 사람이 되는 법
잠을 꼭 자야 할까?
꿈은 왜 꿀까?
[흥미로운 연구] 노력하는 사람이 승리한다
3장. 이런 것도 정신병일까?
부러지지 않는 유연한 마음
끊임없는 긴장상태

무기력한 것도 병이 될까?
잘못된 믿음을 고수하는 이유
멈출 수 없는 즐거움을 어떻게 멈추지?
성 정체성 바로 알기
[흥미로운 연구] 2등은 기억되지 않는다
4장. 고장난 정신을 고칠 수 있을까?
무너진 영혼의 돌이킬 수 없는 선택
잘못된 경보에 의한 마음의 방어
꼼꼼함과 강박증은 어떻게 다르지?
인터넷에 빠지는 이유는 뭘까?
통제력을 잃은 쾌감 추구
[흥미로운 연구] 보이지 않는 고릴라
5장. 유전이 더 중요할까, 환경이 더 중요할까?
큰 사고도 잘 견디는 사람이 따로 있을까?
변화된 환경에 적응하지 못한 유전자
먹기를 거부하는 진짜 이유
자폐증은 천재의 병일까?
오래 사는 것이 좋기만 할까?
천성과 양육의 뜨거운 논쟁
[흥미로운 연구] 편견은 어떻게 만들어지나?

부록

정신의학과 심리학의 차이
정신건강의학과 의사가 되려면[46]

---

46) 출처 청소년을 위한 정신의학 에세이, 하지현, 신동민, 2012.6.30, 해냄

11. 돈 빌린 사람들 255만명, 연 30% 고금리에 '허덕'

〈앵커〉

저금리 시대지만 대부업체들의 고금리는 요지부동입니다. 대부업체들의 평균금리는 연 30%로서 이런 고금리에 허덕이는 사람들이 255만명이나 됩니다.47) 보도에 권애리 기자입니다.

〈기자〉

비정규직 강사로 일하다 실직한 김 모 씨는 어머니가 암치료를 받기 시작하면서부터 대부업체를 찾아갈 수밖에 없었습니다.

[대부업체 이용자 : 200만원 빌렸다가 연체되니까, 이것을 해결하려고 300만원을 다시 빌리고, 너무 힘들다 보니 포기를 하게 돼요. 자살하는 사람 심정을 이해하겠더라고요.] 사업에 실패한 이 모 씨는 대부업체에서 돈을 빌렸다가 고금리를 감당하지 못하고 신용불량자가 됐습니다.

[대부업체 이용자 : 한번 시달려 본 사람 아니면 그 고통을 몰라요. 틈만 나면 전화하고, 집에 찾아오려고 하고…] 지난해부터 이어진 금리인하로 기준금리가 1%대까지 내려갔지만, 신용이 낮다는 이유로 은행에서 거절당해 대부업체를 찾는 서민들이 늘어나고 있습니다. 대부업체에서 돈을 빌린 사람은 지난해 기준으로 255만명이며 한해 전보다 7만명이 늘었습니다.

대부업체들의 금리는 평균 30.8%. 법정 최고금리인 34.9%에 육박하는 금리를 받는 곳도 적지 않습니다. 은행과 저축은행들은 기준금리 인하에 맞춰 금리를 내렸지만 대부업체의 고금리는 요지부동입니다. 대부업체들은 은행과는 달리 자금조달의 비용이 높아서 고금리를 유지할 수밖에 없다고 설명합니다. 하지만 저금리 시대에 맞게 자금여력이 있는 상위업체부터 금리를 내리도록 유도해 대출자의 부담을 줄여줘야 한다는 지적이 잇따르고 있습니다.

---

47) SBS|권애리 기자|입력2015.04.02 20:42|수정2015.04.02 22:00

[이태규/한국경제연구원 연구위원 : 저금리 혜택을 많은 사람들이 볼 수 있도록 제도권으로 많은 사람들을 끌어들이는 정책적 조치가 필요하다고 생각합니다.]

법정 최고금리를 25%까지 낮추자는 법안이 국회에 제출돼 있는만큼 심도있는 논의를 서둘러야 할 때입니다.48)49)

12. 자살관여죄

자살관여죄는 1년 이상 10년 이하의 징역에 처한다(형법 제252조 2항). 자살은 원래 살인죄로서가 아니라 사회에 대한 의무를 침해하는 범죄로 파악되었다.

고대 로마법에서는 자살을 인정하면서도 병사와 노예의 자살은 처벌했고, 게르만법에서도 재산몰수의 형벌을 모면하기 위한 미결수의 자살은 처벌했다. 그러나 중세에 이르러 그리스도교의 영향을 받아 자살을 살인죄로 취급하기 시작했고, 17, 18세기에 이르러서는 자살기수(自殺旣遂)에 대해서는 명예롭지 못한 매장으로 대응했고 자살미수도 처벌했다.

자살을 처벌하지 않기 시작한 것은 개인의 주체성과 신의 권위로부터 인간의 해방을 강조한 19세기 이후이며, 대부분의 국가는 이에 영향을 받아 자살을 처벌하지 않고 있다. 한국 형법도 자살을 처벌하지 않고 있다. 형법이 자살을 처벌하지 않는 이유는 살인죄의 구성요건상 사람이란 자기 외의 타인을 뜻하기 때문이다. 그러나 자살을 범죄로 보지 않는다고 하여 타인의 자살에 관여하는 행위까지 당연히 불가벌(不可罰)로 해야 하는 것은 아니다. 타인의 자살에 관여하는 행위는 타인의 생명을 침해하는 것이라고 볼 수 있으므로 자살과는 그 성질을 달리하며, 타인의 생명은 그 주체의 생존의사와 관계없이 보호되어야 하기 때문이다.

---

48) (영상취재 : 신동환, 영상편집 : 김선탁, VJ : 정민구), 권애리 기자ailee17@sbs.co.kr
49) http://media.daum.net/issue/1009/newsview?issueId=1009&newsid=20150402204208397
   (2015.4.3.)

다만, 자살은 범죄가 되지 않고 구성요건 해당성이 없으므로 이를 형법이론상 공범종속설에 따를 때는 공범으로 처벌할 수 없다. 따라서 자살에 관여하는 행위를 처벌하기 위하여는 특별규정을 두어야 한다. 본죄의 주체는 자연인, 객체는 사람이다. 의사능력이 없는 자, 생존할 가능성이 없다고 판단되는 자, 정신병자, 사형확정인도 본죄의 객체가 된다. 본죄의 행위는 자살을 교사 또는 방조하는 것인데, 이는 널리 타인의 자살행위에 관여하는 일체의 행위를 말하므로 형법총론상의 교사 또는 방조보다 그 범위가 넓다고 할 수 있다. 교사는 자살의사가 없는 자에게 자살을 결심하게, 방조는 이미 자살을 결심하고 있는 자에게 도움을 주어 자살을 용이하게 하는 것을 말한다.[50]

13. 친자동반자살

친자동반자살이란 부모가 자녀와 함께 자살하는 것으로 때로는 병고에 의해 성인인 자녀가 어버이를 죽이고 자신도 자살하는 경우를 말한다. 가족전원이 동시에 자살하는 경우를 일가동반자살이라 한다. 보통은 도산, 가정불화, 병고, 장애에 의한 비관 등이 원인이 되어 발생하게 된다. 사회보장제도의 불비도 한 원인이지만 자식은 어버이의 것이라는 의식도 문제가 된다.

서구국가에서는 극히 드문 일이지만 사후의 세계 등 종교적, 문화적인 가치가 독특한 동양사회 특유의 현상이다.[51]

---

50) http://100.daum.net/encyclopedia/view/b18j2298a(2015.4.5.)
51) http://terms.naver.com/entry.nhn?docId=473242&cid=42120&categoryId=42120

제3장 자살예방과 대응요령

1. 자살예방에 관한 우수도서 분석

에밀 뒤르켐 [Emile Durkheim]은 프랑스의 사회학자이며 근대 사회학의 거장 중의 한 사람이다. 그는 1870년 프랑코-프러시아 전쟁에서 프랑스의 상실된 지방 중의 하나인 알사스의 에삐날에서 태어났다. 오래된 랍비의 가문에서 태어났으며, 랍비가 되기 위한 공부를 하기도 하였다.

그러나 10대 소년시절에는 자기 가문의 이러한 전통을 거부하고 무신론자가 되었다. 그 이후로 종교에 대한 그의 필생의 관심은 신학적이기보다는 학문적인 것이었다. 그는 종교교육에만 불만을 느낀 것이 아니라 일반 인문교육, 특히 문학과 미학적인 문제를 강조하는 전통에 불만을 품고 있었다. 그리고 사회생활을 이끌어가는 데 필요한 도덕원리와 과학적 방법을 갈구하였다. 또한 철학분야에서 전통적인 학문적 경력을 쌓아가기를 거부하고, 그 대신 과학적 훈련을 받으려고 노력하였다.

프랑코-프러시아전쟁에서의 패배에 대한 국가적 충격과 뒤이은 제3공화국 초기의 정치·사회적 불안정은 그의 저작을 관통하는 사회적 연대에 관심을 갖도록 하였다.[52]

요한 괴테 [Johann Wolfgang von Goethe]는 독일의 시인·극작가·정치가·과학자, 세계적인 문학가이며 자연연구가이다. 바이마르 공국(公國)의 재상으로도 활약하였다. 주저는 ≪빌헬름 마이스터의 편력시대≫ (1829) ≪파우스트≫ 등이 있다. 프랑크푸르트암마인 출생, 독일 고전주의의 대표자로서 세계적인 문학가이며 자연연구가이고, 바이마르 공국(公國)의 재상으로도 활약하였다. 아버지는 법률가이며 제실고문관(帝室

---

[52] 출처: 청소년을 위한 정신의학 에세이, 하지현, 신동민, 2012.6.30, 해냄

顧問官)으로서 엄격한 성격이었으며, 시장(市長)의 딸인 어머니는 명랑하고 상냥하여 아들의 좋은 이해자였다. 7년전쟁(1756~1763) 때에는 프랑스에 점령되어 평화롭고 부유했던 괴테의 집도 프랑스 민정장관(民政長官)의 숙사(宿舍)가 되고, 아버지의 엄격한 교육계획 역시 중단되었으나, 괴테는 자유롭게 프랑스의 문화에 접할 기회를 얻었으며, 15세 때 그레트헨과의 첫사랑을 경험하였다. 1765년에 라이프치히대학에 들어가 법률을 공부하면서 자유분방한 생활을 보내다가, 1768년 각혈하여 고향으로 돌아와 요양생활을 하였다.53)

2. "너 자신을 의심하라"- 독일 자살비행 참사가 던진 메시지

"너 자신을 의심하라" 독일 자살비행 참사가 던진 메시지54) 지난 24일 프랑스 알프스 산맥으로 추락한 독일 저먼윙스소속 에어버스(A320) 여객기는 부기장이 단독으로 여객기를 급하강시켜 알프스와 충돌한 '자살비행'으로 가닥이 잡혀가고 있다. 프랑스 검찰이 현장에서 회수한 조종석 음성녹음장치(CVR)를 분석한 결과, 부기장인 안드레아스 루비츠(28)는 비행기가 순항고도인 1만2000m에 도달한 이후 기장이 화장실 이용을 위해 잠시 밖으로 나가자, 조종실 문을 잠그고 여객기를 8분동안 급하강시킨 것으로 밝혀졌다. 기장은 조종실문을 두드리고 부술듯이 때렸지만 문은 열리지 않았고, 안으로 들어갈 수도 없었다. 2001년 9·11 테러 이후 미국 출장은 더 이상 유쾌하지 않았다. 잠재적인 테러 용의자 취급을 당하면서 공항 검색대와 입국 심사장을 통과했다. 신발과 허리띠를 풀게 하고 가방수색을 하고 심지어 꺼두었던 휴대전화까지 켜서 확인을 하였다. 9·11은 여객기 내부설계도 바꿨다. 세계의 항공사들은 승객을 잠재적인 테러리스트로 취급했다. 알카에다 테러리스트에게 비행

---

53) http://terms.naver.com/entry.nhn?docId=1718510&cid=47336&categoryId=47336(2015.3.31.)
54) 사회.시사.역사 2015/03/28 21:53, http://blog.naver.com/matthewsung/220313932978

기를 공중납치당한 사태를 교훈삼아 조종실문을 충격에 강한 소재로 바꾸고, 자동잠금장치를 설치했다. 밖에서는 문을 열 수 없는 구조가 됐다. 이 모든 것들, '적은 외부에 있다'는 가정아래 이루어진 조치들이다.

그러나 이번 저먼윙스 비행기 추락사고는 이 전제가 지닌 맹점을 가장 극적인 방식으로 드러냈다. 24일 알프스 산맥에서 발생한 비행기 추락사고는 승객이 아닌 조종사에 의해 감행됐다. 그 과정에서 조종사를 보호하기 위해 고안한 모든 장치가 오히려 루비츠의 범죄를 돕는 최고의 수단이 되고 말았다. 일본 전국시대의 무장 오다 노부나가는 부하 장수 아케치 미스히데에게 습격당하자 혼노지에서 할복자살했다. '적은 내부에 있다' 이번 비행기 사고가 던지는 메시지이다. 이 메시지, 그러나 낯설지 않다. 역사에서 우리는 수많은 루비츠를 이미 만났다. 그중 일본 사례로서 구체적으로 살펴보면 일본 전국시대의 무장 오다 노부나가는 1582년 6월 21일 혼노지에서 할복자살을 했다. 너무도 유명한 '혼노지의 변'(本能寺 の 變)이다. 전국의 이름난 적들을 거꾸러뜨렸던 오다가 통일을 목전에 두고 부하 아케치 미스히데에게 배신당해 목숨을 잃었다. 오다 노부나가는 아케치를 믿었기 때문에 변변한 가병(家兵)도 거느리지 않고 혼노지에 묵었다. 아케치는 1만 대군으로 혼노지를 에워싸고 이렇게 외쳤다. "적은 혼노지에 있다." 이 말은 지금도 내부의 적을 경계하는 표현으로 일본에서 자주 쓰인다.

필립 딕의 SF소설 '사기꾼 로봇', 스스로 인간이라 믿었던 로봇은 자신의 정체를 의심하는 순간 폭발한다. '너 자신을 의심하라.' 그런데 이 적이 실은 나 자신이라면 어떻게 해야 할까. 가령 어떤 조직의 치명적인 정보를 가장 많이 알고 있는 인물은 그 조직에서 가장 중요한 인물인 동시에 가장 위험한 인물이 될 수도 있다. SF소설의 거장 필립 k 딕의 소설 '사기꾼 로봇'(원제 임포스터·IMPOSTER)은 이런 아이러니를 극단적인 상황으로 전개한 작품이다. 서기 2979년, 지구는 외계행성 센터루스의 침공에 시달린다. 과학자 스펜서 올햄은 억울하게도 센터루스 행성이 보낸 스파이라는 의심을 받고 쫓긴다. 수색대는 올햄의 정체가 가슴에 지구를 파괴할 수 있는 폭탄을 지닌 복제인간이라고 한다. 실제로 올햄은 살해당했다는 것이다. 복제인간에게 어떤 암호만 입력하면 그 폭탄은 터진다. 그런데 쫓기던 올햄의 눈앞에 올햄의 시신이 나타난다. 놀란 올햄은 생각한다. '그럼 정말로 내가…' 그게 기폭장치였다. 이 충격적인 결말은 그야말로 존재론적 선언이다. '너 자신을 의심하라.'

영화 '함정'의 영어 포스터, 자신은 결코 테러범이 아니라는 믿음이 스스로를 테러범으로 만드는 아이러니를 그렸다. 인간 본성에 대한 인문적 성찰이 재앙을 막는다. '쇼생크 탈출'로 잘 알려진 배우 팀 로빈스가 드물게도 악당으로 출연하는 영화 '함정'(원제 알링턴로드·Arlington Road)도 자신 또는 자기집단을 의심하지 않는 인간의 약점을 드러낸다.

대학에서 테러리즘을 강의하는 교수 마이클은 동네에 수상한 부부가 이사해오자 그의 뒤를 캔다. 이 수상한 부부가 폭파 테러범이란 사실을 안 마이클은 범행을 막기 위해 갖은 애를 쓴다. 테러범의 목표물은 미 연방수사국(FBI)이다. FBI는 건물을 보호하기 위해 철통방어를 시작한다. 그런데 그 방어망이 뚫리고 만다. 건물안에 폭탄이 있다고 확신해 차를 몰아 천신만고 끝에 FBI 건물 내부에 들어간 마이클 때문이다. 이웃집 테러범이 마이클의 차 안에다 시한폭탄을 잔뜩 실어 놓았던 것이다. "자신을 의심하지 않는 인간의 속성이 얼마나 무서운 결과를 초래하는가?"

항공사들은 '너 자신을 의심하라'는 역사상의 수많은 사건들과 문학·영화작품들의 충고에 귀를 기울였어야 했다. 항공사들은 그러나 값비싼 희생을 치르고야 그 답을 알게 됐다. 일부 항공사들이 최소 3명 이상의 조종사가 함께 비행하고, 조종실에는 반드시 2명 이상 근무하도록 하는 규정을 도입하기 시작했다. 어디 항공사들 뿐이겠는가. 우리는 모든 분야에서 타인을 의심하기전에 먼저 자기 자신부터 의심해야 한다. 인간 본성에 대한 인문적 성찰이 재앙을 막는다.[55]

3. 인천시 노인인력개발센터와 인천시 자살예방센터의 업무협약

지난 26일 인천시 노인인력개발센터와 인천시 자살예방센터가 업무협약을 체결하고 기념촬영을 하고 있다.(사진제공=인천시노인인력개발센터)56)

자료: http://www.anewsa.com/detail.php?number=800191(2015.3.31.)

인천시 노인인력개발센터와 인천시 자살예방센터는 인천지역내 노인 자살예방을 위해 협약을 체결했다. 이번 협약에 따라 인천시 자살예방센터는 인천시 노인인력개발센터에서 실시하고 있는 노인사회활동지원(구 노인일자리) 참여자 통합교육(1만4000명 규모)에 자살예방관련 교육 등의 업무에 적극 협조할 예정이다. 특히 독거노인 등 취약계층을 대상으로 활동하고 있는 4000여명의 인천 노노케어 사업단 노인들에게 자살예

---

55) http://terms.naver.com/entry.nhn?docId=1718510&cid=47336&categoryId=47336(2015.3.31.)
56) 기사입력 : 2015년03월28일 14시30분(아시아뉴스통신=김선근 기자)

방지킴이로서 활동할 수 있도록 교육과 스킬을 제공해 실제활동 중 노인들이 활용할 수 있도록 할 예정이다. 또한 양 기관의 협약은 각 기관이 현재 시행 중인 사업들이 상호협력 및 연계할 수 있는 여건이 갖추어져 있어 인천의 자살예방 및 노인관련사업에 큰 시너지를 기대하게 하고 있다.57)58)

4. OECD 부끄러운 1위, 노인자살

이기우 부지사, 전국 5위 경기도 대책 논의59) 경기도가 당면한 복지, 환경, 여성 등 사회정책 현안들에 대한 정책개발 싱크탱크 역할을 할 '사회정책 라운드 테이블' 첫번째 회의가 26일 경기도자살예방센터에서 이기우 사회통합부지사 주재로 열려 노인자살 예방대책에 대해 집중 논의했다. 이날 회의에는 이기우 부지사와 박봉길 그리스도대학교수, 김종란 양평군 노인자살예방센터장, 김정은 부천오정노인복지관장, 손상준 수원노인정신건강증진센터장, 백은아 경기도자살예방센터 팀장, 김은주 경기도노인종합상담센터 실장, 한명숙 안산시노인자살예방센터 상담실장 등 공무원, 산하기관, 학계, 시민사회단체, 전문가 등 20여명이 참석하여 '노인자살 이대로 둘 수 없다'를 주제로 실천 가능한 대안을 모색했다. 사회정책 라운드 테이블은 노인자살 예방대책 등 사회정책 현안에 대해 행정 칸막이를 허물고 민.관.학.전문가 등 사회 각계 각층이 참여해 대안을 모색하기 위해 마련된 토론회로 매월 1회 정례적으로 개최할 계획이다. 이날 토론에 앞서 유병선 경기복지재단 책임연구원은 '경기도 노인자살예방사업의 가능성과 실천전략'을 발표했고, 김종란 양평센터장은 현장에서 직접 체험한 '양평군 자살예방센터 우수사례' 발표를 통

---

57) 아시아뉴스통신. 무단 전재 및 재배포금지, 제보전화 : 1644-3331
58) http://www.anewsa.com/detail.php?number=800191(2015.3.31.)
59) 2015-03-28 오후 2:15:19, OECD 부끄러운 1위, 노인 자살, 이기우 부지사, 전국 5위 경기도 대책 논의, 【고양인터넷신문】

해 노인자살의 심각성과 자살예방을 위한 추진과제를 공유했다.

이 부지사는 이날 "전쟁과 가난의 시대에 온갖 역경을 이겨내고 오늘날의 풍족한 사회로 거듭나게 한 주인공인 노인세대가 자살로 생을 마감하는 것은 너무도 안타까운 일'이라며, "공공기관과 민간부분, 종교계 등이 함께 협력하여 생명사랑 인식확산을 통해 사회적 관심과 배려할 수 있는 문화를 정착시켜 OECD 국가 중 자살률 1위라는 오명을 깨끗이 씻어버리자."고 말했다.

자료: http://gyinews.co.kr/ArticleView.asp?intNum=18830&ASection=001021

이번 회의에서는 2020년까지 경기도의 노인자살률을 현재 수준에서 절반으로 낮추기 위해 △노인 일자리 창출을 통한 노인 빈곤문제 해결, △보건·복지·의료분야간 기능적 융복합, △노인자살예방센터, 경찰서, 교육청, 소방서, 보건소 등 관련기관간 업무협약을 통한 네트워크 안전망 형성, △마을 경로당 등 지역주민 커뮤니티 공간과 어르신 행복촌 등 공동체문화 정착 등 다양한 자살예방 방안이 논의됐다. 토론회에 참석한 수원소방서 이수미 소방장은 "자살 등 위급상황 출동시 전문상담기능을 수행할 수 없어, 도와줄 수 없는 현실적인 어려움이 있다."라며 "자살예방센터 등 전문기관과의 보다 더 긴밀한 협력관계와 경찰, 소방서를 대상으로 한 심리상담교육이 필요하다."고 제안하기도 했다. 또한 참석자들은 "노인자살률을 줄이기 위해서는 사전예방, 위기대응, 사후관리 등 단계별 기관별 역할정립과 매뉴얼 보강이 필요하다"고 입을 모았다.

이날 이 부지사는 경기도자살예방센터 직원과 함께 어르신 생명사랑 플래시몹에 참여하는 등 '경기도 어르신 생명사랑 인식개선 캠페인'을 이끌었다. 한편 2013년 통계청과 OECD 발표자료에 의하면, 우리나라의 노인자살률은 인구 10만명당 64.2명으로서 OECD(33.4명) 국가 중 1위이며 경기도 노인자살률 또한 전국평균 보다 높은 72.7명을 기록, 전국 5위이다.[60][61]

5. 자살보도 하지않기 실천대회

OECD 국가 중 1위인 우리나라 자살률, 자살예방을 위해서는 우선 언론의 자살관련 보도부터 신중해야 한다는 의견이 제시됐다.[62] 광주전남기자협회와 광주시자살예방센터는 지난 26일 '자살예방의 사회적 책무 강화를 위한 공개강연과 토론회'를 개최, 자살예방을 위한 의미있는 시간을 가졌다. 이날 강연에서 제시된 우리나라 자살현황은 매우 심각했다.

최근 우리나라 자살자는 1년에 1만4~5000명으로서 한해 교통사고 사망자 5000여명의 세 배에 달하고 37분마다 1명씩 자살했다. 그러면 자살예방을 위해서는 무엇부터 해야 되는 것인가. 여러 가지 논의가 있는 가운데 자살보도에 대한 신중한 언론보도를 제안해 눈길을 끌었다.

윤진상 광주자살예방센터장은 "유명인이 자살할 때 언론보도로 인해 자살률이 10% 이상 높아진다"며 "자살관련 보도시에 선전성을 줄이고

---

60) 이나미(gyinews@empas.com)
61) http://gyinews.co.kr/ArticleView.asp?intNum=18830&ASection=001021(2015.3.31.)
62) [사설] 자살보도 하지않기 실천대회 열자. 2015. 03.29(일) 17:06

구체적인 자살방법을 적시하지 않아야 한다"고 조언했다. 언론이 자살을 유도하고 있다고 해도 과언이 아니다. 굳이 베르테르 효과를 설명하지 않아도 언론의 자살보도는 일반인들에게 자살을 친숙하고 일반적인 사건으로 생각하게 한다. 심지어 자살에 대한 환상이나 낭만을 심어주기도 한다. 자살보도는 자살을 문제해결의 한 가지 수단으로 여기게 만들고, 결국 모방자살을 유도한다. 특히 언론이 반복적으로 자살을 보도할 때, 자살을 억제하는 능력을 약화시켜 자살행동을 증가시키기도 한다고 한다. 언론이 또 다른 살인자인 것이다. 따라서 언론사는 자살과 관련한 사건을 아예 보도하지 않는 것이 가장 좋다. 불가피하더라도 자살보도는 그 양을 최소화해야 하고, 언론보도의 원칙을 반드시 준수해야 한다.

하지만 많은 언론들은 지금도 여전히 별 생각없이 자살을 보도하고 있다. 일부는 선정적이기까지 하다. 광주전남기자협회가 이번 자살관련 토론회 행사에 그치지 말고, 기자들을 대상으로 '자살관련 보도하지 않기' 실천대회도 열어줄 것을 제안한다. 지역언론에서는 자살사건을 다루지 않는다는 신기원이 마련된다면 얼마나 좋겠는가.[63][64]

6. 중앙자살예방센터 모니터링단의 생명존중, 자살예방

행복전도사 구마짱이다. 드디어 맞는 일을 찾았다. 제2기 중앙자살예방센터 모니터링단에 합격하여 활동하게 되었다.[65]

우리나라가 OECD 자살률 1위 국가인 것 알고 있는가? 매일 40명씩 자살을 한다고 한다. "누구도 피해자나 가해자가 되길 바라지 않는다. 그래서 방관자가 되고 만다. 눈 한번 질끈 감으면 자신에게는 아무 일도 생기지 않으니까. 그 수많은 방관자들 중에 한명만 눈을 떴다면 한 사람의 영혼이 파괴되는 일은 없었을 것이다"

---

63) 여균수 dangsannamu1@naver.com
64) http://www.gwangnam.co.kr/read.php3?aid=1427616417207429041(2015.3.31.)
65) Int'l activity 2015/03/12 01:58, http://blog.naver.com/rmaghk0521/220297464664

자료: http://blog.naver.com/PostView.nhn?blogId=rmaghk0521&logNo=22029746
4664

　드라마 킬미힐미의 대사 중 한 부분이다. 자살은 더이상 개인의 문제가 아니라, 사회의 문제인 것 같아요! 방관하지 말고, 조금 더 관심을 갖는다면 우리나라 자살률이 낮아질 수 있다고 생각하는 구마짱이다. 극단의 상황으로 치닫기전에 상담이나 약물치료를 받으면 나아질 수 있는데 아직 주변에서 바라보는 사회적 편견도 심하죠. 혹시 자살을 생각하시고 우울증에 힘들어 하시는 분이 제 포스팅을 본다면, 제가 감히 얼마나 힘이 들지 헤아려드릴 순 없지만, 조금이나마 힘이 되고 싶다. 당신의 상처보다 당신이 더 커다. 힘내주기 바란다.[66][67]

---

66) 자살예방, 자살은 안되요, 자살싫어요, 자살예방모니터링단, 우울증, 우울증상담
67) http://blog.naver.com/PostView.nhn?blogId=rmaghk0521&logNo=220297464664(2015.3.31.)

7. 학생 자살예방, 학교장이 나서다!

충남도교육청(교육감 김지철)은 학생 자살예방을 위해 학교장이 발 벗고 나섰다. 도교육청은 학생 자살예방에 대한 인식제고와 전문적 역량 확보를 위해 30일 충남교육연수원과 충남교육청 대강당에서 각각 초등학교 교장과 중고등학교 교장을 대상으로 연수를 실시했다.[68]

학생자살에 대한 이해와 예방 및 위기상황에 대한 조치방안 등 학교관리자로서 갖추어야 할 기본지식과 대응방안에 대한 설명으로 진행됐다. 학생자살은 가족 뿐만 아니라 우리사회에 고통과 부담을 증가시키고 나아가 국가경쟁력을 저해하는 요인으로 작용하기 때문에 무엇보다도 발생하지 않도록 예방에 주력해야 한다. 충남교육청은 학생들의 올바른 정서함양을 위해 행복등교시간을 운영, 성장기 학생들이 아침식사를 하면서 부모와 함께 여유롭고 자연스러운 대화를 통한 따뜻한 사랑과 배려를 체험할 수 있도록 하고 있다. 또한 또래들의 좋은 친구 친한 친구 되기 사업을 확대해 학생들의 고민과 갈등을 스스로 해결함으로써 학교를 안전하고 행복한 공간으로 만들어 가고 있다. 한편, 충남교육청은 교사들의 상담역량강화를 위해 연수를 5년 주기로 실시, 늘 주의깊은 관찰과 끊임없는 관심·공감과 소통의 학생중심 생활교육을 실천하고 있으며, 행복하고 안전한 학교분위기 조성으로 정서·행동문제를 예방하는데 최선을 다하고 있다. 김지철 충남교육감은 "미래를 이끌 학생들의 자살문제를 개인, 가정의 문제로만 돌리지 않고 '한 생명도 놓치지 않겠다'는 의지를 가지고 모든 학생들이 밝고 건강하게 성장할 수 있는 행복한 학교, 학생 중심의 충남교육이 될 수 있도록 다같이 노력하자."고 말했다.[69][70]

---

68) 2015.03.31 00:34 입력
69) 이선희 기자 kgh4488@hanmail.net, 충청데일리
70) http://ccdaily.co.kr/news/view.html?section=194&category=207&no=15663(2015.3.31.)

8. 정읍 상동지구대 자살우려자의 신속 구조

정읍경찰서(서장 황종택) 상동지구대(대장 이강옥)는 29일 자살우려자에 대한 신속 구조 및 대처로 소중한 생명을 구했다.[71] 상동지구대에 따르면 이날 오전 11시30분께 평소 알콜중독과 우울증을 앓고 있는 김모(55·여)씨가 목을 매고 죽겠다고 지인에게 전화를 했다는 112 신고를 접수했다. 신고를 접한 상동지구대 임상연 경위와 김명성 경사 등 6명이 신속하게 자살우려자 집으로 출동해 내부를 확인했으나 발견치 못해, 집 주변과 인근 야산을 수색하던 중 집에서 약 200m 떨어진 야산에서 호흡을 거칠게 몰아쉬면서 쓰러져 있는 자살우려자를 발견하여 즉시 119구급대에 연락해 김씨를 병원에 후송시켜 소중한 생명을 구했다.

주민들은 "경찰이 신고접수 후 신속한 상황전파와 수색으로 자칫 생명을 잃을 수 있었던 사람의 목숨을 살렸다"며 호평했다.[72][73]

9. 국민 4명 중 3명 "자살을 한번쯤 생각한 적이 있다"

우리 국민 4명 중 3명은 충동적으로나마 한번쯤 자살을 떠올렸을만큼 자살문제가 심각한 것으로 나타났다. 시장조사전문기업 마크로밀엠브레인의 트렌드모니터가 전국의 만 19~59세 성인남녀 1,000명을 대상으로 '자살에 대한 인식조사를 실시한 결과, 자살을 자주 생각한다는 응답이 5%, 가끔 생각하는 편이라는 응답이 14.4%, 한번쯤 생각해 본 적이 있다는 응답은 55.6%에 달했다.[74] 한번이라도 자살을 생각한 경험이 있는 사람들을 분석해보면, 남성(68.8%)보다 여성(81.2%), 20대(70.4%)와 50대(71.6%)보다 30대(80.8%), 40대(77.2%)의 자살충동경험이 많았다. 반면 한번도 자살을 생각해 본 적이 없다는 응답은 전체 4명 중 1명(25%)에

---

71) 임장훈 | @jjan.kr / 최종수정 : 2015.03.31 00:16:05
72) 전북일보
73) http://www.jjan.kr/news/articleView.html?idxno=544526(2015.3.31.)
74) 2015-03-30 09:03, CBS노컷뉴스 임기상 선임기자, (사진=황진환 기자/자료사진)

그쳤다.

한편, 전체의 13.7%가 자살에 대한 생각이 들어 인터넷에서 자살을 검색해 본 경험을 가지고 있었으며, 자살충동을 느껴 공공기관이나 사설기관에서 상담받은 적이 있다는 응답은 3.1%였다. 한번이라도 자살충동의 경험이 있는 사람들은 가장 큰 이유로 삶이 공허하게 느껴졌기 때문(42.8%)이라고 응답하였다. 이는 연령에 관계없이 공통적(20대 43.2%, 30대 44.1%, 40대 45.6%, 50대 38%)인 것으로, 그만큼 우리사회가 삶의 진정한 의미를 되새길 여유없이 팍팍하게 돌아가고 있다는 것을 보여준다.

또한 경제적 상황의 어려움(36.3%)과 생활고(31.7%) 등 경제문제로 자살을 생각하는 사람들도 매우 많았다. 특히 연령이 높을수록 경제적 상황의 어려움(20대 25.6%, 30대 29.7%, 40대 45.1%, 50대 44.7%)을, 연령이 낮을수록 스스로가 쓸모없다는 자존감의 저하(20대 31.3%, 30대 22.3%, 40대 16.1%, 50대 15.1%)가 자살충동의 중요한 원인으로 꼽혔다.

한국사회의 높은 자살률에 대해 75.5%는 지나친 경쟁시스템 때문이라고 바라봤다. 한국사회의 경쟁시스템에 문제가 있다는 시각에는 연령별(20대 76.4%, 30대 72.8%, 40대 78.4%, 50대 74.4%) 인식 차이가 없었다.

자살문제의 해결책에 대해서는 전체 77.3%가 주변 사람들이 도와주면 자살은 충분히 예방가능하다고 생각하는 것으로 조사되었다. 특히 고연령층일수록(20대 71.6%, 30대 70.8%, 40대 81.2%, 50대 85.6%) 주변사람들의 관심과 노력을 강조하는 모습이었다. 자살을 한 사람들에 대한 뉴스나 사연을 접했을 때 드는 감정에 대해서는 대부분 안타깝고(69.3%), 불쌍한 생각이 들고(42.9%), 가슴이 아팠다(42.8%)고 응답해, 자살자에 대한 연민과 동정이 가장 크다는 것을 보여줬다. 자살을 한 사람에게 공감이 간다는 의견도 18.4%로 적지 않아, 자살에 대한 안타까운 시선 이면에는 자살자에 대한 비판과 공감이 뒤섞여 있는 것을 알 수 있다.

한편 최근 급증하는 '노인자살'에 대한 전반적인 인식평가 결과에서는 전체 74.1%가 우리나라 노인들의 자살이 대부분 경제적인 어려움으로 인한 것이라고 바라보는 것으로 조사되었다. 특히 연령이 높을수록(20대 62%, 30대 70.4%, 40대 81.2%, 50대 82.8%) 경제적 문제가 노인자살의 중요한 원인이 될 수 있다는 데 많이 공감하는 모습을 보였다. 또한 우리나라 노인들은 외로움 때문에 자살을 하는 것 같고(72.2%), 자식들에게 짐이 된다는 생각 때문에 자살을 하는 것 같다(67.4%)는 데도 10명 중 7명이 동의하였다. 경제적 어려움과 외로움, 자식에 대한 미안한 마음이 한데 뒤섞여 노인들을 자살로 몰고 가는 것이 한국사회의 현재 모습이라고 것을 알 수 있다.[75]

10. 경기도, '노인 자살예방' 대책 마련

【 앵커멘트 】

우울한 노년을 보내면서 자살이라는 극단적인 선택을 하는 노인들이 크게 늘고 있습니다. 경기도는 노인자살률을 낮추기 위한 특단의 대책 마련에 나섰습니다.[76] 경기GTV 이태희 기자입니다.

【 리포트 】

수원에 사는 72살 김영자 할머니, 평생 함께 한 배우자가 치매에 걸리며 수년간 극심한 스트레스에 시달렸습니다. 심각한 우울증 증세까지 찾아와 작년 여름엔 수면제를 복용하고 자살까지 시도했습니다. 약물치료와 심리상담 끝에 지금은 겨우 안정을 되찾은 상태입니다.

【 인터뷰 】 김영자 (가명) / 72세

"내가 우울증이 생겼어요. 밤이면 무서운 악몽을 꾸고 잠을 못자고 그러니까. 인생이 이게 뭔지 늦게 이렇게 고생스럽게 사나 싶어서…." 김 씨와 같이 자살을 시도하는 노년층 인구는 꾸준히 증가추세를 보이고

---

75) http://www.nocutnews.co.kr/news/4390033(2015.3.31.)
76) [네트워크 경인] 경기도, '노인 자살 예방' 대책 마련, 기사입력시간 2015.03.30 16:15:56, 김희곤 | hgkim@obs.co.kr

습니다. 우리나라 노인자살률은 OECD 국가 중에서도 압도적으로 높은 수치를 기록하며 부끄러운 1위를 벗어나지 못하고 있습니다. 경기도는 관련기관과 시민단체, 전문가들과 함께 노인 자살예방을 위한 특단의 대책마련에 나섰습니다.

시군 자살예방센터 우수사례를 공유하며 다양한 예방방안이 논의됐습니다. 노인자살은 확실한 계획에 의해 이뤄지는 경우가 많아 보다 적극적이고 선제적 대응방안의 필요성에 의견이 모아졌습니다.

【 인터뷰 】이기우 / 경기도 사회통합부지사

"노인 자살은 경제적인 어려움, 질병, 고독한 외로운 문제 등 복합적입니다. 보건과 의료 그리고 어르신들을 위한 복지가 함께 제공되는 시스템을 구상하고 있고요." 경기도는 지속적인 논의를 갖고, 회의 결과가 실제 정책에 반영될 수 있도록 진행해 오는 2020년까지 노인자살률을 절반 수준으로 줄이겠다는 계획입니다.[77][78]

11. 자살, 타살 그리고 사회적 살인

<3.5평의 남짓한 좁은 원룸에는 찌그러진 생수병, 전자레인지, 우산, 운동화, 비닐백, 냄비 등이 나뒹굴고 있었다. 한편에선 번개탄이 타고 남은 재가 눈에 띄었다. 창문과 출입문은 모두 누런색 비닐테이프로…. 호프집 종업원과 치킨배달 등 닥치는대로 아르바이트를 했지만 월세 39만원(보증금 100만원)을 내고 생계를 이어가기에도 버거웠다.

3.5평짜리 원룸을 탈출할 길은 보이지 않았다. 집주인 한모(71) 씨는 구 씨에 대해 "너무 착실한 젊은이였다"며 "아르바이트를 구하지 못한 한두달을 빼면 방세도 밀린 적이 없었다"고….>[79]

---

77) 경기GTV 이태희
78) http://www.obsnews.co.kr/news/articleView.html?idxno=879252(2015.3.31.)
79) 충청투데이 cctoday@cctoday.co.kr 2015년 03월 31일 화요일 제11면, 승인시간 : 2015년 03월 30일 20시 07분

아침에 인터넷 뉴스를 검색하다 이런 뉴스를 보고 허탈감과 함께 분노가 치밀어 왔다. 한창 젊은 나이에 얼마나 힘들었으면 살려고 몸부림치다 스스로 목숨을 끊었을까? 이런 사람을 일컬어 언론은 자살이라고 표현한다. 정말 이런 죽음이 자살일까? '나도 열심히 일하면 희망이 있다'는 기대가 있었다면 이 청년이 스스로 목숨을 끊었을까? 이런 경우는 자살이 아니라 제도의 희생인 사회적 타살이라고 해야 하지 않을까? 고용통계자료를 보면 우리나라 청년실업률은 11.1%로 IMF 이후 사상 최악의 수준이라고 한다. 호프집 종업원과 치킨집 배달일 등 온갖 험한 일을 가리지 않고 아르바이트를 했지만 월세를 내고 나면 생활비를 마련하기도 어려워 사람들이 스스로 목숨을 끊는게 우리 사회다. 이런 소식을 신문에 한 두 줄 장식하고 나면 그게 끝이다. 이런 참혹한 자살이 개인의 잘못이 아니라 사회정책의 부재 탓이라면 이런 일이 반복되지 않도록 방안을 찾아야 한다. '88만원세대' '삼포세대', '오포세대', '청년실신'(청년실업자+신용불량자), '인구론'(인문대 졸업생 90%는 논다)과 같은 신조어가 유행한지 오래다. 청년체감실업률은 21.8%, 청년실업자가 무려 107만명이요, 학생도 아니고 취업자도 아닌 '니트족(백수건달을 완곡하게 돌려서 이르는 말)'이 163만명이라는 보도다. 33분마다 1명이 스스로 목숨을 끊고 있는 이 비극을 대책없이 구경을 하고 있는 게 대한민국이다. 자살얘기가 나왔으니 하는 말이지만 한국에서는 인구 10만명당 31명이 목숨을 끊는다. 하루에 43명, 연간 1만5000명이 자살한다. 한국의 빈곤율은 15%~20% 정도다. 중위소득 50% 이하일 때 빈곤층으로 분류되는데 이들은 월 150만원 미만의 가정들이다. 빈곤청년의 생애를 추적해 보면 그들 뒤에는 부모의 빈곤이 숨어 있다. 가난이 대물림되고 있다는 얘기다. 이번 목숨을 끊은 알바처럼 이들은 편의점, 대형마트, 커피전문점, 백화점 주유소 등에서 일한다.

 이들이 일하는 사내하청기업, 공단내 소공장, 백화점, 대형마트와 같은 곳에서는 투표일에도 쉬지 않는다. 현실인식은 말할 것도 없고 민주의식이나 정치의식이 있을 리 없다. 모든 국민은 기본적으로 인간다운 삶을 보장받을 권리가 있다는 사실을 이 사람들이 알 리 없다.

가난하고 못 배웠으니 천대받고 사는 게 당연하다고 생각한다. 이들은 자신의 운명을 바꿀 수 있는 게 정치라는 사실을 알지도 믿지도 않는다.

삼성그룹 회장 한 사람의 재산이 무려 12조8750억원이다. 은행에 예금만 해놓는다면 한 달에 이자만 해도 엄청나다. 현대기아그룹 정몽구 회장 7조6440억원, 삼성전자 부회장 이재용 5조1790억원, 아모레퍼시픽 서경배 회장 4조3400억원, SK 최태원 회장 3조5000억원, 교보그룹 신창재 회장 2조2370억원, 이들의 재산이 모두 순수하게 자신들이 땀흘린 결과로 모은 재산일까? 정치가 없는 사회는 마치 동물의 세계처럼 약육강식의 힘의 논리가 지배하는 사회다. 정치가 존재하는 이유는 희소가치를 어떻게 배분해 모든 사람들이 더불어 함께 행복한 세상을 만들기 위해서다. 그런데 정부는 경제를 살리겠다며 부자들에게 세금을 깎아주고 부족한 세금을 가난한 사람들에게 떠안기고 있다. 이른바 줄푸세 정책이다. 경제가 죽었다면 이 또한 그들의 책임이다. 또 경제가 살아나 그 결과가 모든 사람들에게 골고루 배분만 된다면 그런 고통이야 얼마든지 참을 수 있다. 그러나 지난 시절, 선성장 후분배 정책이 오늘날 우리사회를 이렇게 되돌릴 수 없는 양극화사회를 만들어 놓았음은 역사가 증명하고 있다. 소득 재분배정책만 제대로 실현된다면 월급이 21억1000만원인 사람과 한 달동안 잔업과 시간외 근무수당을 합해 100만원도 받지 못하는 양극화 현상은 나타나지 않을 것이다. 누가 이 자살의 책임에서 자유로운가?[80][81]

---

80) 참교육 http://chamstory.tistory.com(이 글은 3월 24일 작성됐습니다.) 충청투데이 (http://www.cctoday.co.kr)

81) http://www.cctoday.co.kr/?mod=news&act=articleView&idxno=894082(2015.3.31.)

12. 진천군, 자살예방캠페인 실시

진천군정신건강증진센터(센터장 장현정)는 상산초등학교를 방문해 1000여명을 대상으로 아동·청소년 자살예방캠페인을 실시했다.[82]

'당신의 작은 사랑이 친구를 꿈꾸게 합니다'라는 슬로건 아래 실시된 이번 캠페인은 생명의 소중함을 일깨우고 '자살을 살자'로라는 긍정적 인식을 심어주기 위함이다. 이 날 학생들은 건강하고 아름다운 삶을 만들어 갈 것을 강조하고 힘든 상황속에서도 자살로 생을 마감하지 않는다는 생명사랑 서약서를 작성했다.

또한, 정신건강 10가지 수칙을 보급함으로써 아동·청소년들에게 정신건강에 대한 올바른 인식을 심어줬다. 장현정 군정신건강증진센터장은 "금번 캠페인 및 생명사랑 서약서 서명을 통해 아동·청소년 스스로가 자신의 생명을 소중하게 인식함은 물론 생명존중문화를 확산하는데 큰 도움이 될 것으로 기대한다"고 말했다.[83][84]

13. '비정상회담' 로빈, "신입생환영회 심각, 자살하는 사람도 있어"

'비정상회담'의 프랑스 대표 로빈이 자신의 나라에서 신입생환영회의 문제가 심각하다고 털어놨다.

30일 방송될 tvN '비정상회담'에서는 각국의 다양한 신입생환영회를 주제로 이야기를 나눈다. 최근 녹화에서 프랑스대표 로빈은 "프랑스는 신입생환영회가 심각해 자살하는 사람도 있다"고 말해 충격을 주었다.

이어 로빈은 "선배들은 후배들에게 술을 많이 먹일 뿐만 아니라 여성들에겐 성적 행동까지 요구해 꼭 고쳐야 한다"며 프랑스 신입생환영회의 심각성에 대해 밝혔다. 이를 접한 누리꾼들은 "'비정상회담' 로빈, 정

---

82) 최준탁 기자 | jun18066@dailycc.net, 승인 2015.03.31 12면
83) 진천/최준탁 기자 jun18066@dailycc.net, 충청신문
84) http://www.dailycc.net/news/articleView.html?idxno=224744(2015.3.31.)

말 무서운 환영회네", "'비정상회담' 로빈, 무슨 얘기지?", "'비정상회담' 로빈, 궁금하다", "'비정상회담' 로빈, 빨리 보고싶다" 등의 다양한 반응을 보였다. 한편, '신입생환영회'와 더불어 세계 각양각색 새학기 문화의 모든 것은 30일 오후 11시에 방송되는 '비정상회담'에서 공개된다.[85][86][87]

자료: http://www.wowtv.co.kr/newscenter/news/view.asp?bcode=T30001000&artid=A201503300527

14. 자살충동의 우울증이 있는데, 정신치료를 받으면 효과가 있을까요?

자살충동을 느끼고 있으면서 우울하다면 시급하게 정신과 진찰과 치료를 받아야 합니다. 일단 진찰을 받은 후 전문가의 권고에 따라 가장 적절한 치료방법이 무엇인지를 결정하는 것이 좋습니다. 물론 약물치료를 하는 경우에도 정신치료를 병행하면 더 도움이 됩니다.[88] 만약 자살

---

[85] (사진=JTBC)
[86] 한국경제TV 류동우 기자, ryus@bluenews.co.kr
[87] http://www.wowtv.co.kr/newscenter/news/view.asp?bcode=T30001000&artid=A201503300527 (2015.3.31.)

충동을 스스로 통제할 수 없을 정도라면 입원치료를 받는 것이 바람직합니다. 우울증이 상당히 심하면 항우울제를 복용하는 것이 좋습니다. 약물에 대한 근거없는 걱정으로 약물치료를 기피하면 오히려 병이 만성화될 위험이 있습니다. 물론 우울증이 가벼운 경우에는 입원치료, 약물치료를 하지 않고 정신치료만 받아도 효과를 볼 수 있습니다. 따라서 현재 상태를 정신과 의사에게 객관적으로 진단받는 것이 우선되어야 합니다.[89)90)]

15. 충남태안 고남초 자살의 반대로 말하면? 살자![91)]

충남태안 고남초 생명존중 및 자살예방에 관한 연수 모습[92)] 충남태안 고남초등학교(교장 윤용운)는 올해 컴퓨터실에서 전교사를 대상으로 생명존중 및 자살예방에 관한 연수를 실시했다.

세계 최고수준(OECD 국가 중 1위)인 우리나라 청소년 자살을 예방하기 위해 생명존중교육의 필요성과 함께 자살현황을 파악해 근본적인 대책방안을 마련하기 위한 이번 교사연수는 학교의 자살예방 및 위기관리 시스템 위기관리위원회의 구성과 업무, 위기학생 관리방법 등에 대한 내용들로 진행됐다. 학생들은 도전 골든벨 퀴즈를 통해 학년에 맞게 생명존중 및 자살예방에 관한 교육을 실시해 가정에는 자살요인 경고표시와 대응방법, 자살예방 대화기법에 관한 가정통신문을 배부해 자살에 대한 경각심을 높여 자녀보호와 양육에 대한 적극적인 협조를 구했다.

고남초등학교는 "앞으로 학교생활 부적응 및 우울증 증상이 있는 학생을 조기발견할 수 있는 상담활동을 강화하겠다" 며 "유관기관과의 협

---

88) 관련 질병 심리 치료, 진료과 신경정신과
89) 출처 서울대학교병원 건강칼럼, 서울대학교병원
90) http://terms.naver.com/entry.nhn?docId=2100343&cid=51003&categoryId=51020(2015.4.2.)
91) 기사입력 : 2015년03월30일 08시30분(아시아뉴스통신=정진석 기자)
92) (사진제공=충남태안교육지원청)

조체계를 구축 연계해 발견시에는 치료를 받도록 조치함으로써 자살예방 노력을 지속적으로 전개하겠다"고 말했다.93)94)

자료: http://www.anewsa.com/detail.php?number=800631(2015.3.31.)

16. 클레오파트라의 자살과 십만명당 자살률

자살(自殺)은 여러 가지 죽음의 형태 중의 하나로서 스스로 삶을 중단시키는 행위이다. 이 행위는 현실의 고통을 중단시키기 위한 의미와 현실의 문제를 해결하기 위한 의미가 있다. 현실의 고통이나 문제에는 질병, 가난, 실업상태, 부조리, 범죄, 사회구조의 불합리함 등 개인적인 것부터 사회적인 것까지 다양하다. 안락사도 자살의 일환일 수 있다.[1] 유명인의 자살에 옐로 저널리즘이 큰 역할을 하기도 하고, 유명인의 자살을 언론에서 상세하게 다루는 것이 자살률을 높여 이를 특별히 베르테르 효과라고 칭하기도 한다.[2] [3] [4] [5] [6]

대개 자살은 피해야 할 행위로 보고 있고, 사회적으로 자살률이 높을

---

93) 아시아뉴스통신, 제보전화 : 1644-3331
94) http://www.anewsa.com/detail.php?number=800631(2015.3.31.)

경우 사회·경제적 활동을 줄게 해 사회적 손실로 귀결된다고 평가한다.

높은 자살률이 저출산율과 결합될 경우 국가 파산 시나리오가 등장하며 자살에 대한 국가적 관리가 필요해지기도 한다. 대한민국은 2015년 현재 OECD 가입국 중 자살률이 가장 높다. 이로 인해 심리적 부검의 중요성이 부각되었다.[7] [8] [9] 죽음을 택하는 동기와 죽음이 미치는 영향에 따라서 자살의 의미는 전혀 다르게 이해되기도 한다. 스스로 삶을 중단하는 행위라는 넓은 의미에서는 자살과 자결이 같지만, 죽음의 동기나 영향을 고려한 좁은 의미에서는 자살과 자결은 다른 의미로 사용된다.

자살이 소극적이고 부정적인 행위로 여겨진다면 자결은 적극적이고 긍정적인 행위로 인식된다. 자결은 정의에 대한 메시지를 전달하는 강력한 소통으로 여겨져 자결한 사람을 '열사'로 명명하기도 하는데, 이는 죽음의 동기와 영향이 보통자살과 크게 다르다고 여겨지기 때문이다.[10]

자살자는 유서를 남기기도 하는데, 사망한 자가 어떤 삶을 산 인물이냐에 따라 살아있는 사람들에게 여러 가지 의미에서 성찰의 자료가 되기도 한다. 성폭력 피해자도 자살하는 경우가 있고, 살인자도 도피 중에 혹은 감옥에서 자살을 하기도 한다. 즉, 자살했다는 사실만으로 모두 같은 상황이 아니기 때문에 섬세한 접근이 필요하다.[1] [11]

<목차>
1 자살의 원인과 이유
1.1 미래에 대한 두려움으로 인한 자살
1.2 명예를 위한 자살
1.3 사회혁명을 위한 자살
1.4 철학적 사유로 인한 자살
1.5 스트레스로 인한 자살
1.6 사이비종교로 인한 집단자살
2 자살에 대한 관점
2.1 의학

2.2 법률
2.3 종교
2.3.1 기독교와 유대교
3 나라별 자살
3.1 대한민국
3.2 조선민주주의인민공화국
3.3 일본
4 자살예방 캠페인
4.1 세계 자살예방의 날
4.2 자살예방 시민 옴부즈맨
5 자살과 상관관계 연구
5.1 음주와 자살 사이의 상관관계
5.2 미국 보스턴지역 고등학생의 자살 생각과 섹스팅 사이의 상관관계
6 관련 서적
7 같이 보기
8 각주
9 바깥 고리

1) 자살의 원인과 이유

(1) 에두아르 마네의 ≪자살≫

  자살이 발생하는 원인이나 자살을 선택하는 이유로는 여러 가지가 제시되었으며, 자살자들이 직접 남긴 유서를 통해서도 추측할 수 있다. 구체적으로는 정신질환, 고통, 짝사랑, 스트레스, 비탄, 철학적이거나 이념적인 이유, 처벌이나 견디기 힘든 환경을 피하기 위해, 죄책감이나 부끄러움, 심각한 상해, 금전손실, 자기희생, 군사 및 사회전략의 일부로서(자살공격 참고), 삶에 아무런 가치도 없다는 생각(부조리주의, 비관주의, 허무주의 참고), 종교적 컬트의 일부로서(인민사원신도들의 집단자살사건 등), 외로움, 명예를 회복하기 위해(할복) 등이 있다.

(2) 미래에 대한 두려움으로 인한 자살

주로 사형선고를 받은 사형수나 재판을 앞둔 죄수들에게서 나타난다. 대표적인 예로 뉘른베르크 재판에서 전범들의 자살이 있다.

(3) 명예를 위한 자살

명예를 위한 것으로, 수치를 면하기 위한 자살이다. 고대 로마와의 전쟁에서의 패배로 로마군에게 쫓기던 한니발 장군의 자살이나 네로 황제가 스승인 세네카에게 자살을 명한 사건은 명예를 지키기 위한 자살의 사례로 볼 수 있다. 소설 ≪쿠오바디스≫에도 저명한 예술가이자 네로 황제의 측근인 페트로니우스가 자신이 모시던 황제에게 숙청당하기전에 미리 자살했다는 내용이 나온다. 또 다른 예로 일본의 할복자살을 들 수 있다. 사무라이가 주군을 잘못 모셔 주군에게 피해가 갔을 때, 혹은 주군이 패배해 다른 주군을 모셔야 할 때 원래 주군의 명예를 지키기 위해 할복하는 경우도 있다. 일본의 전국 무장 오다 노부나가도 반란군에 잡혀 수치를 당하기전에 자결하였다. 일본의 사무라이는 자신의 실수나 실패를 불명예로 여겨 할복하는 것을 명예로 여겼다. 이러한 생각은 제2차 세계대전 때에 사용된 가미가제에서도 잘 나타난다. 한국의 경우 조선시대에는 여성의 정조(貞操)에 대한 억압이 심해 강간을 당할 상황에 놓일 경우 호신용 칼인 은장도를 통해 자결하는 길을 선택하는 것을 명예를 지키는 것이라고 여겨지기도 하였다.

(4) 사회혁명을 위한 자살

유대 독립전쟁 당시 마사다에서 로마제국의 지배에 맞서 항전하던 혁명당원들이 전원 자결한 바 있다. 한국에서는 1970년 11월 13일 전태일이 열악한 근로조건과 노동환경 개선을 요구하다가 묵살당하자, 청계천변에서 분신자살을 하였다. 모친 이소선 여사의 영향으로 독실한 기독교인이었던 전태일은 자본가들의 노동자들에 대한 억압과 착취에 바보회 결성, 노동환경 설문조사, 노동자들의 열악한 인권문제에 관심을 갖고 있던 일부 기자들의 신문기사 작성으로 투쟁하였으나 구청 직원들과 노동청 공무원들의 탁상행정 및 박정희 정권의 자본가와의 결탁으로 노동자들의 인권문제가 해결되지 않자, 이에 항거하여 "노동자는 기계가 아니다."라고 외치며 분신자살을 하였다. 단, 이때 전태일은 병원에 옮겨졌으나 의사들의 진료거부, 구청 직원들의 신원보증 거부 등에 대한 논란의 여지가 존재한다.

2003년에는 성소수자 인권운동과 성소수자 차별철폐를 주장했으나 묵살당하자, 4월 26일 성소수자 인권운동가 육우당이 서울 동대문에서 성소수자의 인권을 외치며 유서 3장을 남기고 자살하였다.[12] 독실한 천주교인이자 시인, 작가였던 육우당은 게이, 동성애자라는 이유로 멸시받고 차별받는 것에 저항, 동성애자 인권운동과 양심적 병역거부에 참여하였으며, 청소년보호법의 동성애 유해매체 지정 철폐운동을 벌였다. 그러나 일부 단체에서는 소돔과 고모라이며 저주받은 악마라는 악플과 비판을 받았다.[13] 육우당은 성소수자 차별철폐를 주장하며 "내가 믿는 하나님은 나를 받아줄 것이다[14]"라는 유언을 남기고 자살하였다.

베트남에서는 남베트남 정부가 사회주의 혁명가를 탄압하자 이에 항의하여 승려가 분신자살을 하기도 했고, 중국으로부터의 독립을 주장하는 티벳불교의 승려들이 분신자살을 하기도 한다.

(5) 철학적 사유로 인한 자살

오토 바이닝거는 천재가 아니면 죽는 것이 낫다는 자신의 의지에 따라 자살을 했다.

<스트레스로 인한 자살>

1970년대 중반부터는 초등학생들까지도 자살을 하고 있다. 자살의 원인은 부모의 강압에 의한 지나친 학원교육 등도 있으며 무리한 학업부담과 사회적인 고립 등도 있다.[15] 대학생들 또는 직장인들도 신변을 비관하여 자살하는 경우도 많다. 대한민국은 2004년부터 세계 자살률 1위를 차지하고 있다.[16]

(6) 사이비종교로 인한 집단 자살

1978년 가이아나 인민사원사건이나 1987년 오대양 집단자살사건, 1994년과 1995년에 연달아서 두 차례씩 발생한 태양사원사건, 1997년 천국의 문, 1998년 영생교회 집단소사사건 등과 같이 사이비종교에서 교주까지 포함한 신도들이 집단자살을 하는 경우도 있다. 이는 보통 교주의 신격이 깨지거나 교주의 비리가 드러나 더이상 사이비 종교가 유지될 수 없게되었을 때, 혹은 종말론으로 인해 이러한 일이 발생한다고 볼 수 있다.

(7) 자살에 대한 관점
- 의학

현대의학은 자살을 정신건강의 문제로 보고 있다. 정신건강전문가들은 환자의 자살신호를 감지하기 위한 훈련을 받으며, 자살을 시도했거나 심각하게 고려하고 있는 사람을 응급진료의 대상으로 판단한다. 특히 도파민이나 세로토닌같은 두뇌화학물질과 연관된 우울증이 있는 사람은 자살위험이 높은 것으로 본다.

- 법률

고대 아테네에서는 국가의 승인없이 자살을 행한 사람에 대해서는 일반적인 장례의 명예를 박탈했다. 자살자의 시체는 도시 변두리에 비석없이 홀로 매장되었다.[17] 프랑스의 루이 14세는 1670년에 보다 엄한 처벌을 명하는 법령을 발표했는데, 자살한 자의 몸을 얼굴이 땅에 닿은 채로 길거리에 끌고 다니고, 그 뒤에는 쓰레기 더미에 매달거나 던져 버리라고 하였다. 또한 자살자의 모든 재산은 몰수되었다.[18]

현대에는 대체로 자살을 범죄로 보지 않지만, 여기에도 국가나 경우에 따른 예외가 있다. 영국은 1961년에 자살시도를 범죄에서 제외하기전까지 자살을 재산몰수로 처벌하였으며, 이는 1960년대부터 자살은 자신의 자유의지이므로 범죄가 아니라는 여론이 등장, 1961년 자살법이 제정됨으로써 사라지게 되었다. 과거 미국에서도 역사적으로는 몇몇 주에서 자살이 중죄로 규정된 적이 있지만, 실제 재판이나 처벌은 거의 이루어지지 않았다. 1963년까지도 노스다코타, 사우스다코타, 워싱턴, 뉴저지, 네

바다, 오클라호마 등 여섯 개 주는 자살시도를 범죄로 취급했으나, 1990년대 초반에는 두 주만이 자살을 범죄로 보았으며, 그 뒤로 이들 두 주도 해당 법률을 폐지했다. 몇몇 주에서는 여전히 자살이 불문화된 "보통법적 범죄"로 여겨진다.[19] 몇몇 법학자들은 이를 인간 자유의 문제로 보는데, 미국 시민자유연합 회장인 내딘 스트로센은 다음과 같이 말했다. "정부가 어떻게 삶을 끝낼지를 결정하고 강요하는 것은 특정한 상황에서는 잔혹하고 선례없는 처벌로 볼 수 있는데, 이 유추는 스티븐스 판사가 죽을 권리에 대한 재판에서 제시한 매우 흥미로운 의견에서 나왔다."[20] 일부 지역에서는 자살 역시 개인의 선택으로 간주하여 범죄로 보지 않는다. 그러나 많은 사법권에서 남의 자살을 돕는 행위는 범죄로 취급된다. 직접적인 도움만을 제한하는 경우도 있고, 간접적이거나 언어적인 도움도 제한하는 경우도 있다. 그러나 허용된 절차에 따라 의료인이 자살에 도움을 준 경우는 이 처벌 대상에서 제외되기도 한다.

  안락사 또는 조력사는 일부 국가에서는 범죄가 되지만 미국의 일부 주와 스위스에서는 범죄로 취급되지 않는다. 이에 따라 인접 독일, 프랑스 등 일부 국가에서 조력자살 또는 조력사를 목적으로 스위스를 방문하는 일이 있다. 오스트레일리아의 빅토리아주에서는 자살 자체는 더이상 범죄가 아니지만, 집단자살에 참가, 시도했다 살아남은 사람은 과실치사로 처벌될 수 있다. 또한 다른 사람이 자살을 시도하도록 격려하거나 돕는 행위는 범죄이며, 주법은 어떤 사람이든 다른 사람의 자살을 막기 위해 "정당하게 필요할 수 있는 완력"을 사용할 수 있다고 명시적으로 허용하고 있다.

  대한민국 형법에서는 자살은 무죄이나 형법 252조 2항 자살교사방조죄와 형법 253조 위계위력살인죄를 처벌하고 있다. 자살교사방조죄는 타인이 자살하도록 교사하거나 자살을 방조하는 것을 말하며, 위계위력살인죄는 위계나 위력으로 자살을 교사 또는 방조하는 경우를 말한다.

  - 종교

보편적인 종교의 관점에서는 자살은 죄로 간주되며, 내세에서 불이익을 받게 된다. 특히 유대교와 기독교에서는 생명을 하느님의 주권아래 있다고 보는 교의에 따라 자살을 회개가 불가능한 대죄로 여기고 있으며, 불교 역시 자살을 할 경우 내세가 지옥, 아귀도나 축생계로 정해질 정도의 중대한 죄로 간주된다. 한편, 자이나교에서는 예외적으로 자살을 허용하고 있으며 이러한 자살을 용인하는 사실 때문에 고대부터 불교의 비판을 많이 받아왔고, 육사외도로 분류되는 결정적 원인이 되었다. 자살을 용인하는 이유는 "태어난 이후부터 이 몸은 오롯이 자신의 것이며 이 신체의 자유를 박탈할 권리도 오롯이 자신에게 있다"는 것이 자이나교에서 말하는 핵심으로 보인다. 라즈니쉬의 저서에 이와 관련된 이야기가 많다.

- 기독교와 유대교

기독교와 유대교의 성경에 기록된 십계명 제6계명에 의하면 "살인하지 말라"고 가르치고 있다. 또한, 자살이 자신을 살해하는 것으로 여기고, 자살 후 회개할 수 없으므로 영원한 죄에 빠진다고 가르친다.

- 나라별 자살

현재의 내용은 주로 동아시아에 한정된 내용을 다루고 있습니다. 다른 국가·지역에 대한 내용을 보충하여 내용의 균형을 맞추어 주세요. 내용에 대한 의견이 있으시면 토론문서에서 나누어 주세요.

세계자살예방의 날 문서를 참고하십시오.

세계보건기구(WHO)와 국제자살예방협회(IASP)는 9월 10일을 세계자살예방의 날(World Suicide Prevention Day)로 지정하여[21] 매년 전 세계에서 자살예방을 위한 활동을 펼치고 있다.

- 자살예방 시민 옴부즈맨

서울시는 각계각층의 시민 100명으로 구성된 '자살예방 시민 옴부즈맨'을 운영하고 있다. 인터넷 포털사이트, 카페, 블로그 및 소셜네트워크서비스(SNS) 등을 실시간으로 모니터링하며, 사이버상에서 자살위험이 감지되면 즉시 자살예방센터에 알려 사이버수사가 즉각 이뤄질 수 있도

록 하는 역할이다.[22]

- 자살과 상관관계 연구

음주와 자살 사이의 상관관계

2007년부터 2009년까지의 한국의 자살자를 대상으로 혈중 알코올 농도를 검사한 결과 자살자의 48.4%가 자살 당시 음주상태였으며, 여성이 남성보다 자살 당시 음주상태였던 비율이 높았으며, 남성에 비해 혈중 알코올 농도가 2배 정도 높았다. 자살과 알코올은 연령별 변인에서 청장년층의 자살과 관련이 높은 것으로 나타났다.[23]

미국 보스턴지역 고등학생의 자살 생각과 섹스팅 사이의 상관관계

미국 매사추세츠 주 뉴턴에 있는 교육발달센터(Education Development Center)는 섹스팅이 청소년들의 정서에 어떤 영향을 미치는지에 관한 연구로 미국 보스턴지역 24개 고등학교에 다니는 2만3000명의 청소년을 대상으로 설문조사를 하는 방식으로 행해졌고 그 결과 섹스팅을 경험한 청소년들은 일반 청소년에 비해 우울증에 걸릴 확률이 두 배 가량이었던 것으로 드러났으며, 섹스팅 경험자들 가운데 13%는 섹스팅을 한 기간동안 자살을 생각한 적이 있는 것으로 나타났다. 이는 같은 기간동안 일반청소년들이 자살을 생각한 비율 3%에 비해 10% 정도로 높은 수치였다.[24]

〈관련 서적〉

박형민. ≪자살, 차악의 선택≫. 이학사. 2010년. ISBN 9788961471329

〈같이 보기〉

가정불화

청소년사이버상담센터

정신의학

한방신경정신의학

심리학

인터넷자살

자살률에 따른 나라 목록

〈각주〉

1. 한승동. 자살은 '소통'을 위한 마지막 몸짓?. 한겨레. 2010년 5월 21일.
2. 김주언. 인터넷은 악마인가. 기자협회보. 2011년 6월 13일.
3. 조현호. 황색 저널리즘 '먹이' 된 연예인 죽음. 미디어오늘. 2015년 2월 15일.
4. 서찬동. 할리우드스타 "파파라치 언론 때문에 못살겠다". 매일경제. 2011년 11월 21일.
5. 민경배. '최진실법' 운운은 모욕죄. 경향신문. 2008년 10월 7일.
6. 민동기. '노무현 죽이기'는 한국언론도 공범. 시사IN. 2015년 3월 4일.
7. 한국 매일 40명 자살, 사회적 손실 연간 6조4천억원. 연합뉴스TV. 2015년 2월 9일.
8. 김현주. 대한민국은 자살공화국. 세계일보. 2015년 2월 16일.
9. 오수진. "심리적 부검은 자살원인 찾아 주변인 상실감 줄여 줘". 연합뉴스. 2014년 7월 8일.
10. 김기봉, <'노무현 신드롬'과 메멘토모리>, ≪철학과 현실≫ 통권 82호 74쪽, 2009년[1]
11. (한수진의 SBS 전망대) 표창원 "공개수배범 살인용의자 자살, 죄책감 탓?". SBS. 2015년 3월 20일.
12. 육우당(六友堂), '성소수자 해방'을 위해 지다
13. "내 혼은 꽃비되어" 참세상 2006.04.26
14. 내가 믿는 하나님은 나를 받아줄 것이다. 당당뉴스 2007.10.29
15. 정대하 기자. ""엄마 세상 살기 싫어" 초등생 성적비관 자살". 연합뉴스.
16. 2009 통계로 본 대한민국 동아일보
17. Plato. Laws, Book IX
18. Durkheim, Émile (1897). Suicide. New York: The Free Press (reprint,

1997), 327. ISBN 0-684-83632-7.
19. On Sound and Unsound Mind: The Role of Suicide in Tort and Insurance Litigation, Journal of the American Academy of Psychiatry and the Law, 2005
20. Interview with Nadine Strossen, David Shankbone, 위키뉴스, October 30, 2007.
21. 10일 세계 자살예방의 날, 2009년 9월 10일 ≪서울신문≫
22. 자살조장 유해사이트 감시단 떴다, ≪세계일보≫, 2012년 9월 6일
23. 영남대학교 심리학과 국립과학수사연구원 법의학부 공동연구 영남대학교 심리학과 국립과학수사연구원 법의학부 공동연구
24. 스마트폰 '섹스팅' 10대, 우울증·자살 위험↑. 코메디닷컴. 2011-11-03.

위키인용집에 이 문서와 관련된 문서가 있다.

〈자살〉

한국자살예방협회 사이버상담실

생명사랑 캠페인 '희망' 홈페이지

누가 학생들을 막다른 길로 내몰고 있나 ≪시사저널≫ 2010-08-25

"가혹행위 못이긴 자살, 타살이나 같다" ≪중앙일보≫ 2011-07-12

노인자살, 우리의 우울한 미래 ≪코메디닷컴≫ 2011-07-11

자살률 1위 대한민국, '우울증 환자 85% 치료 안받아' ≪데이터뉴스≫ 2011-06-23

"자살은 사회적 질병, 정책적인 노력으로 막을 수 있다" ≪신동아≫ 2011-06

이 문서는 2015년 3월 21일 (토) 02:05에 마지막으로 바뀌었습니다.[95]

---

95) http://ko.wikipedia.org/wiki/%EC%9E%90%EC%82%B4(2015.3.31.)

제4장 자살의 개념 재해석

1. 자살의 현대적 재해석과 현실적 적용

1) 자살은 자신의 목숨을 끊는 행위

자살은 살인하는 행위로서 현대사회에서 옳고 그름의 문제로 존엄사와 함께 치열한 논쟁거리다. 자신의 목숨을 스스로 끊을 자유인가 아니면 자신은 물론이고 주변인들까지 병들게하는 해악인가, 자결(自決)[1] 또는 자진(自盡)[2]이라고 하기도 한다. 편집시 절대로 '실제 자살하는 방법'을 작성하지 말 것. 이는 형법 252조 2항에 위배되는 사항으로 작성금지 대상인 불법행위이다.[3]

대한민국이 OECD 국가 중 자살률 1위라는 건 이미 유명한 이야기가 됐고, 2012년 통계에서는 그마저도 OECD 평균에 비해 2.6배 높은 1등이라고 한다. 즉 OECD를 넘어 전 세계적으로 자살률 1, 2위를 넘나들고 있다.

- 자살예방 콜센터
  - 129 또는 1577-0199 : 보건복지부 정신건강상담전화(희망의 전화)(24시간)
  - 1588-9191 : 생명의 전화(24시간)
  - 1599-3079 : 한마음 한몸자살예방센터 상담실

자살을 생각하는 위키러라면 위에 있는 전화번호로 전화해보자.

2) 자살징후

대다수의 사람들이 자살전에 특정한 신호(signal)를 보낸다고 한다. 주위 사람들의 따뜻한 관심과 배려가 그들의 자살을 막을 수 있다. 만일 이런 사람들에 대해 무심한 태도를 취하거나 고압적으로 묵살하거나 냉

정하게 면박을 준다면 이들은 여기서 읽기 쉽도록 몇 가지 기준으로 분류하였으며 공식적이거나 학술적인 분류는 아니다. 혹시 주위 사람들이 이와 같은 징후를 보인다면 반드시 자살을 의심해 보아야 한다. 특히 언어적 징후에 대해 중2병 드립이나 의지드립은 절대 금물이다. 대부분은 세상은 물론 자기 자신의 존재까지도 무관심해 하는 경우가 많다. 그 말은 곧 내가 어떻게 되든 상관없잖아?라는 말이나 다름없으니 이럴 때 일수록 조심해야 한다.

(1) 건강의 징후
  ○ 수면장애
  ○ 식욕의 갑작스런 감퇴 또는 증가
  ○ 외모에 대한 관심 저하
  ○ 우울증과 같은 기타 정신건강의 문제[4][5]
  ○ 암과 같은 기타 신체건강의 문제[6]

(2) 언어적인 징후
  ○ "농담이긴 하지만 죽으면 어떤 기분일까?"[7]
  ○ "내가 없어지는 편이 훨씬 나을거야. 나에게도, 주위에도."
  ○ "나는 아무 짝에도 쓸모없는 놈일 뿐이야."
  ○ "내가 죽으면 주변 사람들은 어떻게 반응할까?"
  ○ "사후세계는 어떤 모습일까?"[8]
  ○ "더 이상 버텨낼 수가 없어."
  ○ "더 이상 살아갈 의미가 없어."
  ○ "이제 다 끝내버리고 싶어."
  ○ 자신의 불행, 실패, 좌절에 대한 지속적인 토로
  ○ 기타 죽음을 암시하는 일기나 시, 그림들

(3) 행동의 징후
  ○ 남몰래 약을 사 모으거나 위험한 물건을 감추어 두는 행동

○ 주위 사람들에게 자해위협을 하거나 실제 자해행위를 하는 것
○ 자살사이트 가입
○ 개인적으로 중요한 물품들을 지인들에게 나누어 주는 행동
○ 갑작스런 주변 정리정돈
○ 갑작스런 폭력적 행위 또는 갑작스런 과도한 즐거움의 표출
○ 자살계획을 세우는 행동
○ 매듭짓기에 관심을 보이는 것[9]
○ 자살을 로맨틱하게 묘사하는 것
○ 한동안 만나지 않던 사람을 갑자기 찾아가는 행동
○ 갑작스럽게 성직자를 찾아가는 행동
○ 공부나 자신의 본업에 초연한 태도
○ 유언장을 쓰는 행동
○ 그리고 이 글을 보고 있는 행동[10]

(4) 동반자살의 징후
○ 동행이면서도 연령층이 다양하다.
○ 가족 또는 동료, 친구사이 같지 않고 어색함이 느껴진다.
○ 놀러 온 사람들임에도 표정이 밝지 않다.
○ 서로 대화가 없고 말수가 적다.
○ 대부분 렌터카를 이용한다.
○ 일반관광객과는 다르게 짐이 많지 않다.
○ 짐을 옮겨주겠다는 호의를 필요 이상으로 거절한다.[11]
○ 일행 이외 다른 사람 앞에서 특히 트렁크를 열려고 하지 않는다.

이외에 육군, 공군에서도 자살징후 체크리스트를 두어 관심병사들을 관리하고 있는데, 보통 간부가 관리하는 비밀사항이지만 방송, 재판에 나온 허용된 부분만 말하자면 '군 간편 인성검사'라는 체크리스트로 관리한다.[96]

2. 자살의 현실적 원인

한국인의 삶과 죽음 그리고 자살, 보통 자살을 하는 원인은 생활고나 실연 등이라고 한다. 전자의 경우 동반자나 가족의 생계부담을 덜어주기 위해, 후자의 경우 마음의 상처가 너무 커서인 경우가 많다. 학업도 큰 원인인데 한국에서는 대학수학능력시험이 끝난 다음에 매년 자살하는 학생이 꼭 한 두명씩 있다. 심지어 1교시 국어영역 끝나고 쉬는 시간에 국어영역시험을 잘못봤다고 비관한 학생이 옥상에서 뛰어내렸다는 기사가 매년 한 두개씩 꼭 나온다. 한국의 경우 10대의 자살원인은 주로 성적지향[16][17], 학업, 왕따관련문제, 20대는 취업난, 연애문제 관련, 30대부터는 생활고가 많다. 그리고 노년층 일부는 혼자 있는 것에 대한 극도의 외로움 때문에 자살하는 경우도 있다. 다른 국가에서 이러한 일로 자살하는 게 없다고 말하기는 힘들지만 한국만이 유독 심하게 이러한 일로 자살하는 비율이 너무 높고 실제로도 자살율이 세계 상위권이다. 한국 특유의 '뒤쳐지면 끝난다'는 식의 극단적인 자기인식, 실제로 이러한 자기인식이 판을 치게 된 사회분위기와 타칭 '선진국' 혹은 개발도상국 졸업국가라 불리는 한국의 사회안전망 미비, 약자에 대한 소외 등이 겹쳐서 생긴 끝없는 비관이 결국 자살을 부른다. 자살율을 줄이려면 이러한 사회를 개편해 안좋은 부분을 시정하려고 노력하며 국민들 특유의 극단적인 의식 등을 차차 바꾸려고 노력을 해야하지만 정부와 국민들 모두의 집단인 대한민국이 그러한 부분에서 책임있는 모습을 보여주었는가에 대해선 할말이 없다는 게 현실이다. 그 현실에 좌절하여 도피할 방법이 없기 때문에 자살로 이어지는 악순환이 이어진다. 대한민국은 사회적 환경의 엄청난 변화를 불과 몇 십년만에 이룩했지만, 1990년대 중반까진 자살율이 그리 높지는 않았다.[18] 그러나 IMF 사태 이후 극단적

---

96) https://mirror.enha.kr/wiki/%EC%9E%90%EC%82%B4(2015.3.31.), wiki의 자살관련 사이트에서 일부를 발췌 인용

인 계층의 양극화 사태가 발생하기 시작했고, 국가적 복지관련 인프라가 부족한 대한민국 복지에서 중요한 부분을 담당하던 전통적 형태의 가정복지에 큰 타격을 주었다. 이는 특히 자생적인 생활이 힘든데다 살아갈 날도 얼마 남지 않은 노인세대에게 치명적으로 다가왔고, 그 결과 대한민국에서 가장 높은 자살율을 가진 세대가 되었으며 대한민국이 실질적인 자살공화국이 된 큰 원인이 되었다. 한국에서는 군대에서도 자살을 많이 한다. 주된 원인은 악질 고참의 심한 괴롭힘이나 구타, 연인으로부터의 이별통보 등이 많다. 한 해에 수 백명씩 자살한다는 통계도 있으나 대부분의 자살사건은 바깥의 언론을 타지 못하고 군대 내부에서 묻힌다. 요즘은 거의 사라졌으나 1960년대부터 1990년대 초반까지의 군사정권 시절에는 구타로 인해 사망한 병사들이 자살했다고 유족에게 허위통보 하는 경우도 있었다.

유명인이 자살로 목숨을 끊으면 연쇄적으로 청소년 자살률이 높아지는 효과가 있다. 이것을 베르테르 효과라 하는데 독일의 문호 괴테의 소설 <젊은 베르테르의 슬픔>에서 베르테르가 자살을 하자 그 당시 젊은 이들이 베르테르처럼 권총 자살을 한 데서 나왔다.

자살로 위장된 것으로 의심되는 경우도 있고[19] 군대나 경찰서, 교도소 등은 폐쇄된 환경이기 때문에 자살로 처리되었으나 의혹이 남는 경우가 있는데, 이것을 의문사라고 부르기도 한다.[97]

3. 한국의 자살통계

특수한 항목으로 분리하여 서술하며 자살에 관한 통계는 자살 및 통계항목을 참고할 것
2011년 자살률 31.7명(세계 1위, 이하 10만명당)
2010년 자살률 33.5명 세계 1위 OECD 평균의 2.6배

---

97) https://mirror.enha.kr/wiki/%EC%9E%90%EC%82%B4(2015.3.31.)

2009년 자살률 31명
2008년 자살률 26명

  사실 한국의 자살률은 원래부터 꽤 높은 편이었다.[20] 단지 1980년대 초반에서 1990년대 중반까지 고도성장이 이어진 결과 다소 살만해지고 경쟁도 좀 완화되면서 자살률이 낮아졌던 것인데 외환위기를 계기로 다시 무한경쟁시대로 접어들면서 자살률이 원상복귀하게 된 것, 즉, 현 상황은 별로 놀랄 일은 아니다. 과거부터 그랬으니까. 한국 못지않게 사회 안전망이 빈약하고 생활고가 심한 국가 국민들의 상당수가 자살을 선호하지 않는 점[21]에서 삶을 쉽게 포기하고 성공 외에 그 어떤 인생도 받아들이려 하지 않는 한국 사회의 특수성이라고 볼 소지도 있을 듯하다.

  사실 한국 외에 다른 국가에서는 비슷한 조건이라도 이런 현상은 찾아보기 어렵기 때문이다.

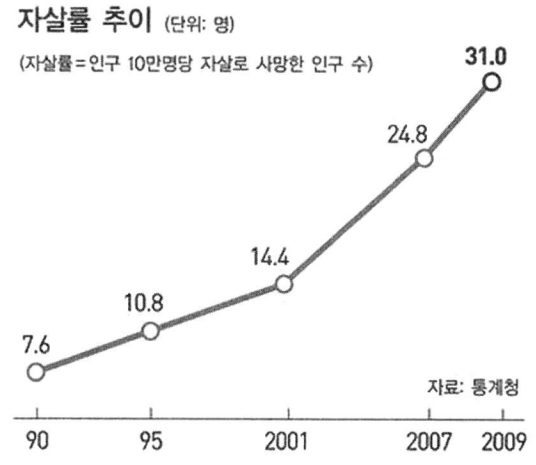

자료: https://mirror.enha.kr/wiki/%EC%9E%90%EC%82%B4

  원래 한국은 자살률이 비교적 높은 국가였으며, 이러한 높은 자살률은 이전부터 존재했고, 오히려 1980년대 초~1990년대 후반이 특별하다. 다만 여기에는 1990년대 초부터 나와 있어 자살률이 원래 낮았던 것으로 착각하기 쉽다. 한국의 자살률이 꾸준히 상위권이어서 근래의 자살률이 얼마나 심각한 것인지는 다른 나라와의 비교치로 실감할 수 있다.

계속 같은 일등이지만 다른 일등인 것이다. 1982년 대한민국은 인구 10만명당 자살자가 6.8명으로 OECD 국가들 중에 하위권이었다. 그러나 일시적인 현상이었다. 실상 1965년 당시 한국의 자살률은 10만명당 29명, 1975년에는 31명에 달했으니까 현재와 다를 것이 전혀 없다.

그리고 2005년에 이러한 자살률이 원상복귀하여 우리나라는 인구 10만명당 자살자 24.7명으로 OECD 자살률 1위를 차지했고 2009년에는 31명으로 우리는 자살 성장률에서 다른 모든 OECD 국가들을 초월했으며 그 이외의 국가까지 합산하면 벨라루스 다음으로 세계에서 두번째로 자살률이 높다. 벨라루스의 경우는 체르노빌 원자력 발전소 사고 당시 체르노빌에서 발생한 방사능 낙진의 거의 전부가 벨라루스에 떨어졌다.

지금도 벨라루스 전 국토의 30% 정도는 방사능에 오염되어 있다. 이 때문에 벨라루스는 기형아가 많이 태어나며 이러한 요인이 자살율에 영향을 주고 있다. 다만 2013년 현재는 통계가 업데이트돼서 벨라루스 6위, 그린랜드가 1위로 올라섰다. 하지만 주권국가 기준으로는 여전히 대한민국이 1위다.

물론 실질적인 자살률 1위는 벨라루스도 대한민국도 아니고 그린랜드의 10만명당 108.1건이라는 엄청난 숫자다. 그린랜드의 자살은 심각한 사회문제로서, 5명당 1명이 평생 한번은 자살시도를 한다고 한다. 정부의 발표가 그 정도고 다른 연구에 의하면 4명당 1명으로 비율이 더 올라간다.[22] 그러나 그린랜드는 공식적으로는 덴마크 땅이므로 주권국가 내의 자살률로 따지면 대한민국이 1위이다. 한편, 비공식 1위는 행복지수 1위[23]라고 알려진 방글라데시다. 2010년 기준 자살률이 무려 128.8명!!! 2010년 한 해 20만명이 넘는 사람들이 자살을 했다. 지나치게 빈곤한 삶이 극단적인 선택으로 사람들을 내몬 것으로 보인다.

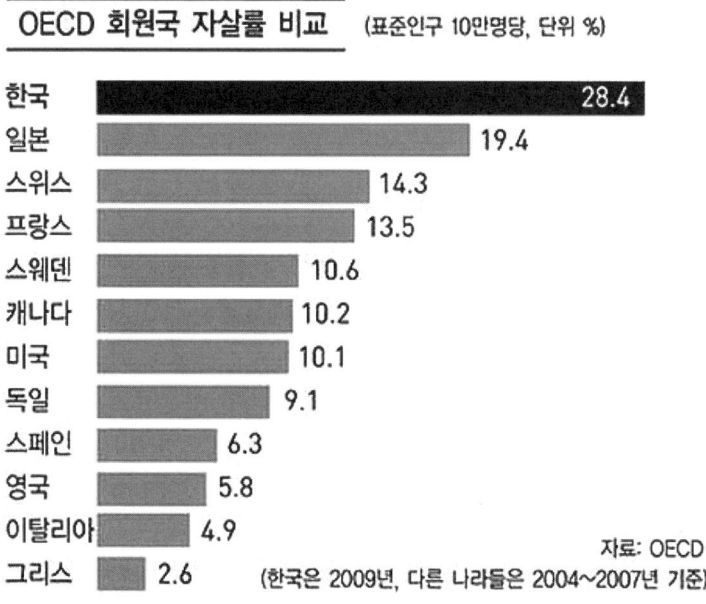

자료: https://mirror.enha.kr/wiki/%EC%9E%90%EC%82%B4

　한국은 자살률이 일본보다 약 50퍼센트 높고 중국, 홍콩과 폴란드보다 2배 높고 미국보다는 3배, 바레인이나 그리스보다는 10배, 바하마나 페루보다 30배, 자메이카보다 약 300배 높다. 그리고 OECD 회원국 평균치 11.2명의 2배 이상을 기록하고 있다. 심지어 한국의 자살률은 전쟁으로 인한 외상후증후군 PTSD에 시달리는 미군 자살률보다 높다고 한다. 미국 국방부의 보고서에 따르면 전쟁의 공포와 스트레스에 시달리는 이라크 주둔 미군의 2005년 자살률은 인구 10만명당 19.9명이었다. 한국은 2010년 33.5명 10대와 30대의 사망원인 1위라고 한다. 10대의 경우엔 2008년 자살률이 42퍼센트나 증가하면서 2009년에는 '자살' 이 사망의 제1 원인이 되었다. 그리고 30대 역시 자살이 사망의 제1 원인이 되었다.

한국의 자살률은 빠른 경제성장과 산업발달과정에서 증폭된 것이라고 한다. 한국의 높은 자살률은 그로 인한 부산물적 결과라는 것이다.

그 원인으로는 적은 여가와 과도한 업무, 과열경쟁으로 인한 낙오에 대한 두려움, 성공자와 패배자의 선 가르기, 성공, 학업, 돈 외의 다른 가치로 눈을 돌릴 기회조차 갖지 못하는 결과 중시 사회화 등의 현상을 나열할 수 있다.

무엇보다도 한국의 자살률이 전 세계 최고수준이 된 이유는 노년층의 높은 자살률이다. 실제로 노인을 제외한 전 연령층에서 한국인의 자살률은 OECD 평균수준이거나, 일부 세대는 OECD 평균보다도 낮다. 특히 우리나라의 높은 자살률의 원인을 설명하며 청소년들의 과중한 학업부담이나 청소년 자살률이 OECD 1위라는 사실에 대해 이야기를 하는데, 실제 OECD 청소년 자살률 수치를 봤을 때, 핀란드와 뉴질랜드가 각각 10만명당 14명과 13명으로 가장 높은 수준이고, 우리나라 10대의 자살률은 10만명당 8명으로 OECD 평균보다 조금 높은 수준이다.[24] 하지만 우리나라가 처한 고령화와 극심한 저출산율 문제를 생각해보면 평균을 조금 넘을지라도 심각한 문제다.[25] 그리고 다른 연령대에 비해 노인의 자살률이 굉장히 심각한 수준이다. 74세 이하 노인의 자살률은 10만명당 81.8명으로 이는 일본의 17.9명 미국의 14.5명에 비하면 대여섯배나 많은 매우 압도적으로 높은 수치이다. 게다가 이렇게 노인들의 자살률이 심각한 수준임에도 불구하고 매년 증가폭을 그리고 있다는 점이 더큰 문제이다. 같은 노인들이라도 70대보다 80대 이상의 자살률이 더 높으며, 여성보다도 남성의 자살률이 더 높다. 결국 이런 통계자료에서 유추해보면, 급격한 산업화를 거치는동안 우리의 조부모 세대들은 자식들 뒷바라지와 당장 하루하루 먹고살기에 바빠 노후의 경제적 대비를 거의 하지 못했고, 그것이 노년에 와서 커다란 경제적 어려움과 함께 정서적, 인간적인 교감마저 하지 못하고 삶의 희망을 잃어버렸다는 말이 된다. 참으로 안타까운 일이 아닐수 없다. 이분들을 위한 대책이 절실한 상황이고,

실제로 이번 정부 들어서도 많은 노인복지공약들이 약속되어 있지만 워낙 고령화가 급격히 이뤄지고 있는데다[26] 청장년층의 경제적 여력이 날이 갈수록 추락하고 계층 고정화가 심화되는 추세라 실현 여부는 불투명한 상황이다.

일단 이 문제는 한번 좌절하면 미래가 없다고 여기고 삶을 쉽게 포기하는 예민한 감수성이 지배적인 사회가 가장 근본적인 원인이라 해결은 사실상 요원한 것으로 보인다. 물론 국가 및 사회적인 문제점도 한몫했겠지만 출산율과 마찬가지로 인식문제가 가장 크고 국가는 여기에 +@를 보탰을 뿐이다.[98]

4. 자살에 대한 인식

문화마다 자살에 대한 인식은 조금씩 다르다. 일단 뜻을 이루기 위해서, 또는 치욕을 피하기 위해서 자살하는 것은 보통 '자결'이라고 하며 일반적인 자살과는 보는 시각이 다르다. 대개 정황상 선택지가 없는 상황에서 벌어지기 마련인지, 남들에게 선택당하지 않겠다는 의미에서 '스스로 끝내는' 의미가 강하다. 물론 남에 의해 자결 '당하는' 경우도 많다. 어쨌든 환경상의 문제라 현대의 자살과는 의미가 많이 다르다.[27][99]

5. 자살에 대한 유명인의 정의

"자살은 착란상태에 있는 인간이 자기 목숨을 끊는 행위이다. 자살하려는 사람은 모두 정신병자이다."<에스키로르(1838년)>

"희생자 자신이 결과를 알면서도 적극적, 소극적 행동에 의해 직접, 또 타인을 통해 행하는 죽음을 자살이라 부른다."<뒤르켐(1897년)>

"희생자 자신이 희생이 아니라 어떠한 의도를 가지고 혹은 죽음이라

---

98) https://mirror.enha.kr/wiki/%EC%9E%90%EC%82%B4(2015.3.31.)
99) https://mirror.enha.kr/wiki/%EC%9E%90%EC%82%B4(2015.3.31.)

는 목적을 가지고 한 행위의 결과 일어나게 된 죽음을 모두 자살이라고 부른다."<알버크(1930년)>

"자살은 삶을 선택할 수도 있겠지만 모든 사회적 의무로부터 벗어나기 위해 죽음을 선택한 명석한 인간이 행한 행위를 말한다."<아킬 델마(1932년)>

"자살은 죽음을 수단이나 결과로 간주하여 자기 스스로 죽는 행위이다."<드에(1947년)>

"자살은 실존에 관한 문제의 해결방법을 주체의 자발적인 죽음에서 구하고 발견하는 행동이다."<바에슐러(1975년)>

자살동향에 대해 전 세계적인 조사와 연구를 하는 세계보건기구는 1968년 다음과 같이 자살의 정의를 내렸다. "자살이라는 것은 죽음에 대한 의지를 지니고 자신의 생명을 해쳐서 죽음이라는 결과에 이르는 자멸행위이다."<세계보건기구> 이 국제기구는 자살에 대해서는 위장자살, 실험자살, 자살실패의 3가지로 분류했다.

"어떠한 이에게는 서있는 것보다 앉아있는 것이 낫고 앉아있는 것보다는 눕는 것이 낫다. 또한 어떠한 이에게는 서있는 것이 앉아있는 것보다 낫고 사는 것보다는 죽는 것이 낫다."<아랍 속담 (자살자들의 묘비에 즐겨 쓰임)>

"본성이 우리에게 준 가장 훌륭한 선물은 삶으로부터 도망치게 내버려둔다는 점이다"<몽테뉴>

"왜 사람들은 내가 존재하는 것에 더 이상 동의하지 않는데도 그 사회를 위해 일을 하며 나의 의도와는 상관없이 정해진 사회규약들을 지키기를 바라는 것일까? 사회는 상호이익에 근거를 두고 세워진 것이지만 이 사회가 나에게 너무 짐이 될 때는 과연 누가 나로 하여금 이 사회를 스스로 포기하지 못하게 하는 것일까?"[36]<몽테스키와>

"사회는 숙명을 넘어 온갖 종류의 물질적, 도덕적 불행을 낳는다. 그리고 죽음으로써 사회의 지배로부터 벗어나려는 사람들을 처벌할 권리

를 사회에 부여하는 것은 경솔한 일이다."<렌즈버그>

"자신의 종말을 기다리는 사람은 엄격한 영혼을 가졌다기보다는 오히려 본성이 감퇴된 것이 아닐까?"<샤토 브리앙>

자살에 이르게 되는 동기는 989가지, 자살방법은 83가지에 이른다.<1969년, 세계보건기구의 연구보고>

"사람은 능숙하게 탈 배를 선택하고 편안하게 살 집을 고른다. 마찬가지로 이 세상을 떠날 방법을 선택할 권리도 있지 않을까? 특히 죽음에 관해서는 무엇보다도 자기가 하고 싶은대로 하기 마련이다."<세네카(기원전 1세기)>

"사람이 죽음에 이르는 방법을 완벽하게 연구할 수는 없다."<스칸디나비아 격언>

"자살하는 모든 사람들은 유죄"<드니 디드로>

"잠이 좋다. 더 나은 것은 죽음이다. 아예 태어나지 말았더라면 가장 좋았으리라."<하인리히 하이네>

"자살, 그것은 신이 인생의 온갖 형벌 중에서 인간에게 부과한 으뜸가는 은혜다."<T.리비우스>

"가장 좋은 것은 태어나지 않는 것, 존재하지 않는 것, 아무 것도 되지 않는 것이다."<프리드리히 니체>

"죽음보다 더 아름다운 것은 일어날 수 없다."<월트 휘트먼>

"죽음에서 가장 두려운 것은 죽음전에 겪게 되는 죽음에 대한 공포, 그것이다."[37]<바키리데스>

"죽음은 단지 한순간의 고통이지만 삶은 기나긴 고통이다."<버나드 조지프 소린>

"자살을 생각하는 일은 커다란 위안이 된다. 그 생각으로 불쾌한 밤을 잘 지내게 된다."<프리드리히 니체>

"참으로 위대한 철학의 문제는 하나밖에 없다. 그것은 자살이다. 인생을 괴로워하며 살 값어치가 있나 없나 하는 판단을 하는 것, 이것이 철학의 기본적인 질문에 대답하는 것이다."[38]

"살인에는 언제나 이유가 있다. 그러나 삶에는 정확한 의미를 부여하기가 어렵다. 자살은 위대한 예술작품처럼 마음의 고요함속에서 준비된다. 삶의 이유를 말할 수 있는 사람은 확실한 죽음의 이유도 갖고 있다." "자기 자신을 죽일 수 없는 한, 사람은 인생에 관하여 침묵을 지켜야 한다."<알베르 카뮈>

"자살하는 힘을 가진 자는 행복하다."<앨프리드 테니슨>

"자살을 위한 타당한 이유를 갖다 붙이는 사람은 시원찮은 사람이다."<에피쿠로스>

어떤 당나귀가 죽으면 자신의 비참한 운명이 마감될 것이라고 생각하고 기쁜 마음으로 목숨을 끊었다. 그러나 불행하게도 운명의 여신은 그를 가만 놔두지 않았다. 나귀가 죽자 사람들은 가죽을 벗겨 북을 만들었고 그 북을 마구 때리며 축제를 벌였다. 그리고 울려퍼지는 북소리에 맞춰 처녀들은 풀밭에서 즐겁게 춤을 추었다.[39]<호세 호아킨 페르난데스 & 호세 로사스 모레노, 똑똑한 바보 中, 불행한 당나귀>

"면도칼은 아프고 강물은 축축하다. 산은 흉터를 남기고 약은 경련을 일으킨다. 총기사용은 불법이고 올가미는 풀리며 가스는 냄새가 지독하다. 차라리 사는 것이 낫다."<도러시 파커>

"인간은 자살할 권리가 있을까? 그렇다. 그의 죽음이 누구에게도 해가 되지 않고 타인이 그에게 너무 고통스럽게 느껴질 때는 자살할 권리가 있다. 그러나 저항하지도 않고 슬픔에 자신을 내맡겨버리는 것, 즉 더 이상 견디지 못해 자살하는 것은 이기기도전에 전투를 내팽개쳐버리는 것과 같다. 절망의 행위로서의 자살은 나태함일 수 있다."<나폴레옹 보나파르트>

"어떤 면에서 자살은 비열하다고는 할 수 없어도 적어도 안이한 해결방식임에 틀림없다. 나는 내가 내 자신을 죽일 수 있음을 이미 알고 있다고 생각한다. 내가 나를 파괴하는 것으로부터 아주 풍요로운 원천을

발견한다. 그러나 물론 이것은 내가 자살하지 않을 때에만 유효한 것이다."<이마누엘 칸트>

"사람은 자신이 갇힌 감옥의 문을 열고 달아날 권리가 없는 죄수이다. 그는 신이 부를 때까지 스스로 목숨을 끊지 말고 기다려야 한다."<플라톤>

"자살하는 것은 세상에 진지한 것이 있다고 믿는 것이다."<모리스 바레>

"자살행위는 한번도 자살시도를 해보지 않은 사람들과 앞으로도 결코 자살을 시도하지 않을 사람들에게만 공포를 준다."<베르나노스>

"완벽한 행복이 어떤 것이든간에, 종종 그가 때마침 할 수만 있다면 자살은 현자들의 권리이다."<카토>

"사람들은 인간의 권리안에 있는 또다른 권리를 잊어 버린다. 자기 모순에 빠지거나 없어질 권리."<보들레르>

"자살은 애수어린 한 편의 시이다. 감정을 죽인 채 늙을 때까지 생명을 연장하든가 열정의 순교를 받아들여 젊어서 죽기, 이것이 우리 삶의 숙명이다."<발자크>

"자살은 친근하고도 기나긴 운명으로 준비된다. 자살은 문학적으로 가장 잘 준비되고 정교하게 손질된 종합적인 죽음이다."<바슐라르>

"자살은 세 가지 요소로 구성된다. 살해의 욕구, 살해당하려는 욕구, 살려는 욕구."<메닝거>

"인생에서 완전히 길을 잃고 희망마저 없을 때, 삶은 치욕이고 죽음은 의무가 된다. 최고로 불행한 순간은 집을 뛰쳐나올 수도 집안에 틀어박혀 있을 수도 없을 때이다. 야만인들은 결코 생각해내지 못하는 자살을 섬세한 영혼의 소유자들은 실천한다."<볼테르>

"죽음은 나의 고상한 친구들에게는 모호한 감옥의 종말이지만 다른 사람들에게는 병이다. 그와 함께 조용히 있을 수 있다는 것을 알았다면 그에게 말하라, 네가 행복한동안 죽이라. 왜냐하면 제시간에 닥쳐오는

죽음은 고통이 아니라 피난처이기 때문이다."<페트라르크>

"삶은 타인들의 의지에 달려 있으나, 죽음은 자신의 의지에 달려 있다."<몽테뉴>

"심장은 권총을 열망하고 목구멍은 면도날을 꿈꾼다."<마야코프스키>

"인간에게는 세 가지 사건이 있다. 태어남, 삶, 죽음, 인간은 태어남을 느끼지 못하지만, 죽음으로 고통받고 삶은 잊어버린다."<부뤼에르>

"사람은 태양도 죽음도 똑바로 바라볼 수 없다."<로슈푸코>

"나는 미래를 증오한다. 미래는 나의 죽음을 포함하고 있다."<앙리오>

"인간이라면 누구나 사는동안 베르테르가 자기 자신에게 편지를 썼던 것과 같은 순간을 한번쯤은 가져야 한다."<괴테>

"원하는 순간에 자살할 수 있는 확신이 없을 때 우리는 미래를 두려워하게 된다." "원할 때 죽을 수 있기 때문에 나는 살고 있다. 자살이라는 '가능성'이 없었다면 나는 이미 오래전에 자살했을 것이다."<에밀 시오랑>100)

〈주〉101)

- [1] 다만 자결은 충절이나 신뢰를 표현하기 위한 자살이라는 느낌이 강하다.
- [2] 주로 사극 등지에서 들을 수 있는 옛스러운 표현. 사이교우지 유유코의 첫번째 스펠카드 '망아향'의 '자진'이 바로 이 자진.
- [3] 다만 자살방조죄가 성립하려면 자살하게 한다는 고의가 필요하다. 이에 대해서는 후술.
- [4] 우울증이 아직도 가벼운 정신질환이라 생각하는 사람들이 많은데 자살을 하거나 안락사를 요구하는 경우가 많은 심각한 질환이다.

---

100) https://mirror.enha.kr/wiki/%EC%9E%90%EC%82%B4(2015.3.31.)
101) wiki에서의 자살관련 내용중에서 일부를 발췌하였으며 해당되는 주를 참고하였으며 그 외의 주는 원문을 참조.
https://mirror.enha.kr/wiki/%EC%9E%90%EC%82%B4(2015.3.31.)

- [5] 역으로 너무 밝아 보이는 사람도(100%는 아니겠지만) 주의할 필요가 있다. 부정적인 생각에 반항하기 위해 긍정적인 생각을 억지로 갖고 있을 수도 있으므로. 종종 연예계나 코미디관련 사람들이 돌연 자살하는 경우를 보면 이해할 수 있다.
- [6] 암을 비롯한 중대질환에 걸려 시한부 인생을 살며 고통에 신음하는 환자들 중에서 극단적으로 자살을 선택하기도 한다. 그래서 안락사 문제가 시끄러운 것.
- [7] 농담이라도 흘려들으면 안된다! 저걸 말한 사람이 슬퍼서든 망상에 빠져서든 정말로 실행할 수도 있기 때문이다.
- [8] 단, 평소에는 관심을 보이지 않다가 갑자기 몰두하는 경우에 한정.
- [9] 목을 매다는 상상 혹은 어떻게든 끝을 보고 싶다는 심리의 투영이라고 볼 수 있다.
- [10] 물론 이 글을 보는 행동이 다 자살징후는 아니고 연구나 주변 사람의 의심스러운 행동에 대해 조사하고자 보는 사람. 혹은 그냥 재미삼아 보는 경우가 대부분이다. <del>위키질 하다가 링크타고 왔다</del> 문제는 정말 자살을 목적으로 보는 사람들도 없는 건 아니라는 것.
- [11] 이 경우와 아래의 경우는 그 집안에 동반자살의 재료가 있기 때문이다. 물론, 사생활을 침해받고 싶지 않아서 거절하는 경우도 있다. <del>외국이라면 당연하겠지</del>
- [12] 그러나 이를 역이용하여 열녀문을 받기 위해 자살을 강요하는 일도 흔했다. 언제 자결을 하느냐에 따라 세금을 면제받는 기간이 달랐다. 예를 들면 남편을 잃자마자 자결하면 평생 면제를 해주고 남편 3년상 치르고 자결하면 그보다 적게, 애들을 다 출가시킨 다음에 자결하면 또 그보다 적게 받는 식이다.
- [13] 항목내에도 명시되어 있지만 카미카제도 강요에 의한 경우가 많았다. 일본군의 막장도가 어느 정도인지 알 수 있는 부분.

- [14] 뒤르켐은 이 항목을 각주에서 간략하게만 언급했다. 그만큼 중요하게 취급하지 않았던 항목으로 어떤 사회학자들은 뒤르켐의 분류에서 이 부분은 생략하기도 한다.
- [15] 예를 들면 교통사고로 돌아가셔서 하늘나라에 계실 부모님을 만나기 위해 투신자살을 하는 것 등
- [16] 미국의 연구에 따르면 성적 지향, 성 정체성으로 고민하는 청소년들의 경우 자살하는 비율은 일반 청소년들에 비해 3배나 높고, 10대 청소년 자살자 중 거의 30% 정도가 성적 지향의 문제로 인한 고민과 관계가 깊었다고 한다. 한국에서 청소년 동성애자들의 자살문제를 연구한 보고서도 비슷한 결과를 도출해냈다고 한다. 바꿔 말하면 이는 실제로 보이지 않는 면에 성 소수자들이 많다는 것인데, 실제로 졸업하면서 교사에게 커밍아웃하는 경우도 있다. 전체 원인 중 30%(약 1/3)는 결코 적은 수치가 아니니, 성 정체성으로 고민하는 청소년들을 손가락질하거나 억압하지 말아야 한다.
- [17] 성 정체성에 의한 자살과 성 지향성에 의한 자살은 두 개념에 엄청난 차이가 있는만큼 엄연히 다르다.
- [18] 다만 당시 통계에 잡히지 않는 자살사례들까지 포함하면 실제 자살률은 다소 높다는 연구결과가 나와있긴 하다.
- [19] 이를테면 행방불명된 사람이 산 속에서 목을 맨 시체로 발견되었는데 다른 소지품은 훼손되었으나 신분증만 깨끗한 상태.
- [20] 원래 여기서는 1965년까지 나와 있지만 실제로는 1950년대부터 문제가 되었던 듯하다. 당대의 시사만화였던 고바우 영감에서도 자살자 통계 때문에 골치썩는다는 내용이 등장한다. 자살률이 날이 갈수록 높아졌기 때문이다.
- [21] 실제 그리스 등 남유럽에서 경제난을 계기로 자살이 급증하긴 했지만 한국과는 비교가 안된다. 참고로 이탈리아와 스페인을 제외하면 남유럽 지역의 경제적 상황은 한국보다 결코 낫다고 볼 수 없다.

- [22] 지역의 특성상 발생하는 호르몬 장애 때문이라는 설이 있다.
- [23] 사실 1990년대 중반 행복지수통계의 기준이 모호해서 나온 결과로 현재는 이 통계가 잘못되었다고 결론났다.
- [24] 출처가 삭제되어서 새로운 출처 추가바람
- [25] 입시위주 교육을 긍정하는 사람들은 대한민국 청소년들이 엄격한 교육 덕분에 사회적 일탈과 자살률이 낮은 것이라고 주장하나 그렇게 따지면 남유럽쪽 청소년 자살률이 금융위기 직전까지 매우 낮은 편에 속했었다는 것이 설명되지 않는다. 참고로 그리스는 금융위기 이전까지 청소년 자살률을 포함한 전체적인 자살률이 EU국가들 중에서 매우 낮은 편에 속했었다.
- [26] 실제로 S&P는 한국이 고령화 단 하나로 신용등급이 2050년 투기등급으로 내려갈 것이라는 전망까지 내놓았다.
- [27] 신라의 경애왕이 견훤 때문에 자결했다 그러지, 자살했다고는 하지 않는다.
- [28] 스토아학파는 인간의 이성에 충실하고 인간다움을 중시했기 때문에 정치적 목적으로 인한 자살이나 명예에 의한 자살을 권장했으며, 심지어 매우 가난하거나 불치병에 걸렸을 경우에도 자살을 권장했다!
- [29] hemlock. 일명 독당근으로 불리는 미나릿과 식물. 소크라테스가 독살당했을 때 들었던 독약이 바로 햄록이다.
- [30] 뉴스 참고. 물론 가미카제를 미화하는 건 개소리다.
- [31] 폭력의 층은 남에게 해를 끼친 자, 자신에게 해를 끼친 자, 신과 자연 순리에게 해를 끼친 자로 나뉘어 있다.
- [32] 그래서 어니스트 헤밍웨이도 자신이 더 이상 글을 쓸 수 없다는 허무감을 자살로 극복(?)했다고 한다.
- [33] 자살인데 살인죄이다. A가 B에게 '나를 죽여줘' 라고 부탁(촉탁)하고 B가 그 부탁을 받아들여서 A를 죽인 경우, 혹은 A가 B에게 '

너 죽인다'라고 한 뒤 B의 '승낙'을 받아 죽인 경우를 말한다. 이 중 전자의 경우 뭐가 어쨌든 간에 B의 목숨을 A가 인위적으로 끊은 것이기 때문에 일단은 살인죄이지만 그 형량이 일반 살인죄보다는 낮다.

- [34] 물론 자살시도와 관계없이 지나치게 노력만을 강조하는 사회의 풍조도 문제로 삼아야 한다. 사회구조에 문제가 있는데도 노력만을 강조하는 골 빈 사례가 있기 때문이다. 결정적으로 이런 사고나 행동은 사회개선에 도움이 절대 안된다.
- [35] 그래서 후자의 경우 남들의 눈에 띄기 쉬운 곳에서 목을 매달거나 칼로 손목을 긋는 등 '관심을 조금만 더 주면 회생이 가능한' 방법을 쓰는 경우가 많다.
- [36] 몽테스키외(Daum 백과사전) 항목을 보면 알겠지만, 그는 "기후가 정치에 영향을 끼친다"는 일종의 환경결정론자였다. 따라서 앞의 어록은 자살의 책임을 사회로 돌리는 걸로 보인다.
- [37] 이는 비단 자살만이 아니라 거의 모든 죽음에 해당된다. 전쟁터에 나간 군인들의 PTSD라든가, 위험한 환경에서 일하는 노동자라든가.
- [38] 소크라테스의 "너 자신을 알라"가 거의 철학의 대표급이다.
- [39] 이 이야기의 교훈은 죽은 뒤에도 불행은 계속될 수 있다는 거지만, 정작 당사자의 시체는 영혼이 없는 껍데기에 지나지 않는다는 문제가 있다. 이건 자살 그 자체보다는 남의 죽음을 기뻐하는 주변인들을 비난하는 걸로 보인다.
- [40] 헌데 근래에 들어서 인생역전은 불가능하다는 부정적인 입장이 많이 늘어나서 이 문구가 사람들에게 희망을 주기는 어려울 듯 하다.
- [41] 형법 제252조(촉탁, 승낙에 의한 살인 등) ① 사람의 촉탁 또는 승낙을 받아 그를 살해한 자는 1년 이상 10년 이하의 징역에 처한다. ② 사람을 교사 또는 방조하여 자살하게 한 자도 전항의 형과

같다. 다만 모든 교사·방조죄가 그렇듯이, 사람을 자살하게 한다는 고의가 있어야 한다. 그렇지 않다면 특정 작품내에서 자살/사망묘사로 인해 실제로 자살자가 늘어난 경우 그 작품을 만든 사람도 자살방조죄로 잡혀갈 테니까.

- [42] 고통없이 고통스럽게 죽는 게 나눠져 있는데 고통없이 죽기는 그냥 레이저 한방에 온몸이 증발하지만 고통스럽게 죽기는 온몸이 난도질 당하다가 가슴이 찔려 죽는다. 근데 주인공인 프라이와 벤더는 고통스럽게 죽기를 선택해서 살았다.
- [43] 그리하여 나온 게임이 바로 레밍즈다. 다행스럽게도(?) 이 게임의 목표는 레밍들을 떠밀어서 죽이는 게 아니라 가급적 죽지 않게 끝까지 이끄는 것이다.
- [44] 소설 "아홉살 인생"에 나오는 골방철학자가 좋은 사례이리라. 혹은 "죽으면 좋은 곳으로 갑니다. 그러니 제 손에 죽어주시죠"라고 말하는 악당이라거나.
- [45] 어떤 마술의 금서목록의 인덱스와 똑같은 능력이다. 다만 이 사람은 장애고 인덱스는 능력이다.
- [46] 단, "그냥 상담사랑 이야기하지. 누가 봐준다고 이런 인터넷에다 글을 써?"란 뉘앙스는 풍기지 말자. 2014년 초에도 자살률이 높아지고 있지만 정작 정신과에 간다고 하면 여전히 이상한 눈으로 쳐다보는 상황이다.
- [47] 원작 만화 한정.
- [48] ≪자기 앞의 생≫은 '에밀 아자르'란 이름으로 냈는데, 그 당시에는 그가 에밀 아자르란 사실을 아무도 몰랐다. 그는 유서에 자신이 '에밀 아자르'였다는 것을 밝힘으로써 프랑스 문단과 평론가들을 충격에 빠뜨렸다. 그 이유는 다음과 같다. 로맹 가리는 1956년에 ≪하늘의 뿌리≫란 소설로 공쿠르상을 수상하고 1975년에 '에밀 아자르' 란 이름으로 ≪자기 앞의 생≫을 내고 또 공쿠르상을 수상했다.

문제는 공쿠르상은 한 명이 한 번밖에 받지 못한다는 것과 당시 평론가들의 로맹 가리의 공쿠르상 수상에 대한 평가는 좋지 않았고 로맹 가리를 한물 간 작가로 여겼던 반면 후에 에밀 아자르란 이름으로 낸 ≪자기 앞의 생≫에는 굉장한 찬사를 보냈다는 것이다. 즉, 로맹 가리는 에밀 아자르란 이름으로 글을 쓰고 그들이 부정적으로 평가하던 '로맹 가리' 와 동시에 그들이 열렬한 환호를 보냈던 '에밀 아자르'가 사실은 같은 사람이었다는 사실을 통해 프랑스 문단과 평론가들에게 빅엿을 먹인 것이다. 이리하여 로맹 가리는 프랑스 문단과 평론가들을 충격에 빠뜨리고 유일무이하게 공쿠르상을 두 번이나 받은 작가로 남게 되었다.

- [49] 인천 유나이티드 골키퍼.
- [50] 상주 상무 피닉스 감독.
- [51] 대한민국의 아역배우. 1993년 마약 흡입사건으로 영구제명된 후 미국으로 이민간 뒤 현지에서 조용히 자살하였다.
- [52] 공식 사인은 자살이지만, 사망 현장의 상황이나 지인들의 증언, 사망 직전의 행동으로 보아 사고사로 죽었다는 게 정설로 받아들여지고 있다. 하지만 뭐 하나 확실하게 밝혀진 건 없다.
- [53] 주인공인 제제의 동생
- [54] 해당 항목에도 나와있듯 자살했다는 설이 있다.
- [55] 이 외에도 아주 많지만 비중있는 캐릭터 중심으로 기재한다.
- [56] 방사능 낙진이 다가오기전 고통을 덜기 위해 정부가 자살약을 배포한다.102)103)

6. 빅데이터로 교통사고 · 자살예방

정부, 연내 분석시스템 구축104) 빅데이터가 교통사고와 청소년 자살

---

102) 최종 확인 버젼: 2015-03-29 00:08:43, Supported by Veda
103) https://mirror.enha.kr/wiki/%EC%9E%90%EC%82%B4(2015.3.31.)

사고 예방에 활용된다. 정부는 그동안 개별적으로 관리됐던 각 기관의 자료와 소셜네트워크 관련자료를 조합해 위험을 차단한다는 계획이다.

24일 광주광역시는 연내 교통사고, 자살사건예방 빅데이터 분석시스템 구축을 추진한다. 시는 급증하는 교통사고와 청소년 자살문제를 해결하기 위한 과학적 예방대책을 위해 빅데이터를 도입하기로 결정했다. 그동안 교통사고와 청소년 자살사고와 관련된 정보는 담당하는 기관들이 각각 자료를 관리했으며, 예방이 아닌 후속조치를 중심으로 진행됐다.

이에 시는 사고의 발생 유형과 영향요인, 추이 등에 대한 과학적 분석을 통해 사고가 발생하기전 대응할 수 있는 시스템을 갖추기 위해 빅데이터를 도입하기로 결정했다.

우선 교통사고부문은 경찰청과 시 교통정책과, 각 구청의 교통과에서 수집하는 민원접수자료부터 사고정보, 불법주정차 단속자료, 교통량과 주행속도를 통합해 교통사고와 연관성을 찾는다. 사고에 따라 시간대와 시기 등을 분석해 교통사고가 발생할 가능성이 높은 곳과 시간을 확인한 뒤 해당 부분의 관리를 통해 사고확률을 줄일 예정이다. 청소년 자살사건은 교육청과 자살예방센터, 청소년 상담복지센터 상담자료를 공유하고, 이전에 발생한 사건정보의 유형을 분석해 위험군을 찾아내 대비할 계획이다. 해외에는 빅데이터를 통해 사회문제를 해결하는 시도가 2010년 이후부터 진행됐다. 미국 정부는 이라크 참전 군인을 대상으로 소셜네트워크서비스(SNS) 정보를 기반으로 자살을 예방하는 '뒤르켐 프로젝트'를 진행했다. 이 프로젝트는 빅데이터업체 클라우데라와 협력해 SNS 단어와 문맥을 분석해 지표로 만들어 자살시도가 예상되는 참전 군인에게 상담 등 예방책을 진행한다. 샌프란시스코시는 지역별 범죄현황을 빅데이터로 구축해 어느 곳이 위험한지 시민들이 인터넷을 통해 확인할 수 있게 하고 있다. 또, 범죄율이 높은 지역과 시간대에 경찰인력을 배

---

104) 이형근 기자 bass007@dt.co.kr | 입력: 2015-03-24 19:08, [2015년 03월 25일자 11면 기사]

치해 범죄를 예방하고 있다. SW업계 관계자는 "빅데이터의 경쟁력은 연관된 정보를 통합해 한정된 자원을 관리해 문제를 해결할 수 있다는 점이다"며 "최근 국내 지자체를 중심으로 빅데이터를 통한 맞춤형 전략을 추진하는 프로젝트가 확대되고 있다"고 말했다.[105)106)]

7. 성인 8명 중 1명은 우울증

얼마전 성인 8명 중 1명은 우울증을 앓고 있다는 기사가 보도되었죠. 우울증은 마음의 감기로, 누구나 한번쯤은 겪을 수 있는 아픔인데요. 때로는 극단적으로 치닫아서 자살까지 결심하기도 합니다.

연령별 자살 징후

▶ 10~20대
- 행동: 수면시간 증가, 평소 하지 않던 말을 함
  SNS 사진·문구를 자살 관련 내용으로 바꿈
  컴퓨터 하드웨어·휴대전화 포맷
  인터넷에서 자살 방법 검색
- 언어: 사후세계에 대한 궁금증 표시
  '미안하다'는 말을 자주 씀

▶ 30~40대
- 행동: 알코올 복용이 심해지고 관계 단절
  가족 내 문제 심화
- 언어: 주변 사람들에게 과거의 잘못을 빌고
  안부를 물음, 세상을 초월한 듯한 이야기

▶ 50~60대
- 행동: 자신의 소식을 아무에게도 알리지 않음
  혼자 있는 시간 증가
  자신에 대한 특별한 정리
- 언어: '죽고 싶다'는 표현
  '어머니·아버지 잘 모셔라'는 당부의 말

〈자료: 보건복지부〉

자료: http://blog.daum.net/ryan_21/1033(2015.3.31.)

---

105) 이형근 기자 bass007@, 디지털타임스
106) http://www.dt.co.kr/contents.html?article_no=20150325021011160718001(2015.4.2.)

실제로 정신과의 의료진이 가장 긴장하는 순간은 우울증, 조울증 환자들이 갑자기 친절하게 변하거나 평소와 다른 모습을 보이는 경우인데, 이것이 바로 자살징후이기 때문이죠. 이런 징후들은 자살하기전 마지막으로 주변사람들에게 보내는 SOS이므로 반드시 기억해야 합니다.

한번 알아 볼까요? 대표적인 증상은 내가 소중히 여기던 물건을 남에게 주는 것입니다. 죽음을 준비하면서, 주변 사람들에게 작별인사를 하듯 물건을 주죠. 두번째는 가장 놓치기 쉬운 증상인데요. 늘 불안해하던 사람이 갑자기 마음의 평정을 되찾은 것처럼 조용해지는 것인데요. 죽음을 결심했기 때문에 평안해지는 걸까요? 마음이 아프네요.

옆사람의 이런 행동 위험해요

① 갑자기 식사량이 크게 줄었다.
② 말이 없어졌다.
③ 잠을 자지 못한다.
④ 멀리 떠날 사람처럼 아끼던 물건을 남들에게 나누어준다.
⑤ 늘 불안해하던 사람이 갑자기 조용하고 침착해지는 등 마음의 평정을 찾은 것처럼 보인다.
⑥ 주위사람들에게 직접 또는 전화를 걸어 '그동안 고마웠다', '잘 지내라' 등의 말을 한다.
⑦ 상투적으로 '못 살겠다'고 하는 게 아니라 단호하고 분명하게 죽기를 원한다고 말한다.
⑧ 신체적 질환이나 질병을 지나치게 비관한다.
⑨ 우울증을 가진 사람이 신경안정제 등 약물을 지나치게 남용한다.
⑩ 어떠한 일에 지나치게 슬퍼하거나 집착하고 분노한다.
⑪ 이성문제·가정문제 등으로 스트레스를 많이 받는다.
⑫ 직장이나 학교생활에 적응하지 못하고 괴로워한다.

자료: http://blog.daum.net/ryan_21/1033(2015.3.31.)

세번째는, 주위사람들에게 "고마웠다. 잘 지내라" 등의 인삿말을 하는데요. 평소에 잘하지 않던 말을 하기도 합니다. 실제로 대구에서 자살한 모 학생이 평소에 잘 안하던 "엄마, 아빠 사랑해"라는 말을 했죠. 주변에서 이런 증상을 보일 때에는 절대로 혼자 두지 않아야 합니다.

　무조건 수용적인 태도로 경청해주고, 공감하고 절대로 판단, 비판이나 비난을 하지 않아야 합니다. 또한 직접적으로 자살생각이 있는지 물어봐야 합니다.107)

8. 자살은 전염병

　몇 년 전 유명 탤런트 최진실 씨가 자살로 생을 마감했을 때의 일입니다. 50대 후반의 중년 아주머니 한 분이 응급실을 통해 병원에 입원하셨습니다. 표면적인 이유는 자살시도였지만 그전까지 우울해하지도 않으셨고, 상황적으로 힘든 일도 없었기 때문에 가족 분들이 너무나 당황하는 기색이었습니다. 응급실에 실려 오셨을 때는 정신이 없는 상태에서 알아듣지 못할 말을 횡설수설하셨는데, 다음 날 좀 정신을 차린 연후에 다시금 무슨 일이 있었는지 여쭤보았습니다. 그랬더니 이렇게 말씀하시는 것이었습니다. "내가 안 그래도 심장이 약한 사람인데, 갑자기 TV에서 온종일 최진실 죽은 이야기만 하잖아. 채널을 돌려봐도 또 나오고, 또 나오고……. 흑백 화면에 죽은 사람 얼굴을 크게 비추는데 정신이 이상해지더라고. 눈을 감아도 그 여자 얼굴이 보이는거야. 그런데 갑자기 장롱 속에서 죽은 사람들이 나를 부르는 것 같고, 날 보고 따라서 죽어야 된다고 말하는 것 같았어." 다행히 며칠만에 건강을 회복하여 퇴원하실 수 있었지만, 하마터면 큰일날 뻔했던 어이없는 사건이었습니다.

　유명 연예인의 자살소식은 매스컴의 집중적인 관심을 받곤 하며, 일반인들 역시 커다란 충격을 받습니다. OECD 국가 중 자살률이 가장 높으며, 전 세계적으로도 리투아니아에 이어 2위를 차지하고 있는 우리나라, 매일 평균 34분당 1명 꼴로 아까운 생명이 죽어나가다 보니, 자살사건이

---

107) http://blog.daum.net/ryan_21/1033(2015.3.31.)

터졌다고 해서 매스컴에 보도되는 일도 드물지만, 설령 소식을 접했다 해도 그다지 마음이 슬퍼지도 않습니다. 이와 비교하면 유명인들의 자살이 갖는 영향력은 큰 대조를 이룹니다. 게다가 연예인의 자살소식은 보통 두세건이 한꺼번에 몰려서 터지는 경우가 많습니다. 2008년 9월에는 안재환이, 10월에는 최진실이 목숨을 끊었으며, 며칠 후 트랜스젠더로 제2의 하리수라 불리던 장채원이 자살했습니다. 2010년 5월에는 영화감독 곽지균이, 그리고 6월에는 드라마 〈겨울연가〉로 유명한 배우 박용하가 생을 마감했습니다. 가장 최근에는 2011년 5월에 아나운서 송지선과 가수 채동하가 며칠 사이로 연달아 우리 곁을 떠났습니다. 이런 사건들이 생기면 TV, 라디오, 신문 등은 물론 인터넷 포털 사이트나 포럼, 블로그 등에 수없이 많은 관련기사가 뜹니다. 자살사고의 경위나 주변 친지들의 슬픔을 다룬 기사 뿐 아니라, 사건에 얽힌 뒷배경이나 원인에 대한 추측을 다루는 기사, 타살의혹 등 풀리지 않는 미스터리가 있다고 주장하는 기사, 누군가를 탓하는 기사 등이 매일 새롭게 쏟아집니다. 게다가 이런 사건이 터질 때마다 유사한 제목의 기사들이 사설, 논평에 개재되는 것 역시 주목할만합니다.

"유명 연예인 잇단 자살, 충격받은 네티즌들."

"연쇄모방, 동조자살 우려."

"베르테르 효과란 무엇인가요?"

이런 제목들은 글의 내용도 거의 유사하고, 제시하는 해결책도 비슷하지만, 이런 글이 반복적으로 실리는 것을 보면 여전히 본질적인 해결책은 마련되지 못한 것 같습니다. 게다가 이러한 글 자체가 독자들이 받는 충격을 확대하고 자살을 유도하는 것은 아닌지 의구심조차 듭니다. 유명인의 자살소식을 접한 이후 이를 따라 자살을 시도하는 경우를 '베르테르 효과(Werther effect)'라고 합니다. 1774년 발표된 독일의 문호 볼프강 폰 괴테(Wolfgang von Goethe)의 첫 번째 베스트셀러인 ≪젊은 베르테르의 슬픔≫에서 따온 명칭입니다. 이미 약혼자가 있는 아름다운 여인 로테에 대한 사랑으로 괴로워하던 베르테르는 그녀가 자신의 사랑을 받아들이지 않자, 그녀와의 추억이 담긴 청색 코트와 노란 조끼를 입고 권총자살을 하고 맙니다. 이 이야기는 낭만주의의 거대한 물결에 휩싸여있던 독일 청년들에게 자살을 숭고하고 미학적인 행위로 바라보게 만들었으며, 실제로 수많은 청년들이 베르테르의 복장을 하고 목숨을 끊었습니다.

괴테에 대한 비난 역시 끊이지 않았으며, 지식인들은 부도덕한 소설이라고 판금을 요구하기도 했으며, 크리스토프 니콜라이(Christoph Nicolai)라는 작가는 베르테르가 로테의 사랑을 얻게 되는 ≪젊은 베르테르의 기쁨≫이라는 소설을 출판하여 청년들의 충격을 완화해보고자 시도하기도 하였습니다. 당시 독일 청년들이 베르테르의 자살을 모방한 것은 지금과는 그 이유가 다릅니다. 독일 낭만주의는 고전주의에 대한 거부의 몸짓으로 탄생하였습니다. 이성보다는 그동안 경시되었던 감성이 재발굴되었으며, '질풍노도의 시대(Sturm und drang)'라는 표현처럼 경직된 질서에 온몸으로 저항했습니다. 베르테르가 자살한 것 역시 형식에 치우쳐 있는 사랑이라는 사회제도에 대한 저항이자, 자살은 용서받지 못하는 죄라는 기독교 관념에 대한 반발이었던 것입니다. 이에 반해 유명 연예인의 자살을 모방하는 현대의 조류는 이러한 저항의식과는 거리가 먼, 단순한 모방자살에 불과합니다. 1974년 사회학자 데이비드 필립스(David Philips)는 언론에 보도되는 유명인의 자살사건 이후 집중적으로 일반인의 자살이 뒤따른다는 패턴을 최초로 발견하고 이에 '베르테르 효과'라는 이름을 붙였습니다. 그런데 그가 발견한 것은 고인이 유명인이기 때문에 사람들이 자살을 선택한다는 것이 아니었습니다.

그보다는 일반인이 언론매체를 통해 자살기사에 얼마나 노출되느냐에 따라 자살률이 급증한다는 것이었습니다. 위에 언급한 중년 여성의 사례처럼 반복되는 자살기사에 노출되다 보면, 특히 죽은 사람이 자신과 비슷한 성별, 나이이거나 혹은 유사한 상황에 처해 있었다면, 마치 머릿속 어딘가에서 속삭이는 목소리처럼 자살에의 유혹이 점증합니다. 전문연구자들의 분석에 따르면 이러한 모방자살은 유명인의 자살소식이 보도된 후 열흘까지가 가장 빈번하다고 하며, 그 지역의 신문 구독률과 비례한다는 연구 결과도 있습니다. 연구자들의 공통적 주장은 자살사건에 대한 기사 내용이 죽은 이를 감상적으로 미화하거나, 슬픔을 과대 포장하거나, 어쩔 수 없는 선택이었다고 치부하는 경우 자살률이 높아진다고 합니다. 또한 자살원인에 대한 냉철한 분석 대신 단순하고 정형화된 원인을 실었을 때 더 위험이 큽니다. 이러한 언론의 부정적인 영향력 때문에 각 나라의 언론인들은 나름대로의 암묵적인 규약을 세워 자살사건에 대한 선정적인 기사를 싣지 않는다는 원칙을 지키고 있습니다. 노르웨이에서는 자살사건을 아예 싣지 않는 것을 원칙으로 하고 있으며, 터키에서는 기사는 싣되 사진이나 영상자료는 공개하지 않는다는 원칙을 지킵니다. 영국이나 호주에선 저널리즘을 전공하는 학생들을 대상으로 집중적으로 교육하는 과정들이 개설되어 있습니다. 이에 비하면 우리나라 언론들은 대단히 무책임하다는 느낌이 듭니다. 연예인의 자살기사는 인터넷 포털 사이트에 머리기사로 뜨며, 검색어 순위 1위라는 것을 자랑스레 강조하고 있습니다. 심지어 분향소를 찾는 다른 연예인들의 사진까지 인기 조회 기사가 되어, 자살을 하면 사람들의 사랑을 얻을 수 있다는 잘못된 인식까지 심화시키고 있습니다. 때로는 죽은 자를 중심으로 한 삼각, 사각의 이성관계까지 들쑤셔서 베르테르 효과를 증폭시키곤 합니다.

　게다가 잊을 만하면 등장하는 'OECD 자살률 1위', '노인자살 문제 심각', '절반 이상의 청소년 자살생각' 등의 분석기사 역시 선정적이기는 마찬가지이며, 베르테르 효과에서 자유롭다고 말하기 어렵습니다. 만약 이 글을 읽고 자살충동을 느낀 분이 계신다면, 평생 괴테를 향해 가해진 비난에서 자유롭지 못할 것입니다. 매사에 조심하여야 할 것 같습니다.[108]

---

108) http://terms.naver.com/entry.nhn?docId=2166848&cid=51043&categoryId=51043(2015.4.2.)

제5장 자살의 징후

1. 우울증으로 인한 자살단계별 징후

　우울증을 단계별로 정리하면 어느 시점에서 자살충동을 일으키는지 알 수 있습니다. 우울증이 동시에 일어난다든가 혹은 갑작스런 일을 기억하게 됨으로써 야기되는 경우는 그 우울증을 인식하기란 매우 어렵습니다.[109] 그렇지만 우울증의 단계들이 대개 명확하다는 것만은 사실입니다. 이러한 우울증의 단계들을 알고 있다면 우울증이 어떻게 일어나는가 하는 것은 물론이고, 그 우울증에 적절히 대처하는 방법과 자살충동을 일으키는 시점을 알아 대처할 수 있습니다.

1) 우울증의 초기단계

　우울증도 다른 감정과 같이 시작되는 지점이 있는데 때때로 그러한 시기는 갑자기 찾아오며, 그래서 우울증에 걸린 사람은 그 시기를 알 수가 있습니다. 가장 흔한 경우인 환경에 대한 반응으로서의 사건이 발생하며 이 사건의 발생으로 인해 상실을 경험하게 됩니다. 하트는 우울의 초기단계에 상실에 따르는 번민이 있다고 봅니다. 즉, 우울증이 있는 사람은 주위에 있는 일들을 잘못 인식하고, 터무니없는 의미들을 과장시키면서 그의 상실과 결부시키고 부정적인 사고를 가지게 됩니다. 이 단계가 우울의 초기단계입니다.

---

[109] 우울증자료, 이른비 | 조회 4955 |추천 0 | 2012.09.19. 20:15, 우울증으로 인한 자살단계별 징후

자료: http://cafe.daum.net/doulos12/RfPR/718?q=%C0%DA%BB%EC%C2%A1%C8%C4&svc=top3

2) 우울증의 중기단계

우울증의 중기단계에 이르면, 증세의 심각성에 있어서 최고조에 달하는 단계입니다. 중기단계에서 가지는 심리적 상태는 첫째는 자기비난입니다. 자기비난의 감정을 가짐으로서 우울증을 가중시키는 요인을 만들고 있습니다. 실패의 모든 책임을 자신의 무능으로 믿고 자신을 비난합니다.

둘째는 심리적 상태의 죄의식입니다. "현실적으로 죄의식을 느낄만한 이유가 없는데도 죄의식을 가중시키는 경향이 있습니다. 도덕적인 사람이라 하더라도 우울증의 상태에서는 이유없는 강한 죄의식을 느낄 수 있습니다.

셋째는 분노와 권태와 영적 공허감, 피로와 무기력, 사고의 둔화, 기억력 감퇴 등을 호소합니다. 이 단계에서 감정적 고통을 덜기 위해서 수단과 방법을 동원합니다. 현실 상황에서 도피하기 위해 마약, 술 등에 빠지기도 하지만, 마지막 탈출구로서 자살을 기도한다는 것입니다.

3) 우울증이 주는 자살에 대한 예고

자살위험에 놓여있는 사람을 링 엘은 "밖으로 향할 수 없어서 결국은 자신에게로 향하게 된 공격성에 사로잡혀 대단한 공포에 떨고 있는 사람이다"라고 하였습니다. 그의 공격성으로 인한 공포는 언제 자기 자신을 공격할지 알 수 없습니다. 자살은 예고없이 진행됩니다.

그렇기 때문에 확실하게 예견할 수 있는 방법은 없습니다. 다만 다음과 같은 증상이 있을 때에는 자살의 충동을 느끼는 단계로 알고 주위의 사람은 조치를 취해야 합니다.

1. 최근에 다시 회복할 수 없다고 생각하는 중대한 상실을 경험한 사람은 자살의 가능성이 높습니다. 이러한 상실은 구체적이며 상실일 수도 있으며, 추상적이거나 상상적일 수도 있습니다. 자살을 하는 가장 중요한 이유는 이를 다시 돌이킬 수 없다는 이유 때문입니다.

2. 자살할 가능성이 높은 사람은 대개 상실에 대한 강력한 적개심을 지니고 있습니다. 자신이 상실한 것이나 상실한 마음이든 원인에 대해서도 분노를 느낍니다. 자신에 대한 처벌이나 상실의 원인이 되는 사람들에 대해서의 처벌로써 자살을 하게 되는 것입니다.

3. 상실을 전후한 불행의 연속이나 일정기간동안의 스트레스나 피로는 자살의 가능성을 크게 합니다. 이러한 상황은 육체적 기능에 혼란을 가져오며 비정상적인 감정을 일으키게 됩니다.

4. 극도의 혼란을 가져오거나 체면을 소상시키는 상실이나, 자신이 완전히 버림을 받았다고 느끼게 하는 상실은 다른 형태의 상실보다 일으킬 가능성이 큽니다.

5. 우울증의 계속적 형상이나 평상시 자살의 기도는 항상 위험신호로 간주해야 합니다. 자살을 기도했던 경험이 있는 사람은 이를 실행하는 것이 손쉬운 편입니다. 또한 계속적인 우울증을 느끼게 되면 절망적인

태도를 갖게 되고 미래에 대한 거부감을 느끼기 마련입니다.

인터넷 미디어 다음의 한 기사에서는 자살을 암시하는 행동들을 다음과 같이 요약하고 있습니다.

a. 평소와 달리 말이 적고 표정이 무뚝뚝합니다.
b. 외출을 삼가고 집에만 있는 경우가 많습니다.
c. 집에서도 TV만 보거나 전화를 하기보다 방에 갇혀 혼자 골똘히 생각에 잠깁니다.
d. 갑자기 교회나 사찰을 찾습니다.
e. 죽음을 다룬 염세 철학 서적을 탐독합니다.
f. 직장을 휴직하고 학교를 쉽니다.
g. 갑자기 며칠동안 혼자 여행을 떠납니다.
h. 아끼던 물건들을 가족이나 친구들에게 나눠줍니다.
i. 가까운 사람들에게 죽고 싶다는 말을 자주 내뱉습니다.
j. 방이나 서랍을 깨끗이 정리합니다.
k. 갑자기 관대해지거나 친절해집니다.

이러한 행동들은 자살을 알리는 증후군으로 이러한 행동들이 나타날 때는 주의를 기울여 보살펴야 합니다. 링 엘은 연구 결과 위축당하면서 동시에 억눌린 공격성 그리고 현실도피같은 성향을 조사대상이 되었던 환자 다수에게서 나타나는 것을 발견하였습니다.[110)111)]

2. 학생 스마트폰 속 'SNS 자살징후' 발견되면 부모에게 알린다.

SNS '자살' 단어에 자동 연락[112)] 학생 자살을 방지하기 위해 스마트폰에서 '자살징후 알리미' 서비스가 도입된다. 정부는 13일 서울청사에서

---

110) 출처 : 한마음한방신경정신과한의원
111) http://cafe.daum.net/doulos12/RfPR/718?q=%C0%DA%BB%EC%C2%A1%C8%C4&svc=top 3(2015.3.31.)
112) 김세일 기자2015.03.13 10:44:01, [데일리TR]

황우여 사회부총리 겸 교육부 장관이 주재한 2015년 제2차 사회관계장관회의에서 연간 학생 자살자를 두자릿수로 줄이기 위한 '학생 자살 예방대책'을 확정했다.

우선 학생 스마트폰의 카카오톡, 문자메시지 등 사회관계망서비스(SNS)와 스마트폰 인터넷 검색에서 자살과 관련된 단어가 포착되면 부모에게 알려주는 서비스를 실시하기로 했다.

학생 스마트폰으로 자살에 관한 애플리케이션과 인터넷사이트 접속을 차단해주는 소프트웨어도 보급된다. 교육부 관계자는 "올해 전국 학교에서 '자살징후 알리미 서비스'를 도입하면 부모가 과거보다 자녀의 자살징후를 빠르게 감지하고 대처할 수 있을 것"이라고 설명했다.

또한 교육부는 학생의 자살징후를 조기에 발견하기 위해 학생정서·행동특성검사를 종전 5월에서 4월로 앞당겨 실시하기로 했다. 이 검사는 매년 초등학교 1·4학년과 중학교 1학년, 고등학교 1학년 전체를 대상으로 특성검사를 거쳐 관심군 학생에 대한 면담조사방식으로 진행된다.

학생 자살을 막기 위한 안전시설 설치도 추진된다. 정부는 투신자살을 예방하기 위해 학교, 아파트 등 공동주택 옥상에 안전장치를 설치하는 법규정을 마련하기로 했다. 평상시에는 옥상 출입을 통제하고 화재 등 응급상황에만 개방하는 자동개폐장치를 의무적으로 설치하는 것이 골자다. 지난해 발생한 학생 자살 118건을 살펴보면 방법에서 투신이 65.9%로 가장 많고 장소는 아파트 옥상이 33%를 차지했다. 정부는 전국 초·중·고등학교 교장을 대상으로 자살예방관리교육을 실시하는 한편, 올해 과학적 자살예방대책을 수립하기 위해 학생 자살자에 대한 심리부검을 본격적으로 시행하고 관련 데이터베이스(DB)를 구축할 계획이다.

한편, 교육부에 따르면 2009년부터 작년까지 6년간 자살로 숨진 학생은 모두 878명이었다. 자살원인을 분류하면 가정불화가 35.5%로 가장 많고 성적비관 10.7%, 폭력·집단 괴롭힘 1.4%로 각각 집계됐다. 올해는 학생 자살수가 1월 3명, 2월 5명을 각각 기록했지만 3월 들어 12일까지

8명으로 부쩍 늘었다. 황우여 부총리는 이날 회의에서 "국민 다수가 '학교·군입대·취업시기', '결혼·출산 등 가정형성 시기', '중년 이후 퇴직 시기'에서 각각 불안정성을 경험한다"고 지적하며 "생애전환 단계에서 겪는 '3대 절벽'을 극복하는데 협력하자"고 제안했다.113). 학생 스마트폰 속 'SNS 자살징후' 발견되면 부모에게 알린다. [데일리TR] 학생자살을 방지하기 위해 스마트폰에서 '자살징후 알리미' 서비스가 도입된다.114)

3. 한국과학창의재단 자살징후

1) 미리 알 수 있다

자살관련 뇌속 화학물질 발견할 수 있다? 자살관련 뇌속 화학물질 발견115) 뇌속에 있는 화학물질의 활성을 조사할 경우 자살징후를 미리 파악할 수 있다는 연구 결과가 최근에 발표됐다. 한국청소년정책연구원이 전국 16개 시·도 300여개 초·중·고교생 8천745명을 대상으로 실시한 '2012 한국 아동·청소년의 정신건강 실태조사' 결과를 지난 24일 발표했다. 그에 따르면 우리나라 청소년 4명 중 1명이 자살을 생각해 본 적이 있는 것으로 나타나 충격을 주었다.116)

최근 1년간 자살을 생각한 청소년이 전체 조사 대상자의 23.4%로 나타난 것, 더구나 그중에서 14.4%는 실제로 자살을 시도한 경험이 있다고 답했다. 자살에 대해 생각한 청소년은 여학생(29.7%)이 남학생(17.4%)보다 매우 높게 나타났으며, 연령별로 보면 중학생(29.3%), 고등학생(24.7%), 초등학생(16.7%)의 순이었다. 자살을 하고 싶었던 이유에 대해서는 학업·진로문제가 36.7%로 가장 높았으며, 가정불화 23.7%, 학교폭력 7.6%의 순으로 나타났다.

---

113) http://www.dailytr.com/news/article.html?no=2621
114) http://blog.naver.com/PostView.nhn?blogId=lifeup_kay&logNo=220298671475(2015.3.31.)
115) 2012년 12월 26일(수)
116) morgueFile free photo

청소년들은 사춘기를 겪는 시기이므로 자살징후가 주위 사람들에게 잘 드러나지 않을 수 있다는 특징을 지니고 있다. 그럼 자살징후를 좀 더 뚜렷이 알 수 있는 방법은 과연 없을까.

뇌속에 있는 글루타메이트(glutamate)라는 화학물질의 활성을 조사할 경우 자살징후를 미리 파악할 수 있다는 연구 결과가 최근에 발표돼 화제가 되고 있다.

2) 자살예방하는 약물 출현 가능할 수도

미국 미시간주립대의 레나 브룬딘(Lena Brundin) 교수를 포함한 국제공동연구팀은 자살을 시도한 후 병원에 입원한 사람들과 건강한 사람들을 대상으로 글루타메이트로 하여금 인접한 세포로 보다 많은 신호를 보내게 해주는 퀴놀린산을 측정함으로써 글루타메이트 활성을 조사했다. 그 결과 자살을 시도한 사람들의 경우 건강한 사람에 비해 2배나 많은 퀴놀린산 수치를 지니고 있음을 확인한 것. 또한 자살에 관한 열망이 높은 사람일수록 높은 수치의 퀴놀린산을 지니고 있음이 밝혀졌다. 글루타메이트는 신경세포들 사이에서 신호를 전달하는 아미노산으로서 오래전부터 우울증과 관련된 화학물질로 의심받아 왔다. 이에 대해 연구를 주도한 브룬딘 교수는 "현재까지는 세로토닌이라고 불리는 신경전달물질에 주로 초점이 맞추어져 왔지만, 이번 연구결과로 인해 글루타메이트에도 초점을 맞추어야 할 것"이라고 주장했다.

이 연구결과가 더욱 주목받는 이유는 퀴놀린산 수치를 감소시켰을 때 자살과 관련된 행동이 놀라울 정도로 멈추었다는 사실 때문이다. 따라서 글루타메이트의 수치를 낮추는 항글루타메이트의 개발로 자살을 예방할 수 있는 약물이 출시될 수도 있다. 실제로 브룬딘 교수는 뇌속의 항염증 의약품을 이용한 임상실험을 실시하기 위해 의사들과 협의 중인 것으로 알려졌다.

기존의 연구에 의하면 이외에도 자살충동의 위험성을 높이는 요인들에 대해 다양한 연구결과들이 나와 있다.

3) 수면행동도 자살충동과 연관있어

미국 콜롬비아대학 연구진은 1만5천여명의 청소년들을 연구 분석한 결과, 자정 이후에 수면을 취하는 청소년들은 오후 10시 이전에 잠을 자는 청소년들에 비해 자살충동을 느낄 위험성이 20% 더 높다는 사실을 발견했다. 또 하루에 5시간 이하의 취침시간을 가진 청소년의 경우 하루에 8시간 정도 자는 청소년에 비해 자살충동을 느낄 가능성이 48% 더 높다는 사실도 발견됐다. 즉, 늦게 자고 수면시간이 짧을수록 자살충동을 느낄 가능성이 높아진다는 것이다. 이에 대해 연구진은 수면시간이 부족할 경우 뇌의 감정적 반응에 부정적인 영향을 줄 수 있고, 결과적으로 일상생활의 스트레스에 대한 대응력을 저하시키는 우울증에 빠지기 쉬워 판단력 저하, 집중력 감소 및 충동적 행동에 빠질 가능성이 높다고 설명했다.

악몽을 꾸는 사람일수록 자살을 감행할 위험이 높다는 연구결과도 있다. 스웨덴 살그렌스카 대학 연구진이 자살을 감행한 후 병원에 입원한 환자 165명에 대해 연구 분석한 결과, 악몽을 경험하는 사람일수록 자살 감행 위험성이 4배 이상 높다는 사실이 밝혀진 것이다.

전체 성인의 50~85%가 악몽을 꿀 정도로 수면상태에서 악몽은 누구나 흔히 경험하는 일이다. 연구진도 악몽이라는 경험 자체가 자살을 직접적으로 유발하는 것으로 보이지는 않는다고 밝혔다. 하지만 잦은 악몽으로 인해 수면장애 또는 불안심리를 가진 사람들의 경우 수면 전문가와 상담해 원인을 규명하는 것이 필요하다. 실제로 연구진이 연구 대상으로 삼은 자살 감행 후 입원 환자 165명 중 89%가 수면장애 증상을 가진 것으로 밝혀졌기 때문이다.

한편, 읽기 능력이 떨어지는 청소년의 경우 자살을 감행할 가능성이 높다는 연구결과도 발표된 적이 있다. 미국 웨이크포리스트대학 연구진이 6개의 공립학교에 다니는 15세 학생들을 3년 이상 추적 조사한 결과, 읽기 능력이 떨어지는 학생일수록 자살을 생각하거나 학교를 중퇴할 가능성이 크다는 사실이 발견된 것이다. 또한 자살을 시도하는 것과 학교 중퇴 가능성은 서로 밀접한 연관성이 있다는 사실도 밝혀졌다. 이에 대해 연구진은 "읽기 능력 저하 자체는 정신적 이상 증세와 직접적으로 상관이 없지만, 읽기 능력 저하 자체가 학생에게 부정적인 영향을 유발할 수 있다"고 언급했다.[117][118]

4. 우울증 징후, "심하면 자살까지" 전문가들도 원인 몰라, 대처법은?

봄철이 되면서 우울증 환자가 증가하고 있다. 국민건강보험공단의 '우울증 월별 건강보험진료현황' 분석 결과에 따르면 2009년부터 2012년까지 2~3월에 병원을 찾는 우울증 환자가 가장 많이 증가했다. 2012년 2~3월에는 9485명이 증가했으며, 2011년 같은 기간에는 무려 1만7727명이나 증가했다. 2010년(1만6742명)과 2009년(8590명)에도 마찬가지였다. 봄철 우울증 증가에 대해 전문가들은 "원인을 알 수 없다"는 입장이다. 우울증은 세로토닌이 부족할 때 나타나기 쉬운데, 이 세로토닌은 햇볕을 쬐면 몸 안에서 많이 분비된다. 때문에 해가 오래 떠 있는 계절일수록 우울증 환자가 줄어드는 것이 일반적이다. 우울증을 제때 치료하지 않으면 의욕과 집중력이 저하돼 사회·일상생활에 큰 영향을 미칠 수 있다.

뿐만 아니라 우울증에 걸리면 소화불량, 체중증가, 수면장애, 심하게는 자살까지 생각하게 되므로 조기치료가 중요하다. 체중증가하는 뜻밖의 이유에 대해 네티즌들은 "체중증가하는 뜻밖의 이유에, 아 그래서 살이 쪘구나", "체중증가하는 뜻밖의 이유에, 비만도 멘탈의 문제" 등의 반응을 보였다.[119][120]

---

117) 이성규 객원편집위원 | 2noel@paran.com, 2012.12.26 ⓒ ScienceTimes 한국과학창의재단 자살 징후, 미리 알 수 있다?
118) http://blog.naver.com/PostView.nhn?blogId=mhhan2020&logNo=150154917855(2013.3.31.)

5. 죽음충동과 자살

쾌락원칙이 부과한 한계선을 넘어 금지된 대상을 지향하는 욕망을 라캉은 프로이트를 따라 '죽음충동(death drive)'이라 부른다. 희열을 추구하는 욕망이 왜 하필 죽음과 연관되는 것일까? 우리는 이것을 굳이 생물학적인 죽음으로 받아들일 필요는 없다. 만약 그렇다면 그것은 마치 자살충동처럼 이해될 것이기 때문이다. 여기서 라캉이 뜻하는 '죽음'은 상징적인 맥락에서의 삶의 끝 또는 그 너머를 의미한다. 사회적인 금기를 위반한 욕망의 주체는 강력한 법의 처벌에 직면하게 된다. 더 이상 관습과 상식의 안전한 영역 안에서 보호받지 못하고, 사회의 보호막 밖으로 추방된다. 그것은 쾌락원칙에 기초한 삶의 종언을 의미한다. 충동은 쾌락원칙 너머 상징적인 죽음의 공간으로 주체를 이끈다. 처벌이 아니더라도 도덕과 쾌락 너머의 욕망을 행동으로 옮기는 순간 그는 이미 쾌락의 법에 기초한 공동체의 테두리 밖으로 발을 내딛는 것이다. 그의 몸은 더 이상 문명 안에서의 삶에 있지 않다. 그는 문명 너머 '야만'의 들판에 몸을 맡기게 된다. 살아있으나 살아있지 않은 '죽음'의 상태로 들어간다. 주체는 욕망의 직접적인 만족을 추구함으로써 스스로의 죽음을 맞이한다.

그는 이전의 삶과는 다른 새로운 삶의 공간으로 진입한다. 그것은 안전한 쾌락이 아닌 고통스러운 희열의 공간이다. 그는 희열을 위해 사회적인 위협과 처벌을 감수하고 도덕주의적인 삶 너머에 새로이 자리 잡는다. 따라서 쾌락원칙을 넘어서는 욕망은 모두 죽음을 향한 욕망이라고 볼 수 있다. '모든 충동은 죽음충동'이라는 라캉의 주장도 이런 맥락에서 이해되어야 할 것이다.[121]

---

119) 인터넷팀 박현주 기자 phj@segye.com, 세계일보 & Segye.com
120) http://www.segye.com/content/html/2015/03/28/20150328000020.html?OutUrl=daum (2015.3.31.)
121) http://terms.naver.com/entry.nhn?docId=1518962&cid=41908&categoryId=41947(2015.4.2.)

6. 우울증 징후, 한국인 표현지수 낮아, '삭이다 병 키운다'

우울증 징후가 관심을 모으고 있는 가운데 한국인 우울증 표현지수가 매우 낮은 것으로 드러나 눈길을 끈다.[122) 한 병원 연구팀이 한국과 미국 환자 5300여명을 비교 분석한 결과 우울증 표현지수가 미국인보다 한국인이 30% 낮다고 밝혔다. 조사 결과에 따르면 우울증 심각도는 한국이 39.15점으로 37.33의 미국과 큰 차이 없으나 자살과 같은 극단적 행동이 높아 환자 본인은 우울증을 과소 평가하는 경향으로 드러났다.

특히 우리나라 환자들은 우울한 기분을 말이나 표정으로 표현하는 정도가 낮고 자살과 같이 최악의 상황에 이르는 경우도 높다고 밝혀졌다.

자살을 심각하게 고려하고 있거나 시도한 적 있다고 답한 비율은 한국이 6.8%로 미국보다 2배 가량 높다. 연구팀 교수는 "우리나라 우울증 환자들은 감정이 억압돼 있고 표현을 잘 안해서 자살징후가 나타날 정도에 이르러야 병원을 찾는다. 병원에서도 이런 성향이 뚜렷하게 나타나 치료가 어렵다"고 전했다.123)124)

자료: http://pop.heraldcorp.com/view.php?ud=20150328150202837 4971_1

---

122) 기사입력 2015. 03. 28 15:02, [헤럴드POP = 송아란 기자]
123) (사진, 방송캡쳐), popnews@heraldcorp.com.
124) http://pop.heraldcorp.com/view.php?ud=20150328150202837 4971_1(2015.3.31.)

7. '우울증 징후' 8가지 vs '한국인을 우울하게 만드는 뉴스' 8가지

미국의 건강포털 '라이브스토롱닷컴', 우울증 징후 8가지 제시[125][126] '우울증은 왜 봄철에 많이 발생하는 걸까' 최근 국민건강보험공단이 발표한 '우울증 월별 건강보험진료현황' 자료에 의하면 초봄인 2~3월에 병원을 찾는 우울증 환자가 가장 많이 증가한 것으로 나타났다. 봄철과 우울증, 우울증을 앓는 사람들은 어떤 징후를 보일까. 뉴스1은 미국의 건강포털 '라이브스트롱닷컴'을 인용해 우울증의 징후 8가지를 다음과 같이 소개했다.

1. 분노와 초조감 : 우울증이 있는 사람은 쉽게 불안감을 갖게 되고 공격적인 성향을 보인다.

2. 자기비판 : 지난 2009년의 한 연구에 의하면 자기비판적인 사람들은 우울증에 걸릴 가능성이 높은 것으로 나타났다.

3. 절망 : 전문가들은 '최악의 증상 중 하나는 바로 절망'이라고 지적한다. 극심한 절망감으로 고통받는 이들은 자신들이 더 나아지지 않을 것이라 생각하고, 죽음만이 절망을 벗어나는 방법이라 생각해 자살을 시도한다.

4. 흥미의 상실 : 우울증에 걸리면 영화나 스포츠, 친구와 시간보내기 등 평소 좋아하던 일들에 대해 흥미를 잃게 된다.

5. 급격한 체중의 변화 : 우울증에 걸리면 먹는 것에 대한 욕구가 줄어들어 체중이 감소한다. 반대로 살이 찌는 경우도 존재한다.

6. 불규칙적인 수면 습관 : 2008년 한 연구에 따르면 우울증 환자의 약 4분의 3이 불면증에 시달리고 있는 것으로 알려졌다.

7. 피곤함 : 우울증에 걸린 사람의 신체는 지속적인 스트레스에 시달린다. 심지어 그들이 우울함을 깨닫지 못하는 순간에도 피곤함이 누적된다.

---

125) 편집팀 | 2015-03-28 17:25:23
126) [데이터뉴스 통계센터]

8. 예기치 않은 통증 : 우울증 환자들 중에는 위장의 문제나 관절, 허리 등의 통증을 호소하는 경우가 많다.

한편, 일상생활속에서 우리나라 사람들을 가장 우울하게 만드는 요인들은 어떤 것이 있을까. 데이터뉴스 통계센터(STAT) DB검색을 통해 "사람들을 가장 우울하게 만드는 뉴스 8가지는 어떤 것인지' 파악해 봤다.

취업포털 인쿠르트가 2010년 직장인들을 대상으로 조사한 자료에 의하면 우리를 가장 우울하게 만드는 뉴스 1위는 '경제상황 악화 소식'(36.4%)인 것으로 나타났다. 이어 2위는 '각종 비리 뉴스'(19.7%), 3위는 '성범죄 뉴스'(13.4%), 4위는 '유명인 자살 뉴스'(10.8%), 5위는 '자연재해 뉴스'(6.3%), 6위는 '주가폭락 뉴스'(3.7%), 7위는 '테러 뉴스'(2.2%), 8위는 '사고 뉴스'(0.7%) 순이었다.

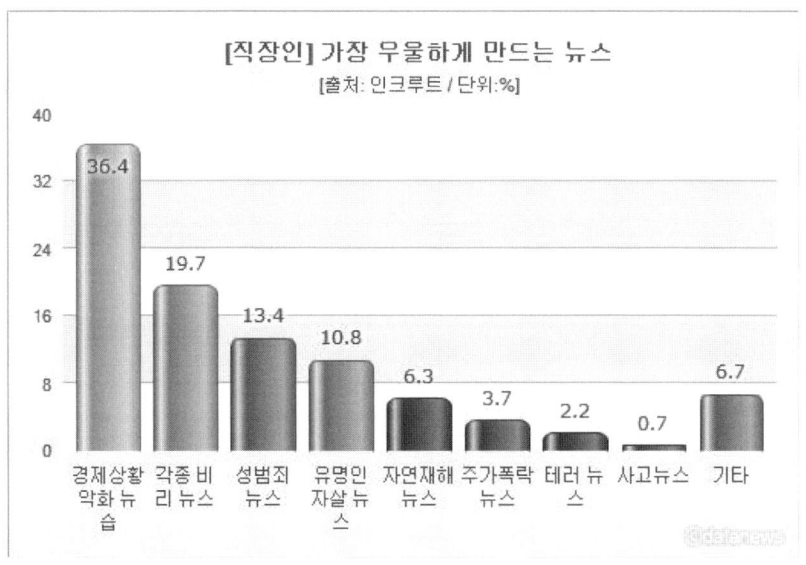

자료: http://www.datanews.co.kr/site/datanews/DTWork.asp?aID=201503281725
23330
박장호 기자[127)128)

---

127) 데이터뉴스, 편집팀 | 2015-03-28 17:25:23

8. 우울증 징후 8가지, '해야 한다' 자주 말하는 사람 조심

미국의 건강 포털 '라이브스트롱닷컴'이 우울증 징후 8가지를 소개했다. 우울증 징후의 첫번째는 분노와 초조감이다. 우울증에 걸린 사람은 불안감에 쉽게 동요하는 모습을 자주 보일 뿐만 아니라 공격적인 성향을 띈다. 그러나 분노는 우울증의 증상이자 동시에 원인이 되기도 한다.[129] NYU 랭곤 메디컬 센터에서 단기 정신치료법 개발에 성공한 로버트 런던 박사는 "공격성이나 적대감 혹은 초조감을 느끼는 사람들은 다른 사람과 갈등에 대해 얘기를 나눔으로써 가능한 해결책을 찾아야 한다"라며 "상담사나 치료사와 상담을 하면 분노나 억울한 감정 등을 건설적으로 다루는 방법을 찾을 수 있다"라고 말했다.

두번째 징후는 자기비판이다. 시에라 턱슨 클리닉의 총 책임자인 제이미는 "자기비판은 정신상태에 강력하고 파괴적인 영향을 미친다"고 지적했다. 또한 지난 2009년 한 연구에 따르면 자기비판적인 사람들은 4년 후에 우울증에 걸릴 가능성이 높은 것으로 나타났다. 이에 토랜스 메모리얼 센터의 심리학자 모어 겔바트 박사는 "'…을 해야 한다'라는 말을 자주 하는 사람들이 있다면 주의를 기울일 필요가 있다"라며 "이런 말은 자기비판의 가장 일반적인 조짐"이라고 말했다.

세번째 징후는 절망이다. 제이미는 "최악의 증상 중 하나는 바로 절망"이라고 꼬집었다. 극심한 절망감으로 고통받는 이들은 자신들이 더 나아지지 않을 것이라 생각하기 때문이다. 그들은 죽음만이 절망을 벗어나는 방법이라 생각해 자살을 시도하기도 한다.

네번째 징후는 흥미의 상실이다. 우울증에 걸리면 영화나 스포츠, 친구와 시간 보내기 등 평소 좋아하던 일들에 대해 흥미를 잃게 된다. 겔바트 박사는 "즐거운 활동들에 대한 흥미상실은 우울증의 일반적인 요

---

128) http://www.datanews.co.kr/site/datanews/DTWork.asp?aID=20150328172523330(2015.3.31.)
129) (서울=뉴스1) 온라인팀 |2015.03.28 15:38:54 송고, 미국의 건강 포털 '라이브스트롱닷컴'이 우울증 징후 8가지를 소개했다. '라이브스트롱닷컴'

소이며 이를 쾌감 상실증이라고 부른다"라고 말했다. 이러한 현상이 발생하는 이유는 호르몬과 신경을 조절하는 뇌가 보상 정도를 다르게 인식하기 때문인 것으로 추정된다.

　다섯번째 징후는 급격한 체중의 변화다. 우울증에 걸리면 먹는 것에 대한 욕구가 줄어들어 체중이 감소한다. 반대로 살이 찌는 경우도 존재한다. 이에 전문가들은 "다이어트나 운동을 하지 않았는데도 한 달에 몸무게의 5% 이상이 갑자기 변하는 현상이 일어난다면 정확한 진단을 받아볼 필요가 있다"라고 말했다.

　여섯번째 징후는 불규칙적인 수면 습관의 발생이다. 2008년 한 연구에 따르면 우울증 환자의 약 4분의 3이 불면증에 시달리고 있는 것으로 알려졌다. 반면, 수면 시간이 길어지는 경우도 있다. 동일한 연구에 따르면 젊은 여성의 경우 약 40%가 우울할 때 더 많은 시간의 잠을 잔다고 나와 있다. 겔바트 박사는 이러한 현상을 두고 "그들에게 잠은 현실도피의 수단"이라고 말했다.

　일곱번째 징후는 피곤함이다. 우울증에 걸린 사람의 신체는 지속적인 스트레스에 시달린다. 심지어 그들이 우울함을 깨닫지 못하는 순간에도 피곤함이 누적된다. 특히 수면부족은 이러한 증상을 악화시킬 수 있는 것으로 알려졌다.

　마지막 징후는 예기치 않은 통증이다. 우울증 환자들 중에는 위장문제나 관절, 허리 등의 통증을 호소하는 경우가 많다. 심리학자인 닉 포란드 박사는 "우울증이 있는 사람들은 부정적인 자기초점주의를 갖고 있는 경우가 많다"라며 "통증 감각에 훨씬 더 주의를 기울이고 집중을 하기 때문에 통증을 더 심하게 자각하게 만든다"라고 말했다.[130][131]

---

130) soho0901@
131) http://www.news1.kr/articles/?2158926(2015.3.31.)

9. 자살예방의 구체적 방법

1) 국가의 자살예방법

우리나라가 경제협력개발기구 OECD 국가 중 자살률이 1위라는 사실을 아시나요? 아직 한달이 넘지 않았는데, 지난달 6월 30일에도 배우 박용하씨의 자살로 인해 사회적으로 크게 이슈화되었죠. 이처럼 자살은 국내에서 심각한 사회문제로 돌출되고 있습니다.[132] 일반적으로 자살은 예측이 불가능하고 이미 결심한 사람을 막기 힘들다고 생각하시는 분이 많습니다. 하지만 사실은 조금만 관심을 갖고 주위를 둘러본다면 자살위험이 높은 사람을 쉽게 발견할 수 있고, 그들이 보내는 위험신호들을 인지할 수 있다면 예방 또한 충분히 가능하다고 봅니다.

(1) 자살예방 가이드: 자살위기가 찾아오는 시기

① 우울해하거나 불안해하면서 지쳐 있을 때
② 최근에 가족이나 친구가 죽거나, 사업실패, 건강악화 등으로 삶이 고통스러울 때
③ 술에 취해 충동적인 상태일 때
④ 주변에 의지할 곳 없이 혼자 살고 있을 때
⑤ 주위에 자살을 시도할 수 있는 여건이 마련되어 있거나 자살도구를 쉽게 이용할 수 있을 때

(2) 자살위험 신호들

① 죽음에 대해 지나친 관심을 보이거나 자신이 죽으면 가족들이 어떻게 될지 걱정합니다.
② 죽은 가족에 대한 죄의식이나 재결합과 관련된 이야기를 많이 합니다.
③ 초조해하거나 불안에 떨다 갑자기 차분해집니다.
④ 더 이상 살 가치가 없다며 의기소침하거나 자신의 죄에 대하여 벌

---

[132] 비공개 질문 7건 질문마감률0% 2012.10.14 00:30 추천 수 21 답변 2 조회 18,556

받기를 강력히 원합니다.
⑤ 다른 사람의 도움을 받지 않으려 합니다.
⑥ 자살에 대한 생각을 주변에 자주 이야기합니다.
⑦ 식욕, 성욕, 수면 등 기본적인 욕구나 일반활동들이 눈에 띄게 줄어듭니다.
⑧ 평소와는 다른 행동을 보입니다.

(3) 자살의 위기에서 벗어나기 위한 대처방법
① 가족이나 가까운 사람에게 알립니다.
② 자살위험이 높은 사람을 혼자 있지 못하게 합니다.
③ 자살을 시도할 수 있는 위험한 물건이나 상황에 가까이 있지 않게 합니다.
④ 정신과 전문의 등 자살관련 전문가를 만나게 합니다.

(4) 자살신호 진단방법 및 대처요령
- 적색신호
  - 이성을 벗어난 극단적인 감정상태를 자주 보인다.
  - 아끼는 물건들을 지인들에게 나눠준다.
  - 죽음 이후의 시신 처리방법에 대해 이야기한다.
  - 자살을 암시하는 극단적인 단어("죽을거야.")를 사용한다.
  - 현실을 잊기 위해 과도하게 술을 많이 마신다.
  - "죽고 싶다."등의 메모나 낙서 등이 발견된다.
  - "그동안 고마웠어." 등의 마지막 인사와 같은 말을 하거나 문자메시지 등을 남긴다.
  - 절대 혼자 두지 말라.
  - 이상 기후 발견 즉시 상담소 등 전문기관의 도움을 받아야 한다.
  - 24시간 감시체제로 전환한다.
  - 집안의 위험물(끈, 압박붕대 등)을 치운다.
  - 응급상황의 경우 즉각 119로 신고한다.

- 집안에 마스터키를 항상 비치해 둔다.
- 황색신호
- 불면증에 시달린다.
- 감정통제가 쉽지 않아 자주 운다.
- 거식증 및 폭식증 등의 증상을 보인다.
- 약에 의존하는 횟수와 양이 늘어난다.
- 누군가를 원망하며 화를 쏟아낸다.
- 작은 일에도 쉽게 상처받고 울적해 한다.
- 차라리 죽은 OOO가 부럽다고 한다.
- 외로움을 호소한다.
- 최근 들어 "죽고 싶다."는 말을 자주한다.
- 충고하려 들지 말라.
- 정기적으로 전문가의 상담과 치료를 받도록 한다.
- 다양한 활동을 통해 분노표출을 하게 한다.
- 운동 등 땀을 흘리는 활동들을 함께 한다.
- 가족끼리 함께 하는 시간을 늘린다.
- 취미생활 등으로 자기변화의 기회를 갖게 한다.
- 마음을 적극적으로 표현할 수 있는 대화의 장을 자주 만든다.
- 녹색신호
- 말수가 적어졌다.
- 나를 이해해 주는 사람이 없어 외롭다고 한다.
- 푸념을 늘어 놓는다.
- 희망이 없다고 말한다.
- 과도한 스트레스로 잠을 이루지 못한다.
- 매사에 의욕이 없고 귀찮아 한다.
- 잠수를 자주 탄다.
- 가끔 혼자 있고 싶어 한다.

- 기분전환을 하기 위한 취미활동들을 돕는다.
- 기분전환을 할 수 있는 장소(노래방이나 찜질방)같은 곳에 가서 기분을 풀어준다.
- 스트레스를 풀 수 있는 운동이나 등산 등의 활동을 주기적으로 함께 한다.
- 적색신호 : 자살을 시도하기 직전의 터미널 케이스(Terminal Case) 단계이다. 극도의 감정적 혼란과 충동적 행동을 보이기 쉽다.
- 황색신호 : 일상적인 생활을 넘어선 과도한 행동특성이 나타나는 단계다. 전문가(의사, 상담가)에 의해서 치료를 받고 있거나 받아야 하는 단계로 약물치료가 필요한 단계이다.
- 녹색신호 : 일상생활에서 누구에게도 나타날 수 있는 일시적인 심리적, 정서적 장애단계다. 누구에게나 과도한 스트레스 등으로 인해 쉽게 찾아올 수 있는 단계로 과민반응보다 간단한 대처요령으로 변화 가능한 단계이다.

(5) 자살을 이기는 방법

가장 먼저, 죽고 싶다는 생각이 들면 하루동안 아무 것도 먹지 말아 보세요. 배고파 죽습니다.

죽지 않았다면 앞선 하루동안 못 먹었던 음식을 쌓아 놓고 다 먹어 보세요. 배터져 죽습니다.

이것도 안되면 하루동안 아무 일도 하지 말아 보세요. 심심해 죽습니다.

그래도 안 죽으면 자신을 힘들게 하는 일에 맞서서 두배로 일해 보세요. 힘들어 죽습니다.

혹시나 안 죽으면 500원만 투자해서 즉석복권을 사세요. 그리곤 긁지 말고 바라만 보세요. 궁금해 죽습니다.

잠시 후 죽을랑 말랑 할 때 긁어 보세요. 반드시 꽝일 것입니다. 그러면 열받아 죽습니다.

그래도 죽고 싶다면 홀딱 벗고 거리로 뛰쳐 나가 보세요. 사람들이 많이 다니는 길일수록 좋습니다. 창피해 죽습니다.

이상의 방법으로도 죽을 수 없다면 아직은 자신이 이 세상에서 할일이 남아있다는 이유일 것입니다.

자료: http://kin.naver.com/qna/detail.nhn?d1id=6&dirId=61303&docId=159988902&qb=7J6Q7lK07Jil67Cp&enc=utf8&section=kin&rank=1&search_sort=0&spq=1&pid=SeoLVdoRR0GsscEfeCdsssssssd-339194&sid=qszDQBjksKAnqxnGES2NPQ%3D%3D

(6) 자살위험 징후
① 한동안 만나지 않던 동창이나 은사 등을 찾는다.
② 아끼는 물건을 특별한 이유없이 주변 사람들에게 나눠준다.
③ 청소년의 경우 성적이 떨어져도 걱정하지 않는 등 자신의 일에 초연해졌다.
④ 교회나 사찰 등에서 성직자를 만났다는 이야기를 갑자기 한다.
⑤ 죽음과 관련된 책이나 영화 등에 집착한다.
⑥ 사후세계에 갑자기 관심을 갖는다.
⑦ 가족과 주말 나들이를 피하는 등 가족을 피한다.
⑧ 평소 우울하던 사람이 갑자기 밝아진다.

2) 자살예방대책
① 자살징후를 보이는 사람들의 가족, 친구 등 주변 사람들이 관심을 가져야 한다.
② 혼자 두지 않는다. 자살충동은 지속적인 경우보다 순간적인 경우가 많아 그때만 잘 넘기면 피할 수 있다.
③ 자살은 사회·경제적으로 어려운 사람들에게서 발생하는 것은 아니다. 그보다는 갑작스런 사회·경제적 신분의 추락에서 발생하는 경우가 많다. 실직이나 이혼, 실연 등을 당한 사람을 주의깊게 살핀다
④ 주변에 알리라. 자살징후는 혼자 어려운 사람들에게서 발생하는 것은 아니다. 가족, 친구 등에게 적극적으로 알려야 한다.
⑤ 자살을 미화하거나 낭만적으로 바라봐서는 안되며, 미디어도 이런 식의 보도를 자제해야 한다.
⑥ 정부도 자살을 개인의 문제가 아닌 공중보건의 문제로 인식하고 정신건강 서비스 기구를 확충해야 한다.

 3) 자살에 대한 잘못된 편견
① 자살한 사람은 유언을 남긴다-->유언을 남기지 않는 경우가 더 많다.
② 자살시도는 주위의 관심을 끌기 위한 수단이다.-->절대 그렇지 않다.
③ 자살은 유전이거나 정신병이다.-->사회적 요인도 크다.
④ 우울하기 때문에 자살한다.-->우발적·충동적 자살도 많다.
⑤ 성공한 사람은 자살하지 않는다--> 성공여부보다는 상대적 박탈감이 자살의 원인이 된다.
⑥ 자살에 실패한 사람은 다시 자살하지 않는다.-->반복적으로 시도하는 경우가 많다.
⑦ 자살은 겨울에 많다.-->오히려 4~5월에 많다.

4) 그래도 살만한 가치가 있는 이유

1. 사회복지입니다. 가난한 사람들에게 정부에서 돈을 주고 최대한 기회를 줄려고 하는거죠.

2. 꿈입니다. 아무리 힘들어도 님이 좋고 원하는 걸 할 수 있다면 님은 그 꿈을 이룰 때까지는 살껍니다.

3. 우리나라가 자살률 1위로 하루에 47명이나 죽는거 아시죠. 수두룩 합니다. 인터넷을 쳐도 금방 뜹니다.[133]

10. 자살예방, 이렇게 도와주세요!

1) 진료과: 정신과

신문이나 TV 등의 매체를 통해 유명인들의 자살소식을 접했을 때 우리 국민들은 누구나 놀라기도 하고 안타깝기도 했을 것입니다. 그럴 때마다 외래를 찾는 환자들로부터 그런 유명인들도 죽음을 선택하는데 나도 따라 죽고 싶다는 이야기를 많이 듣게 됩니다. 이제는 자살이 너무나 가볍고도 선정적으로 보도되어 사람들도 무디어지는듯한 느낌을 받습니다. 또한 그러다 보니 다들 죽음을 너무 쉽게 생각하는 게 아닌가 하는 생각마저 듭니다. 전문가들에 의하여 위험요인 평가, 위험군 관리 및 정신질환의 치료를 포괄하는 자살예방을 위한 폭넓은 전략들이 개발되고 있음에도 불구하고 우리나라에서 자살로 사망하는 사람들은 해마다 증가하고 있습니다. 통계청 자료에 따르면 2009년 한해 국내에서는 매 30분에 1명꼴, 하루에 40명 이상 자살한 것으로 나타났습니다. 2008년 대비 무려 20% 가까이 증가한 수치이며, 경제협력개발기구(OECD) 국가 중 가장 높은 자살률을 기록했다고 합니다. 의정부성모병원 응급센터에도 한

---

[133] http://kin.naver.com/qna/detail.nhn?d1id=6&dirId=61303&docId=159988902&qb=7J6Q7I K07JiI67Cp&enc=utf8&section=kin&rank=1&search_sort=0&spq=1&pid=SeoLVdoRR0Gssc EfeCdsssssssd-339194&sid=qszDQBjksKAnqxnGES2NPQ%3D%3D(2015.3.31.)

해에 약 300명에 이르는 사람들이 자살시도로 내원하고 있습니다. 거의 하루에 한 명은 자살시도로 인해 내원하고 있는 것입니다.

자살은 단지 개인의 문제만이 아니라, 가족, 친구, 치료진 더 나아가 사회 전체에 깊은 상처를 남기는 사회적 문제입니다. 자살은 어려운 상황으로부터 빠져나가는 대응방안이 아니라, 주변 사람과 자기 자신에게 더 괴롭고 힘든 결과를 남기는 극단적 선택일 뿐입니다. 그러나 자살충동 또는 시도문제가 있을 때 어떻게 해야 할지 몰라, 환자 본인도 보호자도 당황해 하며 상황이 악화되도록 방치한 경우를 부지기수로 만나게 됩니다. 이런 분들을 위해 가장 강조하고 싶은 것은 적절한 평가와 치료를 통해 지금보다 나은 상태가 될 수 있음을 믿고 빨리 정신과 전문의의 도움을 받으라는 것입니다. 정신과에서는 일차적으로 체계화된 평가도구로 정신상태검사·심리검사 등을 하여 자살의 원인이 되는 위험요인들을 감별하고 우울증·불안장애 등과 같은 동반된 정신질환을 치료하는 절차를 밟습니다. 본원 응급센터를 내원한 환자들의 자료를 분석한 결과 약 80%의 환자들이 우울증을 앓고 있었던 것으로 나타나 우울증의 조기발견 및 적극적 치료가 필요함을 다시 한번 느낄 수 있었습니다. 자살충동이 심하거나 자살시도를 한 경우 대부분 정신과에 입원하여 약물치료와 정신치료 등 동반 질환에 대한 치료, 질환에 대한 교육, 향후 증상의 악화나 자살시도 재발방지를 위한 지속적 상담 등을 받게 됩니다.

또 같은 고민을 나눌 수 있는 자조모임을 소개하고, 퇴원전에는 지속적인 치료의 중요성에 대해 환자와 보호자에게 설명하고 안내합니다. 본원에서 조사해본 결과 자살시도 환자의 약 70%는 정신과 외래를 다시 방문하여 치료를 받지 않는 것으로 드러났는데, 이런 환자들일수록 충동적이고 반복적으로 자살을 시도하기 때문에, 추가 자살시도를 예방하기 위해서는 가족들이나 주위에서 정신과 외래로 치료를 이끄는 것이 매우 중요합니다. 대부분의 자살시도 환자들은 우울증이나 양극성장애와 같은 기분장애를 앓고 있기 때문에 기분장애 치료약물을 복용하게 되는데,

약의 부작용에 대해 우려하시는 분들을 많이 봅니다.

우울증 치료에 준하여 설명하면, 현재 항우울제는 기존의 삼환계항우울제, 단가아민효소 억제제보다 훨씬 부작용이 적은 선택적 세로토닌 흡수 저해제, 머타자핀, 부프로피온, 벤라팍신, 듀록세틴 등의 약물이 일차적으로 쓰이고 있습니다. 이와 같은 약물들은 치료 초기 일시적 불면이나 과다수면, 두통, 소화장애 등의 부작용을 일으킬 수 있으나 대개 경미하고 적절한 용량과 기간으로 사용할 경우 큰 문제가 되지 않습니다.

또한 정신치료, 상담 등 지속적으로 치료를 병용하며 정신과 의사의 처방대로 약을 복용한다면 부작용을 걱정하실 필요는 없습니다. 우울증의 경우에는 대개 한 두 달의 치료로 거의 정상적인 수준으로 회복되어 원인이 어떻든지간에 마음의 고통으로부터 벗어날 수 있습니다.

자살충동을 느끼는 친구나 가족을 곁에서 보고 있는 것도 참 괴로운 일일 것입니다. 그러나 자살을 결정하는 원인이나 결정 과정은 개인마다 다양하고, 때로는 당사자를 잘 안다고 생각하더라도 적절한 도움을 줄 수 없는 경우가 많습니다. 이런 분들은 대부분 우울증 등의 정신질환을 가지고 있기 때문에, 곧 나아질 것이라는 섣부른 위로나 일시적 대책이 도움되지 않으며, 때로는 오히려 당사자들의 절망감을 악화시킬 수도 있습니다. 따라서 따뜻한 말로 정신과 진료를 권유하시고, 주위 사람들에게 위험성을 알려서 함께 대처하시는 것이 필요합니다. 최근에는 노령화 사회로 접어들면서 노인 인구의 정신건강에 대한 관심이 점점 증가하고 있는데, 본원을 찾은 노인 자살 시도 환자들의 경우는 보다 심각하고 치명적인 방법으로 자살을 선택하고 있어 안타까움을 더해줍니다. 가을은 참 아름다운 계절입니다. 울긋불긋 선명한 단풍과 청명한 하늘, 신선한 공기속에서도 모든 것들을 회색빛으로 보며 마음속으로 울고 있는 지인이 곁에 있다면 따뜻한 시선이라도 꼭 전해줄 수 있는 가을이 되었으면 합니다. 자살예방은 주변인의 관심과 적극적인 치료 권유에서 시작될 수 있습니다.[134)][135)]

11. 우울병(depression, 憂鬱病)과 자살

우울증은 우울한 기분에 빠져 의욕을 상실한 채 무능감·고립감·허무감·죄책감·자살충동 등에 사로잡히는 일종의 정신질환이며 울증 또는 울병이라고도 한다.

임상적으로 가장 흔한 정신장애 중의 하나로 성인 10명 중 1명은 일생동안 한 번 이상 우울병을 경험한다. 우울병의 평균 발병연령은 40세이지만 요즘은 점점 빨라지고 있다. 그 대표적인 증상은 우울하고 괜히 슬퍼지거나 불안해지기도 하고, 무슨 일을 해도 재미가 없고 잘 웃지도 않게 된다. 자다가 자주 깨고, 입맛이 떨어지며 식사량이 준다. 평소보다 말수가 적어지고 만사가 귀찮아지고 금방 했던 일도 잘 잊어버리고 집중력이 떨어진다. 어떤 경우에는 기분은 괜찮은데도 소화불량, 두통, 목과 가슴에 뭔가 걸린듯한 느낌, 변비 및 설사, 성욕감퇴 등 몸이 여기저기 아픈 증상만 있을 수도 있다. 이런 증상들은 보통 아침에 심한데, 어떤 경우에는 오후나 저녁에 심해지기도 한다.

우울병은 한 번만 나타날 수도 있고 주기적으로 재발되기도 한다. 한 번 나타나면 그 증상이 3~6개월간 지속된다. 증상이 전혀없이 좋아진 기간이 2개월 이상 지속되다가 다시 우울병 증상이 나타나면 재발형이라고 한다. 우울병 환자의 약 10%는 망상과 환각을 경험한다.

40~50대 갱년기에 발병하는 우울병은 주요 우울증상 외에 초조, 격정, 심한 건강염려증, 후회, 죄책감, 절망감, 편집성 성향, 우울망상이 뚜렷하게 나타난다. 주로 성격이 강박적이고 양심적이고 융통성이 적고 책임감이 강하고 급하며 예민한 사람들에게 잘 나타난다. 여자들의 경우 아이를 출산한 후 4주 이내에 우울병이 발병하는 경우를 산후 우울병이라 하고 보통 정신병적 증상을 잘 동반한다. 우울한 기분이 적어도 2년 이상 지속되는 경우를 감정부전장애라고 하며 대개 25세전에 서서히 발병

---

134) 출처 가톨릭중앙의료원 건강칼럼, 저자 의정부성모병원 제공처 가톨릭중앙의료원
135) http://terms.naver.com/entry.nhn?docId=2109216&cid=51003&categoryId=51015(2015.3.31.)

해서 만성적인 경과를 나타낸다. 우울병의 가장 큰 원인은 신경전달물질이 완전한 기능을 못하는 상황에 빠지면 환자들은 환경에 적응하는 데 상당한 어려움을 겪게 되므로 우울병으로 나타나게 되는 것이다.

유전적으로도 가족 중 우울병 환자가 있는 경우 2~10배 정도 더 많다. 사랑하는 사람의 죽음, 성장과정에서 부모와의 사별이나 이별의 경험에 의해서 나타날 수도 있다. 성격이 의존적이고 열등감이 심한 사람, 지나치게 양심적이고 초자아가 강한 사람들에게 많다. 심리학적 원인으로 볼 때 우울의 원인은 미움을 억제한 결과다. 여기에는 폭력, 파괴성, 죽음이 포함되어 있다. 우울은 이런 부정적 감정을 밖으로 나타나지 않게 억압하여 자기 책임으로 돌린 결과라고 보는 견해도 있다. 우울병의 종류는 다음과 같다. ① 지연성 우울병은 생각하는 과정이 느려져 말이 느리고 대답도 간단해지다가 어떤 경우에는 아예 말을 하지 않는 침묵의 상태로 빠진다. 행동도 점차 지연되고 억제된다. 때때로 환자들은 자신이 아무런 느낌도 느낄 수 없다고 말한다. ② 격정적 우울병은 지속적인 불안·걱정·긴장, 장래에 좋지 않은 일이 일어날 것 같은 느낌으로 인한 불안·초조감·좌불안석 등이 동반된 우울을 말한다. 무력감, 분노와 공격의 감정, 죄책감, 자기 징벌의 욕구 또는 망상 등의 이유로 자살을 시도하거나 자해하는 경우도 있다. ③ 혼수성 우울병은 우울상태 중 가장 심한 상태로 자발적인 운동행위는 없어지고 외부자극에 대해 최소한의 반응밖에 없는 상태다.

환자는 말이 없고 의식이 혼미해 죽음에 대한 생각에 강하게 집착하고 꿈같은 환각에 사로잡히며 대소변도 가리지 못하게 되는 경우도 있다.

치료는 크게 4가지 정도로 살펴볼 수 있다. ① 약물치료는 항우울제 치료만으로 70% 이상의 효과가 있다. ② 정신치료는 우울병 환자의 분노나 증오심을 밖으로 표현하게 하는 것이다. ③ 인지치료는 환자가 부정적인 시각을 버리고, 적극적이고 긍정적인 사고방식을 가지도록 새로운 인식과 행동반응을 연습하도록 하는 것이다. ④ 대인관계치료는 대인관계를 호전시켜서 우울병을 치료하는 것이다.[136]

---

136) http://terms.naver.com/entry.nhn?docId=1130892&cid=40942&categoryId=31531(2015.4.2.)

제6장 자살예방의 방법

1. 자살위기에 취약한 사람들은 따로 있나

자살에 이르게 만드는 조건들, 자살의 위험을 높이는 것들을 자살위험요인이라고 한다. 자살의 위험요인은 크게 두 가지로 나누어 설명할 수 있다. 하나는 개인의 취약성의 관점에서, 다른 하나는 다양한 사회환경적 요인의 관점에서 설명이 가능하다. 유명한 교육학자 맨(Mann)은 '자살의 스트레스-취약성 모델'을 제시한 바 있다. 생물학적 혹은 유전적 소인을 가진 사람에게 생활사건이 있거나 스트레스가 가해졌을 때 자살이 유발된다는 가설이다. 애초에 자살에 이를 사람들이 따로 있다는 말이다. 그렇다면, 정말 자살에 취약한 사람은 따로 있는 것일까?

1) 개인적, 유전적인 이유로 자살에 취약한 경우

먼저 개인적인 취약성부터 살펴보자. 언론에서 자주 언급되는 자살위험요인의 많은 부분은 과거 핀란드에서 이루어진 대규모 조사연구에 기반한다. 자살률이 높기로 유명했던 핀란드에서는 사람들이 자살에 이르는 원인을 밝히기 위해 자살자의 심리를 추적하는 '심리적 부검연구'를 진행했다. 그 결과, 자살자들의 80%는 진단 가능한 정신질환이 있었으며, 이 정신질환의 90%는 우울증이었다.

정신의학적으로도 우울증, 조울병, 알코올 남용(의존) 등의 질환은 자살위험을 높인다고 한다. 현재 의학계에서는 자살의 가장 흔한 원인으로 정신질환을 들고 있다. 연구에 따르면 자살자의 80% 이상에서 진단할 수 있는 정신질환이 있었다는 보고도 있다. 특히 우울증, 조울병같은 정신질환은 세상을 비관적으로 보게 만들거나, 앞에 놓인 어려움에 대해 전혀 희망이 없다고 느끼게 만들기도 한다. 그래서 삶을 낙천적으로 바라보기보다는 죽음 외에는 고통을 탈출할 방법이 없다고 생각하게 되는 것이다. 이런 정신질환은 현실과 적당한 선에서 타협할 수 있는 능력인 '자아기능'의 이상을 일으킨다. 현실과 이상 사이에 괴리가 생기면 절충과 타협으로 접점을 찾아야 하는데, 오히려 극단적인 행동으로 모든 걸 파괴하려 드는 것이다. 또한 사소한 스트레스에도 적절히 대응하기 힘들어하며 비관적, 극단적 생각을 자주 하기도 한다. 생물학적인 이유로 자살에 취약한 사람도 있다. 가족 중에서 자살한 사람이 있는 경우엔 자살위험이 다른 이들보다 높다고 할 수 있다. 유전적으로 충동성이 높을 수 있기 때문이다. 그리고 심리적 원인으로도 분석할 수 있는데, 가까운 사람의 극단적인 행동이 모델링되어 자살위험이 높아진다고 볼 수 있다.

음주를 즐기는 성향 또한 자살위험을 증가시킨다. 음주는 충동성을 높이는데, 충동이 자살로 이어질 수 있기 때문이다. 실제로 알코올 중독 환자의 약 40%가 자살을 시도하며, 7~15%는 실제로 자살에 이른다. 평소에는 조용하고 수줍어서 거의 말이 없던 사람이 술을 마시면 말이 많아진다든가, 하지 말아야 할 행동이나 이야기를 하는 것을 본 적이 있을 것이다. 과도한 음주는 평소에 우리가 억제하고 있는 기전을 마비시켜 감정대로, 충동적으로 행동하거나 말하도록 만든다. 또한 술은 충동성을 높이는 경향이 있는데, 이와 같은 상태에서 자살로 이어지는 경우가 많다. 예를 들어 평소에 막연하게 죽고 싶다고 생각만 하던 사람이 술을 마신 후에 충동적으로 자살을 시도할 수 있다.

2) 사회환경적, 심리적인 원인으로 자살에 취약한 경우

다른 증상이나 질병 등이 없이도 자살의 위험에 처하게 되는 경우가 있다. 어제까지 정신질환적 증상도 없고 술을 마시지도 않았는데, 갑작스러운 시련에 부딪혀 자살을 하는 경우도 자주 있다. 다시 말해, 사회와 환경이 주는 스트레스가 자살을 불러올 수 있는 것이다. 이것을 사회환경적 자살위험 요인이라고 한다. 실직, 가족이나 가까운 사람의 사망,

이혼, 경제적 빈곤, 사회적 고립, 어린 시절의 학대 경험, 신체적 질병 등이 대표적인 사회환경적 자살위험 요인으로 알려져 있다. 이런 스트레스를 안고 있는 이들은 그만큼 자살위험에 취약하다고 할 수 있다. 자살의 원인이 되는 심리로는 우울감, 불안감, 죄책감 등 다양한 심리를 꼽을 수 있다. 무엇보다도 가장 중요한 심리적 원인은 절망감, 무망감(hopelessness)이다. 즉, 희망이 없다고 느끼는 순간 사람들은 자살의 충동에 시달린다. 자신의 삶이 막다른 골목에 다다랐다고 느끼며, 죽음을 통해서만이 이 고통을 끝낼 수 있다고 생각하는 것이다. 자살에 취약하게 만드는 원인들은 이렇게 다양하게 있지만, 어느 한 가지 이유만으로 자살에 이르는 것은 아니다. 최근에는 자살이 여러 원인과 보호 요소의 복잡한 상호작용에 의해 결정된다는 주장이 힘을 얻고 있다. 자살을 생각하게 하는 다양한 원인들은 서로 많은 연관성이 있다. 이들은 동반해서 오기도 하고, 서로 영향을 미치며 상황을 악화시키기도 하면서 자살 사고를 부른다.

3) 누구에게나 자살위험요소가 존재한다

얼핏 보면 자살에 취약한 사람은 정해져 있는 것처럼 보인다. 하지만, 우울증, 조울병, 알코올 남용·의존 등 정신질환은 매우 흔하다. 전 인구의 30%가 평생 한 번은 진단할 수 있는 정신질환을 경험한다고 한다. 사회환경적 스트레스부터 완전히 자유로운 사람은 없다. 즉, 누구든 혹은 언제든 자살에 취약한 사람이 될 수 있다는 뜻이다. 자살의 원인은 복잡해 보이지만, 정리해 보면 비교적 간단하다. 마음의 건강을 위협하는 어떠한 질환 혹은 삶의 균형을 위협하는 어떠한 사건, 이들이 스트레스로 작용하는 것이다. 스트레스는 어떤 것이든 자살의 위험을 증가시킬 수 있다. 그러므로 '자살에 취약한 사람'이 따로 정해져 있는 것이 아니다.

다만, 우울증 등 정신질환이 없이 자아가 건강하다면 환경적인 어려움과 맞서 싸우기 더 쉽고, 마음이 건강하지 못하거나 스트레스가 지나치게 강하면 이겨낼 수 없게 되는 것이다.

4) 자살로부터 나를 보호하는 요소들

자살위험요소를 가지고 있다고 해서 모두 자살을 하는 것은 아니다. 자살의 위험에 노출되어 있다고 하더라도 전문가의 도움과 건강한 자아, 사회적인 지지 등 도움을 줄 수 있는 보호요인이 있으면 자살에 이르지 않게 된다. 자살이라는 위기로부터 나를 지탱해 줄 방패를 강화하기 위해서는 먼저 평소 자신의 마음 건강을 챙기는 것이 중요하다. 마음 건강을 위해서 가장 좋은 단어는 '적당히'다. 적당히 일하고, 적당히 쉬고, 적당히 어울리는 삶을 살도록 노력하자. 다르게 말하자면 잘 자고, 잘 먹고, 열심히 일하고, 포기할 줄도 아는 삶이다. 스트레스를 해소할만한 자신만의 취미를 갖는 것도 훌륭한 방법 중의 하나다. 또한 주변 사람들과의 교감을 통해 어려움을 이겨내도록 하자. 누구에게나 힘든 일은 있을 수 있는 법이다. 이럴 땐 가까운 가족, 친구, 동료들과 힘든 일이 있을 때 고통을 나누고 도움을 청하도록 하자. 도움을 받는 것에 대해 부끄러워하거나 두려워할 필요는 없다. 마지막으로, 전문가에게 도움받기를 주저하지 말아야 한다. 정신질환 증상은 누구에게나 언제든지 찾아올 수 있는데, 이를 혼자서 해결하기란 어려운 일이다. 인생이 우울하다고 느껴진다면, 재미있는 것도 없고 맛있는 것도 사라진 삶이라고 느껴진다면, 자신의 일상생활의 균형이 깨지기 시작한다고 느껴진다면, 전문가의 도움을 구해야 하는 때인 것이다.[137]

2. 자살은 정부예산 늘리면 줄일 수 있다

우리나라에서 한 해 자살하는 사람은 1만6천여명(2011년 기준)에 이른다. 이는 1990년대 초반 한 해 교통사고로 인한 사망자수와 비슷한 수치다. 당시 사람들은 교통사고로 인한 사망이 향후 한국인 사망의 가장

---

137) http://terms.naver.com/entry.nhn?docId=2109959&cid=51011&categoryId=51011(2015.4.2.)

큰 원인이 될 것으로 내다봤다. 그런데 당시보다 차량의 수와 인구수가 훨씬 많아진 지금, 역설적이게도 교통사고로 인한 사망률은 그때의 3분의 1에도 못 미친다. 정부가 교통사고를 막기 위해 교통체계 재정비, 교통법률 개정 등에 막대한 예산을 들였기 때문이다.[138] 안용민 한국자살예방협회장(서울대병원 정신건강의학과 교수)은 "자살도 이처럼 해결할 수 있다"며 "예산을 들여 사회시스템을 정비하면 충분히 예방할 수 있는 문제"라고 말했다.

1) 한국자살예방협회에서 하는 일은?

10여년전에 전문가들의 학술모임 형태로 시작했으며, 민간자문기구로 활동했다. 그런데 2011년 정부가 '자살예방 및 생명존중문화 조성에 대한 법률'을 제정하고, 중앙자살예방센터를 설립하면서 이 센터에서 만든 여러 프로그램을 위임받아 하는 등 실무적 활동을 하고 있다. 연구 뿐만 아니라 대국민 생명존중사업 등 인식개선사업, 전문가양성 교육, 유가족 지원사업 등도 주력하고 있다. 학술이나 연구에 치중했던 과거의 모습에서 발전해 우리 사회 깊숙이 다가가 자살에 대한 오해에서 벗어나고 삶을 사랑할 수 있는 사회운동까지 이어지도록 노력하고 있다. 현재 자살예방에 관심있는 일반인들 누구나 협회에 참여할 수 있으며, 자원봉사나 후원의 형태로도 활동할 수 있다.

2) 자살을 막는 데 가장 먼저 해야 할 일은?

자살은 개인의 문제가 아닌 사회의 문제로 충분히 예방이 가능하다. 자살방지를 위한 예산을 들이고, 정책을 정비하면 확실히 자살률을 줄일 수 있다고 본다. 자살예방사업에 있어 가장 큰 문제는 현재 정부의 지원금이 너무 적다는 사실이다. 10년전부터 정부적 차원의 자살예방시스템을 갖춰 온 일본은 자살예방사업이 안정화된 지금에도 한 해 3000억원을 들인다. 우리의 10배에 가까운 수치다. 우리나라의 자살예방은 정부

---

[138] 안용민 한국자살예방협회장 인터뷰

차원에서 이제 겨우 막 시작하는 단계인데도 미미하다. 정부의 예산지원이 시급하다.

3) 예산확보 후 자살예방에 대한 구체적 계획은?

첫번째, 전국적 규모의 자살관련 통계조사를 실시해야 한다. 우리나라는 심각한 자살공화국인데도 자살에 대한 공식적이고 체계적인 연구와 자료는 부족하다. 때문에 자살원인의 80%가 우울증이라고 추론할 뿐, 제대로 된 원인도 모르는 실정이다. 20여년전, 한해 자살률이 유럽에서 가장 높았던 핀란드 정부는 전국적인 자살관련 조사를 실시한 뒤 현재 세계적으로 가장 낮은 자살률을 기록하고 있다.

두번째, 중앙자살예방센터가 정부 행정체계에서 보다 상위로 올라가야 한다. 자살은 우리 삶의 모든 부분과 관련이 되어 있다. 자살예방도 국방부, 교육과학부, 노동부, 여성가족부, 경찰청 등 모든 정부기관과 연계되어 진행되어야 할 것이다. 국무총리 직속으로 들어가야 정책을 실현해 나가는데 효과적일 것이다.

세번째, 중앙자살예방센터는 지자체와의 네트워크를 보다 공고히 해야 한다. 중앙자살예방센터는 정책, 홍보, 국민인식의 변화 등 전국 단위에서 할 수 있는 굵직한 사안을 진행하고, 실제 집행은 지차체에서 해야 효율이 생긴다.

서울 노원구의 사례가 좋은 예다. 25개 서울 자치구 중에서 가장 높았던 노원구의 자살률을 21위로 낮춘 노원구청장은 현장 중심의 찾아가는 복지전달체계로 자살예방에 큰 공을 세웠다. '서울시 노원구 생명존중과 자살예방에 관한 조례'를 제정하고, 자살예방사업 전담부서인 '생명존중팀'을 꾸려 자살위험이 높은 지역구민들을 조기에 발견했다. 이는 예산을 쉽게 확보할 수 있는 구청장의 권한 때문에 가능한 결과였다고 본다.

4) 정부기관 이외에 특별히 협조를 바라는 곳이 있다면?

자살 이슈를 다루는 언론의 역할이 중요하다. 우리나라는 유명인의 자살사건을 다룰 때 너무 선정적으로 보도해서 자살을 사회적으로 더욱 번지게 하는 경향이 있다. 유명인의 자살방법까지도 자세히 보도해 그조차도 일반인이 모방할 정도다. '베르테르 효과(유명인이나 자신이 모델로 삼고있던 사람 등이 자살할 경우, 그 사람과 자신을 동일시해서 자살을 시도하는 현상)'를 막기 위해 보건복지부에서는 '자살보도 권고기준'을 마련해 두었다. 하지만 일부 시민단체나 기자들은 '언론의 자유'를 막는 행위라며 이 방침에 동의하지 않고 있다. 참고적으로 말하면, 미국의 경우 유명인의 자살에 대한 보도는 정부의 권고사항을 지키고 있다.[139]

5) 자살예방에 사회구성원들의 협조가 중요한 이유는?

한 가지 사례를 들겠다. 한 명문대 재학생이 친구의 손에 이끌려 치료를 받으러 왔다. 평소 자살을 암시하는 침울한 메시지를 보내는 등 자살위험이 농후하다는 것이었다. 그는 상당히 기분이 좋을 때는 학생회 대표로 활발하게 활동하지만, 우울할 땐 학교도 안오고 전화기도 꺼놓고 지내는 등 심한 조울증 환자였다. 유전적으로도 우울증이 있었으며, 그의 어머니도 여러 번 자살시도를 했다고 한다. 자살 위험성이 높아 보호자의 동의를 얻어 입원치료를 했다. 이후 회복이 됐고, 졸업 후 취업을 해서 지금은 회사에 잘 다니고 있다. 주변에서 도와주지 않았으면 돌이킬 수 없었을 것이다.

6) 사회구성원들에게 꼭 하고 싶은 말은?

자살을 시도했지만 실패한 사람이 한 해 70만명이라는 조사가 있다. 그 사람 주변에 5명 정도만 있다고 해도 자살의 영향을 받는 사람은 한 해 350만명이나 된다는 얘기다. 그만큼 자살은 우리와 가까운 곳에서 쉽게 접할 수 있는 일이다. 자살의 전염성은 크고, 그 피해도 엄청나다.

자살을 막고 싶은 사람이라면 자신의 주변부터 살펴보자. 직장동료든

---

139) 안용민 한국자살예방협회장

친구든 이웃이든 그들이 무엇을 필요로 하는지 눈여겨보고 그들의 이야기를 들어주는 것부터 시도하자.

7) 자살예방협회의 활동에 참여하려면?

자살예방협회 초창기에는 자살에 대한 연구를 주로 하는 전문가들의 단체였다. 하지만 지금은 일반인들이 자살예방과 생명존중사업을 함께 할 수 있는 길이 열려 있다. 한국자살예방협회 (www.suicideprevention.or.kr) 홈페이지에 접속하면 후원방법 혹은 일반인 대상 행사 등에 관한 정보를 얻을 수 있다. 재능이 있는 분들이라면 누구나 봉사활동(재능기부)에 참여할 수 있고, 자살예방교육도 들을 수 있다.[140]

3. 자살관련 법률: 자살예방 및 생명존중문화 조성을 위한 법률

대한민국의 자살률은 IMF를 거치면서 급격하게 증가해 최근 몇 년간 OECD회원국 중 1위를 기록하고 있다. 청소년 자살 뿐 아니라 노인 자살에 이르기까지 대한민국에서 자살에 대한 뉴스를 접하는 것은 이제 흔한 일이 되어버렸다. 이처럼 자살이 개인의 문제를 떠나 사회적 문제로 대두되자, 정부는 2011년 3월 30일 '자살예방 및 생명존중문화 조성을 위한 법률'을 만들었다. 국민들이 생명을 소중히 여기고 아끼는 마음을 갖게 하고, 자살을 생각하는 사람들을 실제적으로 도와줄 수 있도록 하기 위해서다. 이 법률은 국민의 생명을 보호하고 생명을 존중하는 문화 조성 뿐만 아니라 자살에 대한 국가적 책임과 예방정책, 자살예방교육 등의 내용을 담고 있으며, 2012년 3월 31일부터 시행되고 있다.

1) 법률의 주요 내용

자살예방 및 생명존중문화 조성을 위한 법률에 대한 내용은 크게 세 가지로 정리할 수 있다.

---

[140] http://terms.naver.com/entry.nhn?docId=2110048&cid=51011&categoryId=51011(2015.3.31.)

첫째, 보건복지부 장관 및 시도지사는 국공립연구기관, 국공립병원, 학교, 정신보건연구기관, 자살예방센터 등을 전문조사연구기관으로 지정하고 이곳에서 정신건강 선별검사 검사도구를 개발·보급하고, 이를 시행한다. 검사 결과, 자살위험자를 발견한 시행기관 및 시설장은 자살위험자 또는 보호자에게 보건소, 정신보건센터, 자살예방센터 또는 의료기관에서 상담 및 치료를 받도록 안내한다.

둘째, 공공기관, 노인복지시설, 사회복지시설에서는 자살예방 상담 및 교육을 실시하도록 노력해야 한다. 이들 기관은 생명존중의 중요성, 자살현상의 이해와 예방, 자살위험자에 대한 상담방법, 자살시도자 응급처치방법, 자살시도자 및 자살자의 가족 지원방법 등을 교육할 의무가 있다. 상시근로자 30명 이상인 사업장, 병원급 의료기관, 학교 등은 이러한 상담 및 교육을 받아야 한다.

셋째, 국가와 지방자치단체는 자살유해정보가 유통되는 것을 조기에 발견하고 차단하는 등 자살예방체계를 구축하고, 운영을 실시한다. 자살유해정보란 자살동반자 모집정보, 자살에 대한 구체적인 방법 제시정보, 자살을 실행하거나 유도하는 사진 또는 동영상 정보, 독극물 판매정보 등 자살을 조장하는 정보 등이다. 또 방송통신위원회, 경찰청 등 관계중앙행정기관, 자살예방센터, 정보통신서비스단체 소속원 등은 자살유해정보예방협의회를 운영한다.

이 외에도 이 법은 전국적으로 자살실태를 조사하고, 중앙 및 지방 자살예방센터를 운영하며, 전국적으로 24시간 긴급전화를 설치·운영하는 것을 내용으로 하고 있다. 국민은 이 법에 따라 부여된 국민 스스로에게 권리와 의무를 확인하고, 자살위험에 노출되어 있다고 판단될 경우 국가나 지방자치단체의 도움 및 지원을 받거나 자살시도자 등을 발견했을 때는 조치를 취할 수 있다. 이 법은 매년 9월 10일을 '자살예방의 날', 그 날부터 1주일간은 '자살예방주간'으로 정했다.

2) 자살예방교육과 상담·치료 받으려면

국민들은 중앙자살예방센터(02-2203-0053), 자살상담전화(1577-0199), 24시간 긴급전화(국번없이) 129, 해당 보건소 내 정신보건센터(정신건강증진센터) 등을 통해 자살예방에 대한 교육을 받을 수 있으며, 심리상담 또는 자살예방에 대한 상담 및 치료에 대한 안내와 지원도 받을 수 있다.[141]

4. 우리나라 청소년 자살의 특징

왜 청소년기는 다른 시기보다 유독 정서적으로 힘들고 예민한 것일까? 청소년기 정신건강의 대표적 문제부터 살펴보아야 한다. 우선 아동기에서 성인기로 전환되어가는 발달학적 과업달성과 관련한 문제가 있다. 이 과업은 '독립'이다. 하나의 주체적인 인간으로 성장하기 위해 정신적 독립을 달성하는 과정에서 피치 못하게 벌어지는 부모와의 갈등이 한 예가 될 것이다.

또 다른 문제로는 청소년기 우울증이 있다. 성인기 우울이 내면적이고 조용한 형태로 나타난다면 청소년기 우울은 마치 비행청소년같은 행동적 문제로 나타나는 경우가 많다. 또한 초등학생 때 시작된 문제가 지속되어 청소년기 문제로 나타나는 경우가 있을 수 있다. 예를 들어보자.

주의력결핍과잉행동장애의 경우 대개 초등학교 때 시작된다. 다행히 청소년기가 끝날 무렵에 이르면 과잉행동의 문제는 어느 정도 호전되지만, 주의력의 문제는 지속되는 경우가 많다. 그러나 이로 인한 진짜 문제는 과잉행동과 주의력결핍으로부터 파생되는 이차적 문제다. 성장기 동안 칭찬과 긍정적 관심을 많이 받지 못해서 낮은 자존감, 자아정체성의 혼란 등의 문제가 이어지는 것이다. 청소년기에 시작하는 술과 담배의 문제, 인터넷 게임 과몰입의 문제 그리고 학교폭력의 문제 등이 우리

---

141) http://terms.naver.com/entry.nhn?docId=2109973&cid=51011&categoryId=51011(2015.3.31.)

나라 청소년들이, 아니 정도의 차이는 있겠지만 세계 어느 나라의 청소년들이나 보편적으로 경험하고 있는 정신건강의 문제라고 볼 수 있다.

그리고 청소년기 자살은 이 모든 부정적 경험의 합으로 인해 발생하는 최종적 산물일 것이다. 그렇다면 우리나라 청소년 자살의 특징은 무엇일까?

1) 성별에 따른 차이가 거의 없다

전 연령층을 따져 보아도 남성이 여성보다 2배 자살을 많이 하는 것으로 나타나고 있다. 이는 연령대가 올라갈수록 심해져서 40대의 경우 인구 10만명당 자살자가 남성이 47.6명, 여성이 20명인 반면, 80대의 경우 10만명당 자살자가 남성이 222명 여성이 83명으로 성별에 따른 차이가 더 벌어지는 것을 볼 수 있다. 그런데 청소년의 경우 남성과 여성의 차이는 거의 없다. 우리나라 청소년 자살자는 남성이 10만명당 5.3명이고 여성은 5명이다. 왜 이런 현상이 나타나는지는 확실치 않으나 전반적으로 우리나라 여성 특히 젊은 여성의 자살률이 다른 국가들에 비해서 높다는 점과 연관성이 있다는 것은 분명하다고 볼 수 있다.

2) 다른 세대에 비해 잘 버텨 주고 있다

사실 청소년의 자살사건은 다른 세대의 자살사건보다 더 충격적으로 다가온다. 미디어도 그런 관점에서 청소년 자살을 훨씬 자극적으로 다루고 있는 면이 있다. 그러나 통계상으로 살펴보았을 때, 청소년의 자살률은 다른 세대의 자살률에 비해 상대적으로 '양호'한 편이라고 감히 말할 수 있다. 우리나라 전체 자살률이 OECD국가 중 1위이며, 특히 노인의 자살률이 여타 OECD 국가와 비교가 안될 정도로 높지만, 우리나라의 청소년 자살률은 OECD 국가 중 중간 정도에 해당된다. 뉴질랜드, 아일랜드, 핀란드, 폴란드 등의 국가에서 청소년 자살률이 가장 높게 나타나고 있는 것과 비교해보면 우리나라 청소년들이 온갖 어려운 상황속에서도 나름대로 꿋꿋이 버텨주고 있다고 해석할 수도 있다. 물론 청소년 자살률이 세계 1위가 아니라고 해서 괜찮다는 것은 아니다. 모든 자살을 다 막을 수는 없겠지만 막으려는 노력을 해야 함은 두말할 필요가 없는 명제이다.

3) 한 순간의 '충동'에 기인하는 경우가 많다

성인의 자살은 우울증이나 정신분열증같은 정신질환을 동반하는 경우가 많고, 그렇지 않다고 하더라도 극심한 우울감 등 징후가 미리 나타나곤 한다. 그러나 청소년들은 우울증 등 어떤 징후를 전혀 보이지 않고 잘 지내는 것처럼 보이다가도 갑작스러운 스트레스를 이기지 못하고 자살을 선택하는 경향을 보인다. 즉, 청소년의 자살은 사전계획없이 순간적인 충동에 의해 이루어지는 경우가 많다는 것이다. 작고 사소한 계기, 즉 친구와의 다툼, 부모의 꾸중, 경쟁에서의 패배 등이 자살로 이어지게 하는 사건들이다. 하지만 자살시도에 비해 자살 성공확률은 낮은 편인데, 약물복용이나 동맥절단 등 비교적 덜 치명적인 방법을 선택하기 때문이다. 또한 정서적으로 불안정한 청소년들은 자신에게 당면한 문제를 풀어내기보다 자살로 회피하려는 경향이 강하다. 때문에 청소년기의 자살은 정말로 죽으려고 하는 의도보다는 자신의 괴로움을 극단적인 방법으로 표현하려는 의도가 강하다고 볼 수도 있다.

4) 청소년에 대한 자살예방이 중요한 이유

우리나라 청소년 자살과 자살시도는 우울, 불안 및 분노, 적대감 등과 연관성이 있는 것으로 나타나고 있다. 청소년들은 미성숙하기에 이러한 부정적 감정을 적절히 다스리지 못하고 파괴적 행동으로 나타내는데, 파괴적 행동이 자신을 향할 때 충동적인 자살시도로 이어질 수 있다는 것이다. 조사마다 다르지만 대략 청소년의 15~46%가 일년동안 한번 이상 자살을 생각해본 적이 있다고 하고, 3~11%의 청소년이 자살을 시도한 적이 있다고 보고되었다. 또한 대학생 자살시도자의 73%가 대학진학 이전에 첫번째 자살시도를 했다는 결과를 미루어 볼 때, 청소년기부터 초기성인기까지 이르는 이른바 '젊은 시기'의 위기는 청소년기부터 싹을 키우는 것이라고 추측할 수 있다. 육체의 질병에 있어 병이 심해지기전에 조기예방이 중요한 것처럼, 자살도 마찬가지로 성인이 되기전 청소년 시기에 그 싹이 트지 않도록 하는 것이 중요하다. 충동적 성향이 강한 청소년의 특성상 한 번의 위기상황을 넘기는 것에 만족해서는 안될 것이다. 아직 온전한 자기(SELF)가 완성되지 않았기에 성인기에 이를 때까지 지속적 관심과 지원이 필요할 것이다. 치료도 필요하다. 청소년 자살시도자의 7~8%만 병원을 방문한다는 점을 미루어 볼 때(성인의 경우 10~15%), 좀 더 적극적인 형태의 치료를 받을 수 있도록 권하는 것이 중요하다.142)

5. 노인의 우울과 자살징후

"노인이 세상을 떠난다는 것은 박물관 하나가 불탄 것과 같다"(아프리카 속담 중에서)

1) 씁쓸한 1위, 노인 자살률

다른 나라보다 노인을 공경하고, 연장자에 대한 예의가 깍듯한 한국이지만, 우리나라의 노인들은 다른 나라의 노인들보다 불행하다고 한다. 그 불행은 심지어 치명적이기까지 하다.

노인과 관련하여 우리나라는 두 가지 부분에서 OECD 국가 중 1위를 기록했다. 하나는 ▲노인빈곤층 비율, 그리고 다른 하나는 ▲노인 자살률이다. 통계청이 발표한 2011년 사망원인통계에 의하면, 65세 이상인 노인 10만명당 79.7명이 자살로 세상을 떠났다. 80세 이상인 노인의 경우 10만명당 116.9명이 자살로 생을 마감했다. 많은 노인이 사회와 가족의 외면속에 빈곤과 소외감과 싸우다 자살을 선택한다. 부끄러움을 떠나서 끔찍하고 무서운 통계수치가 아닐 수 없다.

---

142) http://terms.naver.com/entry.nhn?docId=2109900&cid=51011&categoryId=51011(2015.3.31.)

2) 연령군별 인구 10만명당 자살지수 추이

노인의 우울과 자살 징후 연령대 2007 2008 2009 2010 2011

연령대	2007	2008	2009	2010	2011
10대	4.6	4.6	6.5	5.2	5.5
20대	21.0	22.6	25.4	24.4	24.3
30대	22.4	24.7	31.4	29.4	30.8
40대	26.3	28.4	32.8	34.1	34.0
50대	31.1	32.9	41.1	40.1	41.2
60대	47.7	47.2	51.8	52.7	50.1
70대	78.5	72.0	79.0	83.5	84.4
80대	117.3	112.9	127.7	123.3	116.9

3) 무엇이 노인들의 자살을 부르는가?

세대를 막론하고 자살의 원인은 절망감이다. 젊은이든 노인이든 희망이 보이지 않을 때 자살을 생각한다. '더 살아서 뭐 하겠나', '이제 살만큼 살았다'는 노인들의 말속에는 후회스러운 과거, 참혹한 현실, 암담한 미래가 모두 들어있다. 좀더 구체적으로 살펴보면 노인들은 몸이 병들었을 때, 우울증에 걸렸을 때, 궁핍해졌을 때, 그리고 가정에 불화가 있을 때 자살을 생각하게 된다. 다른 연령대와 비교해 보자. 10대 청소년들이 자살을 시도하는 가장 큰 원인은 '부모와의 갈등'이다. 20대 이후로는 연인 혹은 배우자와의 갈등이 자살시도의 가장 큰 원인이다. 그러나 65세 이상 노인의 자살시도의 가장 큰 원인은 바로 자신의 병든 몸이다.

젊은이들이 "늙으면 다들 쇠약해지고 병에 걸린다"며 병든 노인을 무심히 대해서는 안되는 이유다. '노인은 많은 일들을 경험했기 때문에 어지간한 일에는 상심하지 않는다'는 것은 틀린 말이다. 인생은 결코 익숙해지지 않는다. 분석심리학의 창시자인 칼 구스타프 융의 말을 빌리면, 인간이 성장기를 거쳐 중년에 이르는동안 가장 큰 과제가 세상으로 당당히 나아가는 것이며, 중년에서 노년으로 가는동안 가장 큰 과제는 늙음과 죽음에 직면하는 것이다. 노인은 자신의 노쇠한 육체, 지친 마음을 감당해야 하며, 가까운 지인들과 가족들이 떠나가고 벗이 죽어가는 것을 견뎌내야 한다. 이런 일이 쉽게 익숙해질 리가 없다. 게다가 우울증까지 걸리면 절망의 나락으로 떨어지는 느낌이 드는 것이다.

4) 노인의 자살을 막아라!

노인의 자살을 막는 데에는 많은 노력이 필요하다. 우선 사회적으로는 노인이 경제적인 궁핍에서 벗어날 수 있도록 제도적인 지원이 있어야 한다. 홀로 사는 노인에 대한 지역사회와 이웃들의 관심도 큰 힘을 발휘한다. 주기적으로 방문을 하고 이야기를 들어드리는 것만으로도 그들의 고독감을 덜 수 있고, 새로운 활기를 찾아드릴 수 있다. 노인과 떨어져 사는 가족은 자주 연락하고, 가족의 행사에 노인을 포함시키며 소외감을 느끼지 않도록 신경써야 한다. 자신이 가족들에게 사랑받고 존중받는 존재임을 자주 일깨우는 것도 좋은 방법이다.

노인이 감당해야 할 문제를 해결해주는 것도 매우 중요하다. 예를 들어 현재 많은 노인성 치매환자들은 다른 보호자없이 배우자로부터 돌봄을 받고 있다. 이럴 경우 모든 가족 구성원들이 그 부담을 나누어지거나, 효과적인 치매지원시스템을 활용해야 한다. 치매에 걸린 배우자를 돌보는 것은 상상할 수 없을 만큼 힘든 일이어서 건강한 사람도 쉽게 우울증에 걸리곤 한다. 하물며 쇠약한 노인에게는 심리적인 부담이 매우 크다.

당연히 노인 스스로의 노력도 중요하다. 자신의 쇠약해진 심신에 집착할 것이 아니라 자신의 인생을 돌아보고 삶의 의미를 찾기 위해 노력해야 한다. 친목모임 등의 사회활동, 봉사활동, 종교활동 등도 우울증을 예방하는 데 도움이 된다. 무엇보다 가장 중요한 것은 자살을 생각하고 있는 노인에게 우리가 따뜻한 공감을 보내주는 것이다. 우울한 기분이 지속적으로 이어지거나 자살에 대한 생각이 자주 든다면 정신건강 전문의를 찾아 상담을 받게 하는 것도 권장할만하다.

5) 자살하려는 노인이 보내는 신호들

(1) 자살하려는 마음을 감정으로 표현한다.
- 근심과 슬픔이 가득한 얼굴 표정을 짓는다.
- 자주 눈물을 흘린다.
- 감정을 잃어버린듯 멍한 표정으로 지낸다.

(2) 자살하려는 마음을 말로 표현한다.
- "더 살아서 뭐하나."
- "이만큼 살았으면 됐지."
- "살만큼 살았다."
- "너희들에게 부담되기 싫다."
- "나는 아무 짝에도 쓸모가 없다."

(3) 자살하려는 마음을 행동으로 표현한다.
- 자꾸만 혼자 있으려고 한다.
- 옷차림이나 위생에 신경을 쓰지 않는다.
- 술을 많이 마신다.
- 병에 걸려도 약을 먹지 않는다.
- 재산이나 신변을 정리한다.
- 소중히 여기던 물건을 나누어 준다.
- 약을 구입하여 모은다.

6) 노인이 자살신호를 보낼 때는 이렇게 대처하라

1. 자살을 어떻게 생각하는지, 자살에 대해 적극적으로 물어보라.
2. 노인의 자살신호를 감지했다면 자살에 대해 생각하고 있는지 물어야 한다. 왜 죽으려고 하는지 묻고, 그 마음을 이해하고 공감해주어야 한다.
3. 노인의 말을 귀 기울여 주의깊게 경청한다.
4. 입장을 바꾸어 생각해 본다.

5. 말의 내용 뿐만 아니라 감정에 주의를 기울인다.
6. 옳고 그름을 섣부르게 판단하지 않는다.
7. '죽고 싶다'는 말은 곧 '도와달라'는 말이라는 것을 명심하고 문제를 해결하려는 자세를 가진다.
8. 자살신호를 보내는 노인이 특히 위험하다는 것을 알아야 한다.
9. 아래와 같은 증상을 보이는 노인들은 전문기관의 도움을 청하도록 한다.
- 과거에 정신질환, 특히 우울증을 앓았던 어르신
- 병에 걸린 어르신
- 치매에 걸린 배우자를 돌보는 어르신
- 가족간에 갈등이 있는 어르신
- 친구가 적은 어르신
- 경제상황이 악화된 어르신
- 부부사이가 안좋은 어르신
- 최근에 배우자와 사별한 어르신
- 최근에 퇴직한 어르신
- 과음하는 어르신[143)144)]

6. 자살에 대한 9가지 오해와 편견

우리나라는 매일 평균 42.6명이 자살하고, 70명 이상이 자살을 시도하고 있다. 세계보건기구에 따르면 한 사람이 자살할 때마다 주변에 평균 5~6명은 치명적인 심리적 타격을 받는다고 하니 자살로 매일 200여명의

---

143) ▷ 누군가 자살을 생각할 때 일반인 대처법 ▷ 자살 고위험자 전문기관으로 연결하기 ▷ 자살위기 극복을 위한 사회적 지원, * 본 원고의 자살 신호와 대처에 대한 내용은 중앙자살예방센터와 한국자살예방협회에서 개발한 한국형 표준자살예방교육 프로그램인 '보고 듣고 말하기'를 인용
144) http://terms.naver.com/entry.nhn?docId=2109919&cid=51011&categoryId=51011(2015.3.31.)

피해자가 발생하는 셈이다. 연간 통계로 따지면 매년 7만여명이 자살로 고통받고 있는 것이다. 이렇게 자살은 한국의 대표적인 사회문제로 자리 잡았지만, 여전히 우리는 갖가지 오해와 편견에 사로잡혀 진실을 보지 못하고 있다. 흔히들 갖고 있는 자살에 대한 잘못된 편견은 삶의 벼랑 끝에 아슬아슬하게 서 있는 사람을 낭떠러지로 떠밀곤 한다. 자살을 시도하거나 생각조차 해보지 않은 사람이 자살에 대해 완벽하게 이해하기란 어렵지만, 우리가 알고 있는 잘못된 생각만 바로잡아도 얼마든지 그들에게 도움을 줄 수 있다.

통념 1. 정말 자살할 사람은 남에게 자살의도를 밝히지 않는다.

아니다. 실제로 많은 연구 결과를 보면 자살자들은 대개 자신들의 의도를 다른 사람에게 얘기하고 있는 것으로 나타났다. 즉, 아무도 자살 의도를 눈치채지 못하게 몰래 죽는 것이 아니라 은근한 암시가 됐든, 직접적인 표현이 됐든지간에 주변 사람이 눈치챌 수 있는 단서를 흘린다는 것이다. 하지만 주변에서 이와 같은 자살암시를 간과할 때가 많다.

예를 들어, 말수도 적고 우울해 보이는 한 친구가 분식집에서 "더 이상 살고 싶지 않아. 이제 다 그만둬야겠어"라고 얘기했다고 치자. 이 말을 들은 상대방이 건성으로 듣고 넘긴다면 생사를 좌우할 수도 있는 중요한 신호를 놓치는 셈이다. 이와 같은 직접적인 말을 들었을 땐 최대한 이해해주고, 공감하는 태도를 보여야 한다.

통념 2. 자살하는 사람은 꼭 죽고야 말겠다는 확고한 결단을 내린 사람들이다.

아니다. 자살하는 사람들은 실행에 옮기기 직전까지도 죽을까 말까하는 고민을 계속한다. 한편으로는 죽고 싶어하지만 다른 한편으로는 살고 싶어하는 마음이 있는 것이다. 자살을 결심했지만 반드시 죽겠다고 할 만큼 결심이 확고하지는 않다. 이 때 누군가 단 한 사람이라도 자신에게 관심을 가져주고, 진심으로 귀를 기울여주고, 자신의 손을 잡아준다면 그들은 자살하지 않을 수도 있다. 자살자들은 대부분 이와 같은 양면적인 마음을 지니고 있다. 자살시도자들이 삶보다 죽음을 더 원하는 것은 아니다.

통념 3. 한번 자살을 결심한 사람은 결국 자살하고 말 것이다.

삶에 희망이 보이지 않을 때, 자신이 짊어진 문제에서 벗어날 수 있는 방법이 자살이라고 생각될 때 그 사람에게는 '터널시야(tunnel vision)'가 생긴다. 터널속에 들어가면 주변의 다른 것들이 제대로 보이지 않는 것처럼, 자살충동이 들게 되면 자신이 사랑하는 가족, 그럼에도 불구하고 살아야 하는 의미 등은 시야 밖에 존재하는 것이다. 이러한 충동은 매우 강력하다. 하지만 일단 그 고비를 넘기기만 하면 썰물처럼 이러한 충동이 사라지는 경우도 많다. 작은 친절이나 진심어린 상담, 다른 자살 시도자의 수기 등을 읽고 한 순간의 어리석은 자기 파괴적인 충동을 극복하고 행복한 삶을 사는 사람들도 많다.

통념 4. 자살시도를 했다가 실패하면 그것으로 자살에 대한 생각이 사라진다.

아니다. 자살을 한번 시도했다고 해서 자살을 하게 만든 원인이 사라지는 것은 아니다. 자살시도 이후에도 여전히 극심한 스트레스와 불안, 단절감 등의 심리적 고통에 계속 시달리기 때문에 다음번에도 자살을 생각할 가능성이 높다. 경찰청 통계에 따르면 자살자 중 이전에 시도한 경험이 있는 사람이 30% 이상으로 높다. 게다가 자살에 실패한 사실을 알리지 않는 경우가 많아 자살이 일어난 후에 가서 예전에서 자살시도 경험이 있었다는 사실이 알려지기도 한다. 자살시도 병력은 자살의 가장 큰 위험요인으로 세심한 관심과 치료가 필요하다.

통념 5. 자살이라는 말을 꺼내는 것은 누군가를 자살하도록 만들지도 모른다.

가까이 있는 사람이 자살의 징후를 보일 경우, 주변에서는 어떻게 대처해야 할까? 이럴 땐 자살의도를 직접 질문하는 것이다. 그 사람을 자극할까 봐 빙 둘러서 우회적으로 질문하는 것이 아니라 단도직입적으로 질문하는 것이다. 이것은 자살할 생각이 있는 사람들은 자신들의 마음을 털어놓을 수 있는 무언의 허가로 작용하기도 하며, 도움을 요청받을 수 있는 소중한 계기가 되기도 한다. 자살할 낌새가 보인다고 해서 그 얘기는 입 밖에도 꺼내지 않은 채 다른 얘기만 하는 것은 이들의 마지막 구조요청을 묵살하는 셈이 될 수도 있다.

통념 6. 괴로워하던 사람이 갑자기 평화로워지면 자살위험은 끝난 것이다.

아니다. 죽겠다고 진짜 결심이 선 사람은 놀랍도록 평온해진다. 때론 오히려 기분이 들떠 있을 때도 있다. 결심이 굳게 선 경우, 마음속에 그들을 짓눌렀던 돌덩어리에서 해방되는 느낌을 가지게 되는 것이다. 친구들이나 가족들은 이런 상황을 매우 좋은 의미로 받아들인다. 하지만 이때는 마치 폭풍전의 고요함과도 같은 것으로, 매우 주의깊게 행동을 살펴봐야 한다.

통념 7. 자살하려는 사람들은 실패자들이다.

자살은 경제적, 사회적, 심리적 요인 등 여러 가지 복잡하고 다양한 원인이 복합적으로 작용해 일어난다. 따라서 자살을 한 가지 이유로 단정지을 수 없다. 이는 자살이 실패자들의 전유물이 아니라 돈, 지위, 연령, 성별과 관계없이 누구에게나 일어날 수 있다는 뜻이다. 현실로부터 도피하고자 하는 '도피성 자살'이나 경제적 파탄 등이 원인이 된 '청산형 자살'도 있지만 때로는 국가의 명예나 목표를 위해 자신을 내던지는 '이타적 자살'도 있다.

통념 8. 자살은 정신병이다.

자살은 우울증과 같은 정신질환과 어느 정도 관련돼 있다. 그렇지만 자살을 자주 시도하거나 실제로 자살에 이른다고 해서 그 사람이 정신병 환자인 것은 아니다. 다만 그들은 삶의 어려움이나 고단함을 극단적인 방식으로 해결해 보려고 했을 뿐이다. 또한 자살 자체는 유전병도 아니다. 정확히 얘기하면 그럴 가능성이 일반인보다 상대적으로 높을 뿐이다. 이러한 편견은 자살시도자들이 정신과에서 치료받고 싶어도 정신병자로 오인당할까봐 두려워 병원 방문을 꺼리게 되는 이유가 된다.

통념 9. 자살은 예방과 치료가 불가능하다.

자살은 매우 드문 일일 뿐 아니라 여러 가지 요인들이 복합적으로 상호작용하기 때문에 통계적으로 정확한 예측이 불가능하다. 하지만 자살 위험에 기여하는 요인을 파악하고 각각의 요인에서 자살위험을 줄여 준다면 결국 자살예방과 치료에 기여하게 될 것이다.145)146)

7. 자살 고위험자 전문기관으로 연결하기

1) 자살시도

50대 남성 A씨는 갑작스러운 실직에 좌절하여 자신의 몸에 불을 질러 자살을 시도했다. 다행히 집주인이 조기 발견하여 112에 신고했고, 경찰은 정신보건센터에 연락하여 함께 출동하여 목숨을 구할 수 있었다. 하지만 그가 또 자살을 시도할지 모를 상황이었기에 정신과 치료가 필요하다고 판단되었다. 그러나 그는 치료를 거부하였고 가족은 어린 아들 뿐이라 동의입원을 시킬 수도 없었다. 출동한 상임팀장은 5시간동안 A씨를 설득 끝내 스스로 입원하도록 했다. 물론 당사자 동의없이 응급입원을 시킬 수도 있었지만, 당사자가 치료 필요성을 깨닫고 의지를 갖는 것이 무엇보다 중요하다고 여겼기 때문이다. 두 달간의 치료 후 A씨는 건강한 모습으로 퇴원하고 곧 직장도 다시 구하게 되었다. 주변인의 관심과 전문가의 노력이 생명을 구하고, 삶을 회복시킨 좋은 케이스다. 당연한 말이지만, 자살 위험자들은 엄청난 스트레스와 감정적인 흥분을 안고 있다. 하지만, 그런 자살 위험자들의 주변인 역시 굉장한 스트레스를 받는 것은 마찬가지다. 혹시 안좋은 일이 생기면 어쩌나 불안하고, 어떻

---

145) 정신이 건강해야 삶이 행복합니다.
146) http://terms.naver.com/entry.nhn?docId=2109962&cid=51011&categoryId=51011(2015.3.31.)

게 대처해야 할지도 난감하다. 전문가나 기관에 알려서 도움을 받으려 해도 선뜻 그러기가 쉽지 않다. 예전보다 많이 나아졌지만 정신건강의학과 치료에 대해 편견이 남아있기 때문이다. 그냥 지나가면 괜찮을지도 모르는데 괜히 일을 크게 만들었다가 원망만 사게 되면 어쩌나 하는 생각이 들기도 한다. 하지만, 날로 늘어나는 자살률이 말해주듯, 자살은 더 이상 다른 사람들의 이야기가 아니다. 주변에서 이상 징후가 포착되면 적극적으로 자살을 예방하기 위해 노력해야 한다. 또한 매우 민감하고 생명에 관련된 일이므로 전문가와 전문기관에 도움을 받는 것을 망설여서는 안된다. 주변인이 우울증 등을 심하게 앓고 있는 자살 고위험군이라면 자살예방에 관한 교육을 받아 두는 것도 큰 도움이 된다. 최근 2013년 한국형 자살예방교육프로그램 '보고 듣고 말하기'가 개발되었는데, 올해부터 전국 단위에서 무료로 교육받을 수 있다. 이 프로그램은 특히 노인들의 자살을 줄이기 위한 교육 프로그램으로서 감정적 고통을 말로 잘 표현하지 않는 한국인들의 정서를 반영해 개발됐다. 교육신청은 중앙자살예방센터나 지역단위 정신보건센터를 통해 가능하다. 자살예방교육프로그램은 3시간 동안의 강의로 구성되며, 동영상을 중심으로 이루어져 교육만족도가 높다. 지역사회단체나 직장의 경우도 신청이 가능하다. 한 명의 생명을 구할 수 있는 일로 보면 이만큼 의미있고 중요한 일도 없을 것이다. 하지만 이런 준비없이 갑작스럽게 자살 고위험군, 혹은 자살시도자를 발견하게 된다면, 혼자 해결하려 하지 말고 전문기관에 연락해서 도움과 조언을 구하는 것이 바람직하다. 도움을 받을 수 있는 몇 가지 기관을 알아보자.

2) 119와 112

자살과 관련한 응급상황이라면 경찰과 응급구조대에게 구조요청을 해야 한다. 응급구조대는 이러한 상황에서 안전을 확보하는데 매우 중요하며 경찰은 자살 고위험군을 응급실로 이송하여 응급입원을 시킬 수 있는 법적 권한도 가지고 있다.

3) 시군구 정신보건센터

보건복지부는 1990년대 중반부터 정신보건센터를 설치하여 현재는 거의 모든 시군구에서 운영하고 있다. 조현병(정신분열병) 등 정신장애의 지역사회 재활과 함께 자살 고위험군에 대찬 조기발견과 예방사업을 핵심적으로 실시하고 있다. 대부분 홈페이지를 운영하기 때문에 소재지 기관을 쉽게 찾을 수 있으며 1577-0199 보건복지부 정신건강전화로 연락해도 대처방법과 소재지 기관을 안내받을 수 있다. 대개 정신건강의학과 전문의, 정신보건간호사, 정신보건사회복지사, 정신보건임상심리사로 전문인력이 포진되어 있어 전문적인 도움을 얻을 수 있다. 내소상담은 물론 방문상담이나 전화상담도 가능하다. 서울 등 일부 대도시에서는 24시간 응급출동서비스와 자살 유가족 상담도 제공하고 있다. 최근에는 센터에서 자살예방사업의 비중이 증가하고 있어 이용할 수 있는 서비스가 급속히 증가하고 있다. 치료비 지원이나 각종 복지서비스에 대한 연계도 제공한다.

4) 우리 지역에서 이용할 수 있는 정신건강증진센터

(1) 중앙자살예방센터

보건복지부에서 2012년부터 자살예방운동을 위해 운영하고 있는 센터로서 자살예방사업의 기반을 위한 데이터베이스 구축, 교육 콘텐츠 개발, 미디어 모니터링 및 분석, 공익광고 제작 및 홈페이지 구축 등, 국가 차원에서 지역사회의 자살예방활동에 도움을 줄 수 있는 활동을 하고 있으며 사이버 자살상담 등 서비스도 제공하고 있다.

(2) 자살예방상담센터

- 한국자살예방협회

자살예방협회는 자살을 예방하고자 하는 목표로 다양한 분야의 전문가가 참여하여 2004년부터 설립, 운영되어 오고 있는 민간협회다. 생명존중 문화를 조성하고 자살을 예방하는 캠페인과 교육을 진행하는 등 다양한 활동을 수행하고 있다. 사단법인으로 홈페이지를 통해 웹 상담과 함께 다양한 정보를 제공하고 있다.

　- 생명의 전화

훈련을 받은 자원봉사상담원이 24시간 대기하며 전화상담을 통해 인생문제를 해결해주는 사회봉사운동으로서 1963년 오스트레일리아에서 처음 창시되었다. 한국 '생명의 전화'는 1969년 이영민 목사에 의해 시작되었다. 자살상담에 오랜 경험을 가진 단체로서 최근 자살 유가족에 대한 상담도 체계적으로 진행하고 있다. 자살 유가족은 누구보다 큰 스트레스를 경험하므로 상담이 많은 도움이 될 수 있다. 1588-9191로 연결된다.

　- 정신건강 병의원

모든 자살은 아니지만 상당수의 자살이 정신질환과 관련이 있다. 우울증, 불안장애, 적응장애 등등이 흔히 동반되므로 적절한 진단과 치료가 중요하다. 대개는 외래통원치료로 충분하며 일부 응급인 경우에는 입원치료가 필요할 수 있다. 물론 본인이 거부하는 경우 가족이 먼저 방문하여 충분한 정보를 얻고 대처할 수도 있다. 입원을 해야 하는 경우는 자의입원이 아니라면 배우자나 직계가족 성인 중 2명 이상이 함께 동반해야 입원이 가능하다.147)148)

8. 대한민국의 자살

대한민국의 자살은 대한민국에서 발생한 자살사건이다. 대한민국의 자살률은 OECD 국가 중 가장 높으며, 전 세계적으로도 가장 자살률이 높은 국가 중의 하나이다.[1][2][3][4]

---

147) 정신이 건강해야 삶이 행복합니다 연관목차 (116/201)
148) http://terms.naver.com/entry.nhn?docId=2109967&cid=51011&categoryId=51011(2015.3.31.)

1) 법률적 관점

한국 형법에서 자살은 무죄이나, 형법 252조 2항 자살교사방조죄와 형법 253조 위계위력살인죄를 처벌하고 있다. 자살교사방조죄는 타인이 자살하도록 교사하거나 방조하는 것을 말하며, 위계위력살인죄는 위계나 위력으로 자살을 교사 또는 방조하는 경우를 말한다. 자살을 교사방조하면 252조 2항 자살교사방조죄가 되어 1년 이상 10년 이하의 징역에 처하지만, "위계 또는 위력으로" 자살을 교사 방조하면 253조 위계위력살인죄가 되어 250조 살인죄와 같은 사형, 무기 또는 5년 이상의 징역에 처한다. 즉, 자살의 교사 방조에 위계나 위력이 있었는가 없었는가는 매우 중요하다. 위계위력살인죄는 살인죄에 준하여 처벌하는데, 예컨대 직접 칼로 찔러 살인하지 않고, 스스로 칼로 찔러 죽으라고 협박하여 자살케 한 경우로서, 살인과 별다른 차이가 없기 때문에 살인죄에 준하여 처벌한다고 명시하고 있다.

2) 정사도 형법상으로 다루고 있다.

(1) 자살률

대한민국의 국제 순위 중 자살률은 2010년 조사에서 OECD 국가 중 1위를 기록하였다. 2013년 전체 사망자수 26만6257명 중에 자살 사망자 수는 1만4427명이었다. 이는 36분마다 1명 꼴이다. 인구 10만명당 자살 사망률은 28.5명으로 전년 대비 0.4명(1.5%) 증가했다. 자살 사망률은 10년전과 비교하면 6.0명(26.5%) 늘어났다.[5] 2000년대 후반 들어 자살률이 연속으로 증가했으며, 2011년의 자살률은 2000년대 들어 가장 큰 수치였다.[6]

- 연령별 자살

어린이의 자살

여성가족부의 '한국청소년상담원 상담통계'에 따르면 166개 한국청소년상담원과 청소년상담지원센터 등에서 자살을 고민하는 초등학생은

2008년 37명에서 2010년 99명으로 2.6배 증가했다.[9]

  - 청소년의 자살

교육과학기술부가 조사한 지난 5년간 학생 자살자 조사에 따르면, 2005년 136명에서 4년만에 202명으로 꾸준히 증가하고 있는 것으로 나타났으며 청소년 40%가 한번쯤 자살을 생각해본 적이 있고 9%가 일생에 한 번 이상의 자살 시도를 한 적이 있는 것으로 나타났다.[10] 자살을 생각한 이유로는 '성적, 진학문제'가 53.4%로 절반 이상을 차지했다.[11]

166개 한국청소년상담원과 청소년상담지원센터 등에서 자살을 고민하는 중학생은 2008년 256명에서 2010년 627명으로 2.4배 늘었고 고등학생은 2008년 214명에서 476명으로 2.2배 증가했다.[9] 또 학업중단 및 가출 등으로 위험에 놓여 긴급상담이 필요한 고위험군 청소년은 93만여명에 달하고 이 중 긴급상담 및 지원이 필요한 청소년 역시 30만명이 넘으나 이 중 상담치료를 받은 청소년은 지난해 기준으로 12만8000명에 불과하며 이들을 도와줄 상담인력은 800여명에 불과하여 사각지대에 방치되고 있는 것으로 나타났다. 구본용 한국청소년상담원장은 최근 조사 결과에 따르면 상담치료를 받는 청소년들의 80~90%가 개선효과가 있는 것으로 나타났다"며 "상담은 청소년들의 행동과 의식을 변화시킬 수 있는 수단"이라고 설명했다. 또한 "청소년관련 업무는 지난 10년동안 보건복지부 여성가족부 등 이 부처 저 부처로 옮겨다녔다"며 "이는 정부가 청소년 정책을 얼마나 경시하는지 보여주는 증거"라고 비판하였다. 그리고 "현재 청소년육성기금은 거의 고갈된 상태"라며 "정부의 추가 지원이 없다면 현재 수준의 청소년정책을 실시하기도 어렵다"고 토로했다.

구 원장은 "청소년정책은 여성부 한 부서에서 소관할 문제가 아니다"며 "범부처별 지원을 통해 예산도 늘리는 등 지원을 강화해야 한다"고 지적했다.[12][149]

---

149) 자살 중학생 "아이팟을 함께 묻어주세요" 경향신문, 2011-10-30

- 노인의 자살

대한민국이 OECD 국가 중 노인 자살률 1위에 올랐다. 인구 10만명당 74세 이하 노인 자살률은 81.8명으로 일본 17.9명, 미국 14.5명에 비해 5~6배 이상 많았으며 75세 이상 자살률은 10만명당 160명이 넘는 것으로 나타났다.[13] 이는 10년 사이 2배 이상으로 늘어난 결과이다. 2000년 인구 10만명당 60대 25.7명, 70대 38.8명, 80대 이상 51.0명에서 2010년 60대 52.7명, 70대 83.5명, 80세 이상 123.3명으로 10년 사이 2배 이상 증가했으며 특히 70대 자살률은 2009년 79.0명에 비해 5.7% 증가했다. 주요 요인으로는 사회적 고립과 상실감이 보고되고 있는데 자살을 행한 노인의 24~60%가 홀로 생활하는 노인으로 가족이나 의지할 수 있는 대상이 없는 것으로 나타났다. 특히 가까운 가족의 투병생활과 죽음 등으로 인한 강한 상실감으로 외부 출입이 줄어들고 고립상태에서 우울감을 경험하게 되는 경우가 많았다. 더욱이 노인의 특성상 자살계획을 다른 사람에게 알리는 경우가 적어 노인자살률을 감소시키기 위해서는 무엇보다 지속적인 관심이 필요한 것으로 나타났다.[14]

(2) 직업별 자살

2009년 잡코리아는 직장인 626명을 대상으로 설문조사한 결과 74.4%(466명)가 회사 우울증에 시달린다고 응답했다. 이는 2008년 같은 조사(49.9%)보다 크게 증가한 수치다.[15] 또한 한 연구 보고서에 따르면 한국 직장인의 스트레스가 세계 최고 수준이라고[16]하는 등 이러한 요인이 직장인들의 자살의 원인이 되고 있다.

(3) 수험생의 자살

입시경쟁이 시작되는 중·고등학교에 재학 중인 15~19세 청소년들의 자살은 매우 심각한데 15~19세 청소년들이 자살을 생각한 이유로는 '성적, 진학문제'가 53.4%로 절반 이상을 차지했다. 수험생들의 잇따른 자살현상에 대해 전문가들은 대학입시에 대한 불안과 스트레스에 대한 대처능력이 미흡해 극단적인 행동으로 옮겨진 것이라고 진단했으며 이에 따라 수험생들의 자살을 막기 위해서는 무엇보다 대학을 서열화하는 사회 분위기를 바꿀 필요가 있다고 지적했다.[11] 고시생이나 공시생의 자살도 문제가 되고 있는데 극심한 스트레스, 고립된 생활속에서 시험의 낙방에 대한 두려움, 성적이나 현실의 비관으로 우울증에 시달리다 자살에까지 이른다.[17][18]

(4) 군인의 자살
- 육군

군대내에서는 매년 70 ~ 80명(5일에 1명[19])의 군인이 자살을 택하고 있다.[20] 국회 국방위원회 소속 한나라당 이은재 의원은 2006년부터 올해 6월 말까지 집계된 각 군별 사망자 총 552명 가운데 자살로 인한 사망자수가 348명에 달해 63.0%에 이른다고 밝혔다. 자살사고 사망자를 신분별로 살펴보면, 장교 32명(9.2%), 준·부사관 72명(20.7%), 병 235명(67.5%), 군무원 9명(2.6%) 등이다. 자살수단으로는 목을 매 자살하는 경우가 208명(59.8%)으로 가장 많고, 투신과 총기사용의 경우가 58건으로 16.7%를 차지했다.[21] 원인으로는 기수열외, 구타, 욕설 등의 가혹행위가 있으며 상부의 구타, 가혹행위 엄단지시가 일선부대에 제대로 이행되지 않거나 무시되는 것 또한 원인이 되고있다. 이에 대해 대한민국 국방부는 군내 자살의 주요 원인을 '복무 부적응'으로 꼽으며 이 문제를 병영문화 차원이 아닌 장병 개인의 문제로 인식하는 경향이 많다. 하지만 전문가들은 명령과 규율로 통제되는 군대와 일반인의 자살률을 단순 비교하는 것은 적절치 않다고 지적한다. 또 자살이나 총기사건 등 각종 군 사고의 주원인이 구타·가혹행위같은 병영폐습이라는 사실을 군 당국이 간과하고 있다는 비판도 적지 않다. '군이 원래 그렇지'하는 일부 지휘관의 안이한 인식과 장병 인권 경시풍조가 구타와 자살로 멍든 병영을 방치하는 주범이라는 지적도 있다.[19][150]

---

150) 대한민국 해병대 인권침해 문서를 참고하십시오.

- 대통령의 자살

제16대 대통령 노무현은 2009년 검찰의 박연차 정관계 로비사건수사가 전방위 확대되면서 노무현의 측근세력들을 중점으로 시작해서 가족이 금전을 수수했다는 의혹으로 인하여 '포괄적 뇌물죄 혐의의혹'[22][23]을 받고 수사를 받게 되었고, 검찰 소환조사에까지 이르렀다. 이후 5월 23일 자택 뒷산 '부엉이 바위'에서 투신 자살하였다.[24][151]

- 대학생의 자살

2009년 통계청 제공 연령별 3대 사망원인 구성비 및 사망률 중 20 ~ 29세의 사망원인으로 자살이 44.6%로 암(9.3%)을 제치고 1위로 나타났는데, 교육과학기술부의 학생 자살자수에 대한 자료를 보면 초중고생 자살자수를 합친 수 보다 대학생 자살자수가 더 많은 것으로 나타났다. 이리하여 대학생(90명)을 대상으로 설문조사를 실시한 결과 1/3이 넘는 응답자가 자살충동을 느끼거나 실제 자살을 시도해 본 적 있다고 답했다. 자살 충동·시도 원인으로는 '경제문제(등록금 포함)'가 57%로 1위를 차지하였고, '취업문제'가 30%로 그 뒤를 이어 대학생 시기에 받는 심적, 물적 압박이 심화되었다는 것을 보여준다.[25] 대학생 자살빈도를 나타낸 것이다.[26]

- 백수의 자살

대한민국의 백수는 지속적인 취업난으로 인한 계속되는 취업실패와 경제적 문제로 인해 견디지 못하고 자살을 선택한다.[27] 취업정보 커뮤니티 취업뽀개기가 2011년 4월 4일부터 13일까지 구직자 565명을 대상으로 조사한 결과, 64.2%가 '취업스트레스로 인해 자살충동을 느껴본 적이 있다'고 답했다. 이들이 자살충동을 느끼는 이유(복수응답)로는 '영원히 취업을 못할 수도 있다는 불안감 때문에'가 30.9%로 가장 높았고 '사회적 소속이 없다는 고립감'(26.2%), '자신을 무능력하게 보는 주위의 시

---

151) 노무현 대통령직 퇴임 이후 문서를 참고하십시오.

선'(20.1%), '낮은 외국어 성적'(17.1%), '경제적인 어려움'(16.5%), '출신 학교·학벌'(16.3%)이 뒤따랐다.[28]

- 소방관의 자살

2008, 2009, 2010년 3년간 자살한 소방공무원은 총 25명인데 이중 19명(76%)이 소방장 이하에 집중됐다. 또한 근무년수 15년 이하의 소방관은 17명(68%)으로 20년 이상 근무한 소방관도 5명(20%)에 달했다. 이는 끔찍한 화재현장을 겪은 뒤의 정신적 후유증으로 인한 우울증의 결과이다. 이에 따라 2007년 소방방재청은 재난피해자 심리안정 지원사업을 시작했지만 소방관을 포함한 구조요원을 지원 대상자에 추가한 것은 불과 2010년 12월이었다. 특히 이에 대한 올해 예산은 1억3000만원에 그쳤으며 소방관을 위한 전문심리상담센터는 전국에 단 한 곳도 운영되지 않은 것으로 조사되어 자살방지대책이 미흡한 것으로 나타났다.[29][30]

- 연예인의 자살

대한민국의 연예인의 자살은 악플로 인한 우울증에 따른 것이다. 최진실의 사례가 대표적이다. 이에 따른 베르테르 효과로 인한 모방자살도 더불어 사회적 문제가 되고 있다.[31]

- 최진실의 자살[152]

무명 연예인의 자살도 문제가 되고 있는데, 이는 대중의 주목을 받지 못함에 따른 우울증과[32] 이를 노린 스폰서 제안, 그에 따른 정신적 고통의 결과이다. 연예인 스폰서 관련 자살의 경우 장자연의 사례가 대표적인데, 장자연은 잦은 성상납은 물론 감금폭행과 수없이 술자리에 함께 해야 했다.[33] 이에 따라 한 인권단체가 조사를 하였는데 60%의 연예인들이 성상납 압력을 받은 적이 있는 것으로 나타났다. 240여명의 신인 여배우 중 5분의 1이 성상납 강요나 요구에 응했으며 절반 가량은 강제로 술을 마셨고, 3분의 1은 원치 않는 신체 접촉과 성희롱을 당한 적이

---

152) 최진실의 사망 문서를 참고하십시오.

있는 것으로 밝혀졌다.[34]
 - 동반자살

대한민국에서는 동반자살 사건이 잇따라 발생하면서 우려가 커지고 있다. 특히 인터넷이 발달한 대한민국은 인터넷 카페를 비롯한 웹사이트를 비밀리에 만들어 만나 동반자살하는 경우가 있다. 이러한 웹사이트는 운영 자체가 불법이지만 비공개로 활동하다보니 단속이 쉽지 않은 상황이다.[35] 다양한 지역에서 만나 자살하는 경우도 있다. 동반자살을 시도하는 사람들은 연탄불 등을 이용해 유독가스 질식 자살을 택하는 경우가 많다.[36]

 - 자살정보 또는 동조 사이트

경찰청은 2011년 6월 13일부터 26일까지 사이버명예경찰인 누리캅스 827명과 함께 '인터넷상 자살자 모집 및 폭발물 사용 선동 행위 게시물 신고대회'를 실시한 결과 관련 게시물이 6932건 발견됐는데 이 중 자살 관련 유해정보는 무려 6080건에 이르렀다. 단 2주간만 조사했는데도 이 정도 수치가 나왔다는 것은 사태의 심각성을 말해주고 있다는 평이다.[37]

 - 왕따에 의한 자살

초,중,고등학생 또는 직장내의 왕따와 기수열외와 같은 군대내의 조직적인 왕따 등이 대한민국에서 널리 행해지고 있는데 이는 심리적 고통을 주어 우울증을 부르고 자살에까지 이르게 하고 있다. 최근 들어 가해행위의 방법이 갈수록 지능화되어가고 있어 이에 따른 대책이 시급한 실정이다. 이기주의적인 사람들이 많아지고 타인을 배려하는 마음이 많이 약해졌으며 단순히 개인 또는 다수의 쾌락과 결속력을 위하여 가해행위를 하는 사람들 또한 적지 않다. 대부분의 경우 다수와 싸워야 하는 피해자 입장에서 도움받을 곳이 충분하지 않다면 자살이라는 극단적인 선택을 할 수도 있다. 인터넷이 발달됨에 따라 SNS 등을 통한 왕따행위와 비슷한 '마녀사냥'이 또한 최근의 자살이유 중의 하나이다.

3) 원인

대한민국 자살기도자의 60~72%, 자살사망자의 80%가 정신질환을 지니고 있었고[38] 그 중에서 80%~90%는 우울증의 결과로 추산되고 있다.

평생 한 번이라도 우울증을 앓은 사람이 전체 인구의 5.6%(약 200만 명)에 달하는 것으로 나타났다. 현재 우울증을 앓고 있는 사람도 전 국민의 2.5%(약 100만명)에 이른다. 하지만 정신과 등에서 우울증 치료를 받고 있는 환자수는 29만명에 그쳤고, 이 중에서 지속적으로 치료를 받는 사람은 15만명(15%)에 불과한 실정이다. 전문적인 정신·심리상담치료를 기피하는 분위기가 여전하기 때문이다. 기피의 원인로는 정서적 문제에 대한 대화를 금기시하는 문화, 정신과 치료에 대한 부정적 인식, 정신과 진료에 대한 기록으로 인한 불이익(취업, 보험가입, 진료기록 누출시 타인의 부정적 인식) 걱정, 심리상담 치료에 대한 낮은 인식 때문으로 나타났다.[39]

- 심각한 인격장애

대한민국의 정신과 의사들은 대한민국 인구의 10~20%가 인격장애의 경향이 있다고 보며, 이 가운데 1%를 매우 심각한 수준이라고 지적한다.

또 대한민국내에서만 5만명에서 10만명에 달하는 인격 장애자가 있을 것이라고 추정하고 있다.[40] 대한민국에서는 심각한 인격장애를 앓고 있는 사람의 수가 어마어마함에도 불구하고 정확한 상황 파악이나 조사가 되고 있지 않은 실정이며, 예방이나 치료도 허술해 매우 심각한 상황에 직면해 있다.[41]

- 자살자들의 행동

대한민국의 자살 사망자 중 90%가 사망 1년전에 일차의료 서비스를 이용하였고, 1달 이내의 이용자는 76%에 달하는 것으로 나타나 일차의료기관 의료인들의 자살예방을 위한 활동이 필요한 것으로 나타났다.[42][153]

〈주석〉

1. [1], Organization for Economic Co-operation and Development
2. Suicide in South Korea Case of Too Little, Too Late, OhmyNews KOREA
3. S. Korea has top suicide rate among OECD countries, Seoul, September 18, 2006 Yonhap News
4. [2]
5. 지난해 하루 평균 40명 자살···OECD 최고
6. 2011년 사망원인통계≪통계청≫
7. 2013년 사망원인통계≪통계청≫
8. 2012년 사망원인통계≪통계청≫
9. 연령 낮아지는 자살상담··· 초등생, 3년간 2.6배 급증.국민일보 쿠키뉴스.2011-11-01.
10. 이슬기 기자 (2011년 8월 29일). ""날 아무도 이해못해"···자살위기의 청소년을 도우려면?". 메디컬투데이.
11. 올해도 어김없이 수험생 잇단 자살···입시세태가 낳은 타살.뉴시스.2011-11-12.
12. "고위험 청소년 93만명···상담인원은 800명".한국경제.2011-07-05.
13. 조민경 기자 (2011.09.27). ""노인자살률 1위···국가가 노인행복 정책 펼쳐야"". 프라임경제.
14. 이슬기 기자 (2011년 9월 30일). "노인자살률 10년 사이 2배 이상 늘어". 메디컬투데이.
15. 출구없는 스트레스 이렇게 풀어라.서울경제.2009.09.23.
16. "회사업무로 중압감"···자살 부른 직장인 스트레스.노컷뉴스. 2007.05.11.

---

153) OECD 회원국 자살률 목록, 국가별 자살률 목록, 가정불화, 청소년사이버상담센터, Wee, 정신의학, 우울증, 한국자살예방협회 사이버상담실, Cyber 1388 청소년상담센터

17. '우울한' 고시생 10명 중 1명, '정신건강' 적신호.메디컬투데이. 2011-05-30.
18. 노량진서 고시생 잇따라 자살…성적비관·이성문제 '충격'. bntnews.2011-02-28.
19. 상부지시 무시… 부적응 개인 탓… '병영 비극' 되풀이.동아일보. 2011-10-20.
20. '군대 내 자살' 가혹행위 인정돼도…배상액 '찔끔' 유공자 등록 '좁은문'.한겨레.2011년8월3일.
21. 일병 자살…최근 5년간 군대 자살자수는 348명.ENS.2011년10월17일.
22. 당시 검찰은 '포괄적 뇌물죄의 공범죄'를 주장했다.
23. 檢 "노무현·정상문 포괄적 뇌물 공범" - 《한국일보》, 2009년 4월 10일자.
24. 양산부산대학교 병원에서는 기자회견을 통해 두부외상, 다발성 골절 등을 사망 이유로 결론내렸으며, 경찰은 투신자살이라 결론내렸다.
25. 대학생을 자살케하는 나라에서 대학생으로 살기.정지웅·장예지.경향신문.2011-09-28.
26. 대학생 자살 해마다 증가…경제문제도 커.이슬기.《메디컬투데이》. 2011-06-02.
27. "고시원은 나가라 하고, 이틀째 굶고...자살".김혜영.《뷰스엔뉴스》. 2009-03-10.
28. 구직자 10명 중 6명 자살충동. 김유성.《이데일리 EFN》. 2011-04-20.
29. 소방관 40% 우울증세… 20%는 5년내 사표.이위재.《조선일보》. 2011-12-06.
30. 3년새 소방관 25명 자살… 전문심리상담센터 '전무'.배경환.《아시아경제》.2011-06-01.
31. 연예인 악성댓글 대처 '악플 심리학' 개설.세계파이낸스 뉴스팀.《세

계파이낸스≫.2011-12-04.
32. 한채원 자살…죽음으로 이름 알린 무명 연예인들 '비통'.이선유.≪티비리포트≫.2011-10-08.
33. 장자연씨 편지 주요내용 요약 "접대에 동원된 인원 50명도 넘어". 정원석.≪주간경향≫.2011-03-22.
34. 故장자연으로 본 '성접대' 현주소 ① "계약기간동안 술자리 ○번 이상".≪스포츠서울≫.2011-03-08.
35. 경찰, '동반자살' 카페 개설자 구속영장 브레이크뉴스
36. 죽음의 바이러스 '동반자살'..전국 '공포' 연합뉴스 2009년 12월 21일
37. 인터넷 자살 정보 사이트 막을 방법 없나.박수린.≪뉴스천지≫. 2011-07-12.
38. "자살부르는 '우울증', 환자 중 85% 치료 안받아".아이뉴스24.2011년 6월22일.
39. "매일 30여명 자살 한국, 의사보다 무속인에…".헤럴드경제.2011년7월7일.
40. 한국인 5만~10만명 심각한 인격장애 추정
41. 묻지마 범죄는 늘어나는데 반사회적 인격장애 치료는 줄어
42. 인용 오류: <ref> 태그가 잘못되었습니다; .EC.97.84.EC.98.81.EC.A7. 801라는 이름을 가진 주석에 제공한 텍스트가 없습니다.[154)][155)]

9. 자살유전자

자살위험성을 높이는 유전자가 발견되었다. 영국의 조너턴의 번스 박사와 데이비드너트 박사는 자살을 기도하는 자들의 혈액을 분석한 결과 이들의 뇌에는 5-HT라는 화학물질이 결핍되어 있으며 이 물질의 분비를

---

154) 분류: 대한민국의 사회, 대한민국의 문화, 자살
155) http://ko.wikipedia.org/wiki/%EB%8C%80%ED%95%9C%EB%AF%BC%EA%B5%AD% EC%9D%98_%EC%9E%90%EC%82%B4(2015.3.31.)

조절하는 효소를 생산하는 유전자가 있다는 사실을 밝혀냈다. 이로써 자살의 예방 가능성이 높아졌다. 그러나 이 유전자를 가진 사람들이라 해서 모두 자살을 기도하는 것은 아니다.156)

자살, 자유인의 권리인가, 불가피한 선택인가? 왜 자살에 대해서 말하려고 하며 자살이 사회적으로 어떻게 받아들여졌는가에 관한 이야기는 이 정도로 토론하여 마감하기로 하고, 보다 구체적인 문제, 즉 '자살에 대해서 찬성해야 하는가 반대해야 하는가'라는 문제에 관해 생각해 보자. 사실 이 문제는 자살에 관해서 논할 때 일차적으로 떠오르는 질문이 됨이 마땅할 것이다.

그러나 이 문제가 가능한 논리적 대답, 즉 '찬성한다' 혹은 '반대한다'는 두 가지로 간단하게 생각될 문제가 아니다. 왜냐하면 이 문제에 대해서는 논리적 가능성보다는 그 가능성이 갖는 정당성이 중요한데, 인간의 어떠한 행위를 말할 때 그 행위가 내포할 수 있는 근본적인 정당성의 문제, 즉 의미의 문제를 따지지 않는다면 그 행위에 대해 찬성하거나 반대한다는 입장은 그야말로 아무런 의미도 갖지 못하기 때문이다. 뿐만 아니라 인간의 생명의 의미 및 그에 관한 것을 논리적 정당성으로 평가할 수가 없다는 문제도 걸림돌이 된다. 정당성에 관한 가치론적 논증이 필연적으로 요구되겠지만 그것조차도 풀리지 않는 하나의 아포리아(사물에 관해 해결의 방도를 찾을 수 없는 난관)에 해당된다는 데에 문제가 있는 것이다. 그럼에도 불구하고 여기에서 찬성과 반대의 문제를 제기하는 것은 그렇게 함으로써 여기서는 자살에 대한 철학자들의 관점이나 태도를 살펴봄으로써 자살의 의미를 추적하고, 그렇게 함으로써 자살에 찬성할 것인가 반대할 것인가라는 문제에 접근하는 방법을 택할 것이다.

비밀의 차원에 속하는 것을 어떻게든 우리들의 행동반경 이내로 끌어들이고픈 욕망 때문이고, 또한 구체적으로 사고의 반경을 미리 정해 놓

---

156) http://terms.naver.com/entry.nhn?docId=16288&cid=43659&categoryId=43659(2015.3.31.)

고 접근함으로써 최소한 자살문제에 있어서 무엇이 문제가 되는지를 역설적으로 밝혀줄 수 있으리라는 기대 때문이다. 그런데 자살에 찬성할 것인가 반대할 것인가 하는 문제에 대해, 한 생명체인 인간의 건강에 관련된 분야와 관계가 있는 사람들은 사실 이런 질문이 제기되기도전에 이미 대답을 한 셈이라 할 수 있다. 즉, 낙태문제에서와 마찬가지로 그들은 생명이라는 것에는 어떠한 조작도 가해져서는 안된다는 하나의 원칙을 준수함으로써 그 질문에 명백하게 대답한 셈이 되는 것이다. 그런 이유로 삶을 유지하는 것이 고통만을 가져오고 다시는 소생할 희망이 전무한 것이 분명한 환자의 안락사 문제에 관해 자문을 구하는 의사들은 때론 동료들의 침묵에 고민하거나 차후 야기되는 결과로 인해 법적 추적까지를 감당해야 하기 때문에 난처해지기도 한다. 그들은 자살의 문제에 관해서는 변호사와 같은 태도를 견지하고 있다. 변호사들은 어떤 의미에 있어서는 자신의 고객이 유죄인지 무죄인지에 대한 직접적인 검토를 피한다. 직업적인 변호사들은, 특히 그가 유능한 변호사라면 자신의 고객이 무고하다는 것에 대해서 의문을 품지 않고 언제나 제기된 어떤 기준과의 관계속에서 기소된 내용이 합당한 것이지를 검토할 뿐이다.

　마찬가지로 의사나 심리학자는 그들이 자살자를 미리 예방하거나 운 좋게도 실패한 자살시도를 기도한 적이 있는 환자들을 돕는다는 점에서 자살의 문제와 직접적인 대면을 피하고 있는 것이라고 말할 수 있을 것이다. 의사는 그들의 환자가 왜, 그리고 어떻게 자살을 시도하는지에 대해서 의문을 품지 않는다. 그들은 오직 '어떻게 하면 사람들이 그 지경에까지 이르는 것을 피할 수 있는가'에 대해서만 고민할 뿐이다. 이들의 담화는 근본적으로 과학적이다. 자살을 하나의 개인적 사건으로 보기보다는 하나의 현상으로 간주하여 그 현상을 설명하고 그 원인을 찾으려는데 주력하기 때문이다. 이것이 논리적으로는 합리적이고 타당한 태도일 것이다. 그러나 다른 한편에서 보면 이러한 입장은 자살의 의미가 무엇인지에 관해서는 개입을 하지 않음으로써 그것을 의도적으로 꺼리는 것 같다. 만일 '모든 인문과학은 반드시 과학적이어야 한다'는 명제에 갇혀 버린다면 마찬가지의 한계를 갖게 될 것이다. 그러나 인간이라는 부류는 비록 의미를 찾으려는 시도가 아무런 의미도 없음을 확인하는 실망감을 감수하고서라도 끊임없이 의미 추구를 시도하는 사람들이다.

바로 이런 점에서 자살에 대한 과학적 담화는, 만일 인간의 모든 행위가 궁극적으로는 언제나 그 행위의 의미가 무엇인지에 대한 생각으로 되돌아간다는 것을 인정한다면, 자살의 의미 탐색에까지는 이르지 못하고 있는 것이다. 때문에 이 문제에 관한 철학자들의 태도는 피해를 최소화하기 위해서 자신들의 과학을 적용하려 하는 의사들과는 다르다. 그들이야말로 어떤 행위에 대한 찬성과 반대를 결정하기에 앞서, 먼저 그 행위의 의미를 추적하는 것을 끊임없이 시도한다. 다행스럽게도 자살의 역사에 관한 조지 미노이스의 저작물1)이 비교적 최근에 출간되어 자살에 대한 철학자들의 입장을 명쾌하게 분석해 놓았다. 여기에서는 주로 미노이스의 작업에 의거하여 자살에 대한 철학적 이론의 기본이 된다고 간주되는 세 가지 태도를 언급해 보고자 한다.

1. 첫번째는 자살을 비난하는 입장으로서 그리스 철학자들 중에는 대표적으로 플라톤과 아리스토텔레스가 있으며 기독교가 서구 사회의 주종교로 자리잡으면서부터 이 입장은 성 아우구스투스와 토마스 아퀴나스를 통해 더욱 확고하고 절대적이 된다.

2. 두번째 입장은 자살을 인간의 위엄과 권위를 보존하기 위한 하나의 자유로운 행위로 인정하는 것으로서 '철학적 자살'이라 부르는 이론의 기초가 된다.

3. 존재의 문제에 있어서는 아무도 타인의 문제를 결정할 수 없다는 키르케고르의 입장이 세번째인데, 이것은 또 다른 논쟁에 이르는 길을 열어 놓았다.

우선 먼저 처음 두 가지 입장에 대해서 말해보자. 이 두 개는 상호 이율배반적이기 때문에 분리되어 다루어질 수도 없는 문제이다. 게다가 논리적으로는 서로에게 배타적이기 때문에 어느 하나만을 검토하는 것으로 충분하다. 첫번째 입장에 관해서는 이 책의 전반부에서 상대적으로 많은 분량을 할애하였으므로 여기에서는 두번째 태도를 중점적으로 검토해 보기로 한다. 자살에 대한 고대 그리스 사유의 특징은 바로 '관점의 다양성'에 있다. 특히 고대 그리스·로마 이후로 서구세계를 사로잡은 지배적인 사상인 기독교가 아무런 유보없이 자살을 비난했다는 점을 감안한다면 이 시대의 다양성은 더욱 두드러져 보인다. 각각의 학파들은 자신들의 입장을 견지하고 있는데, 우선 플라톤의 경우에는 두 가지 이유를 근거로 자살을 비난했다. 그는 철학자란 껍질속의 조개처럼 영혼이 깃들어 있는 육체의 세계를 떠나 이데아의 세계에 다다르기를 바라지만, 인간에게는 육체와 영혼이 분리되는 그 시점을 스스로 결정할 권한이 없다고 보았다. 왜냐하면 그를 육체의 껍질속에 안치한 것은 신성(神性)이기 때문이다. 다른 한편으로 철학자는 신의 부름에 의하여 지고의 진리, 즉 선(善)의 이데아를 통찰하고 바로 그것에 의해서 선이 결핍되어 있는 상태, 혹은 무지의 상태의 다름이 아닌 악을 통찰할 수 있는 특권을 부여받았다. 그래서 철학자는 인간에게 이 진리를 가르쳐 주어야 할 책임이 있다. 그러므로 그는 생을 유지하고 있는 한 도시에 선을 심어야만 하고, 바로 이 이유로 그는 자살할 권리가 없는 것이다. 결론적으로 자살을 하는 자는 진정한 선을 모르기 때문에 자살을 감행하는 것이라 한다. 그렇다 하더라도 자살에 대한 플라톤의 입장은 역설적으로 플라톤주의의 그것보다는 유보적이었다. 즉, 그는 예외적인 경우를 인정했던 것이다(이는 이미 언급한 바 있기에 여기서는 생략하도록 한다).

반면에 후일 토마스 아퀴나스의 사상에 많은 영향을 미친 아리스토텔레스의 자살에 대한 입장은 플라톤의 그것보다 더욱 엄격하다.[157)158)]

---

157) 저자소개 - 이진홍, 출처 자살 : 살림지식총서 222, 이진홍, 2006.3.30, ㈜살림출판사, George Minois, History of Suicide, Johns Hopkins University, 1999.
158) http://terms.naver.com/entry.nhn?docId=1394985&cid=42066&categoryId=42066(2015.3.31.)

10. 사람사랑, 생명사랑, 자살예방 포스터 공모전 수상작

때로는 구구절절한 사연과 길고 긴 호소문보다 스쳐 지나는 문구 하나, 이미지 하나가 더 마음에 와 닿을 때가 있다. 포스터의 미학은 그런 간결하면서도 진실한 호소에 있는 것이 아닐까? 마음의 힘이 들 때일수록 그 간결한 설득은 더욱 강하게 와 닿는다. 중앙자살예방센터는 자살예방에 대한 대국민 인식개선과 생명사랑문화를 확산하기 위해 2012년 6월에서 7월까지 '2012 사람사랑, 생명사랑 UCC•포스터 공모전'을 개최했다. 자살률이 높아진 최근 사회문제를 반영하듯 총 1200여편의 작품이 출품되어 높은 경쟁률을 자랑했다. 재기발랄하고 아이디어가 번뜩이는 작품들이 한편으로 따뜻하게 느껴지는 것은 그 속에 담긴 '사랑'과 '위로'의 메시지 때문일 것이다. '생명을 사랑하자'고 짧지만 진심을 담아 전하는 수상 작품들을 하나하나 살펴보자.

1) 대상 수상작

작품명 : 관심이 켜지면 앞으로 나아갈 수 있습니다.
주제 : 관심으로 주변의 자살을 예방하자.
출품자 : 김윤희, 김단비

자살하는 사람들에게 필요한 것은 한 발자국을 움직이는 힘이라고 생각한다. 한 발자국만 움직여서 앞을 향해 나갈 수 있다면, 자살이라는 끔찍한 결과를 피할 수 있을 것이다. 그리고 그 한발자국을 움직이게 하는 것은 바로 관심이다. 신호등에 파란불이 켜지면 사람들은 앞으로 나갈 수 있다. 출발할 수 있는 것이다. 그래서 신호등에다가 픽토그램을 변형시켜 이미지화했다. 불이 켜져 있지 않는, 즉 앞으로 나아갈 수 없게 하는 빨간불에는 외로운 사람을, 그리고 불이 켜지면 앞으로 나아갈 수 있게 하는 파란불에는 외로운 사람에게 관심을 보내는 픽토그램을 이용했다. 관심을 보내면 파란불이 켜지고, 그것을 신호로 해서 절망에 빠진 자살시도자 역시 앞으로 나갈 수 있다는 것을 나타내고 싶었다.

2) 최우수상 수상작

작품명 : 관심의 끈, 생명의 끈
주제 : 당신의 손을 놓지 않겠습니다.
출품자 : 김형석

시계 추 위에 사람이 올려져 있다. 추의 각도가 가팔라지면 추 위의 사람에게는 위기가 온다. 그 위에서 버티기 어려워지는 것이다. 이 때 반대편 추 위에 누군가가 있다면? 그리고 그 사람이 미끄러져 떨어지려는 사람에게 끈을 내민다면? 끈은 떨어지는 사람을 버티게 해주고 결국 두 사람 모두 온전하게 바로 설 수 있게 도와준다. 이 도움의 끈을 관심이라고 생각한다. 주변을 관심있게 바라본 두 사람이 자살하려는 소중한 생명을 지키는 모습을 한자 '命(명)'의 모습을 빗대어 그려보았다. 이들이 내미는 끈은 바로 생명을 지켜주는 관심의 끈, 즉 생명의 끈으로 표현하였으며, 자살하려는 이의 손을 놓지 않겠다는 의지를 나타냈다.

3) 우수상 수상작(1)

작품명 : 당신의 생명의 무게는?
주제 : 생명을 소중히 여기자.
출품자 : 류승현

당신의 생명의 무게는 가족과 친구, 이웃들의 사랑으로 채워져 있다. 결코 혼자만의 것이 아닌 것이다. 생각해보자. 나를 이루는 모든 것들 중에 온전히 나만의 것은 무엇이 있을까? 나를 낳고 길러주신 부모님과 나의 곁에 있어준 친구, 나와 함께 걸었던 동료들과 이웃들… 그들과 함께 나누었던 경험과 추억 그리고 그들이 준 애정이 지금의 나에게 올올이 스며들어 있다. 이런 나의 생명을 버리는 것은 그들과의 추억과 그들의 애정을 함께 버리는 일이다. 내 생명의 무게에는 내가 받아온 사랑의 무게가 포함되어 있음을 기억하고, 그것을 허무하게 버리지 않도록 했으면 한다.

4) 우수상 수상작(2)

작품명 : 자살방지턱

주제 : 자살도 예방하고 방지할 수 있다!

출품자 : 박성희

과속방지턱이 있듯이 자살을 방지하는 '자살방지턱'이 있다면 어떨까 생각했다. 자살은 충동적이다. '자살해야지'하고 꾸준히 생각하고 차분하게 실천에 옮기는 사람은 없다. 짧은 생각과 함께 충동적으로 자살하는 경우가 대다수이다. 충동적으로 자살을 행하려는 사람들에게 그 순간의 충동을 막아주는, 과속을 방지하는 턱이 있어서 잠시 생각의 속도를 늦출 수 있다면, 그런 끔찍한 결정은 줄어들 것이다. 자살을 생각하는 이들에게 사랑하는 가족, 친구, 애인, 가슴에 품고 살았던 작은 희망을 다시 한번 천천히 생각해 보라는 의미에서 작품을 만들었다.

자동차도 급하게 과속방지턱을 넘어버리면 자동차는 물론 운전자와 보행자도 위험을 느낀다. 당신이 자동차처럼 급하고 쉽게 자살방지턱을 넘어버린다면, 당신을 그리워하는 가족, 친구, 애인 등 모두가 자살을 행한 당신 때문에 아슬아슬하고 위험한 하루를 보내게 될지도 모른다. "사람은 자동차가 아니다. 급하게, 쉽게 넘지 마라!"고 이야기하고 싶었다.

정신이 건강해야 삶이 행복합니다.159)

  1. 정신건강, 우리 모두의 이야기: 대한민국 정신건강의 현주소

1) 스트레스 이해하기
2) 마음의 소리를 들어라
3) 트라우마와 정신건강

  2. 사회의 미래, 아이들의 정신건강

1) 어른과는 달라요
2) 우리 아이가 산만해요

---

159) 연관목차 (126/201) 정신이 건강해야 삶이 행복합니다.

3) 아이 마음 들여다보기
4) 학교가 두려운 아이들
5) 비행 청소년인가? 우울한 청소년인가?
6) 청소년 자살의 이해와 예방

  3. 마음을 괴롭히는 우울과 불안

1) 인간은 왜 우울해지는가
2) 여성과 우울
3) 남성과 우울
4) 노인과 우울
5) 우울증 자가관리법
6) 죽을 것 같은 공포, 공황장애
7) 꺼진 불도 다시보자? 강박장애

  4. 중독과 탐닉의 사회

1) 중독문제의 현실
2) 술 이야기
3) 도박 이야기
4) 인터넷 이야기
5) 약물중독
6) 그 밖의 중독들

  5. 한국인의 삶과 죽음

1) 한국인과 자살
자살위기에 취약한 사람들은 따로 있나
지금 자살을 생각하고 있는 당신에게
자살을 암시하는 말과 행동
자살에 대한 9가지 오해와 편견
2) 위기의 사람들, 어떻게 도울 수 있나
고통에 대한 경청

자료: http://terms.naver.com/entry.nhn?docId=1394983&cid=42066&categoryId=42066

베르테르 효과와 미디어
자살 위험성 살펴보고 안전 확보하기
자살 고위험자 전문기관으로 연결하기
누군가 자살을 생각할 때 일반인 대처법
자살 유가족, 고통과 슬픔에서 벗어나기
3) 자살위기 극복을 위한 사회적 지원
어디에서 도움을 받을 수 있을까?
정신건강의학과의 도움받기
자살관련 법률
4) 마음으로 보내는 편지
죽음의 늪에서 나오기까지

낭떠러지에서 만난 사람들
사람사랑, 생명사랑
　6. 무엇이 정상과 비정상?160)

11. 정신보건법 전면 개정과 130개소에 자살예방 전담인력 배치

　정부는 중증 정신질환자의 입원 및 치료에 중점을 두고 있는 현행 정신보건법을 정신건강증진법으로 전면 개정해 모든 국민의 정신건강증진 및 정신질환 조기발견 중심으로 정책의 패러다임을 바꾸기로 했다.161)

　또 세계 최고의 자살사망률 국가라는 오명에서 벗어나기 위해 자살고위험군에 대한 관리를 강화하고 정신건강증진센터를 지난해 212개에서 올해 224개소로 늘리기로 했다. 이 중 130개소에 자살예방 전담인력을 배치, 자살예방 인프라를 확충키로 했다. 동시에 갈수록 늘어나고 있는 알코올 중독을 예방하고 중독자에 대한 치료 및 재활서비스를 강화하기 위해 전국에 7개의 알코올 전문병원을 지정해 운영하는 한편, 50개의 중독관리 통합지원센터를 설치해 운영하기로 했다. 보건복지부는 오는 4일 제46회 정신건강의 날을 앞두고 2일 발표한 정신건강정책 설명자료를 통해 이같이 밝혔다. 복지부는 개정되는 정신건강증진법에 국민의 정신건강증진을 위한 거시종합계획을 수립하고 실태조사, 지역사회 단위의 교육·상담·치료 등을 위한 법적근거를 마련하고, 생애주기별 정신건강증진사업을 시행할 수 있도록 할 계획이다. 가장 심각한 정신질환인 자살예방을 위해 응급실·정신과·정신건강증진센터를 유기적으로 연계해 자살시도자의 자살 재시도를 방지하고 사회복지기관 등과 연계해 취약계층과 노인에 대한 정신보건·사회복지 서비스를 통합 지원하기로 했다. 이와 함께 음주와 도박, 담배, 인터넷게임 등 4대 중독에 대한 범부처 차원의 통합 중독관리체계를 구축해 고위험군에 대한 예방

---

160) http://terms.naver.com/entry.nhn?docId=1394983&cid=42066&categoryId=42066(2015.3.31.)
161) 기사입력 2015-04-02 08:43, [헤럴드경제=이해준 기자]

사업을 강화하기로 했다. 이를 위해 국가중독관리위원회의 설치 및 중독관리센터 운영을 포함한 법률 제정도 추진하고 있다. 한편 복지부는 4일 정신건강의 날을 맞아 4월 한달간 전국에서 정신건강을 주제로 한 다양한 전시회와 강연회를 연다고 밝혔다. 서울에서는 마포아트홀(1~12일), 강남구민회관(19~22일), 강서문화원(24~30일) 등에서 전시·체험행사가 열리며, 대한신경정신의학회는 광주(15일), 부산(17~18일), 대구(21일) 등 전국 각 지부에서 오는 30일까지 정신건강 강좌를 개최한다.162)163)

---

162) hjlee@heraldcorp.com
163) http://news.heraldcorp.com/view.php?ud=20150402000138&md=20150402084357_BL (2015.4.2.)

제7장 자살자의 발견과 치료

1. 게이트키퍼(gatekeeper)

자살 위험 대상자를 조기에 발견해 전문기관의 상담 및 치료를 받을 수 있도록 연계하고, 위급상황에서 자살 위험 대상자의 자살시도를 방지하기 위해 지속적으로 관리·지원하는 사람, 자살 위험성이 높은 고위험군 대상자를 조기에 발견하여 전문기관의 상담 및 치료를 받을 수 있도록 중간에서 연결해 주거나, 자살위기 상황의 발생시 신속한 대응으로 자살시도를 방지하는 등, 자살을 예방하기 위해 지속적인 관리·지원을 담당하는 사람을 지칭한다. '게이트키퍼(gatekeeper)'의 사전적 의미는 문지기라는 뜻으로, 자살위험 대상자와 자살예방센터 사이에 중간다리 역할을 한다는 의미로 붙여진 이름이다. '생명사랑지킴이'라고도 한다.

자살률의 증가로 2000년대 이후 한국은 경제협력개발기구(OECD) 회원국 중 1위를 기록하며 국가적 차원의 자살예방정책이 요구되어 왔다. 이에 보건복지부에서는 2011년 3월 「자살예방 및 생명존중문화 조성을 위한 법률」(자살예방법)을 도입, 2012년 3월 31일부터 시행함으로써 게이트키퍼 양성을 통해 자살 고위험군 관리체계를 구축하였다. 그리고 다양한 자살예방 프로그램을 실시하도록 했다.

※ 「자살예방 및 생명존중문화 조성을 위한 법률」
- 보건복지콜센터(129)를 통해 자살위기자 상담 24시간 긴급전화를 운영한다.
- 자살예방센터를 설치하여 게이트키퍼를 양성하고, 자살위기 상시 현장출동 등의 대응을 담당한다.
- 각 지방자치단체, 학교 및 사회복지시설 등 공공기관에 정신건강 선

별검사 도구를 보급해 자살 위험자를 조기 발견하도록 하며, 자살예방 상담·교육을 병행 실시한다.
- 정신건강 선별검사 결과에 따라 자살위험자를 자살예방센터, 정신보건센터, 의료기관, 보건소 등에서 상담·치료를 받을 수 있게끔 연계 안내한다.
- 자살 시도자의 심리상담 및 상담치료를 지원하고자 자살예방 전문인력을 양성·확보한다.

따라서 게이트키퍼로 활동하기 위해서는 생명존중의 중요성, 자살현상의 이해와 예방, 자살위기시 상담방법 및 응급처치 방법 등의 자살예방교육 내용을 숙지할 필요가 있다. 상담과정에서는 일방적인 충고나 설득하는 어투를 사용하지 않도록 주의하고, 자살위험 대상자의 말을 경청하며 공감하는 접근방식이 중요시된다.

더불어 2013년 3월 보건복지부에서는 한국자살예방협회와 중앙자살예방센터의 공조를 통해 한국형 자살예방교육 프로그램으로 '보고듣고말하기'를 개발, 한국의 사회·경제·문화를 고려하여 연령별·계층별로 특성화된 체계적인 자살예방교육을 실시하도록 했다. '보고듣고말하기' 프로그램은 자살을 암시하는 언어·행동·상황적 신호를 감지하는 '보기' 단계, 실제 자살 의도를 파악하고 삶과 죽음의 이유에 대해 적극적으로 대화를 나누는 '듣기' 단계, 자살 시도 여부나 정신과 질환 유무 등 자살관련 안전점검목록을 확인하고 전문가에게 도움을 의뢰하는 '말하기' 단계로 이루어진다. 또한 한국의 사회·문화적 배경이 반영된 청소년, 직장인, 노인의 생애주기별 자살위험 상황을 다룬 동영상을 보고 자살신호를 발견하여 실제 상황에서 대처할 수 있게끔 구성되어 있다.

특히 우리나라의 65세 이상 노인 자살률은 전체 자살률의 두 배에 달하는 10만명당 79.7명(2011년 기준)으로, 보건복지부는 자살위험이 높은 17만2000여 취약계층 독거노인을 대상으로 하는 전국 6900여명의 노인돌보미를 게이트키퍼로 양성하기 위해 '보고듣고말하기' 프로그램을 우선 보급하기로 했다. 이밖에도 전국 초·중·고등학교 교사 연수과정에 '보고듣고말하기' 프로그램을 포함시키고 직장, 군부대, 경찰 등 다양한 직업군에 '보고듣고말하기' 교육을 확대할 예정으로, 2013년까지 1만명 이상의 게이트키퍼(생명사람지킴이) 양성을 목표로 하고 있다. 한편 2013년 7월 30일 서울시자원봉사센터와 5개 자치구(마포구·성북구·중랑구·노원구·도봉구) 자원봉사센터의 자살예방 공동사업으로, 생명존중 지킴이 '게이트키퍼 봉사단'이 출범하기도 했다. 자살예방 게이트키퍼 양성교육을 수료한 300여명의 전문봉사자들로 구성된 게이트키퍼 봉사단은 자살 고위험군 시민들을 대상으로 자살예방 봉사활동을 수행하게 된다. 이에 따라 지역 내 청소년에게 자살예방교육 및 인식 개선을 유도하고, 취약계층 독거노인을 상대로 말벗이 되어주거나 상담자 역할을 담당하고 있다.164)165)

2. 학생자살 징후시 처방 절차

교사가 학생생활교육시 우울증 및 자살시도가 의심되는 경우 학부모에게 학생의 상태를 어떻게 전달해야 하나요?166) 학생자살에 대한 징후가 학교현장에서 발견되면 담임선생님께서는 학교장과의 면담 후 아래와 같은 내용으로 학생 및 학부모와 지속적인 상담을 실시하셔야 합니다.

첫째, 해당 학생에 대해서 학부모님께 연락하여 상담 일정을 잡으신 후 선생님이 해당 학생에 대하여 평소에 관찰한 사실을 근거로 말씀드립니다.

둘째, 상담시 평소에 학생과의 상담이나 관찰한 내용을 중심으로 설문

---

164) 출처 시사상식사전, pmg 지식엔진연구소, 박문각
165) http://terms.naver.com/entry.nhn?docId=1394983&cid=42066&categoryId=42066(2015.3.31.)
166) [학교인권] 학생자살 징후 시 처방 절차, 질의내용 교사가 학생생활교육 시 우울증 및 자살시도가 의심되는 경우 학부모에게 학생의 상태를 어떻게 전달해야 하나요? 국민신문고|2015.01.28 17:45 |신고

지 결과, 성적, 낙서 등 객관적 징후들을 구체적으로 설명드려야 합니다.

학부모님께 객관적 사실에 대해 먼저 설명한 후 학생의 상태에 따라 구체적인 권고사항을 설명드려야 합니다. 아울러 구리남양주정신건강지원센터에서 구체적인 상담방법 및 자료에 대해 지원받을 수 있습니다.[167)168)]

3. 철학적 의미의 자살원인

어떻게 삶을 향한 그 엄청난 충동을 억누를 수가 있단 말인가? 만일 충동이 아니라면, 수 만 년동안이나 의미에 대해 생각하기도전에 습관적으로 수행해 온 본능에 따른 삶의 욕망을 꺾어 버릴 수 있다는 것인가?

그것도 아니라면 도대체 어떤 길에 의해서 고귀한 자아가 그 자신을 긍정하는 것을 거부하게 된다는 것인가? 괴테는 『베르테르의 슬픔』에서 한 존재가 죽음으로써 자신에게 고하는 작별의 의미를 말하려 했다.

"떠나게 되어서 얼마나 기쁜지 모르겠다!" 그가 떠나온 친구 알베르트에게 보낸 편지의 첫 구절이다. 외관으로는 단지 떠나고 싶다는 단순한 바람으로 시작되는 것 같지만, 그것은 곧 그에게는 하나의 강박관념이자 집착이었던 '세상과의 결정적인 작별'로 구체화될 것이다. 자신이 바라는 위안을 구할 수 있는 아무런 출구도 없었기에 베르테르는 친구인 알베르트에게 "문제는 약한 인간인가 강한 인간인가를 아는 것이 아니라 육체적이거나 심리적인 그 고통의 무게를 감당할 수 있는가 하는 것이다"라고 적고 있다.

즉, '한 인간이 고통을 참아낼 수 있는가'라는 것이 문제가 되는 셈이

---

167) 관련법령 : 자살예방 및 생명존중문화 조성을 위한 법률 제15조(생명존중문화조성)
    작성부서 : 경기도교육청 경기도구리남양주교육지원청 교수학습국 초등교육지원과, 0315506113
168) http://tip.daum.net/question/83052151/83052152?q=%EC%9E%90%EC%82%B4%EC%98%88%EB%B0%A9+%EA%B5%90%EC%9C%A1%EC%9E%90%EB%A3%8C(2015.3.31.)

다. 괴테에게는 자살이 죽음에 이르는 치명적인 질병과 마찬가지로 '자연의 사건'으로 여겨졌다. 두 가지 경우 모두에서 자살은 자연에 의해서 일어난 갈등의 유일한 해결책으로 등장하고 있다. "자연은 온갖 모순적이고 혼동된 힘으로 이루어진 미로의 출구를 찾지 못한다. 그러니 죽음뿐이다." 이 시점에서 죽음의 충동이 그치지 않고 내적으로 넘쳐날 때에는 운명적으로 이 충동이 축성의 의미로 다가온다. 즉, 자살하고픈 욕구가 심적 충동으로 다가올 때는 거부하기 힘든 유혹이 될 수 있다는 것이다. 베르테르의 핏기없는 고독은 사랑하는 사람이든 넘쳐나는 이 충동의 서식지이든, 죽음의 충동이라는 이 모호한 욕망이 형태를 갖고 마침내 이루어져 축성을 받게 될 신성한 장소가 될 것이다. 그래서 그는 "그것(이 충동)은 성스러운 것이어서 모든 욕망도 그 앞에서는 빛을 잃고 만다"라고 롯데에게 쓰고 있다. 베르테르의 욕망이라는 것은 다른 출구가 없었기에 그 근원 자체로부터도, 그 대상으로부터도 단절되었던 것이다.

왜냐하면 베르테르는 채워지지 않을 욕망일지라도 어떻게든 스스로 위안하면서 삶을 계속 끌고 나가기에는 너무 순수했기 때문이다. 그의 욕망은 그 근원으로부터도 단절되었고 너무나 찬란한 그의 대상은 접근이 가능하지 않은 지점에 놓여 있었기에 대상으로부터도 단절되었던 것이다. 그 시점에서는 성스럽다는 것 자체가 참을 수 없는 것이 되어 버린다. 왜냐하면 무한히 넘쳐나는 욕망 즉, 하나의 절대 주체의 존재가 가로막고 있기 때문이다. 어떤 의미에서 베르테르는 너무 즉각적으로 신성한 것에 다다르려고 자살한 셈이다. 모든 불행과 욕망을 간직한 채로 세계속에서 구체화된 주체 너머로 무한히 확장된 주체를 생각했기 때문이다. 이 절대적인 요구에 맞서서는 근본적으로 무기력하다는 것을 어떻게 느끼지 않을 수 있겠는가! 실제로 우리는 자살이라는 현상 앞에서는 언제나 하나의 설명을 갈구하고 있다.

자살로 몰고 갈만한 필연적이고 결정적인 진짜 이유가 무엇인가? 수많은 전문가들은 자살에 대해 수긍이 갈만한 명쾌한 이유를 찾기 위해,

사라져간 자의 흔적으로부터 가능한 기호적 지표와 상징적 메시지를 찾으며 혼신의 힘을 다한다.

물론 자살의 원인을 둘러싼 수수께끼가 비교적 명확하게 해독되는 경우도 간혹 있다. 그러나 대개의 경우에는 오직 스스로를 파괴해 버리고자 했던 강력한 의지를 제외한 다른 분명한 해독을 허용하지 않기 때문에 자살의 원인은 영원한 비밀로 남을 뿐이다. 이에 대해 우리는 오직 '침묵만이 미덕'이라며 스스로를 달래야 할 것인가?[169]

4. 자살에 대한 새로운 인식의 전환

19세기에 이르러서 자살은 악이나 죄의 표상보다는 점차 하나의 질병적 증후(症候)로 간주되기 시작한다. 그런데 이 증후라는 것은 그 주체가 누구인가에 따라서, 즉 증후의 주체를 한 개인으로 보느냐 아니면 그 개인들의 공동체인 사회로 보느냐에 따라서 분석의 관점이 달라지고, 그에 따라 증후의 유형과 원인을 구명하는 방향 역시 달라진다. 전자의 경우에는 프로이트가 그 대표적인 예로서 자살을 광기나 우울증, 신경쇠약, 자아분열 등과 같은 의학적 혹은 심리학적인 병리현상과 관련된 증후로 간주한다. 반면 후자의 경우에는 자살을 사회적인 현상으로 파악하여 하나의 문화권내에서 발생하는 집합적 증후로 간주하고 있다. 1897년 간행된 뒤르켐 (Emile Durkheim, 1858~1917)의 『자살론.사회학적 연구 Le suicide. Etude sociologie』가 여기에 해당된다. 이것이 바로 우리가 이미 아는 바와 같이 자살의 분석에 있어서 뒤르켐과 프로이트가 서로 다른 각도에서 각자의 이론을 제시하고 있는 이유이다. 뒤르켐의 자살연구는 본질적으로 지극히 개인적인 심리 상태에서 발생하는 현상을 설명하는 데 사회라는 특수성을 대입시켰다는 것에서 방법론적인 독창성을 가지고 있다. 즉, 인간의 외부적 영역에 있는 요인들이 인간의 내부 행동

---

169) http://terms.naver.com/entry.nhn?docId=1394984&cid=42066&categoryId=42066(2015.4.2.)

영역에 뛰어듦으로써 자살이 성립한다는 것이다. 그는 자살을 크게 세 가지 유형으로 이기적(利己的) 자살, 이타적(利他的) 자살, 아노미(anomie)적 자살을 들었다. 이타적 자살이란 어떤 사회적 명분이나 목적에 자신을 희생시키는 것으로, 하나의 개인이 그가 속하는 공동체의 가치에 종속되는 정도가 가장 강한 단체 내에서 주로 목격될 수 있는 자살 현상이다. 이는 사회의 권유·찬양·강요에 의해서 하는 자살로서 뒤르켐의 설명에 의하면 한 사회에서 개인의 인격은 아주 작은 가치밖에 가질 수 없기 때문에 그 안에서 형성된 개인의 인격은 그 존재의 권한을 사회에 맡기고, 사회와 집단이 요구할 때 개인은 자신에 대한 공격을 감행하게 된다. 즉, 삶에 매달리지 않는 것이 미덕으로 간주되고 그러한 개인적·사회적 상황에 처할 때 삶을 버리면 그것이 찬양받는다는 것을 느낄 때 자살을 생각하는 것이다. 이러한 경우의 극명한 예는 제2차 세계대전 중 유행했던 일본의 가미카제와 오늘날의 이슬람의 자살 특공대가 될 것이다. 반면 이기적 자살은 사회적 압력이나 규범같은 외부적 요소에 적응하지 못해 발생하는 경우이다. 뒤르켐이 말하는 바에 따르면 감정상의 내적 동요나 정신병리학적 상태하에서 내려지는, 소위 '개인적인 결정'이라는 것이 자살의 진짜 이유가 되기에는 부족하다는 것이다. 예컨대 사랑에 실패하여 죽음을 선택한 것이라면 그는 이러저러한 또 다른 이유를 '구실'로 오늘이나 내일, 언제든지 자살을 선택해 버릴 수 있다.

따라서 자살의 진짜 원인은 개인이 사회에 통합되는 정도와 그가 정신적으로 수행하고 적응하려는 행동에서 찾아야 한다고 주장하고 있다.

당연히 적응의 정도가 낮을수록 자살률은 높다. 그런 이유로 자살률은 지역이나 사회에 따라 달라질 수 있기 때문에 도시보다는 시골에서, 가톨릭 사회보다는 신교사회에서, 전통적인 가족 구조가 튼튼한 지역보다는 이혼율이 높은 지역일수록 높다고 분석한다. 통합의 정도가 낮은 사회에서는 개인이 누리는 피상적인 자유가 실제로는 불만을 야기시키고, 그 사회가 추구하는 목적을 이기적으로만 수용하게 하며 나아가서는 자신의 인간성 자체에 대한 불만으로 이어지게 된다는 것이다. 이런 상태에서 이 불만족이 갑자기 꿈틀거리기 시작하면 사회는 더 이상 안전판의 역할을 하지 못하게 되어 아노미 상태가 초래되고, 이것이 반항하는 정신을 가진 어떤 이들로 하여금 그가 속한 공동체의 규범을 거스르게 만든다는 것이다. 이러한 상황은 특히 산업화가 고도로 진행된 사회에서 높은 자살률로 이어진다고 뒤르켐은 말한다. 프랑스의 사회학자인 모리스 알바아크(Maurice Halbwachs, 1877~1945)는 『자살의 원인들 Les Causes du siucide』(1930)과 『기억의 사회적 범주 Les Cadres Sociaux de la Memoire』(1925)에서 자살의 문제를 다루었다. 그는 "모든 사회적 현상이란 매우 복잡하다. 일례로 하나의 문화 공동체에서 일어나는 자살이라는 현상에는 종교의 영향도 하나의 원인으로 작용하고 있는 것처럼, 자살은 단 한 가지가 아닌 매우 복합적인 요인들에 의해서 발생한다"고 주장했다. 그의 이론은 뒤르켐의 영향을 비교적 그대로 수용한 것이었지만 방법론적으로 보다 구체적인 분석을 제시한 점에 그 특징이 있다고 보아야 할 것이다. 그는 사회적 관계의 유형을 밝히려고 노력했고, 그에 의해 사회적 관계가 복잡해질수록 자살하는 사람의 수도 증가한다는 사실을 보여주었다. 즉, 기존의 경제 구조가 해체되고 새로운 사회적 관계들과 혼란이 찾아오는 시기에는 자살도 증가한다는 것을 증명하려 했던 것이다. 다양한 사회적 요인들의 역할에 대한 이와 같은 연구는 현대에 이르러서 특히 미국의 사회학자들에게 많은 영향을 미쳤다. 그들은 한 개인이 사회로부터 구속받는 제약이 자살률과 살인사건, 즉 타살의 수치와 가지는 상관관계에 주목하였다. 흥미롭게도 이들 연구에 따르면 사회적으로 가장 하위계층에 속하고 자녀도 많은 흑인이나 빈곤계층보다는 사회적 구속을 가장 적게 받는, 즉 물질적 필요성이나 직업적인 의무의 속박으로부터 상대적으로 자유롭고 부유한 계층에서 더 높은 자살경향이 나타났다. 반면에 살인은 전자의 경우에 더 많이 발생하는 것으로 밝혀졌다. 그러므로 그들은 '공격성이라는 것은 사회적 계층에 따라서 자살 혹은 살인의 형태로 드러난다'는 결론에 다다른 것으로 보인다. 그러나 이 결론은 다소 성급하고 무리가 있다. 생활수준의 향상이 실제적으로 살인의 감소와 그 대신 자살의 증가를 가져오는지에 대해서는 좀더 심층적인 연구가 필요할 것으로 사료된다. 자살에 대한 사회적인 접근과 더불어 이 현상의 수용에 있어서의 근본적인 태도의 변화를 가져오는 데 기여한 것은 자살을 심리학적 관점에서 분석한 것이었다. 역설적으로 프로이트는 자살이라는 현상 자체에 대해서는 직접적으로 언급하지 않으면서도 자살과 살해의 특성을 강조하고 있다. 그런데 이 두 특성은 이미 프랑스에서 1734년에 생겨난 '자살(Sui-Cide)'이라는 신조어와 그 라틴어 어원(Sui-Cidium)속에 정확하게 함축되어 있다. 자살을 범죄로 간주하던 시각에서 자살자 자신을 일종의 피해자로 보는 시각으로 자연스럽게 관점을 이동시키는 데 일조하였다.

특히 그가 1916년 발표한 「슬픔과 우울증 Mourning and Melancholia」에서는 자살을 '증오와 공격성이 외부로 향하지 않고 자신속으로 내향화된 것으로, 일종의 전도되고 이전된 살해'라 규정하고 있다. 게다가 그는 자살을 생각하는 것은 원래는 살해하고자 하는 충동 때문으로, 이것은 무의식적인 것이라 하였다.

사실은 여기에 매우 심각한 논쟁거리가 있다고 본다. 이점에 있어서는 뒤르켐이나 프로이트 공히 일맥상통하는 점이 있다. 그것이 심리적인 이유 때문이든 사회 현상적인 이유 때문이든, 말하자면 자기 자신의 주인이자 인간으로서의 권위를 가진 한 주체에 의해 완전히 자발적으로 투명하며 자유롭고 합리적이고 의식적인 결정의 결과로서 이루어지는 죽음의 경우에서 확인하는 바처럼, 자기 자신을 자유롭게 처분할 권한에 관한 문제가 그것이다. 다시 말해 '자발적이고 의식적이기만 한다면 과연 자신의 생명을 처분할 권리가 인간에게 있는가'하는 문제가 그것이다. 프로이트의 이론을 인정한다 하더라도, 그리고 다른 측면에서는 비록 그것이 자기 자신이라 할지라도, 인간의 본성 그 자체가 여전히 생명을 지향하는 것이라면 이 본성과는 반대로 '또 다른 누군가'를 죽음으로 몰아넣는다는 점에서 자살은 살해라는 이면을 감추고 있는 것이다. 이것이 프로이트의 자살론이 숨기고 있는 비밀이다. 자기 자신을 죽이고자 하는 욕망이 원초적으로 죽이고자 하는 욕망이라면 그 자살이 간직한 비밀의 이면은 곧 '살해하고자 하는 욕망'이 아닌지 의심이 드는 것은 당연하다는 점이다. 오늘날에는 자살은 이제 더 이상 접근이 금지된 터부도 아니거니와 신의 실수로 일어난 하나의 단순한 사건도 아니다. 자살은 하나의 현상으로 인정되고 평가되고, 특히 그 자체가 한 희생자로의 행위라고 인식된다. 이것이 19세기 말부터 이루어진 인류학적 해석들이 다다른 자살에 대한 결론인 셈이다. 이런 맥락속에서 이른바 '철학적 자살'이라는 용어가 정착될 정도로 자살의 정당성을 인정해야 하는 것인가 하는 문제가 대두되었다. 자살에 관한 한 정말로 '회의의 시대'에 접어들어 버린 것이다. 장 스타로벵스키(Jean Starobinski)는 1988년 아작스(Ajax)의 자살에 대한 주석에서1) 서구의 문화적 전통에 존재하는 두 종류의 자살의 재현을 구별하고 있다. 하나는 행위 자체가 의도적이고 영웅적인 것으로서 완벽한 의식상태에서 전혀 비밀스러운 구석이 없이 이루어지는 자살이다. 카토와 극기주의자들의 자살이 여기에 해당한다. 또 다른 하나는 어둡고 음침한 힘이 지배하는 빗나간 정신상태나 착란상태 혹은 완전히 절망하여 의기소침한 상태에서 이루어지는 자살이 있는데 스타로벵스키는 이것의 대표적인 경우를 오필리아(햄릿이 사랑했던 여인)의 자살처럼 수동적이고 여성적이며 자포자기적인 자살의 예에서 찾아볼 수 있다고 한다. 그러나 이 두 개의 자살 사이의 경계는 사실 매우 불분명하고 애매하기 때문에 경우에 따라서는 모두가 단지 의도적인 죽음이라는 겉모습을 띨 가능성이 농후하다고 그는 덧붙인다. 이처럼 19세기부터 자리를 잡기 시작한 자살에 대한 다른 각도에서의 고찰은 자살을 그 터부의 위치에서 끌어내렸으며 우리들 인간의 존재에서 사라지지 않고 자리잡고 있는 엄연한 하나의 현상으로서의 위상을 그것에 부여해

버렸다. 그러나 과연 이것이 정당하고 가치론적으로 올바른 것인지에 대해서는 심각한 고민이 필요할 것 같다. 왜냐하면 자살은 인간의 존재가 본질적으로 한계를 가지고 있는 단 두 개의 비밀에 속하는 것이며, 그 비밀은 현상의 차원을 넘어서고 있는 것이 아닌가 하는 의문이 여전히 남기 때문이다. 현상이란 인간 존재가 태어나서 죽기 이전까지, 즉 이 지상에 잔존하는 지속 기간 내에서 발생하는 사건들에 해당되는 것이지 그 한계를 넘어서서 탄생 이전과 소멸 이후의 신비에 대해서도 적용된다고는 말하기 어렵기 때문이다. 게다가 이 지상에서 일어나는 모든 일 중에서 현상이 아닌 것은 없지만, 모든 것을 현상으로 파악하는 것은 분명히 중대한 문제를 안고 있기 때문이기도 하다.

〈각주〉

1 아킬레스가 트로이 전쟁 중 전사하자 그 시체를 찾아 온 두 전사인 율리시즈와 아작스(Ajax) 중 한 사람이 갑옷을 받게 되었는데, '지혜는 용기를 이긴다'는 이유로 갑옷은 결국 율리시즈에게 돌아간다. 이에 실망한 아작스는 자살하고 그의 피속에서 히아신스가 피어났으며, 꽃잎에는 아작스의 머리글자인 AJ가 새겨져 있다고 한다. 아킬레스의 갑옷에 얽힌 이 이야기가 히아신스의 꽃말에 대한 또 다른 전설이다.[170]

5. 학생들의 자살원인 3가지

1. 초등학교 때부터 여선생들의 비중이 많아지면서 좁게 보고 소극적이고 이기적인 인성이 형성되어 미래지향적이고 야망적인 기질이 차단되어 학생에게 처해진 문제들을 스스로 극복하지 못하고 나약한 학생들로 바뀌었다는데 큰 문제가 있음. 따라서 장차 험난한 세상과 맞서 싸우는 부담감이 큰 스트레스로 작용됨

2. 정치가, 사업가, 종교지도자, 교육가 등 거의 대부분의 지도자들의

---

170) http://terms.naver.com/entry.nhn?docId=1394983&cid=42066&categoryId=42066(2015.4.2.)

부도덕과 부패가 만연되어있어 제대로 된 멘토가 없고 학생들의 진정한 비전상실로 이어지며 나아가 금전만능주의나 외모지상주의 등으로 변질되어 사회의 악영향을 주는 암적인 요소로 발전됨으로 갈수록 청소년들의 범죄가 어른 못지않게 흉폭화되는 것임.

3. 부도덕과 부패한 기득권들의 대물림으로 장차 사회에서 독립할 수 있는 기회와 가치가 퇴색되어 오직 공부로 성공하는 것에 한계를 느끼며 적당한 기회주의자들이 양산되며 그 싸움을 싫어하는 심약한 학생들은 죽음으로 이를 대신할 수 있다고 생각함.[171][172]

6. 청소년 자살

대부분 성적이나 학원, 학교의 압박, 대인관계에 의해 그렇죠.[173] 전 학원의 압박입니다.[174]

얼마전 여중생들이 아파트 옥상에서 뛰어 내려 집단자살을 한 사건이 발생해 우리 모두에게 엄청난 충격을 주었다. 도대체 어떤 이유로 이들은 아직 얼마 살지도 않은 삶을 포기해야만 했는가하는 생각과 함께 안타까운 마음을 금할 수 없었다. 우리 나라 청소년의 사망현황을 조사한 최근 자료에 의하면, 자살로 인한 사망률이 불의에 의한 사고 다음으로 높은 2~3위를 차지하고 있는 것으로 나타나 젊은 층의 자살율이 다른 연령층에 비해 높게 나타났다.

1) 청소년들에게 자살충동을 불러 일으키는 여러 요인들

왜 청소년들의 자살율이 다른 연령층에 비해 높은 것일까? 우선 청소

---

171) 2013.03.04 23:22
172) http://tip.daum.net/question/74580953/74586973?q=%EC%9E%90%EC%82%B4%EC%98%88%EB%B0%A9+%EA%B5%90%EC%9C%A1%EC%9E%90%EB%A3%8C(2015.3.31.)
173) 답변의지존|2005.05.30 10:17, 추천해요0, 답변2, 조회2,725
174) 2005.01.12 21:55, 추천해요0, 달봉이, 답변 고마워요. 임영식 / 중앙대 교수, 청소년학과

년기가 다른 연령층보다 높은 자살율을 보이고 있는 한 원인으로 청소년기가 갖는 특징을 들 수 있다. 즉, 청소년기는 신체적, 인지적, 정서적으로 급격한 변화를 겪게 되는 시기로 일시적으로 많은 혼란을 겪게 된다. 또한 현대사회의 변화는 과거의 청소년보다 오늘날의 청소년들에게 보다 많은 기대와 요구를 하고 있다. 이러한 변화와 기대는 균형적인 발달을 이루지 못한 청소년들에게 적지 않은 스트레스로 작용하여 심리적인 문제와 충동적으로 행동할 가능성을 증가시키기 때문이다. 청소년 자살에 대한 많은 연구들은 자살을 하게 되는 직접적인 동기로 사소한 사건(예를 들어, 부모나 교사의 언쟁, 친구와의 다툼 등)을 들고 있다. 또 정신의학자들은 자살과 가장 관계가 깊은 요인으로 우울을 들고 있다.

누구나 절망이나 슬픔, 좌절과 패배, 무력감을 느낄 때 죽고싶다는 생각을 한 번쯤 하게 되지만, 우울증으로 진단받은 환자의 약 30%가 자살을 했다는 보고는 단일 요인으로는 우울이 자살을 유발하는 가장 강력한 위험요인임을 보여 주고 있다. 그러나 우울이 자살을 결정하는데 중요한 영향을 미치지만, 자살과 우울은 동시적인 것은 아니다. 또한 청소년의 자살원인은 우울이 아닌 다른 요인에 의해 일어날 수도 있다. 예를 들면 무희망이나 절망보다는 주변사람들에게 주의를 끌기 위한 목적이나 복수를 위한 수단으로서의 자살행동은 일어날 수 있다. 한편 가정의 기능과 부모의 역할도 청소년 자살에 중요한 요인으로 지적되고 있다.

자살을 시도하는 청소년들의 가정은 대개 부모와 자녀의 극단적인 갈등과 긴장상태 그리고 폐쇄적인 가정분위기인 경우가 많다. 특히 가정이 평화롭지 못하고 이혼을 한 가정의 청소년이거나 자기가 부모로부터 버림받았다고 생각하는 청소년일수록 자살을 많이 한다. 또한 부모가 알콜중독자이거나 우울 등으로 인해 자살경력이 있는 가정의 청소년은 그렇지 않은 청소년보다 4~5배 높은 자살율을 보인다. 따라서 가정의 유대가 밀접할수록 자살율은 낮아지며, 이에 덧붙여 종교적인 참여가 높을수록 자살율은 떨어진다.

청소년 자살에 영향을 미칠 수 있는 또 다른 요인으로서 학교성적에 대한 지나친 강박적 생각이나 주변의 과도한 기대, 심각한 경제적 박탈, 신체적 또는 성적인 학대나 폭력피해 경험, 알콜이나 약물중독, 최근 언론매체에서 자살에 대한 보도를 접하거나 주변의 아는 사람이나 친구의 자살사건 등을 들 수 있다. 특히 언론매체에서 자살소식을 중요하게 다루거나 자살사건에 대해 지나칠 정도로 상세한 보도는 자살에 대해 생각을 하고 있던 청소년들에게 동기적인 역할을 하기도 한다.

2) 의도적으로 자살시도를 하는 청소년은 거의 없다

그렇다면 자살을 시도하는 모든 청소년들이 과연 죽으려는 명확한 의도를 가지고 있었을까? 실제로 자살을 시도하는 청소년들의 대부분은 정말 자기가 죽으려는 의도를 가지고 있다고 보기는 어렵다. 왜냐하면, 첫번째 자살을 시도하고 실패한 청소년의 10%만이 1년 내에 자살을 재시도하고, 나머지 90%는 재시도를 하지 않기 때문이다. 또한 자살시도를 한 대부분의 청소년들은 자살시도가 있은 후 1개월 정도가 지나면 정상적인 기능을 회복하게 된다. 이는 자살을 시도하는 청소년의 대부분이 죽음에 대해 불확실한 생각을 가지고 있으며 죽음을 단지 고통을 회피하려는 한 방법으로 생각하기 때문이다. 따라서 자살을 시도하는 많은 청소년들은 자살을 시도하기전에 여러 가지 형태로 자신의 자살에 대해 주변사람에게 경고하거나 일상적인 행동상의 변화를 통해 자기에게 관심과 도움을 줄 것을 간접적으로 표현하는 경우가 많다. 예를 들어 죽고 싶다는 말을 자주한다든지, 평상시 좋아하던 물건이나 활동에 대해 관심을 보이지 않는다든지, 갑자기 학교성적이 하락, 섭식행동과 수면습관의 변화, 좋아하는 물건을 타인에게 전달하거나 버림, 노트나 일기장에 죽음 또는 자살에 관한 낙서나 내용이 있을 때는 이들에 대한 세심한 배려와 함께 전문가의 도움을 받도록 해야 한다. 이처럼 자살을 시도하는 많은 청소년들은 정말 죽고 싶어서 죽으려는 것이 아니기에 부모, 가족,

교사, 친구 등과 같은 주변사람들은 이들에 대해 보다 많은 애정과 관심을 기울여야 하며, 청소년 스스로 자기가 매우 중요한 사람이라는 믿음을 갖게 해야 한다. 이러한 노력에 병행해서 청소년들을 대상으로 문제해결 능력을 향상시켜 주는 프로그램의 실시와 자살을 하는 이유, 자살에 대해 가지고 있는 잘못된 생각, 자살에 영향을 미치는 위험요인들, 주변의 친구가 자살을 하려고 할 때 어떻게 개입할 것인가 등에 관한 실질적인 교육이 필요하다.

많은 청소년들이 낮은 자존심과 문제해결 능력의 미숙으로 자살을 시도하기 때문에 예방적 노력은 청소년들의 긍정적인 자기 이미지를 증가시키고 긍정적인 의사결정 능력의 향상에 초점을 두어야 한다. 또한 부모, 교사, 성인 등을 대상으로 올바른 자녀 양육법, 가족간의 결속을 증진시키는 방법, 효과적인 스트레스 대처법 등에 대한 교육과 청소년 자살에 대한 사회적 경각심의 제고가 필요하다고 하겠다.[175)176)]

7. '자살 부르는 미세먼지', 국내연구진 상관관계 규명

"자살예방대책 수립에 환경요소도 고려해야", 미세먼지, 오존 등 대기오염 물질이 자살률을 높인다는 연구 결과가 나와 주목된다.[177)] 1일 성균관대에 따르면 삼성서울병원 김도관 교수(성균관대 의대) 연구팀은 2006~2011년 우리나라 시도별 환경오염지수와 자살률의 상관관계를 분석해 이같은 결과를 도출했다. 5대 대기오염 물질 중 미세먼지와 오존 농도가 짙어지면 자살률도 따라서 증가하는 것으로 나타났다. 연구팀은 미세먼지 발생시 1주일 기준으로 대기 중 농도가 $37.82\mu g/m^3$ 증가할 때

---

175) 2004.11.22 09:45
176) http://tip.daum.net/question/300920/79174117?q=%EC%9E%90%EC%82%B4%EC%98%88%EB%B0%A9+%EA%B5%90%EC%9C%A1%EC%9E%90%EB%A3%8C(2015.3.31.)
177) 입력 2015-04-01 11:59:55 | 수정 2015-04-01 14:57:20, "자살예방대책 수립에 환경요소도 고려해야"[김봉구 기자]

마다 우리나라 전체 자살률이 3.2%씩 늘어난 것을 입증했다. 또 한 주간 오존 농도가 0.016ppm 상승하면 그 주의 자살률도 7.8% 올랐다.

연구기간동안 우리나라의 인구 10만명당 연간 자살률은 29.1명으로 경제협력개발기구(OECD) 국가 가운데 가장 높은 수치를 기록했다. 연구팀은 "미세먼지나 오존 등 대기오염 물질이 중추 신경계의 면역체계와 신경전달물질을 교란하거나 평소 질환을 악화시키기 때문으로 보인다"며 "이 경우 우울감과 충동성이 악화될 가능성이 높아진다"고 설명했다.

대기오염이 지속되면 신체의 스트레스 호르몬 분비에 변화가 생겨 자살과 관련있는 기분장애를 일으킬 수 있다는 것이다. 특히 오존은 세로토닌 대사에 악영향을 끼쳐 자살위험을 높이는 요소로 지목됐다. 김 교수는 "환경오염의 심각성을 새삼 깨닫게 된다"면서 "자살률에 영향을 미치는 여러 요소가 있지만 대기오염 또한 상관관계가 있다는 점이 밝혀진만큼 자살예방대책에 이 부분도 반영돼야 할 것"이라고 말했다. 이번 연구는 보건복지부 지원을 받아 진행됐으며 미국 학술지 '퍼블릭 라이브러리 오브 사이언스(PLOS)'에 최근 발표됐다.[178)179)]

8. 심하면 자살까지 야기하는 다이어트 강박 벗어나려면

유은정 원장, 심리치료와 약물치료 병행 필요[180)] A씨(24세)는 폭식증과 우울증으로 정신과 치료를 받은 이력이 있다. A씨에게 섭식장애와 우울증을 가져온 전초가 된 것은 '다이어트 강박'이었다. 학창시절 뚱뚱한 체형으로 스트레스를 받던 A씨는 대학교에 진학하며 20kg를 감량한 이후로 다시 살이 찔까봐 몸무게에 집착하기 시작했다. 살이 찌면 안된다는 스트레스 때문에 오히려 폭식하게 되고 그 죄책감에 화장실로 달

---

178) 한경닷컴 김봉구 기자 kbk9@hankyung.com, 기사제보 및 보도자료 open@hankyung.com
179) http://www.hankyung.com/news/app/newsview.php?aid=201504010900g(2015.4.1.)
180) 헬스경향 이보람 기자 boram@k-health.com

려가 토를 했다. 그렇게 폭식증과 우울증은 악화되었다. 급기야 극단적인 자살충동까지 겪은 A씨는 작년 3월부터 꾸준한 정신과 치료를 받은 후 현재는 건강한 일상을 보내고 있다. A씨와 같은 증상을 겪는 여성들이 늘고 있다. 실제 저체중인데도 살을 빼려는 사람들은 자살과 같은 극단적인 생각에 쉽게 빠져든다는 연구결과가 나왔다.

지난 29일 삼성서울병원 연구팀(가정의학과 이정권·신진영 교수, 김진호 전문의)이 2007~2012년 사이 국민건강영양조사에 참여한 19~69세 사이의 저체중 성인 남녀 1122명(남 148명, 여 974명)을 분석한 결과 다이어트 강박증에 시달리는 이들이 많다고 밝혔다. 연구 결과 저체중인데도 살을 빼려는 그룹은 자살성 사고를 경험할 위험이 그렇지 않은 그룹에 비해 2.5배 높은 것으로 분석됐다. 또 일상생활 중 우울감을 느끼는 경우도 2.2배 높았다.

정신과 전문의 유은정 원장(유은정의 좋은의원)은 "다이어트강박이라는 진단명이 따로 있지는 않지만, 정확한 다이어트 상식이 없는 상태에서 다이어트를 반복하거나 살이 찌는 것에 대한 두려움이 큰 경우, 다이어트 강박을 의심할 수 있다"며 "다이어트 강박이 심한 경우, 대인기피와 우울, 폭식증, 거식증, 구토와 같은 섭식장애, 지나친 운동으로 인한 신체적 손상 등을 경험하는 경우가 많다"고 말했다. 다이어트 강박은 날씬한 여성이 대우받고 성공한다는 사회적 현상의 영향이기도 하다. 더욱이 스펙이 중시되는 경쟁사회속에서 학벌, 직업, 성격 등에 대한 자신감 결여가 외모라는 외적인 부분에 치중하게 만드는 원인으로 작용하기도 한다.

유은정 원장은 "다이어트 강박을 치료하기 위해서는 몸과 마음을 나눠서 생각할 수 없듯이, 약물치료와 심리치료를 병행해야 한다"며 "식욕중추를 조절하는 FDA 승인을 받은 약물이 많이 나와 있고, 자존감을 높이는 심리치료를 통해서 강박증도 개선이 가능하므로 환자 본인의 적극적인 개선의지가 중요하다"고 밝혔다. 이어 "살을 혐오스럽게 여기고 다이어트를 고통의 순간으로 받아들이기보다, 자신을 돌아보는 재충전의 시간으로 삼으려는 긍정적인 마음가짐이 필요하다"고 덧붙였다.[181]

9. 생보재단 자살예방사업 예산 20% 늘려

농약안전보관함 설치 후 음독자살 '0', 어린이집 건립 등 7대 목적사업 추진, 생명보험사회공헌재단이 올해 자살예방사업 예산을 지난해 대비 20%로 늘렸다. 생보재단은 지난 23일 기자간담회를 갖고 지난해 9억 7000만원이던 자살예방사업 예산을 올해는 1억8000만원 증가해 편성했다고 밝혔다. 재단 관계자는 "지난해 자살이 사회적 이슈로 대두되면서 관련사업예산을 늘렸다"면서 "특히 농약안전보관함 보급사업의 효과성이 높게 나타나고 있다"고 설명했다.

생보재단이 농촌 농민의 충동적인 자살예방을 위해 진행하고 있는 '농약안전보관함 보급사업-생명사랑 녹색마을'은 보급형 농약안전보관함 모델 사업실시 및 확산과 생명존중문화를 확산하는 것을 목표로 하고 있다. 실제로 농약안전보관함이 설치된 이후 음독자살이 한 건도 발생하지 않아 상당히 높은 효과를 보고 있다. 생보재단은 자살예방사업 외에도 어린이집 건립 등 재단 7대 목적사업을 중심으로 사회공헌활동 추진계획을 밝혔다. 올해 생보재단의 7대 목적사업은 ▲자살예방 지원 ▲어린이집 건립·보육 ▲저출산 해소와 미숙아 지원 ▲저소득 치매노인 지원 ▲희귀 난치성 질환 환자 지원 ▲사회적 의인 지원 ▲건강증진 지원 등이다.

이에 따라 올해 대구 북구와 경북 칠곡에 국공립어린이집 2개를 신규 건립할 예정이다. 현재 재단이 건립한 국공립어린이집은 총 10개에 달하며 생명숲어린이집 7개와 육아종합지원센터도 운영 중에 있다. 또한 저

---

181) http://news.khan.co.kr/kh_news/khan_art_view.html?artid=201503311428262&code=900303 (2015.4.2.)

출산 해소와 미숙아 지원에도 나선다. 현재 재단이 운영하고 있는 생명꿈나무돌봄센터는 농어촌 취약가정 보육서비스 등을 지원하며 고위험 임산부를 위해 산전검사비 및 안전분만비, 임산부와 신생아의 건강상태 모니터링 등의 의료비를 지원한다.

이외에도 재단은 희귀난치성질환자를 위한 지원사업과 사회적 의인주선, 건강증진지원 등에 나설 계획이다.182)183)

10. 자살충동 겪는 성소수자, 더 방치할 순 없어

1) 'LGBT 인권포럼'서 자살위기실태와 예방활동 논의돼184)

통계청이 전국 1만7천664가구에 상주하는 만 13세 이상 가구원 3만7천명을 대상으로 벌인 '2014년 사회조사 결과'에 따르면, 우리나라 국민 중 6.8%가 자살충동을 경험한 것으로 나타났다. 100명중 7명 정도가 '자살하고 싶다'는 생각에 사로잡힌 적이 있는 것이다. 그렇다면 성소수자들의 경우는 어떨까? 서울대 사회복지학과 석사 이호림씨의 연구에 따르면 연구대상자인 성소수자 548명 중에서 지난 1년간 한 번 이상 "자살을 할까 생각했다"고 말한 동성애자, 양성애자가 64.8%에 달했다.

10명 중 6~7명의 성소수자가 자살충동을 경험한 셈이다. 굉장히 높은 수치다.

지난 3월 21일~22일 이틀에 걸쳐 서강대학교 김대건관에서 열린 <2015 LGBT 인권포럼> 중 '성소수자 자살예방활동을 위한 커뮤니티 간담회'에서는 성소수자의 자살위험현황과 자살예방활동에 대한 이야기가 오갔다. 이날 이호림씨는 '소수자 스트레스가 한국 성소수자(게이, 레즈

---

182) <대한민국 대표 보험신문> 한국보험신문 정다혜 기자, 정다혜 fjdek@insnews.co.kr, 한국보험신문, 2015-03-29 23:33:04 입력
183) http://www.insnews.co.kr/design_php/news_view.php?num=43436&firstsec=1&secondsec=12 (2015.4.2.)
184) <여성주의 저널 일다> 나랑

비언, 바이섹슈얼)의 정신건강에 미치는 영향'을 주제로 한 연구 결과를 발표했다.

'소수자 스트레스'(minority stress)란 미국의 정신역학자인 Iilan H. Meyer가 소수자 집단의 정신건강을 설명하는 이론 틀로 제시한 용어이다. '성소수자와 같은, 낙인을 받는 소수자 집단의 구성원이 자신의 사회적 지위로 인해 직면하게 되는 높은 수준의 만성적인 스트레스'를 의미한다. 인종 차별이 유색 인종의 정신건강에 부정적인 영향을 미치는지 등의 연구를 통해 만들어지게 된 개념이다. 성소수자는 다수의 사람들과 다른 성적 지향이나 성별 정체성을 지녔다는 사실로 인해 사회적인 낙인에 시달리는 집단이다. 때문에 이들이 받는 스트레스는 개개인의 특성이라기보다는 성소수자라는 공통된 '지위'에 따른 특유한 스트레스라는 것이다.

이호림씨는 작년 8월초부터 9월 중순까지, 한국 국적을 가지고 한국에 거주하고 있는 동성애자와 양성애자 중에서 만 18세 이상 성인 548명을 대상으로 온라인 설문 조사를 실시했다.

이 조사를 바탕으로 한 연구 결과에 따르면, 첫째 성소수자에 대한 사회적 낙인을 인식하는 수준이 높을수록, 둘째 성소수자라는 이유로 스스로에 대해 갖는 부정적 태도(자기 낙인: Self-stigma)의 수준이 높을수록, 셋째 반(反)동성애 폭력경험이 많을수록 성소수자의 우울과 불안의 수준이 높아지는 것으로 확인됐다. 또한 자신이 커밍아웃을 하는 상대방이 자신의 정체성을 수용하거나 수용할 가능성이 높을수록, 스스로에 대해 갖는 부정적 태도가 정신건강에 미치는 영향도 줄어드는 것으로 나타났다. 가족이나 친구들 같은 주변인이나 사회공동체가 성소수자에 대해 수용적인 분위기일 경우, 성소수자의 우울과 불안 등도 감소함을 뜻한다.

2) 자살위기 상담 지원하는 '마음연결' 프로젝트

가족이나 친구들이 성소수자에 대해 수용적일 경우, 성소수자의 우울과 불안 등도 감소한다. '성소수자 자살예방활동을 위한 커뮤니티 간담회'에서는 한국게이인권운동단체 '친구사이'의 <마음연결> 프로젝트도 소개되었다. 자살위기에 놓인 성소수자들을 돕는 프로젝트로, ASSIST(조력자)훈련을 받은 자원활동가들이 직접 위기상담에 나선다.[185] '친구사이'에서 제안하고 '성적지향.성별 정체성 법정책연구회'가 실시한 <한국 성소수자(LGBTI) 커뮤니티 사회적 욕구조사> 최종 보고서(2014)에 따르면 4천176명의 전체 응답자 중 28.4%가 자살을, 35.0%가 자해를 시도한 적이 있다. 특히 연령이 낮은 18세 이하 응답자 중 45.7%가 자살시도를 한 적이 있고, 53.3%가 자해를 시도한 적이 있다고 답했다. 거의 두 명 중 한 명꼴로 그 비율이 심각하게 높다. <마음연결> 프로젝트의 팀장 박재완씨는 "국내 성소수자의 자살위험은 이성애자에 견줘 심각하지만 이에 대한 연구나 국가 차원의 예방 노력은 거의 이뤄지지 않고 있다"고 말했다. "외국 문헌을 보면 성인 성소수자들의 경우, 네트워크를 만드는 게 자살을 막을 수 있는 중요한 요인으로 꼽힌다. 사회적 지지가 중요한 것이다. 청소년들의 경우는 부모나 교사 등 자신에게 도움을 줄 수 있다고 예상하는 사람들이 얼마나 도움을 줬는가와 또래에 의한 지지도가 중요하다."

3) 정부 차원에서 정확한 실태 파악에 나서야

박재완 팀장은 성소수자 자살예방에 있어 "커뮤니티의 역할이 중요하다"고 강조하면서, "소수의 전문가에게 의존하기보다는 성소수자 커뮤니티에 속한 사람들이 함께 자살예방교육을 받는 것이 필요하다"고 말했다. <마음연결>은 앞으로 전화나 SNS(소셜 네트워크 서비스) 등을 통한 위기상담을 지속적으로 해나가며 자살예방관련 홍보물도 발행할 예정이다. 또 주로 게이에 한정되어 있던 영역을 넓혀 레즈비언, 트랜스젠더나 HIV 감염인들과도 간담회를 가질 계획이다. 국가와 지자체에서 자

---

185) 출처: 한국게이인권운동단체 '친구사이'

살예방정책이 논의되고 실시된지는 오래되었지만, 성소수자의 자살을 예방하기 위한 활동은 이제야 출발 단계에 있다. 성소수자 커뮤니티만이 아닌 정부 차원의 정책과 지원도 시급하다. 이호림씨는 "상황의 심각성에 비해 출발이 너무 늦었다"고 말하며 "국가에서 정확한 실태 파악에 나서야 한다"고 주장했다.186)187)

11. 충북 남성 노인 자살자, 여성 노인보다 3배 더 많다.

충북의 남성 노인 자살자가 여성 노인 자살자 보다 3배 이상 많다는 조사 결과가 나왔다.

충북여성발전센터는 최근 '노인정책에 대한 성별영향분석평가 - 노인 자살예방사업을 중심으로' 연구보고서를 발간하고 이와 같이 밝혔다.188)

이에 따르면 2013년 현재 충북의 연령별 노인 자살률은 65~69세 62.0명, 70~74세 62.3명, 75~79세 94.6명, 80세 이상 116.7명으로 전국 평균 연령별 노인 자살률(65~69세 42.2명, 70~74세 59.5명, 75~79세 77.7명, 80세 이상 94.7명)보다 급격한 증가세를 보이고 있다. 연도별 자살률은 2009년 117.2명, 2010년 91.8명, 2011년 99.8명, 2012년 105.2명, 2013년 80.2명으로 동기간 전국 평균 노인 자살률(78.8명, 81.9명, 79.7명, 69.8명, 64.2명)에 비해 자살률이 높고, 등락폭도 크게 발생했다.

성별 자살률은 남성 노인이 인구 10만명당 138명, 여성 노인이 40.4명으로 인천에 이어 두 번째로 성별 격차가 컸다. 또한 여성 노인이 비교적 완만한 증가세를 보이는 반면 남성 노인은 연도별 편차가 매우 커 이에 대한 원인 규명 및 지속적인 관리의 필요성이 제기됐다.

2013년 기준 자살률이 가장 높은 지역은 보은, 음성, 증평군의 순이었

---

186) 기사입력: 2015/03/24 [21:47] 최종편집: www.ildaro.com
187) http://www.ildaro.com/sub_read.html?uid=7034&section=sc5(2015.4.2.)
188) 조아라 기자 | museara@hanmail.net, 승인 2015.03.25 14:06:46(동양일보 조아라 기자)

으며, 자살자수가 가장 많은 시군은 청주시, 충주시, 청원군 순이었다.

65세 이상 노인의 자살 충동 원인은 '신체적, 정신적 질환, 장애' 때문이라는 응답이 39.8%를 차지했으며, '경제적 어려움' 때문이라는 응답도 35.1%로 높았다. 한편 연구진이 충북도 및 11개 시군의 조례를 검토한 결과 음성군과 괴산군에는 자살예방관련 조례가 제정되지 않은 것으로 나타났다. 또한 충북도에는 노인자살예방을 목적으로 하는 사업이 없으며, 9988 행복나누미 사업 등 노인의 정서적, 신체적 건강증진관련 사업이 다수를 이루는 것으로 조사됐다. 조혜경 충북여성발전센터 연구원은 "조례 제정은 자살 및 자살예방에 관한 행정부나 지방의회의 관심 수준을 나타내는 척도로, 조례 제정이 필요하다"며 "산발적으로 이루어지는 자살예방사업의 효과성 증진을 위해서는 명시적으로 자살률 저하를 목적으로 하는 사업의 신설 및 담당부서의 지정을 통해 통합적으로 성과를 관리해야 한다"고 밝혔다.

이어 "노인의 자살위험요인은 인구 사회적, 경제적 특성 등에 따라 다르기 때문에 개입방법은 다차원적인 측면에서 고려될 필요가 있다"며 △상담기관과의 연계를 통한 여성 노인의 문제해결 능력 향상 △친돌봄적인 남성교육 프로그램 운영 △여성과 남성의 생애주기별 특성을 고려한 정신건강프로그램 개발 △자살예방 사업수행시 성별분리통계 생산 등을 제안했다.[189)][190)]

12. 자살충동 극복하고 돌아온 장타자 이원준

2007년 브리티시오픈 아시아 지역 Q스쿨에 출전한 이원준, 2006년 SK텔레콤오픈 때의 일이다. 당시 아마추어 세계랭킹 1위 이원준은 스카이72골프클럽 하늘코스의 412야드짜리 이단 내리막 파4홀인 13번홀에서

---

189) <조아라>, 동양일보
190) http://www.dynews.co.kr/news/articleView.html?idxno=252310(2015.4.2.)

드라이버를 꺼내 들었다. 강력한 임팩트와 함께 볼은 똑바로 날아갔다.

그러나 어디에서도 이원준의 볼은 찾을 수 없었다. 한참을 찾은 끝에 이원준의 볼은 동반 플레이어인 호주 선수에 의해 그린 뒤편 러프 지역에서 발견됐다. 이원준은 파5홀인 18번홀에서 유일하게 2온을 시켰다.

성대결에 나선 미셸 위가 4번 아이언으로 3온을 시킨 홀이었다. 스카이72 골프클럽의 김영재 사장은 "18번홀에서 2온 시킨 선수는 이원준이 유일하다"고 회고했다.[191) 다음 해인 2007년 매경오픈 때도 이원준은 가공할 장타로 갤러리 뿐 아니라 경쟁선수들을 놀라게 했다. 남서울CC 5번홀은 413야드짜리 파4홀로 왼쪽으로 휘는 오르막 경사의 도그레그 홀로 그린이 까다로워 파를 잡으면 만족하는 난이도가 있는 홀이었다. 프로자격으로 출전한 이원준은 페어웨이 왼쪽 산등성이를 향해 드라이버 샷을 날렸다. 앞 조의 선수들은 퍼팅 라인을 읽다 그린 위에 '툭' 떨어진 볼에 화들짝 놀라야 했다.

어린 시절 제임스 본드같은 첩보원을 꿈꾸던 이원준은 2000년 시드니 올림픽 이후 운동삼아 골프를 시작했다. 그리고 불과 일년만에 뉴사우스웨일즈 매치플레이 챔피언십에서 연장전 끝에 우승했다. 37번째 홀에서 브리티시 아마추어 챔피언십 우승자인 게리 홀스텐홈을 물리쳤다. 37번째 홀은 핀까지 315m 거리의 파4홀이었는데 이원준은 5m 거리의 이글 기회를 만들었다. 드라이버로 310m를 날린 것이다. 이원준의 최장타 기록은 미국 캘리포니아주 로빈슨 렌치 골프장에서 기록한 425m이다.

이 골프장은 평평한 사막 코스에 있다. 동양선수로 타의 추종을 불허할 정도로 장타를 날리던 이원준은 그러나 PGA투어 진출의 꿈을 이루지 못했다.

---

191) [그늘집에서] 자살 충동 극복하고 돌아온 장타자 이원준, 기사입력 2015. 03. 20 06:08, 2007년 브리티시오픈 아시아 지역 Q스쿨에 출전한 이원준. <출처=아시안투어 홈페이지> [그늘집에서]

자료: http://pop.heraldcorp.com/view.php?ud=201503181205534326078_1

  191cm 93kg의 체격을 갖춘 이원준은 LG전자와 10년짜리 장기계약을 하며 '포스트 타이거'의 선두주자를 노렸으나 운이 닿지 않았다. PGA투어 퀄리파잉스쿨을 통과하지 못했고 2부 투어인 웹닷컴투어에서 상금랭킹 25걸을 노렸으나 이뤄지지 않았다. 손목 부상까지 찾아온 이원준은 2년전 골프채를 내려 놓았다. 기형적인 왼쪽 손목 뼈가 문제였다. 이원준은 바닥으로 추락하는 심리상태를 제어하지 못해 자살충동에 시달릴 정도로 심한 우울증을 겪었다. 부모님과 상의 끝에 의대 진학을 위해 지난 해 공부를 시작한 이원준은 그러나 골프에 대한 미련을 떨치지 못했다.
  가족 몰래 일본프로골프투어(JGTO) 퀄리파잉스쿨에 참가신청을 한 이원준은 지난 해 12월 열린 Q스쿨 최종 예선을 통과하며 출전권을 획득했다.
  이원준은 어찌 보면 운동선수로는 부적합한 인성을 갖고 있다. 항상 어려운 사람들을 돌보려 하며 남을 배려하는 마음이 강하다. 그리고 신세진 사람들에 대해선 끝까지 의리를 지키려고 노력한다. 일본의 대표적인 골프용품사가 시즌 개막을 앞두고 거액의 후원계약을 제시했으나 아마추어 시절부터 지원해준 타이틀리스트사와 5분의 1의 금액에 계약을 맺었을 정도다. 승부의 세계에선 결코 도움이 안되는 인성이다. '사람좋으면 꼴찌'라는 말까지 있지 않는가. 하지만 죽음을 생각할 정도로 절박함을 경험한만큼 모진 마음이 생기지 않았을까 짐작된다. 이원준은 오랜 호주생활을 청산하고 18일 귀국했다. 인천 청라지구에 집을 마련한 이원준은 다음 달 16~19일 열리는 JGTO 도켄 홈메이드컵을 시작으로 2년만에 투어생활을 재개한다. 아마추어 시절 세계 정상에 올랐던 이원준이 '미완의 대기'라는 이름표를 떼고 새로운 도전에 나서는 것이다. 만 30세의 나이로 '제2의 골프인생'을 시작하는 이원준이 부디 '못다핀 꽃 한 송이'가 아님을 입증했으면 좋겠다.[192]

13. "친한 친구 많을수록 학교폭력 자살충동 감소"

〈앵커〉

학교폭력으로 홀로 괴로워하다 극단적인 선택을 하는 학생들이 많습니다. 그런데 친한 친구가 많을수록 학교폭력으로 인한 자살충동은 감소한다는 연구 결과가 나왔습니다. 김경희 기자입니다.[193]

〈기자〉

학교폭력은 지난해 상반기 전국 초중고등학교에 신고된 것만도 1만건이 넘을 정도로 심각합니다. 학교폭력은 피해자들을 고통에 못이겨 자칫 자살충동에 빠질 수 있는데, 주변의 친구들이 이를 억제할 수 있다는 연구 결과가 나왔습니다. 한국보건사회연구원이 아동·청소년의 자살충

---

192) [헤럴드스포츠=이강래 기자], sports@heraldcorp.com
193) 김경희 기자, 조회수 236, 좋아요 0, 입력 : 2015.03.09 11:25|수정 : 2015.03.09 12:17

동에 영향을 미치는 변수들의 효과를 분석한 결과, 친한 친구가 5명 늘어날 때마다 자살충동이 10% 줄어드는 것으로 나타났습니다.

　가해자 숫자는 3명씩 줄 때마다 자살충동이 14% 감소했습니다. 폭력 강도가 완화될수록, 피해 종류가 줄어들수록 자살충동은 각각 9%와 11%씩 줄었습니다. 같은 조건이었을 때 자살충동을 느낀 경우는 여학생보다 남학생이 32% 적었습니다. 보건사회연구원은 이번 분석 결과 학교폭력 관련 변수 가운데 친한 친구의 숫자만이 피해 고통을 완화시키고, 자살충동도 감소시키는 효과가 있었다면서 이들을 위한 친구 만들기 프로젝트가 추진돼야 한다고 지적했습니다. 또한 가해자수의 감소나 폭력 강도의 경감도 자살충동을 상당 부분 낮추는 효과가 있기 때문에 학교폭력의 경중을 따질 때 집단화나 폭력의 강도를 세분화할 필요가 있다고 밝혔습니다.[194][195]

---

194) 김경희 기자, 입력 : 2015.03.09 11:25|수정 : 2015.03.09 12:17, 조회수 236
195) http://news.sbs.co.kr/news/endPage.do?news_id=N1002870294&plink=ORI&cooper=NAVER(2015.4.2.)

제8장 외국과 한국의 자살사례

1. 중국 관료 108m 투신자살, 우울증? 부패조사?

중국 장쑤(江蘇)성 우시(無錫)시 장훙량(蔣洪亮) 부서기가 지난달 31일 공원정상에 있는 108m 높이의 탑에서 투신자살했다고 중국 신징바오(新京報) 등이 1일 전했다.[196]

장 부서기는 전날 정오께 우시시와 인접한 이싱(義興)시 룽베이산(龍背山) 삼림공원 정상부에 있는 9층 탑인 원펑(文峰)탑의 7층에서 뛰어내린 뒤 인근 병원으로 긴급 이송됐으나 숨졌다.

장훙량 부서기 자살 직전 CCTV에 찍힌 모습 [사진출처=런민르바오]
자료: http://news.heraldcorp.com/view.php?ud=20150401000281&md=201504010
 95312_BL

---

196) 기사입력 2015-04-01 09:53, 헤럴드경제=한희라 기자

1959년생인 장 부서기는 이싱시 서기, 장인(江陰)시 서기 등을 거쳐 우시시 부서기 겸 정법위원회 서기를 맡는 등 장쑤성에서 35년동안 공직생활을 했다. 그는 사망전날까지도 우시시 간부회의에 참석하는 등 일상적인 활동을 했다. 공안 당국은 그가 평소 우울증을 앓고 있었다고 밝혔다. 최근 중국에서 공직자들에 대한 반부패 사정바람이 휘몰아치면서 자살하는 공직자가 나오긴 했으나 장 부서기가 부패문제에 연루됐는지는 아직 알려지지 않았다. 중국 제팡르바오에 따르면 2003년 8월부터 지난해 4월까지 자살한 공직자가 성부급(省部級·장차관급) 8명을 포함해 모두 112명으로 집계됐다.197)198)

2. 중국 공직자 자살 잇달아, 10여년간 112명

부패 등과 연루된 중국 공직자들의 자살이 지난 10여년간 110건을 넘었다고 중국 언론이 보도했습니다. 베이징 일간 신경보는 어제 중국 장쑤성 우시시의 장훙량 부서기가 시내 공원의 탑에서 투신해 숨졌다고 전했습니다.199) 최근 중국에서는 공직자들에 대한 반부패 사정 바람이 휘몰아치면서 자살하는 공직자가 잇따르고 있습니다. 그러나 장 부서기가 부패문제와 관련돼 있는지는 아직 확인되지 않고 있습니다. 중국 언론들은 2003년 8월 이후 지난해 초까지 자살한 공직자가 장차관급 8명을 포함해 모두 112명에 달하는 것으로 집계했습니다.200)201)

3. "아빠, 안아줘" 자살하려던 아버지 살린 두살 아들

중국의 한 다리 위서 자살시도하려던 남성, 2살 난 아들이 설득202)

---

197) hanira@heraldcorp.com.
198) http://news.heraldcorp.com/view.php?ud=20150401000281&md=20150401095312_BL (2015.4.1.).
199) 2015-04-01 10:08
200) YTN & YTN PLUS
201) http://www.ytn.co.kr/_ln/0104_201504011008562896(2015.4.1.)

▲ 아무도 설득하지 못한 자살시도 남성을 두살배기 아들의 한 마디로 설득한 사연이 전해졌다. 메트로 홈페이지 화면 캡처.
자료: http://www.dailian.co.kr/news/view/496296

　아무도 설득하지 못한 자살 시도 남성을 두살배기 아들의 한 마디로 설득한 사연이 전해졌다. 지난 25일(현지시각) 영국 일간 메트로는 39세

---

202) 등록 : 2015-03-26 16:14, 스팟뉴스팀 (spotnews@dailian.co.kr)

남성 라오 니가 자살 시도를 하자 2살 난 아들이 아버지의 마음을 돌리도록 한 이야기를 보도했다. 라오는 최근 1년동안 체불된 임금을 받지 못하자 중국 린가오 현의 다리 위에서 강으로 투신하려고 했다. 지나가던 행인들이 라오를 발견하고 경찰에 신고하자, 경찰은 라오를 만류하기 위해 노력했지만 라오는 마음을 돌리지 않았다. 이후 경찰의 호출을 받은 라오의 아내와 2살 난 아들이 현장에 도착했고 아내는 몇 시간동안이나 라오를 설득하려고 했다. 아내의 설득마저도 거부하던 라오의 마음을 돌린 것은 묵묵히 엄마와 아빠의 대화를 듣고 있던 아들이었다. 아들은 갑자기 라오를 부르며 엄마의 품을 벗어나 아빠에게로 두 팔을 뻗은 것으로 전해졌다. 이어 아들이 "아빠, 안아주세요"라고 말하자 라오는 눈물을 쏟았고 구조대원의 손에 의해 안전하게 돌아올 수 있었다.

한편 이같은 라오의 사연을 접한 현지 경찰은 라오의 임금문제 해결을 위해 노력하겠다고 밝혔다.203)204)

4. 숙제 안해 부모 불러온 11살 소녀 투신 자살

부모가 학교 방문해 담임과 면담하자 7층 아파트서 뛰어내려, 중국에서 11살 소녀가 7층 아파트에서 투신 자살했다. 중국 저장성 항저우에서 11살 소녀가 숙제를 안했다는 이유로 투신 자살하는 비극이 벌어졌다.205)206) 지난달 30일 중국 포털 QQ닷컴에 따르면 이 소녀는 며칠간 숙제를 안했다는 이유로 학교에서 야단을 맞았다.

---

203) [데일리안 = 스팟뉴스팀]
204) http://www.dailian.co.kr/news/view/496296(2015.4.2.)
205) [사진=QQ닷컴], (이슈타임)백재욱 기자
206) 입력 2015-04-01 14:09|최종수정 2015-04-01 14:09

자료: http://www.isstime.co.kr/view/?nid=20150401147135083354

　이 일로 부모님이 학교에 방문해 담임 선생님과 면담을 하자 소녀는 자신이 사는 7층 아파트에서 뛰어내렸다. 해당 학교의 교장 선생님은 "아이는 숙제를 제출하지 않았을 뿐만 아니라 담임 선생님에게 거짓말을 했다. 그래서 담임은 아이의 부모님과 대화가 필요하다고 생각했다"고 해명했다. 이어 "부모와 담임은 화기애애한 대화를 나눴다. 아이의 부모님은 상냥한 분들이셨고, 학부모 면담 경험이 많은 교사는 절대 선을 벗어난 이야기는 하지 않았다"고 주장했다. 또 "면담 결과 양측은 당일 아이를 일찍 귀가시키는 것으로 합의했고, 때문에 아이는 다음 날 등교하기전까지 숙제를 완성할 시간이 있었다"고도 덧붙였다. 학교와 아이의 부모는 절대 아이에게 숙제와 관련한 압박을 주지 않았다는 것이다. 하지만 집에 도착한 아이는 엄마가 주차하는 동안 아파트 7층 발코니에서 투신했고, 즉시 병원으로 이송돼 치료를 받았지만 끝내 세상을 떠나고 말았다. 현재 경찰은 아이가 스스로 목숨을 끊은 이유에 대해서 정확한 경위를 조사 중에 있다.[207]

5. 장국영, 사망 12주기 자살 택한 이유

고(故) 장국영 사망 12주기를 맞았다. 장국영은 지난 2003년 4월 1일 만우절에 홍콩의 한 호텔 24층에서 몸을 던지며 46세 나이에 세상을 떠났다. 당시 장국영의 자살소식은 전 세계 팬들을 충격에 휩싸이게 했다.[208] 장국영은 죽기전 "한 명의 20대 청년을 알았다. 그와 탕탕사이에서 누구를 선택해야 할지 몰라서 괴롭다. 그래서 자살하려 한다"라는 유서를 남겼다.[209] 당시 장국영의 죽음과 관련해 세간에는 동성애인이었던 당학덕이 장국영의 재산을 상속받기 위해 살인극을 벌였다는 루머가 퍼졌으나 경찰은 자살로 결론내렸다. 결국 당학덕은 장국영 사후 그의 재산 460억을 상속받은 것으로 알려졌다. 장국영은 귀여운 외모와 보호

자료: http://news.zum.com/articles/20918146

---

207) http://www.isstime.co.kr/view/?nid=201504011471350833354(2015.4.1.)
208) 스타투데이 원문 입력 2015.04.01 18:19, 매일경제 스타투데이
209) 매일경제 & mk.co.kr

본능을 자극하는 연기로 큰 인기를 누렸다. 뛰어난 연기력에 노래까지 잘하는 배우로 사랑받았다. 한편 장국영은 '영웅본색' '천녀유혼' '패왕별희' '아비정전' 등의 작품에서 열연했다.

이날 장국영을 접한 누리꾼들은 "장국영, 영웅본색 봐야돼" "장국영, 눈물난다" "장국영, 최고의 배우" "장국영, 잊혀지지 않아" 등의 반응을 보였다.210)

6. 미 명문 브라운대 한인 유학생, 교내 도서관서 투신 자살

미국 명문 브라운대학 대학원에 재학중인 한인 유학생이 교내에서 자살했다고 ABC방송 등이 31일(현지시간) 보도했다. 로드아일랜드 주 프로비던스 경찰은 사망자가 이날 정오쯤 교내 과학대학 도서관 12층에서 창문을 통해 뛰어내렸으며, 현장에서 숨졌다고 전했다.211)

경찰은 이번 사고를 자살로 확인했으나 자세한 내용은 공개하지 않았다. 크리스티나 팩슨 브라운대학 총장은 교내 이메일을 통해 사망자 신원을 물리학과 박사과정 1년 차인 한국인 남성 유학생이라고 밝혔다. 팩슨 총장은 사망자가 학부 과정의 조교(TA)로서 매우 좋은 평가를 받았다며 2013년 뉴욕 컬럼비아대학에서 학사학위를 받았다고 부연했다. 팩슨 총장은 이 사건을 비극이라고 칭하며 깊은 슬픔을 표했다.212)213)

---

210) http://news.zum.com/articles/20918146(2015.4.1.)
211) 기사승인 [2015-04-01 13:55], 기사수정 [2015-04-01 14:21], 아시아투데이 이미현 기자
212) mihyunlee77@asiatoday.co.kr, 이미현 기저, "젊은 파워, 모바일 넘버원 아시아투데이"
<a href='http://ads-optima.com/www/delivery/ck.php?n=aed769ff&cb=INSERT_RANDOM_NUMBER_HERE' target='_blank'><img src='http://ads-optima.com/www/delivery/avw.php?zoneid=216&cb=INSERT_RANDOM_NUMBER_HERE&n=aed769ff' border='0' alt=" /></a><a href='http://ads-optima.com/www/delivery/ck.php?n=a0b03c42&cb=INSERT_RANDOM_NUMBER_HERE' target='_blank'><img src='http://ads-optima.com/www/delivery/avw.php?zoneid=217&cb=INSERT_RANDOM_NUMBER_HERE&n=a0b03c42' border='0' alt=" /></a>
<a href='http://ads-optima.com/www/delivery/ck.php?n=a8a96319&cb=INSERT_RANDOM_NUMBER_HERE' target='_blank'><img

7. 가정불화에 4살 딸 남겨놓고 자살하려던 엄마 구출한 경찰

　우울증과 가정불화를 비관해 4살짜리 딸을 어린이집에 보낸 뒤 스스로 목숨을 끊으려던 20대 여성을 17년 경력의 베테랑 경찰이 수십여분 간 설득한 끝에 구조했다.[214] 서울 노원경찰서 노원지구대 서승경(47) 경사는 지난달 31일 오후 12시 40분쯤 112지령실로부터 출동명령을 받았다. 한 여성이 흐느끼는 목소리로 119에 전화를 걸어 "투신자살을 하겠다"는 외마디 말만 남긴 채 전화를 끊어버렸다는 내용이었다. 119에서는 자살의심 사건으로 판단, 이 여성이 걸어온 휴대전화 번호를 추적해 발신지가 서울 상계5동 근처라는 대략적인 위치를 확인한 뒤 경찰에도 이 사실을 알렸다. 서 경사와 김휘두(46) 경위 등 9명의 경찰관이 즉시 출동했지만 신고자의 정확한 위치를 파악하는 것은 쉽지 않았다. 기지국을 이용한 위성항법장치(GPS) 위치추적은 오차범위가 반경 500m 이상에 달하기 때문이다. 당초 서 경사는 119에서 알려준 장소에 있는 4층 건물 옥상으로 올라갔지만 아무도 찾지 못했다. 설상가상으로 주위에는 빌라·아파트 등 비슷하게 생긴 고층 건물이 많아 수색에도 어려움을 겪었다. 서 경사가 신고자와 통화를 시도하길 수십여 차례, 21번째 전화를 걸었을 때 A(28)씨가 울먹이는 목소리로 전화를 받았다.

　1998년 순경 공채로 입사해 17년차인 서 경사는 이때부터 베테랑의 면모를 보였다. A씨는 처음엔 "가족도 나를 찾지 않는데 당신들이 왜 나를 찾느냐"며 전화를 끊으려 했다고 한다. 서 경사는 "마음을 진정시키시고 만나보고 싶다"며 A씨를 안심시키고 전화통화를 이어갔다. 그는 "전화가 끊기면 신고자가 당장이라도 목숨을 끊을 것 같은 불안한 상태였다"고 말했다.

---

src='http://ads-optima.com/www/delivery/avw.php?zoneid=218&cb=INSERT_RANDOM_NUMBER_HERE&n=a8a96319' border='0' alt="" /></a>
213) http://www.asiatoday.co.kr/view.php?key=20150401010000442(2015.4.1.)
214) [중앙일보]입력 2015.04.01 15:38 / 수정 2015.04.01 16:01

지난달 31일 출동을 앞둔 서울 노원경찰서 노원지구대 서승경 경사(오른쪽)와 김휘두 경위. 사진=정혁준 기자
자료: http://article.joins.com/news/article/article.asp?total_id=17490477&cloc=
olink|article|

　서 경사는 또 "비를 맞고 있느냐" "주위에 큰 건물이 뭐가 보이느냐" 는 질문을 해가며 A씨가 있는 곳의 정확한 위치도 알아냈다. 그렇게 찾아낸 A씨는 5층규모의 빌라 옥상난간에 위태롭게 걸터앉아 있었다. A씨는 이미 몸의 3분의 2쯤이 이미 난간 밖으로 넘어간 상태여서 자칫하면 미끄러져 아스팔트 바닥으로 떨어질 수 있는 상황이었다. 서 경사는 끝

까지 통화를 유지하며 옥상으로 가 A씨를 설득하여 그를 난간 아래로 끌어내렸다. 서 경사가 다가가자 A씨는 오열했다고 한다. A씨는 자살을 시도하려 한 이유에 대해 "가정불화 때문에 마음이 너무 힘들었다"고 했다. A씨는 결혼을 일찍해 이미 4살짜리 딸도 있는 상태였다. A씨는 자녀를 어린이집에 보내 놓고 자살을 시도한 것이다. 서 경사는 "A씨가 비교적 일찍 결혼생활을 시작하면서 경제적 어려움을 많이 겪었다고 한다"며 "어린 나이에 집에서 아이만 돌보면서 우울증 증세까지 겹쳐 자살을 시도했다"고 설명했다. 그는 또 "처음 현장에 도착한 순간 빨리 구해야겠다는 생각밖에 들지 않았다"면서 "해야 할 일을 한 것 뿐"이라고 말했다.215)216)

8. 가족해체 현상과 자살문제

라이프호프와 함께하는 '생명목회 이야기', 1994년은 유엔이 정한 가정의 해였다. 그 이유는 전 세계적으로 가족해체 현상이 급격하게 진행되었기 때문이다. 미국을 필두로 하여서 개발도상국까지 그 여파는 직간접적으로 영향을 주었는데, 특히 우리나라는 전 세계적으로 가장 빨리 이혼율이 급상승하는 나라가 되었다.217) 그 결과는 지금 그대로 나타나고 있는데, 저출산 문제만이 아니라 급속한 고령화로 노동인구가 감소되어 외국인들의 노동력을 빌려와야만 하는 실정이 되었다. 독거노인의 증가, 독신가정의 증가, 한부모 가정의 증가, 조손가정의 증가, 자녀가 없는 부부가정의 증가, 다문화가정의 증가 등등의 다양한 변화가 일어나게 되었다. 이러한 가정의 변화는 우리가 살아가는 정치, 경제, 사회, 문화 등 다양한 분야에 영향을 미치고 있다. 그런데, 이러한 가족해체 현상과

---

215) 정혁준 기자 jeong.hyukjun@joongang.co.kr
216) http://article.joins.com/news/article/article.asp?total_id=17490477&cloc=olink|article|default (2015.4.1.)
217) 운영자 승인, 2015.04.01l1289호

그에 따른 변화는 자살율의 증가와 결코 무관하지 않다. 아주 오래 전에 이혼이 자살에 주는 영향을 과학적으로 증명해 보이고자 했던 인물은 유명한 사회학자 에밀 뒤르케임이다. 그는 가정이 자살을 예방하는 강력한 예방력을 가지고 있다고 보았는데, 가족이 서로 강력히 통합되어 있을수록 자살의 예방력도 증가한다는 것이다. 특히 가족의 수, 즉 가족의 밀도가 높고 통합되어 있을수록 자살의 예방력도 증가한다고 하면서, 가족수와 가족의 밀도가 높을수록 자살율이 낮아진다고 보았다.

실제로 우리나라의 경우를 보면 과거에는 가족수가 웬만하면 대여섯 명이었고, 심지어는 10명, 12명이 넘어가는 경우도 많았다. 그러다가 전쟁과 경제난을 겪으면서 나라의 정책으로 산아제한을 하면서 가족수는 급격하게 줄어들어 지금은 저출산국가라는 이름을 갖게 되었다. 게다가 나라의 정책적인 산아제한은 불법적인 낙태시술을 만연하게 하는 부작용을 낳았고, 지금도 알게 모르게 살해당하고 있는 태아들이 한 시간에 175명이라는 통계이며, 가임기 여성 10명 중 3명꼴로 낙태를 경험하고 있다는 것이다. 이런 저런 영향이 자살율의 증가에도 미친다고 보는 것이다. 가정의 기능은 다양하다. 자녀 생산의 기능은 물론이고, 생산과 소비의 기능, 휴식처로서의 기능, 교육의 기능, 정서적 사회적 지지의 기능, 치유와 회복의 기능 등등 손으로 꼽자면 무궁무진한 기능을 하고 있다. 가정은 단순히 사회의 최소 단위만이 아니라 한 개인이 살아가는 절대적인 생존의 기반이 되는 것이다. 그러기에 이 가정이 해체되면 개인은 또 다른 형태의 가정을 원하게 된다. 그러한 모습이 벌써 나타나고 있는데, 독신으로 살아가는 사람들이 주택을 공동으로 구입해서 함께 살아가는 새로운 형태의 생활공동체 모습이다. 아무리 개개인의 프라이버시와 권익을 우선한다고 해도, 사람은 사회적 존재이기에 함께 살아갈 가족이 필요한 것이다. 그 중에 가장 기본이 되는 가족이 바로 혈연을 바탕으로 한 생활공동체인 가족이다. 따라서 가정이 해체된다는 것은 절대적인 지지기반을 잃는다는 의미이다. 실제로 자살시도자들을 살펴보면 가족간의 높은 스트레스를 경험하는 것으로 나타나고 있다. 가족간의 지지적 관계가 깨지면 스트레스를 받게 되고, 그 고통이 자살충동으로 이어지고 있는 것이다. 그러나 반대로 가족간에 지지와 격려가 있고 화목할 때 치유와 회복이 일어나며, 삶의 고통을 겪더라도 잘 견뎌나가는 것을 볼 수 있는 것이다. 여기서 자연스럽게 가족해체 현상에 의한 이혼자, 사별자, 자살자 유가족, 독거노인, 독신자, 청소년 등에 대한 치밀한 배려와 관심의 필요성이 제기되는 것이다. 특히 많은 사회복지단체와 종교단체들이 발벗고 나서서 큰 의미에서의 가족역할을 하여 이들의 지지기반이 되어준다면 자살율은 현저히 줄어들 것이라고 생각하는 것이다.[218)219)]

9. 총기관리업무 맡던 젊은 경찰관 '자살'

일선 경찰관들이 스스로 목숨을 끊는 안타까운 사건이 잇따르고 있다. 1일 오후 12시 50분쯤 경기도 양평군 강상면에 있는 한 야산에서 양평경찰서 소속 김모(37) 경장이 숨진 채 발견됐다.[220)] 경찰 등에 따르면 김 경장은 이날 오전 9시 30분쯤 인근 자택에서 나와 뒷산으로 올라가는 모습이 폐쇄회로(CC)TV에 잡혔다. 이에 인근 파출소장과 기동타격대 대원들이 야산을 수색한 결과 김 경장은 소나무에 노끈으로 목을 매 숨져 있었다. 생활질서계 소속이던 김 경장은 평소 엽총과 공기총 등 총기류 관리업무를 맡아왔다. 지난 2월 말 세종시와 화성시에서 엽총 난사사건이 연거푸 일어나 대형 인명피해가 발생한 이후 경찰은 총기관리 강화계획을 발표했다. 살상력이 높은 엽총은 물론 공기총까지 경찰서에 영치

---

218) 노용찬 목사(라이프호프기독교자살예방센터 공동대표), 운영자
igoodnews@igoodnews.net, 아이굿뉴스
219) http://www.igoodnews.net/news/articleView.html?idxno=45293(2015.4.1.)
220) (단독) 총기관리 업무 맡던 젊은 경찰관 '자살', 2015-04-01 16:18, CBS노컷뉴스 박지환 기자

하고 총기 소지 신고자와 실제 보관 총기가 일치하는지 전수조사도 진행 중이다. 일선 경찰서 보관 총기류가 대략 400여정인데 비해 양평서는 700정 이상으로 그만큼 김 경장의 업무강도가 높았던 것으로 전해진다.

자료: http://www.nocutnews.co.kr/news/4391769

경찰 관계자는 "총기관리 강화 이후 총기 소지자 등이 일선 경찰서에 민원성 전화를 걸어 항의하는 일이 잦았다"며 "업무 피로도가 매우 높아진 것은 사실"이라고 말했다. 경찰은 김 경장이 높은 업무강도속에 극단적 선택을 했을 가능성 등을 염두에 두고 구체적인 경위를 조사하고 있다. 앞서 하루 전인 지난달 30일 오후 1시 30분쯤에는 전북 완주군 동상면에 있는 교량 아래서 완산경찰서 소속 이모 경감이 투신해 숨지기도 했다. 이 경감은 올해 2월 초 발령을 받은 뒤 두 달간 병가를 낸 상태였으며 목숨을 끊기 직전 자살을 암시하는 내용의 문자를 아내에게 보냈다.221)

10. 늙는 것도 서러운데, 우울한 노년, 노인 10명 중 1명 자살충동

자살 생각 노인 40% "경제 어려움 탓", 홀로 거주하는 노인이 갈수록 늘고, 가족관계 단절에서 오는 외로움과 경제적 어려움으로 10명 중 1명은 자살까지 생각한 경험이 있는 것으로 나타났다.

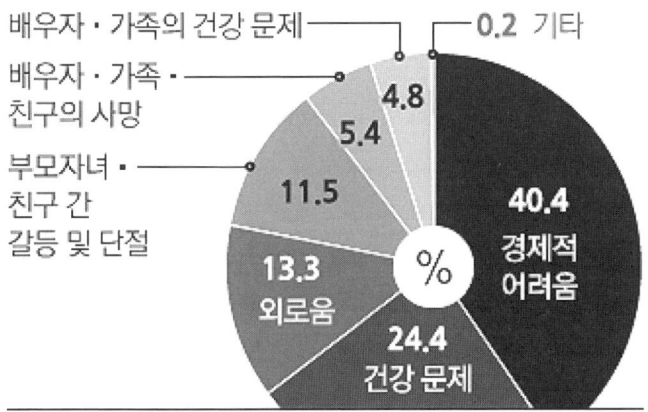

자료: http://go.seoul.co.kr/news/newsView.php?id=20150401012018

보건복지부는 지난해 3월부터 9개월간 65세 이상 노인 1만452명을 대상으로 면접조사를 한 결과 10.9%가 자살을 생각해 본 적이 있다고 응답했고, 이 중 12.5%는 실제 자살을 시도한 경험이 있었다고 31일 밝혔다. 자살을 생각한 이유로는 절반에 가까운 40.4%가 경제적 어려움을 들었다. 건강문제(24.4%), 외로움(13.3%), 가족·친구와의 갈등과 관계 단

---
221) http://www.nocutnews.co.kr/news/4391769(2015.4.1.).

절(11.5%) 등도 주된 이유로 꼽았다. 자살을 생각해 본 적이 없더라도 조사대상 전체 노인의 33.1%는 우울증상을 보였고, 특히 연령이 높고 소득이 낮을수록, 남성 노인보다는 여성 노인이 우울증상을 많이 보였다.

가족 등 주변의 관심, 안정적 노후 소득보장이 시급한 상황이지만 수치상에 나타난 현실은 더 악화됐다. 무엇보다 독거노인 가구가 2004년 20.6%에서 지난해 23.0%로 증가했다. 노인부부 가구(44.5%)와 독거가구 중에는 개인생활을 누리려고 일부러 단독거주를 택한 노인(15.5%)도 있었으나, 자녀의 결혼(32.7%), 자녀가 타 지역에 있어서(20.6%) 불가피하게 떨어져 지내는 노인이 대부분이었다. 반면 자녀와 동거하고 있는 노인은 28.4%로, 2004년의 38.6%보다 10.2% 포인트 줄었다. 노인층의 경제활동 목적도 용돈벌이보다는 생계형으로 바뀌었다. 면접 대상 가운데 현재 경제활동을 하는 노인 3020명 중 79.3%는 생활비를 보충하기 위해 일한다고 답했다. 건강상태도 좋지 않았다. 만성질환을 가진 노인은 89.2%나 됐고, 고혈압·관절염·당뇨병 등 평균 2.6개의 만성질환을 갖고 있었다. 51.0%는 영양관리가 양호한 수준이나 49.0%는 영양관리 개선이 필요한 것으로 나타났다. 한편 노인이 생각하는 노인의 연령은 70세 이상이었다. 78.3%가 70세는 돼야 노인이라고 답했고, 75세 이상이라고 응답한 노인은 31.6%로 2011년보다 7% 포인트 증가했다.[222)223)

11. "이해해 줄 사람 찾다가" '동반자살'의 늪

[앵커]

여러 명이 모여 스스로 목숨을 끊는 '동반자살' 사건이 최근 잇따르고 있습니다. 대부분 SNS나 인터넷 커뮤니티를 통해서 만나게 되는데요.

집단 비관속에서 삶을 놓아버리는 일이 끊이지 않지만, 온전히 차단하

---

222) 세종 이현정 기자 hjlee@seoul.co.kr, 2015-04-01 12면
223) http://go.seoul.co.kr/news/newsView.php?id=20150401012018(2015.4.1.)

기는 힘든 상황입니다. 임성호 기자가 보도합니다.224)

[기자]

해변에 있는 텐트안에서 남성 4명이 연탄을 피우고 숨진 채 발견됐습니다.

20대 남녀 4명이 차량 안에서 함께 목숨을 끊기도 했습니다. 함께 자살할 사람을 찾는 일은 대부분 인터넷 자살 사이트와 SNS를 통해 이루어집니다. 이렇게 커뮤니티에서 자살충동을 공유하는 행동은 위험할 수밖에 없습니다. 사회적으로 고립됐다고 느끼고 다른 사람에게 짐이 된다는 부담감을 가진 사람들은 자살충동을 느끼기 쉽습니다.

자료: http://www.ytn.co.kr/_ln/0103_201503312156370209

그런데 자살관련 SNS나 사이트에서 여러 사람의 자살충동과 구체적인 실행방법 등이 오가면서, 가벼운 자살충동을 가진 사람도 실제로 동반자살까지 몰아가는 집단 압력으로 작용할 수 있다는 겁니다.

---

224) 2015-03-31 21:56

[인터뷰: 홍진표, 한국 중앙자살예방센터장]

"자기랑 비슷한 어려움을 겪고 있는 사람들을 찾는 게 속 깊은 마음인데, 구성원 가운데 한두 명이 구체적으로 이렇게 하면 된다면서 이끌어 나가면 나머지 사람들은 꼭 죽을 생각이 없었는데도..." 하지만 온라인 자살정보를 모두 막기는 현실적으로 불가능합니다. 지난해 경찰이 인터넷 커뮤니티와 SNS에서 적발해 포털사이트에 차단과 삭제를 요청한 자살정보만도 7백건이 넘지만, 폐쇄된 일부 사이트는 해외 서버 등을 이용한 우회 접속으로 들어가는 것이 얼마든지 가능하기 때문입니다. 우리나라 인구 10만명 가운데 자살하는 사람은 30명 가까운 수준입니다. 인터넷과 SNS상의 자살정보를 온전히 막는 것이 힘든 상황에서, 자살충동을 느끼는 이들이 건전한 소통의 장으로 나오게 할 수 있는 방안이 절실합니다.[225][226]

12. 노인 10명 중 1명 "자살 생각, 학대 경험"

보건복지부는 지난해 3월부터 9개월에 걸쳐 조사한 노인 실태조사 결과에 따르면 경제적 어려움과 건강문제 등으로 노인 10명중 1명은 자살을 생각한 적이 있다는 조사 결과가 나타났다.[227][228] 즉, 경제적 어려움과 건강문제 등으로 노인 중에서 10%는 자살을 생각한 적이 있다는 조사 결과가 나타났다. 보건복지부는 지난해 3월부터 9개월에 걸쳐 조사한 노인 실태조사 결과를 발표했다. 조사 내용은 가구형태 및 가족관계, 소득, 건강·기능상태, 경제활동 및 여가·사회활동 실태, 생활환경 및 가치관 등이다. 가구형태를 보면 노인끼리 사는 가구 형태가 증가했다.

---

225) YTN 임성호[seongh12@ytn.co.kr], YTN & YTN PLUS
226) http://www.ytn.co.kr/_ln/0103_201503312156370209(2015.4.1.)
227) 복지부, 2014 노인실태조사 발표, 김지혜 기자 | mnine90@gmail.com, 2015.04.01 15:42:04
228) 뉴시스

독거노인 비율은 2004년 20.6%에서 지난해 23%로, 노인부부 가구는 34.4%에서 44.5%로 껑충 뛰었다. 반면 자녀와 함께 사는 비율은 같은 기간 38.6%에서 28.4%로 10% 낮아졌다. 노인 단독가구(독거+부부가구) 구성 이유로는 자녀의 결혼(32.7%), 자녀의 타지역 거주(20.6%), 개인(부부 생활)향유(15.5%), 기존의 거주지에 계속 거주하고 싶어서(11.1%) 순이었다. 또 거주형태에 대한 인식도 달라져 기혼자녀와의 동거가 당연하다고 응답한 노인은 15.6%에 불과했다. 혼자 사는 가구가 늘고 있지만 경제적 어려움과 건강문제 등으로 노인의 삶의 질은 높지 않았다. 노인이 있는 가구의 총 가구소득은 평균 2303만원이었으며 근로소득이 37.4%로 가장 많은 비중을 차지했다. 이어 공적 이전소득(22.6%), 사업소득(15.5%), 사적 이전소득(15.1%) 등으로 분포되었다.

자료: http://www.sisafocus.co.kr/news/articleView.html?idxno=119423

이와 관련 노인의 28.9%가 생활비 보충(79.3%), 용돈마련(8.6%) 등을 위해 단순 노무직(36.6%), 농림축산어업(36.4%) 등에 종사하고 있는 것으로 조사됐다. 또한 주관적 생활수준을 묻는 지표에서도 49.7%는 '낮은 편', 47.2%는 '그저 그렇다'고 답했다. 다만 소득수준이 가장 높은 5분위의 노인의 경우도 높다는 응답이 9.2%에 불과해 자신의 경제상태에 대해서는 하향 평가하는 경향이 있었다. 신체·정신적 건강상태도 나쁜 것으로 확인됐다. 만성질환율은 89.2%에 육박했고 만성질환을 2개 이상 가진 복합이환자도 69.7%에 달했다. 또 노인의 33.1%는 우울증상이 있는 것으로 나타났고 9.9%는 학대를 경험한 것으로 조사됐다. 더욱이 10.9%는 자살을 생각한 적이 있으며 이 중 12.5%는 실제 자살을 시도했다고 답했다. 경제적 어려움과 건강문제 등을 호소한 노인이 많았다. 이 밖에 응답자들은 노인의 연령 기준이 70세 이상이라는데 78.3%가 동의했고, 75세 이상이라는 응답도 31.6%로 전년에 비해 7% 증가했다. 복지부 관계자는 "독거노인 증가에 대한 지원과 우울증상과 자살 등 정신건강관련 지원 등을 강화할 필요가 있을 것으로 보고 있다"며 "노인실태조사 결과를 제3차 저출산고령사회기본계획, 제3차 치매관리기본계획 수립시 활용하겠다"고 말했다.229)230)

13. 미세먼지·황사, 자살률도 높인다

미세먼지나 오존과 같은 대기오염 물질이 호흡기 건강을 해치는 것뿐만 아니라 자살률도 높이는 것으로 조사됐다. 삼성서울병원 정신건강의학과 김도관 교수 연구팀은 2006~2011년 우리나라 각 시도별 환경오염지수와 자살률 상관관계를 분석한 결과 대기중 미세먼지(PM-10)가 발생해 1주일을 기준으로 농도가 37.82μ g/m³ 증가할 때마다 우리나라 전체 자살률이 3.2%씩 늘어나는 것으로 나타났다고 1일 밝혔다. 또한 오존 농도가 1주일동안 0.016ppm 증가하면 그 주의 우리나라 전체 자살률은 7.8% 올랐다. 연구기간동안 우리나라 인구 10만명당 연간 자살률은 29.1

---

229) [시사포커스 / 김지혜 기자], 공정한 보도 / 정직한 언론 / 건강한 사회, 시사포커스
230) http://www.sisafocus.co.kr/news/articleView.html?idxno=119423(2015.4.1.)

명으로 OECD 국가 가운데 가장 높은 수치를 기록했다.[231][232]

대기오염·오존 자살률 상관관계 연구에는 환경부가 전국 79개시 251곳에서 측정한 환경오염지수를 비롯해 국가통계청이 발표한 자살현황 등을 활용했다.

자료: http://news.naver.com/main/read.nhn?oid=009&sid1=103&aid=0003452214&mid=shm&mode=LSD&nh=20150401141948

연구팀은 이러한 분석결과가 나온 것과 관련해 미세먼지나 오존과 같은 대기오염 물질이 중추 신경계 면역체계와 신경전달물질을 교란하거나 평소 질환을 악화시키기 때문이라고 추정했다. 이 경우 우울감과 충동성이 악화될 가능성이 높아진다. 즉, 대기오염이 지속되면 우리 몸 안에서 스트레스 호르몬 분비에 변화가 생겨 자살과 관련있는 기분장애를 일으킬 수 있고, 특히 오존의 경우 세로토닌 대사에 악영향을 끼친다는 점에서 자살위험을 높이는 원인이 된다는 설명이다. 김도관 교수는 "환경오염의 심각성을 새삼 깨닫게 되는 대목"이라며 "자살률에 영향을 미

---

231) sisa1225@sisafocus.com, 02) 323 - 2223
232) 기사입력 2015-04-01 14:15

치는 여러 요소가 있지만 대기오염 또한 상관관계가 있다는 점이 밝혀진만큼 자살예방 대책에 이 부분도 반영돼야 할 것"이라고 말했다. 이 연구는 미국 과학저널인 PLOS(Public Library of Science) 최신호에 게재됐다.233)234)

14. 동덕여대 양윤정 교수팀, 노인 4400여명 조사 결과

여유있는 노인도 칼륨·칼슘·비타민 B2 섭취량 등 권장량 훨씬 미달, 65세 이상 노인의 7명 중 1명은 식품 구입에 심하거나 상당한 어려움을 느끼는 상태인 것으로 밝혀졌다. 또 식품을 사는 일이 버거운 노인들의 자살 생각 비율이 식품 구입엔 문제없는 노인에 비해 2배 이상 높은 것으로 드러났다.235)

동덕여대 식품영양학과 양윤정 교수팀은 2008~2010년 국민건강영양조사(보건복지부 주관)에 참여한 65세 이상 노인 4451명을 조사한 결과 '지난 1년간 우리 가족 모두가 원하는 만큼의 충분한 양과 다양한 종류의 음식을 먹을 수 있었다'(식품안정성이 높은 그룹)는 비율이 31.9%(1418명)에 그쳤다고 1일 밝혔다. 이 결과는 '대한지역사회영양학회'지 최근호에 소개됐다. 양 교수팀에 따르면 '지난 1년간 우리 가족 모두가 충분한 양의 음식을 먹을 수 있었으나 다양한 종류의 음식은 먹지 못했다'(식품안정성이 가볍게 낮은 그룹)는 노인이 절반을 약간 넘었다(2396명, 53.8%).

'지난 1년간 경제적으로 어려워 가끔 먹을 것이 부족했다'(식품안정성이 상당히 낮은 그룹)는 노인은 488명(11%), '지난 1년간 경제적으로 어려워 자주 먹을 것이 부족했다'(식품안정성이 심하게 낮은 그룹)는 노인은 149명(3.3%)으로 조사됐다. 어려운 살림탓에 식품안정성이 상당히 또

---

233) [이병문 의료전문 기자], 매일경제 & mk.co.kr
234) http://news.naver.com/main/read.nhn?oid=009&sid1=103&aid=0003452214&mid=shm&mode=LSD&nh=20150401141948(2015.4.1.)
235) (뉴스투데이=강은희 기자)

는 심하게 낮은 노인이 전체 노인의 14.3%에 달한 것이다.

자료: http://www.news2day.co.kr/n_news/news/view.html?no=65789

UN 국제식량농업기구(FAO)는 식품안정성을 "사람이 활기차고 건강한 삶을 영위하기 위해 충분하고 안전하며 영양가있는 식품을 늘 확보하고 있는 상태"라고 규정했다. 따라서 경제적 이유 등으로 식품의 구입 자체가 힘들다면 식품안정성이 낮은 셈이다. 노인의 식품안정성은 생애의 다른 어떤 시기보다 낮은 것으로 알려졌다. 우리나라 전체 노인의 거의 절반(2011년 기준 48.8%, 한국보건사회연구원 자료)이 빈곤선(線) 아래에 머물러 있기 때문이다. 일반적으로 식품안정성이 낮을수록 식품 섭취량을 줄이거나 설탕지방이 함유된, 즉 에너지 밀도가 높은 식품을 많이 찾는 경향을 보인다. 과일·채소·유제품 등 건강에 이로운 식품의 섭취량은 감소한다. 식품안정성이 낮으면 또 비만·당뇨병·고혈압·고지혈증 등 만성질환 위험이 높아질 뿐 아니라 우울증·자살충동 등 정신건강에도 나쁜 영향을 미친다. 이번 연구에선 상대적으로 고령·여성·저소득·독거·일상생활에 지장이 있는 노인의 식품안정성이 더 낮은 것으로 확인됐다.

또 노인의 식품안정성이 낮을수록 스트레스를 더 많이 느끼고 우울증상을 자주 경험하며 자살을 고려하는 비율이 높아지는 것으로 조사됐다. 특히 식품안정성이 낮은 독거노인의 자살 고려 비율은 55.1%에 달했다. 이는 가족과 함께 살면서 식품안정성이 높은 노인의 자살 고려 비율(17.6%)에 비해 3배나 높은 결과다. 식품안정성이 높은 독거노인의 자살 고려 비율은 21.8%였다. 식품 사기도 빠듯하거나 부족한 독거노인의 우울증상 경험률은 39.9%로, 식품 구입에 애로를 느끼지만 가족과 함께 사는 노인(26.6%)이나 식품안정성이 높으면서 가족과 동거하는 노인(13.8%)보다 훨씬 높았다. 이번 연구에선 노인의 영양섭취 상태가 전반적으로 부실한 것으로 나타났다. 특히 식품안정성이 높은 노인마저도 칼슘(뼈 건강 좌우)·칼륨(혈압 조절)·비타민 B2(에너지 생성)의 평균 섭취량이 권장량의 각각 68.3%·77.5%·68.4%에 불과했다. 식품안정성이 낮을수록 콩류·채소·버섯·과일·유지류·육류·계란·어패류·우유·유제품의 섭취량은 감소하는 경향을 보였다. 식품안정성이 낮은 노인이 가장 우선 줄이는 식품은 과일과 어패류였다.[236][237]

15. "'연쇄 자살도미노'로부터 자살유족 지켜야"

서울시, 4월 중 상반기 '자살유족 서비스 전문가' 양성교육[238] 2008년 당대 유명 여배우가 스스로 삶을 마감하며 세상에 충격을 줬다. 2010년에는 평소 우애가 좋았던 그의 남동생이 자살했다. 2013년에는 여배우의

---

236) [강은희 기자 leona01@news2day.co.kr], 오늘의 즐거움, 내일의 꿈 (www.news2day.co.kr), 뉴스투데이
237) http://www.news2day.co.kr/n_news/news/view.html?no=65789
238) 뉴스1 원문| 입력 2015.03.29 08:00

전 남편이 홀연히 세상을 등졌다.239) 여배우의 죽음 이후 잇따라 주변인들의 죽음이 이어지면서 우리 사회에는 한 사람의 자살이 주변인에게 영향을 미친다는 베르테르 효과를 실감한다는 이들이 적지 않았다.

이처럼 자살로 인해 발생하는 가장 큰 비극은 본인의 죽음이겠지만 그 못지 않게 유족들이 겪는 고통도 상당하다. '자살유족'은 부모, 자식간의 혈연관계 이외에도 친구, 이웃, 동료와 심지어 자살현장을 직·간접적으로 목격한 이들까지를 통칭한다. 자살유족은 높은 수준의 죄책감과 수치심 등을 경험하며 고인에 대한 분노와 거부, 유기된 느낌 등을 느끼는 것으로 알려져 있다. 불안, 두통, 긴장, 피로, 수면장애 등으로 어려움을 호소하는 경우도 있다. 자살에 대한 부정적인 사회 인식으로 자살유족들은 서둘러 장례를 마치거나 죽음에 대해 침묵하면서 충분한 애도와 주변인들의 위로 등을 경험하지 못해 오랜기간 충격에서 벗어나지 못하는 경우도 적지 않다. 수도 서울의 인구 10만명당 자살자(자살률)는 2013년 기준 25.6명으로 전국 평균 28.5명보다는 낮지만 자살률 자체가 수년간 25명 안팎을 계속 유지하고 있다는 점에서 아직 노력이 필요한 시점으로 볼 수 있다. 시는 자살을 막기 위해 자살예방센터를 운영하고 있다. 센터는 자살위기에 놓인 이들을 관리하고 상담을 제공하며 응급상황 발생시 현장에 출동해 대상자를 설득하는 작업 등을 하고 있다. 특히 '마음이음 상담전화(1577-0199)'는 24시간 체제로 운영돼 늦은 밤이나 새벽 시간대에도 상담을 제공하고 있다. 마음이음 상담전화는 지난 2월 말 기준 올해에만 총 5020건의 상담을 접수하고 서비스를 제공했다. 센터는 자살유족들을 위한 서비스도 제공하고 있는데 그 중 하나가 자조모임 운영이다. 자조모임은 서로 비슷한 경험을 한 자살유족들이 모일 수 있는 자리다. 이곳에서 자살유족들은 자신의 이야기를 털어놓고 서로를 위로하는 과정을 통해 마음을 치료한다. 센터 관계자는 "자살에 대한 인식

---

239) 2014.09.24/뉴스1 © News1, (서울=뉴스1) 고유선 기자

이 좋지 않아 사실 유족들은 어디가서 이를 털어놓고 위로를 받기가 쉽지 않아 숨는 경우가 많다"며 "같은 아픔을 가진 이들이 서로의 이야기를 하고 위로를 해주는 것만으로도 치료효과가 있다. 참여하신 분들도 도움을 많이 받았다고 말씀해주신다"고 말했다. 서울시는 자살유족들에 대한 서비스를 제공할 전문가 양성을 위해 매년 해왔던 것처럼 올해도 상·하반기 두 차례 교육과정을 운영한다. 올해 상반기 전문가 양성교육은 내달 이틀간 진행된다. 교육 대상자는 내달 1일부터 7일까지 진행되는 접수기간동안 선착순으로 접수를 진행한 10명이다. 참가 대상은 서울시내 25개 자치구의 담당자들이다. 이들은 사별과 애도, 자살유족 서비스, 자조모임 운영방식 등에 대한 수업을 듣는다. 실제 배우를 자살유족 역할로 섭외해 상담을 진행하고 이를 녹화해 스터디를 하기도 한다.

센터 관계자는 "교육을 원하는 이들을 한꺼번에 수용하면 효과적인 교육진행이 어려워 수강생을 10명으로 제한하고 있다"고 말했다. 이어 "교육에는 정신보건분야의 자격을 갖춘 분들이 주로 참여하고 있으며 기본 지식들은 충분히 갖췄다는 판단하에 '심화과정'으로 교육을 진행하고 있다"고 설명했다.[240)241)]

16. 시력 나빠지면 '자살'위험 높아져

시력이 나빠지면 자살위험이 높아진다는 연구 결과가 나왔다. 시력을 잃어버리는 것이 자살충동이나 자살기도와 연관된 것으로 나타났다.[242)]

29일 연세대의대 연구팀이 '영국안과학저널'에 밝힌 2008-2012년 사이 눈 검사를 한 3만명 가량의 성인을 대상으로 한 새로운 연구결과에 의하면 시력 손상을 가진 사람들이 향후 정신적 후유증을 종종 겪는 것으로 나타났다. 참여자 중 16% 가량이 이전년동안 자살을 생각해 본 적 있

---

240) kes@, 뉴스1코리아(news1.kr)
241) http://news.zum.com/articles/20813518(2015.4.1.)
242) (사진=메디컬투데이 DB), [메디컬투데이 강연욱 기자]

다고 답했으며 1%는 실제로 자살을 기도한 가운데 이중 단 4%만이 우울증 진단을 받았지만 단 2%만이 정신건강 이슈로 카운셀링을 받았다.

연구결과 시력이 나빠질수록 전반적인 삶의 질이 저하됐으며 실제로 시력이 가장 나쁜 사람들이 자살 생각을 하고 자살을 기도할 가능성이 정상 시력을 가진 사람들 보다 각각 2배, 3배 높은 것으로 나타났다. 연구팀은 "안과의사들이 정신적 케어 특히 안과적 질환으로 심한 스트레스를 받는 사람에서 정신적 케어를 해주어 시력저하를 가진 사람들에 대해 자살을 예방하고 자살성향을 줄일 책임이 있다"라고 강조했다.243)244)245)

17. 한국 성인 남녀 10명 중 7명 "한번쯤 자살 생각"

한국 성인 남녀 10명 중 7명이 한 번쯤 '자살을 생각해본 것으로 나타났다. 27일 시장조사전문기업 마크로밀엠브레인의 트렌드모니터에 따르면 전국 만 19~59세 성인 남녀 1000명을 대상으로 '자살'에 대한 인식조사를 실시한 결과 전체의 75%가 충동적으로나마 한 번쯤 자살을 떠올렸다고 답했다.246) 이제 자살문제가 더 이상 특정 계층과 소수만의 문제가 아닌 우리 사회 전체가 곱씹어봐야 할 문제로 부각된 것이다. 조사 결과에 따르면 '자살을 한 번쯤 생각해 본 적 있다'는 응답이 55.6%로 가장 높았으며, '자살을 가끔 생각하는 편'이라는 응답이 14.4%, '자살을 자주 생각한다'는 응답이 5%로 조사됐다.

---

243) 메디컬투데이 강연욱 기자(dusdnr1663@mdtoday.co.kr)
244) <건강이 보이는 대한민국 대표 의료, 건강 신문 ⓒ 메디컬투데이
245) http://www.mdtoday.co.kr/mdtoday/index.html?no=252066(2015.4.1.)
246) 이투데이 원문 입력 2015.03.27 10:30

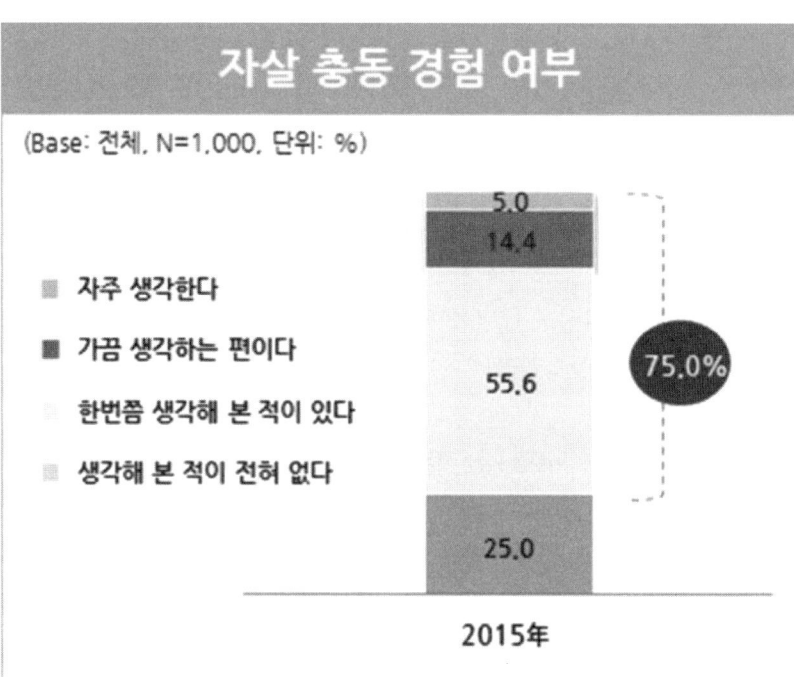

자료: http://news.zum.com/articles/20783023
자료제공=마크로밀엠브레인

　한 번쯤 자살을 생각한 경험이 있는 사람들을 분석해보면 남성(68.8%)보다 여성(81.2%)이, 20대(70.4%)와 50대(71.6%)보다 30대(80.8%), 40대(77.2%)의 자살충동이 심각했다. 또한 자신의 계층을 낮게 평가하고 일상적 불안감이 있는 사람이 자살에 보다 가까이 다가선 것으로 나타났다. 특히 전체 13.7%가 자살에 대한 생각이 들어 인터넷에서 자살을 검색해 본 경험을 가지고 있었으며, 자살충동을 느껴 공공기관이나 사설기관에서 상담받은 적이 있다는 응답은 3.1%였다.

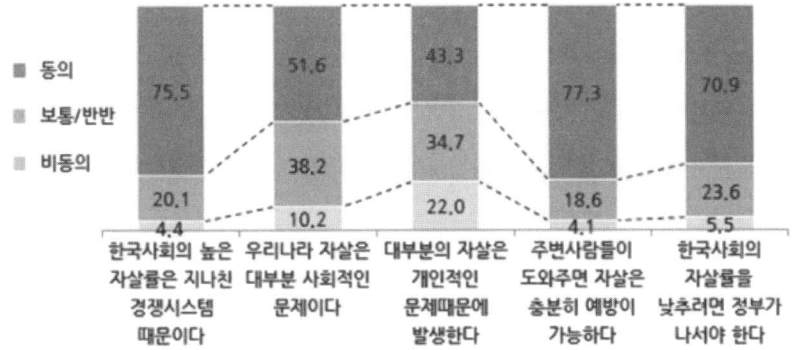

자료: http://news.zum.com/articles/20783023
자료제공=마크로밀엠브레인

　한국사회의 높은 자살률에 대해 전체 75.5%는 지나친 경쟁시스템 때문이라고 바라봤다. 한국사회의 경쟁시스템에 문제가 있다는 시각에는 연령별(20대 76.4%, 30대 72.8%, 40대 78.4%, 50대 74.4%) 인식차이가 없었다. 전체 51.6%는 우리나라의 자살이 대부분 사회적인 문제에서 비롯된다고 답했다. 반면 대부분의 자살이 개인적인 문제 때문에 발생한다는 주장은 43.3%였다. 자살문제의 해결책에 대해서는 전체 77.3%가 주변사람들이 도와주면 자살은 충분히 예방이 가능하다고 생각했다. 실제 주변에서 자살을 했다는 소식을 들어도 나와는 관계없다고 느껴진다는 응답이 23.3%에 불과할 정도로 주변사람들에게 따뜻한 마음과 관심을 전달한 여지는 충분하다고 할 수 있다. 이 밖에 10명 중 7명(70.9%)은 한국사회의 자살률을 낮추려면 결국 정부가 나서야 한다고 인식했다. 자살을 생각하는 사람들에게는 종교활동이 예방책이 될 것이라는 시각에 동의 의견(37.1%)과 비동의 의견(28.6%)이 다소 분분했다.[247)248)]

---

247) [이투데이/이재영 기자(ljy0403@etoday.co.kr)], 프리미엄 경제신문 이투데이▶배국남

18. '다이어트 강박' 44사이즈 女, 자살 위험성 2.5배 높아

날씬한데도 살을 빼려는 사람은 일반인보다 더 쉽게 자살과 같은 극단적인 생각에 빠질 수 있는 것으로 나타났다. 삼성 서울병원 연구팀(가정의학과 이정권·신진영 교수, 김진호 전문의)이 2007~2012년까지 19~69세 사이의 저체중 성인 남녀 1122명(남 148명, 여 974명)의 데이터를 분석한 결과이다.[249] 연구팀은 이 실험을 위해 저체중인데도 살을 빼려고 하는 그룹(101명)과 그렇지 않은 그룹(1021명)으로 대조군을 나눴다. 이후 자살과 연관있는 우울증, 우울감, 스트레스, 사회경제적 지위, 신체활동 정도 등을 따져 '자살성 사고'와의 연결고리를 추적했다. 그 결과 저체중인데도 살을 빼려고 하는 그룹에서 자살성 사고를 경험할 위험도가 그렇지 않은 그룹에 비해 2.5배 높게 나타났다. 또 일상생활 중 우울감을 느끼는 경우도 2.2배 높았다. 저체중 그룹은 실제 자신의 몸매와 자신이 인식하는 몸매간의 차이가 크기 때문에 무리하게 살을 빼려고 하는 것으로 분석됐다.

이같은 결과에 대해 이정권 교수는 연합뉴스와의 인터뷰에서 "저체중인데도 본인이 풍풍하다고 여기고, 살을 빼려는 것은 신체적, 정신적 측면에서 개인의 불행을 불러 올 수 있다"며 "이런 잘못된 인식이 자살과 같은 극단적 선택으로 이어지지 않도록 건강한 몸매에 대한 사회적 관심이 필요하다"고 밝혔다. 한편, 이번 삼성서울병원 연구팀의 논문은 대한가정의학지 3월호에 발표됐다.[250][251]

닷컴, 이투데이
248) http://news.zum.com/articles/20783023(2015.4.1.)
249) 이데일리 원문l 입력 2015.03.30 00:29, [이데일리 e뉴스 우원애 기자]
250) 종합 경제정보 미디어 이데일리
251) http://news.zum.com/articles/20827764(2015.4.1.)

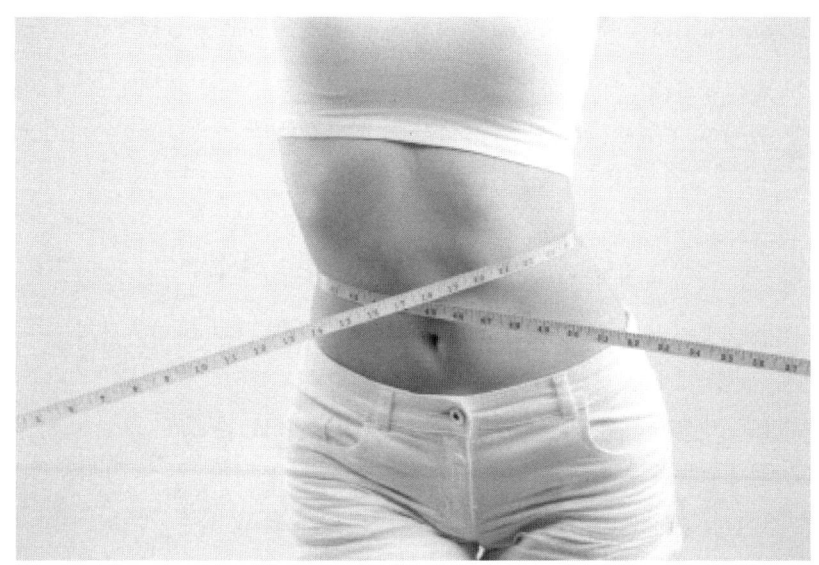

자료: http://news.zum.com/articles/20827764

19. 노인자살문제 인식 확산 위한 홍보활동 GO!

3월 30일 오후 1시 부천여월휴먼시아 1단지 관리사무소 및 경로당, 부천시오정노인복지관(관장 박노숙) 생명존중상담실에서는 30일 오후 1시 여월휴먼시아 1단지 관리사무소 및 경로당에서 노인생명존중을 위한 홍보활동을 진행한다.252) 우리나라 65세 이상의 고령층은 2010년 전체 인구 대비 11%에 도달하여 고령화사회로 진입했다. 고령인구의 증가는 빈곤, 질병, 고독 등의 노인문제를 야기시켜 자살이라는 극단적인 선택을 하는 빈도가 증가하고 있다. 이로 인해 노인자살문제의 중요성이 커져가고 있는 실정이다. 박선정 전문상담원은 "지역의 노인자살예방 홍보활동을 통해 노인자살문제에 대한 인식을 확산시키고 이해를 함께 하려고 한다"고 밝혔다. 이 시간에는 생명존중상담실 자원활동가들과 전문상담

---

252) 김은영 기자 ㅣ 기사입력 2015/03/30 [17:50], [한국전통예술신문 선임기자 김태민]

원이 참여해서 자살예방 및 노인생명존중 리플릿과 홍보물품을 배포하고 우울증선별검사 자가진단을 진행한다. 또한 홍보를 통해 노인자살율을 낮추고 생명의 소중함을 되새기는 계기가 되도록 경로당 이용자 및 지역주민들의 참여를 촉구할 예정이다.[253]

20. 죽음의 늪에서 나오기까지: 자살시도자의 이야기

내 인생을 되돌아보면, 마치 브레이크가 고장난 채 내리막길 위를 달리는 버스에 홀로 올라타고 있는 것과 같았다. 그 위태로운 버스에 타고 있다는 사실을 아무도 몰라서 도움을 청할 사람도 없었고, 홀로 빠져 나오려 몸부림을 쳐도 옴짝달싹 할 수도 없었다. 고장난 버스는 나를 싣고 여기저기 부서지고 깨지면서 아래로 아래로 달렸고, 나는 기어이 버스와 함께 늪에 내팽개쳐졌다. 난 여자라기보다는 그저 한 아이의 엄마로서만 살아왔다. 자신의 의지와 상관없이 나로 인해 세상에 태어난 내 아이를 위해, 나는 최선을 다해 열심히 살았노라 자부할 수 있다. 그러나 세상은 녹록하지 않았다. 일을 하다 갑작스레 장애를 얻게 된 것이다. 한번 시작된 불행은 쉽게 멈추지 않았다. 망가지고 부셔져버린 생 앞에 남겨진 것이라곤 어깨를 짓누르는 빚덩이였고, 남편의 언어폭력은 수위를 넘어서고 있었다. 무엇보다도 나를 괴롭혔던건, 고장나고 녹슬어 자리만 차지하고 있는 쓸모없는 기계처럼, 나라는 존재가 귀한 내 아이에게 앞으로 쓸모없는 짐이 될지도 모른다는 생각이었다. 모든 것을 포기하고 싶다는 생각으로 하루를 넘기고, 내일이 오지 않기를 바라며 잠들었다. 언젠가부터 '자살, 죽음, 우울'이라는 단어가 친근하게 들렸고 자살에 성공한 사람들이 부러웠다. 그토록 열심히 살았던 내 이십여년의 시간이 억울해 통곡하기도 했다. 어느 순간부터 나는 남 몰래 자살을 준비하고 있었다. 자살도구들을 모으고, 죽을 장소를 찾아 다니기도 했다. 죽음이

---

253) http://www.gugakpeople.com/sub_read.html?uid=20322(2015.4.1.)

바로 옆에 와 있는 것 마냥 가깝게 느껴졌다. 자살의 유혹속에서 구원의 끈이 되어 준 것은 아들의 존재였다. 좌절해 있는 나를 붙잡고 "엄마가 응가를 싸고 기어 다녀도 엄마만 내 곁에 있으면 돼."라고 말하는 아들을 보며 그래도 살아가야겠다고 이를 악물었다. '내가 죽는다면, 불쌍하고 가엾은 내 아이는 어떻게 하나. 아이의 마음에 평생 남을 그 상처는 어떻게 하나.'하는 생각으로 스스로 마음을 다독이고 잠든 아이의 얼굴을 쓸며 몇 번이고 마음을 다잡았다. 나 혼자 힘만으로는 힘들 것 같아서 어렵게 용기를 내어 '서대문구 정신보건센터'를 찾아가 보기도 했지만, 막상 입구에서는 발이 떨어지지 않아 그냥 돌아서기도 여러 번이었다. 그렇게 3년이 흘렀다. 불안하지만, 그럭저럭 시간이 지나가는가 싶었다. 그러던 어느 날 뒤늦게 남편의 외도사실을 알게 되었다. 외도만으로도 배신감과 충격에 죽을 듯 힘들었는데, 남편의 악행은 거기서 끝나지 않았다. 무시무시한 폭언으로 나를 괴롭히기 시작한 것이다. 거기에 남편의 상간녀는 나에게 직접 전화해서 '죽이겠다'는 협박도 서슴지 않았다. 억울함과 분통함에 피가 타 들어가는 듯 괴로운 시간들이었다.

가장 처참한 모습으로 그들 앞에서 죽어 보이고 싶다는 생각만 가득했다. 그때마다 아이를 생각하며 이를 꽉 물었다. 나마저 떠나면 아이곁에서 지켜줄 사람이 아무도 없었다. 괴로움에 지쳐 극단적인 선택을 하기전에, 어떻게든 이 고통을 이겨내야 한다는 생각으로 절박하게 서대문구 정신보건센터의 전화번호를 눌렀다. 통화음이 가는 순간까지 망설임과 후회가 일었지만, 막상 상냥하고 따뜻한 목소리가 들려오자 툭하고 긴장이 풀어졌다. 나는 그 목소리에 이끌려 나도 모르게 울면서 내 이야기를 쏟아냈다. 앞뒤도 없이 그저 쏟아져 나온 내 넋두리에 당시 상담사였던 간호사는 따뜻하게 귀를 기울여주었다.

한참 내 이야기를 들어주던 그녀는 만남을 청해왔다. 약속을 잡고 전화를 끊고 나니 또 망설임이 찾아왔지만 용기를 내서 결국 상담까지 받았다. 상담결과는 치료를 요하는 고도의 우울증이었다. 당장 치료가 필요했다. 그러나 그 놈의 돈이 문제였다. 병원치료는 커녕 약 한 알 맘편히 사 먹을 형편이 되지 않았기 때문이다. 상담한 것이 되려 후회가 되었다. 그냥 모른 채 그렇게 살 것을. 내 상태가 정상이 아닌데도 치료를 받을 수 없다고 생각하니 더욱 절망스러웠다.

그 때문인지 자살충동은 더욱 강해졌고 마치 벼랑 끝을 향해 한걸음 한걸음 걸어가는 듯한 심정이었다. 그때 뜻밖의 도움이 내게 주어졌다.

내 처지를 안타깝게 여긴 상담 간호사가 무료로 치료를 받을 수 있도록 이리저리 방법을 찾아준 것이다. 뿐만 아니었다. 그녀는 동사무소와 구청 사회복지과에 연락해서 어려운 생계에 대해서도 지원을 받을 수 있도록 주선해 주었다. 그리고도 내가 걱정이 되었는지 그녀는 매일같이 전화를 하고, 때론 집으로 찾아와 나를 위로해주며 용기를 북돋아주었다. 그녀의 노력으로 나는 조금씩 희망을 향해, 세상 밖으로 발걸음을 내딛을 수 있었다. 그 때의 감사를 어떻게 전해야 할지. 정말이지 엎드려 큰 절이라도 올리고 싶은 심정이었다. 그렇게 치료를 시작한지 어느덧 1년이 지났다. 솔직하게 말하자면 아직도 나는 자살의 유혹에서 완전히 빠져 나오지는 못했다. 그러나 일 년동안 내 곁을 지켜준 사람들의 도움으로 나는 한결 강인한 사람이 되었다. 치료 기간동안 진료실 문 앞까지 나와 환히 웃으며 나를 맞아준 원장님, 전화로 안부를 챙기고 내 상태에 대해 늘 신경을 써주는 간호사님, 나를 이끌어준 상담사님, 그들을 생각하면서 다시 힘을 낸다. 이 몸짓, 이 웃음이 삶의 끈을 놓지 않기 위한 처절한 몸부림일지도 모르지만 말이다. 여전히 하루하루는 힘겹다.

나를 고통스럽게 만들었던 남편의 폭력과 외도, 나의 장애, 가난은 여전히 나를 놓아주지 않고 해초처럼 발에 감기어 있다. 언제부터 어쩌다가 이렇게까지 비참해진 것일까 생각하면 괴로움은 파도처럼 거세고 흉폭하게 가슴을 덮쳐온다. 그래도 다시 이를 꼭 물고 내일을 마주하기 위해 힘을 낸다. 이렇게 무너질 수는 없기 때문이다. 1년동안 치료를 받으며 깨우친 것은 내게 해를 끼친 것은 다른 사람이 아니라 바로 나 자신이었다는 것이다.

　누군가는 우울증에 대해 쉽게 이야기한다. 잠시 스쳐가는 '마음의 감기' 같은 것이라고. 그러나 우울증으로 아파보지 않은 사람은 그 고통의 깊이를 모른다.

　감기에 걸렸다고 자살을 시도하는 사람은 없다. 그렇기 때문에 나는 꼭 이야기하고 싶다. 적극적으로 치료하라고. 감기처럼 절로 낫는 병이 아니니 치료를 받고 온 힘을 다해 떨쳐내려고 노력하라고. 비록 찰나에 불과한 삶일지언정, 앞으로 나는 부끄럼없이 살도록 열심히 노력할 것이라고 당당히 말할 수 있다. 마지막으로 이 자리를 빌어, 서대문구 정신보건센터에 근무하시는 간호사님, 복지사님, 의사선생님, 그리고 어두운 곳에서 웅크리고 있던 내게 처음 손을 내밀어준 간호사님께 감사의 인사를 전하고 싶다. 많은 이들이 나처럼 도움을 받고 절망을 이겨냈으면 좋겠다.254)

21. 미국인 80%, 비행기 탑승시 멋대로 자살하는 조종사가 제일 무섭다

　테러 납치보다 비행 중에 제멋대로 자살을 하는 파일럿을 더 불안하게 느끼는 미국인이 많다는 조사 결과가 나왔다. 저먼윙스의 항공기 추락사고가 남긴 영향이 생각 이상으로 큰 것이다.255) 로이터통신은 이 조사에서 80% 이상의 미국인이 '항공사와 버스, 철도회사는 정기적으로 조종사와 운전사, 엔지니어의 정신건강을 확인해야 한다'란 항목에 응답했다고 밝혔다. 루프트 한자는 저먼윙스의 부조종사가 비행훈련 중 심각한 우울증에 빠졌었다는 기록이 남아있다고 밝힌 적이 있다. 이 80%의 미국인들은 비행 자체에는 불안을 느끼지 않는다고 답했다. 하지만 혹시

---

254) http://terms.naver.com/entry.nhn?docId=2109975&cid=51011&categoryId=51011(2015.4.2.)
255) 재경일보, 기사입력 2015.04.02 15:22:13

모르는 기계적인 문제, 테러 위협, 파일럿의 실수를 두려워한다는 항목엔 응답을 했다. 특히 비행 중 조종석에 조종사와 부조종사 2명이 항상 위치해야 한다는 응답엔 90% 이상의 사람들이 응답을 했다. 저먼윙스의 참사가 조종사가 잠시 조종석 밖으로 나갔을 때 발생한 것이기 때문이다. 미국은 이미 전 항공사에 2인 동반 근무 의무법안을 명시해 두었고, 독일과 뉴질랜드, 캐나다도 저먼윙스 사고 후 같은 내용의 법안 설립을 추진하고 있다. 미국인들 중 비행기 탑승이 무섭다고 응답한 비율은 25%였지만 이 중 실제로 여행계획을 바꾼 경험이 있는 사람은 5%에 그쳤다.256)

22. 네덜란드 조종사, "자살비행 시나리오가 결국 현실로"

두 달전 비행 잡지에 '고의 추락' 기고, "불행하게도 끔찍한 시나리오가 현실이 됐다." 에미리트항공에서 보잉777 여객기를 조종하는 얀 커체렛은 지난달 24일 150명의 목숨을 앗아간 독일 여객기 저먼윙스 사고가 부기장 안드레아스 루비츠의 자살비행으로 밝혀지자 자신의 페이스북에 이같이 썼다. 충격적인 반응에는 이유가 있다. 31일 영국 일간 텔레그래프에 따르면 네덜란드 출신인 그는 두 달전 한 비행전문 잡지에 현재 조종실 보안시스템의 취약점을 지적하며 조종사에 의한 고의 추락 발생 가능성을 경고하는 기고를 실었다. 칼럼에서 그는 미국 9·11테러 이후 비행기 납치범의 조종실 침입을 막고자 강화된 보안조치가 오히려 조종사에 의해 악용될 가능성이 있다고 주장했다. 테러 직후 외부침입의 원천 봉쇄를 위해 조종실문은 방탄 재질로 두껍게 제작됐으며 조종실 진입시 비밀번호 입력 시스템이 도입됐다. 문제는 밖에서 비밀번호를 눌렀더라도 안에서 이를 차단하면 조종실 재진입이 불가능하다는 것이다. 그

---

256) http://news.jkn.co.kr/articles/775382/20150402/미국인-80-비행기-탑승시-제멋대로-자살하는-조종사가-제일-무섭다⋯-저먼-윙스-항공기-추락-사고-여파.htm

에 따르면 저먼윙스 사고 이전에도 조종사들이 장난 또는 악의로 동료의 조종실 진입을 막은 경우가 여러 번 있었다. 자살비행으로 확인된 가장 최근 사고는 2013년 11월 아프리카 나미비아 사막에서 발생한 엠브라에르190 여객기 추락이다. 33명을 태우고 모잠비크에서 앙골라로 가던 여객기 기장은 부기장이 조종석을 떠나자마자 범행을 저질렀다. 커체렛은 지난해 4월 인도양 남부에 추락해 239명이 희생된 말레이시아기 사고 원인도 고의 추락일 것으로 추정했다. 그는 "때때로 조종실에서 내 옆에 앉은 사람에 대해 심각한 의문이 들 때가 있다"며 현재의 보안시스템으로 인해 늘 불안에 시달렸다고 토로했다. 저먼윙스 사고 후 루비츠가 과거 우울증 등 정신질환을 앓아왔다는 사실이 확인되면서 그의 불안이 단순 기우가 아님이 증명됐다. 더구나 저먼윙스의 모회사 루프트한자가 루비츠의 우울증을 6년전 인지하고도 묵살한 것으로 드러나면서 테러리스트가 아닌 조종사를 예의 주시해야 할 필요성이 더욱 높아졌다.

텔레그래프는 사고를 예견한 칼럼의 제목은 '문 좀 열어주시겠습니까?'로 "사안이 민감해 그가 대중지보다 업계 전문지에 칼럼을 실었다"고 설명했다. 테러가 아니라 조종실 내부 불안이 대형사고로 이어질 우려가 커지면서 저먼윙스 추락사고를 조사 중인 프랑스항공사고조사국(BEA)은 최근 "조종실 출입 시스템, 조종석 접근 권한에 대한 검토와 아울러 조종사 정신감정에 관한 기준과 절차 마련을 숙고해야 한다"고 지적했다.[257][258]

---

257) 박상숙 기자 alex@seoul.co.kr, 2015-04-02 15면
258) http://www.seoul.co.kr/news/newsView.php?id=20150402015022(2015.4.2.)

제9장 자살예방 사례와 보험금 지급문제

1. '삶의 만족도↓·자살률↑' 대한민국, 인성교육진흥법으로 희망찾는다

   인성교육진흥법, 대한민국의 희망으로, 국회, 물질 대신 인간의 가치 중시259)

▲ 국회 인성교육실천포럼·정부·경제 5단체간 업무협약식에서 참석자들이 1월 27일 오후 서울 여의도 국회 의원회관에서 열린 협약서를 들고 기념촬영을 하고 있다. 인성교육에 사회 각계각층의 관심이 집중되고 있다.
자료: http://www.brainmedia.co.kr/brainWorldMedia/ContentView.aspx?contIdx=15648

"2015년을 인성교육의 원년으로 만들어 봅시다!" 인성교육진흥법(이하 인성법)을 대표 발의한 정의화 국회의장이 지난해 12월 29일 국회에

---

259) [기획] 인성교육진흥법, 대한민국의 희망으로― 국회, 물질 대신 인간의 가치중시, 뇌와교육|강만금 기자|입력 2015년 04월 01일 (수) 16:27

서 인성법이 만장일치로 통과된 다음 날 이렇게 강조했다. "정신문화를 배우고 보고 느끼기 위해 수천만의 관광객이 몰려오는 대한민국을 만들어야 한다"는 말도 함께 덧붙였다. 정 의장을 필두로 사상 최다 의원(102명)이 발의한 인성법이 국회를 통과했다. 2013년부터 논의가 시작되었지만 인성법 통과에 힘이 실린 것은 안타깝게도 세월호 참사를 겪은 후였다. 수차례 관련 소위의 회의와 논의를 토대로 올해 1월 20일 법률 제13004호로 제정된 인성법은 7월 21일 시행을 앞두고 있다. 인성법 통과는 대한민국이 마주한 절체절명의 위기에서 이뤄진 기회이다. 대한민국의 단면을 보여주는 수치는 다음과 같다. ▲긍정경험지수, 143개국 중 118위(UN이 정한 '세계 행복의 날 3월 20일' 기념 갤럽 조사) ▲자살률, 173개국 중 3위 ('2014년 자살예방보고서' 세계보건기구 조사)

  삶에 관한 만족도를 수치화한 결과, 대한민국 국민의 만족도는 세계 최하위권이었다. 대신 자살률은 세계 최상위권을 차지했다. 다른 나라의 수치도 함께 비교했더니 국가별 긍정경험지수와 자살률은 반비례했다.

  UN이 정한 '세계 행복의 날'을 기념해 갤럽이 지구촌 143개국 국민을 대상으로 진행한 조사에서 대한민국은 59점을 받아 118위에 올랐다. 오랜 내전을 겪고 있는 팔레스타인과 같은 순위였다.[260] 삶에 대해 스스로 가치를 느끼지 못하는 사람, 즉 인간의 존엄성, 인성이 사라진 이들에게 주어진 선택지는 단 두 가지, 자살 혹은 타살이다. 이는 자신에 대한 절대적인 가치보다는 돈이나 학벌, 직위처럼 누군가와의 비교를 통해 얻는 상대적 만족감을 중요하게 여기는 우리나라에서 특히 잘 나타난다. 이런 현실에서 국회가 인성교육진흥법(이하 인성법)을 통과시킨 데에는 큰 의미가 있다. 가장 중요한 것은 국회가 우리나라의 방향전환을 제시했다는 것이다. 돈과 같은 물질에 밀려버린 인간의 가치를 되살리는 전환점이자, 1등만 살아남는 경쟁 위주의 우리 교육에 삶의 의미와 공동체의

---

260) [이미지=갤럽]

가치를 돌이켜보는 귀한 계기를 마련했다. 여기에 인성법의 핵심을 우리나라 건국이념이자 교육이념인 '홍익인간(弘益人間)'에 두고 있다는 점도 눈여겨봐야 한다. 인성법은 제1조에서 "인간으로서의 존엄과 가치를 보장하고 교육기본법에 따른 교육이념을 바탕으로 건전하고 올바른 인성을 갖춘 국민을 육성하여 국가사회의 발전에 이바지함을 목적으로 한다"고 분명히 한다. 교육기본법 제2조(교육이념)는 홍익인간 정신에 교육의 뿌리를 두고 있다. 인성교육에 대한 법은 다른 나라에도 있다. 미국은 1994년 '학교개선법'을 연방법으로 제정했고, 캘리포니아 등 18개 주에서는 학교 인성교육이 의무 규정이다. 독일도 교육법에서 학교교육의 첫째 목표를 인성교육에 두고 있다. 싱가포르는 모든 초·중학교에서 인성교육 과정을 운영하도록 추진 중이다. 그러나 법명 자체에 '인성교육'이 표시된 것은 우리나라가 유일하다. 게다가 우리나라 인성법은 인성교육을 학교 밖으로 확대하고 있다. 제정 이유를 살펴보면 "인성교육은 학교를 포함한 사회적 차원에서 종합적·상호 유기적·체계적으로 실시되어야 한다"며 "이에 대한 국가와 지역사회 차원의 노력과 지원이 필요하다"고 명시하고 있다.261)262)

2. "신부 너무 못생겼다" 中 신랑 '분노 폭발' 자살시도

부모의 강요로 중매결혼을 하게 된 중국의 한 남성이 결혼식 당일 신부의 얼굴을 처음 본 뒤 자살을 시도해 충격을 주고 있다.263)

27일(현지시간) 영국 미러 등 외신들에 따르면 중국 후베이성 스옌시에 사는 강 후(33)라는 이름의 남성은 부모의 요구로 원하지 않던 중매결혼을 하게 됐다. 탐탁치 않았지만 연로한 부모님의 마음을 헤아려 강 후는 미래의 아내 얼굴을 한 번도 보지 못한 채 결혼식장에 들어갔다.

---

261) 강만금 기자 sierra_leon@live.com
262) http://www.brainmedia.co.kr/brainWorldMedia/ContentView.aspx?contIdx=15648(2015.4.2.)
263) 기사입력 2015-03-31 14:16, [헤럴드경제]

'ugly' bride for first time before arra

12:59, 27 March 2015   By **Ian Leonard**

Kang Hu claimed bride Na Sung would be 'bad for his image' after he walked out of the ceremony and tried to commit suicide, it was claimed

Saved from river: Groom tried to drown himself

자료: http://news.heraldcorp.com/view.php?ud=20150331000816&md=201504010 84736_BL

그러나 식장에 들어선 순간 그동안 참아왔던 분노가 폭발하고 말았다. 신부의 얼굴이 너무도 못생겼던 것이다. 이후 강 후는 신부에게 "미안하다"는 말만 남긴 채 근처 강에 뛰어들어 자살을 시도했다. 다행히 그는 경찰에게 구조돼 현재 병원에서 안정을 취하고 있다. 경찰 관계자는 "이 남성이 계속해서 '죽고싶다'고 중얼거렸다"며 당시를 회상했다. 그의 극단적인 행동에 신부를 비롯한 하객들은 당황했고, 신부의 부모는 "예의 없는 행동"이라며 분노했다.

반면 친구들은 "강후가 눈이 높은 친구가 아니었다"며 사고를 신부의 외모 탓으로 돌리며 신랑의 입장을 옹호했다.264)265)

3. 상문살의 공포는 자살시도까지 하게 만든다?

30일 방송된 MBN 프로그램 '황금알'에서는 상문살의 공포에 대해 이야기했습니다. 탤런트이자 무속인인 정호근은 문상 후 앓아누운 지인의 이야기를 예로 들어 상문살의 존재를 주장했습니다. 문화평론가 김갑수는 "상문살이라는 것에 과학의 잣대를 들이대면 약간 황당할 수 있지만 인생의 길흉화복을 설명하는 것"이라며 전통 장례문화와 현대 장례문화에서의 차이점을 물었습니다.266) 정호근을 포함한 무속인들은 "예나 지금이나 장소만 바뀌었을 뿐, 죽음에 대한 생각은 과거와 현재 모두 비슷하다"고 답했습니다.

반면 과학교육학 박사인 최은정은 "여러 사람이 모이는 장례식장에서는 전염성 질환에 걸릴 가능성 높다"며 면역력이 안좋은 사람이 장례식장에서 전염병에 걸린 것이라며 상문살의 존재를 부정했습니다. 한편 개그우먼 이현주는 직접 상문살을 겪었던 경험담을 늘어놨습니다.

20년전 웃겨야한다는 정신적인 스트레스와 압박감으로 인해 알코올 중독이 될 정도로 망가졌던 그는 엎친 데 덮친 격으로 4중 충돌 교통사고까지 당했습니다. 그렇게 심신이 지친 상태로 친구 어머니의 장례식장까지 다녀오고는 정신분열, 환청, 환각에 시달렸다고 합니다.

---

264) onlinenews@heraldcorp.com
265) http://news.heraldcorp.com/view.php?ud=20150331000816&md=20150401084736_BL (2015.4.2.)
266) (황금알) 상문살의 공포는 자살시도까지 하게 만든다? 기사입력 2015-03-31 14:04

자료: http://mbn.mk.co.kr/pages/news/newsView.php?category=mbn00009&
news_seq_no=2277411

괴기스러운 모습으로 나타난 저승사자를 봤으며 "뛰어 내리라"는 극심한 환청에도 시달렸다고 합니다. 뿐만 아니라 자신도 모르는 사이 베란다에서 자살시도를 하기도 했다고 밝혔습니다. 방송은 매주 월요일 밤 11시.[267)268)]

4. 자살 성완종, 돈·권력 다 가졌지만 모두 무너져

'입지전적 자수성가형 기업인·거미줄 인맥, 충청권 정치인'[269)] 자원외교 비리 검찰수사 중 스스로 목숨을 끊은 성완종 전 경남기업 회장은 재력·권력 모두를 가졌던 인물로 평가된다. 1951년 충남 서산 해미에서 태어난 성 전 회장은 초등학교 4학년 때 중퇴를 하고 13살 때 상경했다. 이후 삶의 궤적은 '자수성가' 그 자체였다. 7년간 신문배달·약배달하면

---

267) ↑ 사진=MBN, MBN(매일방송)
268) http://mbn.mk.co.kr/pages/news/newsView.php?category=mbn00009&news_seq_no=2277411
(2015.4.2.)
269) 아시아경제|김재연|입력2015.04.09 18:12

서 돈을 모았고 청년 때 화물영업소를 차려 종잣돈 백만원을 벌었다. 30대 중반 대아건설을 인수한 뒤 승승장구해 2003년 대기업 소속이었던 경남기업까지 인수하게 되었다. 기업인으로서는 탄탄대로를 달렸지만 정치에 입문하는 과정은 순탄치 않았다. 2000년 16대 총선에서 자민련 공천을 받으려다 실패했다. 2004년 17대 총선에서는 총재 특보단장으로 비례대표 2번을 받았으나 탈락했다. 18대 국회의원 때는 한나라당 공천을 받지못해 출마를 포기했다. '4수' 끝에 금배지를 단 것은 2012년 자유선진당 후보로 당선된 19대 총선 때다. '캐스팅 보드'였던 충청의 지역기반은 그의 큰 자산이었다.

서산장학재단을 만들어 지역 학생들에게 장학금을 지급했으며 충청권 인사들 모임인 충청포럼 회장을 맡기도 했다.

자료: http://media.daum.net/issue/1086/newsview?newsId=20150409181216022&issueId=1086

'MB맨이 아니다' 성 전 회장의 호소는 절반의 진실로 보인다. 2007년 한나라당 대통령 후보 경선에서는 박근혜 후보를 측면 지원했다. 이명박 후보가 당선된 직후에는 대통령직인수위원회 국가경쟁력강화특별위원회 자문위원을 맡기도 했다. 정관계 로비 및 MB실세들과의 친분을 통해 관급공사를 수주하며 경남기업의 사세도 커졌다. 정치적 행보는 지난해 국회의원직을 박탈당하면서 끝이 났다. 총선전 서산장학재단을 통해 지역주민을 지원한 것이 공직선거법에 걸려 의원직 상실형을 선고받은 것이다. 기업상황도 점차 내리막길을 걸었다. 2013년 4대강 담합 징계로 관급공사 입찰 제한을 받으면서 큰 타격을 입었다. 자원외교 사업들로 인해 적자도 눈덩이처럼 불었다. 두 번 워크아웃 심사를 받을 때 다른 건설사들과 달리 채권단으로부터 추가지원을 받으면서 구설수에 오르기도 했다.

어려운 상황속에 자원외교 비리수사는 그를 막다른 길로 내몰았다. 8일 긴급 기자회견을 열었던 성 전 회장은 "MB정부의 피해자가 MB맨이 될 수 있느냐"고 반문했고, "검찰이 표적을 잘못 정했다"고 토로했다. 한 언론 인터뷰에서 그는 정직과 성실을 높은 가치로 친다고 밝혔다. 초등학교 시절 '대통령이 되겠다'고 꿈을 꾼 뒤 끊임없이 달렸던 그였지만 결국 검찰 수사 끝에 스스로 목숨을 끊었다.270)271)

5. '학교폭력에 자살한 아들' 대기업 임원 관둔 아버지 사연

청소년폭력예방재단(JIKIM) 명예이사장 김종기(68) 씨의 사연이 최근 SNS에서 재차 관심을 모으고 있다.272) 성균관대 행정학과를 졸업한 김

---

270) 김재연 기자 ukebida@asiae.co.kr, 아시아경제
271) http://media.daum.net/issue/1086/newsview?newsId=20150409181216022&issueId=1086 (2015.4.9.)
272) 페이스북조회 183,726 | 2015.03.31 14:54, 추천printscrapurl, 박민정, nanamjmj, 첫마디: '학교폭력에 자살한 아들' 대기업 임원 관둔 아버지 사연, 2015-03-31 14:54:03 | 박민정, [김종기 청소년폭력예방재단 명예이사장 / 연합뉴스]

[김종기 청소년폭력예방재단 명예이사장 / 연합뉴스]
자료: http://www.wikitree.co.kr/main/news_view.php?id=213385

씨는 삼성그룹 비서실과 삼성전자 홍콩지점장을 거쳐 신원그룹 기조실장 전무이사로 근무한 성공한 샐러리맨이었다. 성공가도를 달리던 김 씨는 1995년 6월 8일 아들을 잃었다. 학교폭력에 시달리던 김 씨의 아들 김대현 군, 김 군은 고교 1학년이었던 당시 아파트 5층에서 스스로 몸을 던졌다.

경향신문은 당시 김 군의 자살기도가 두 번에 걸쳐 이뤄졌다고 보도했다. 첫번째 자살 시도에 자동차 위로 떨어진 김 군은 피투성이 몸을 이끌고 다시 5층으로 올라가 투신한다. 김 군의 죽음 이후 김 씨는 다니던 직장을 정리하고 학교폭력과의 싸움에 뛰어들었다. 그 시작이 국내 최초 학교폭력예방 NGO인 청소년폭력예방재단 설립이다. 그는 학교폭력의 심각성을 대중에 알리고 학교폭력의 예방과 치료를 위해 전화상담, 긴급출동, 상담치료, 예방교육, 장학사업, 정책연구 등의 활동을 이어왔다. 지난 2013년에는 자신의 이야기를 담은 저서 '아버지의 이름으로'를 출간하기도 했다. 김 씨는 지난해 청소년폭력예방재단 이사장직을 사임하면서 본인 명의의 서초동 소재 건물을 단체에 유증 기부(유언 형태로 사후 남은 재산 기부)했다.

김 씨는 이사장직을 사임하며 "1995년 학교폭력으로 외아들을 잃게 된 그 지독한 비극이 제 한 사람에 그치고, 이 땅의 다른 부모들이 겪지 않기를 바라는 마음으로 이 단체를 설립했다"며 "그러나 민간단체 운영은 고난과 역경의 연속이며, 그 속에서 큰 교훈을 얻었다. '내 삶은 고단했지만, 끝은 성공했다'고 회고할 수 있기를 바란다"고 전했다.[273]

6. 길건의 기자회견, 자살 협박설 해명 "이렇게 살아서 뭐하나 생각 들었다"

길건 기자회견, 소울샵 주장에 가수 길건이 소속사 소울샵엔터테인먼

---

273) http://www.wikitree.co.kr/main/news_view.php?id=213385(2015.4.2.)

트(이하 소울샵)가 주장한 자살 협박설에 대해 해명했다.274) 길건은 31일 서울 종로구 동숭동 유니플렉스에서 진행된 길건의 '소울샵과 분쟁' 관련 기자회견에서 생활고에 대해 말하면서 "지난해 아버지가 대장암 수술한 보험비로 내게 생활비를 보냈다. 신앙인인 내가 처음으로 나쁜 생각까지 들더라"고 설명했다. 길건은 이날 "'이렇게 살아서 뭐하나'라는 생각이 들었다. 회사에 가면 왕따시키고 일도 주지 않는다. 김태우만 믿고 기다렸는데, 마지막 미팅까지 얼굴을 비치지 않더라"고 당시 심경을 설명했다.

이어 "김태우 아내 발언에 인격 모독과 모멸감으로 눈물이 났다. 김 이사에게도 '일을 줘야 돈을 갚지 않겠느냐. 뭐든지 일을 시켜달라. 더 이상 부모님한테 손 벌리는 것 너무 힘들다고'고 말했더니 하지만 김 이사는 '길건씨 이것밖에 안되냐'고 노골적으로 말했다"고 덧붙였다.

소울샵은 지난 24일 보도자료를 보내 "계약 후 길건에게 전속 계약금 및 품위유지비와 선급금을 지급했다. 전속 계약금 2000만원과 품위유지비 1000만원, 선급금 1215만4820원까지 총 4215만4820원을 지급했다"며 "가수로 재기시키기 위해 보컬·댄스 레슨 및 외국어 수업 등을 지원했지만 기대와 달리 길건이 불성실한 연습 태도를 보였다"고 주장했다.

이에 대해 길건은 MBN스타에 "소울샵 주장은 사실이 아니다. 법률대리인과 논의 후 공식 입장 밝히겠다"고 밝혔다. 또한 본지 단독인터뷰에서도 소울샵의 불공정계약과 부당대우에 대해 폭로했다.275)276)

---

274) 기사입력 2015-04-01 04:02
275) 온라인 이슈팀 @mkculture.com, MBN(매일방송)
276) http://mbn.mk.co.kr/pages/news/newsView.php?news_seq_no=2278623&refer=portal (2015.4.2.)

자료: http://mbn.mk.co.kr/pages/news/newsView.php?news_seq_no=2278623&refer=portal

7. '명절 자살', 그것이 궁금하다

설 연휴에 가장 마음 아팠던 소식, 경남 거제의 일가족 사망 소식, 또 춘천에서 숨진 채 발견된 60대 남성[277] 심심치 않게 볼 수 있는게 자살 소식이지만, 어느 때보다 즐거워야 할 명절이라는 점에서 그 씁쓸함은 더할 수밖에 없다. 왜 명절에 자살을 많이 할까? 그 이유는 바로 가족과 고향생각 때문이다.

가족과 고향은 '인정받고' 싶은 대상이자 장소이다. 있는 그대로가 아닌 크게 인정을 받고 싶은 마음이 생각의 간격을 두면서 거리가 생긴다.

---

277) 이슈 인 심리학 by 쿠키미디어

그 공간에 '욕심'이 들어가 앉게 된다. 앉아있는 욕심에게 가족들이 다가가 '위안'과 '인정'을 충분히 해주면 다행이지만, 반대로 절망감을 느끼게 하거나 스스로 소외감을 느낀다면 극단적인 선택을 하게 된다.

자료: http://m.post.naver.com/viewer/postView.nhn?volumeNo=318844&memberNo=500992&vType=VERTICAL

웃고 있는 사람이 더 힘들까.
웃지 않는 사람이 더 힘들까?

심리학 용어 중에 '스마일마스크 증후군'이라고 있다. 명절 때 오랜만에 만나는 부모님이나 형제자매에게 어려움을 숨기고 아무렇지 않게 웃는 것은 내면의 고통을 더욱 키우는 꼴이 된다.

상담을 하다보면 대부분의 자녀들이 하는 말은 "우리 아버지는 강한 분이에요" "우리 어머니는 약한 분이 아니에요" 하지만 부모님들은 이렇게 말한다.

"자식들 걱정할까봐 말하기가 무서워요" 가족들 앞에서는 '아빠가면', '엄마가면' 등 자신을 숨기고 있는 모든 가면을 벗고 울고 웃으며 서로를 위로하고, 인정해주는 시간을 가져야 내면의 우울증이 회복된다

'명절자살'을 막으려면 어떻게 해야 할까? 마음속에는 '무시'와 '과시'라는 무늬가 있다. 무시(無視)는 '안보는 것'이다. 과시(誇示)는 '말을 크게 하다보니 충분히 보지 못하는 것'을 말한다. 충분히 봐야한다. 그래야 진심과 진실을 알게 된다. 명절에 가족들끼리 충분히 서로를 봐야한다. 눈을 보고 생각을 보고 마음을 봐야한다. 솔직하게 봐야한다. 명절은 지나간 시간을 정리하는 날이 아니라, 지나친 마음을 정리하는 날이어야 한다.278)279)

8. 힐링 홍진경, '최진실' 너무 보고싶다.

자살이 주위에 남긴 상처들, 방송인 홍진경이 고(故) 최진실을 언급하며 눈물을 흘렸다. 홍진경은 SBS '힐링캠프, 기쁘지 아니한가(이하 '힐링캠프')'의 말미에 공개된 다음 주 예고편에서 고 최진실을 언급했다. 홍진경은 "최진실에게 갚을게 정말 많다"며 눈물을 쏟아, 보는 이들의 안타까움을 자아냈다. 불현듯 떠오른 최진실의 생각에 한동안 말을 잇지 못한 홍진경은 "몰려 다닌다고 욕도 많이 먹고 악플도 많았는데 다 좋은 언니들이다"라며 "(이)소라 언니, (엄)정화 언니, (정)선희 언니와 지금도 가족처럼 지낸다. 진실 언니만 안계시다"고 오열했다. 홍진경은 "아직도 믿어지지가 않는다. 너무 보고싶다"고 말해 안타까움을 자아냈다. 이어 "치료 때문에 몸에 있는 털이 다 빠져서 눈썹도 머리카락도 다 빠진 상태"라며 "지난 3월 병 진단을 받았다. 수술하고 치료까지 올 여름이 참 힘들고 길었다"라고 말했다. 고(故) 최진실이 생전에 쓴 일기장이 공개

---

278) 이재연 대신대학원대학교 교수, [이슈 인 심리학]
279) http://m.post.naver.com/viewer/postView.nhn?volumeNo=318844&memberNo=500992&vType=VERTICAL(2015.4.9.)

됐다.

　최진실의 일기에는 "환희야 수민(준희)아 나의 아들 딸아. 엄마 어떻게 하면 좋아? 너희를 생각하면 너무 마음이 아프구나. 엄마는 지금 너무 막막하고 무섭고 너희를 지푸라기라고 생각하고 간신히 너희를 잡고 버티고 있단다"라고 적혀 있었다. 최진실은 이어 "예쁜 너희 재롱을 하나도 빼놓지 않고 눈에 담아 기억의 창고에 넣어두고 싶은데. 떠날까? 우리 떠나자. 미지의 세계에 대해 불안감, 엄마의 소심한 성격 탓으로 지옥같은 이곳을 떠나지 못하고 있다는게 너무 한심하다"라고 당시 불안했던 상황을 적기도 했다. 故 최진실 모친 정옥숙, "아들·딸 보내고 우울증겪어", 정옥숙 씨는 "아들, 딸을 떠나보내고 심한 우울증을 겪었다. 삶의 끈을 놓지 않고 어떻게 견뎌냈는지 지금 생각해도 아찔하다"라며 "혼자 있으면 가슴 밑바닥에서 올라오는 외로움과 고독이 목구멍까지 꽉 차 올랐다"라고 당시의 심경을 전해 녹화장을 울음바다로 만들었다. 그녀는 "훌쩍 성장해 든든한 버팀목으로 자리잡은 두 아이는 영원한 삶의 이유다. 잘 키우는 것이 남은 사명"이라고 말해 눈길을 끌었다. 정 씨는 "최진실, 최진영을 떠나보내고 심한 우울증을 겪었다"면서 "아이들을 먼저 보내고 삶의 끈을 놓지 않고 어떻게 견뎌냈는지 지금도 아찔하다"고 말했다. 이어 그는 "하루는 최진실이 남긴 물건속에서 우울증약을 발견하고 잠깐 의존했었다"면서 우울증으로 힘든 시간을 보냈다고 고백했다.

　정 씨는 또 "최진실과 조성민의 궁합을 보기 위해 북한산의 한 스님께 갔는데 '결혼하지 마. 둘이 안맞아. 결혼하면 둘 다 죽어. 딸은 그냥 만인의 연인으로 살게 해'라고 하더라"라고 말해 모두를 놀라게 했다. 스스로 목숨을 끊은 고(故) 최진실에 이어 동생 최진영, 전 남편 조성민에 '마지막 매니저' 박모씨(33)까지 스스로 생을 마감하면서 '베르테르 효과'에 새삼 관심이 모아지고 있다. 베르테르 효과란 유명인이나 자신이 롤 모델 등으로 삼고 있던 사람 등이 자살할 경우 자신을 그 사람과 동일시해 따라서 목숨을 끊는 현상을 말한다. 베르테르 효과를 예방하려면, 한국생명의 전화 하상훈 원장은 자살보도 이후 자살장소, 방법 등이 공개되기 때문에 이로 인해 비슷한 처지에서 고민하는 사람들의 모방, 즉 '베르테르 효과'를 우려했다. 실제로 고 최진실이 압박붕대를 이용해 스스로의 삶을 포기한 후 압박붕대를 이용한 자살사건이 크게 늘었고, 고 안재환이 연탄불을 이용해 자살한 사건이 알려지며 연탄불을 이용해 자살시도를 하는 사람들이 크게 늘어난 것으로 알려졌다. 고 조성민 자살 소식이 전해지자 비슷하게 목을 매 숨지는 등 부산에서만 하루 7건의 동시다발적인 자살사건이 발생하기도 했다. 하 원장은 "하는 일이 잘 안됐을 때 끝이라고 생각지 말고 A가 아니더라도 B, C, D라는 대안이 있다고 생각하는 탄력성있는 삶의 태도가 중요하다"고 강조했다. 고 성재기 남성연대 대표가 마포대교에서 투신해 숨진 채 발견된 후 8월 한 달간 한강에서 자살을 시도하려던 사람이 두 배 이상 늘었다. 자살관련 통계에서도 베르테르 효과를 뒷받침할만한 데이터가 나오고 있다. 자살문제를 개인의 문제로 외면해서는 안된다. 국가적 차원에서 자살을 막을 수 있는 방안을 찾아야 한다. 어른·청소년 할 것 없이 살기 힘든 사회라면 짐을 덜어주는 정책을 펼쳐야 한다. 무엇보다 급한 것은 베르테르 효과가 번져나가는 것을 막는 것이다.[280]

9. 자살기도자 심폐소생술로 구조한 경찰관들

원주경찰서 단계지구대에 근무하고 있는 윤명선 경사, 윤기순 순경이 사업실패로 번개탄을 피워 자살을 기도한 자를 신속한 심폐소생술로 살려냈다.[281] 최근 사업 실패로 힘들어 한 김OO(40세, 남)은 동거하지 않고 있는 처 김OO(37세, 여)에게 문자로 "죽고 싶다"는 문자를 남겼다.

---

280) http://m.post.naver.com/viewer/postView.nhn?volumeNo=175536&memberNo=7284&vType=VERTICAL(2015.4.9.)
281) 김종선 기자 | js3377@naver.com, 승인 2015.03.26 17:48:28, 뉴스타운

윤명선 경사   윤기순 순경

자료: http://www.newstown.co.kr/news/articleView.html?idxno=200775

처 김00는 시어머니에게 전화를 하여 이와 같은 사실을 알리고 자살 기도자를 찾기 위해 자살 기도자의 사업장이 있는 중앙동, 학성동 일대를 1시간여 배회하다 3월26일(목) 00:04경 112신고를 하였다. 원주경찰서 112상황실에서 신고접수하고 1차 위치추적을 하여 단계동 일대로 파악되어 단계지구대 윤명선 경사 등에게 수색하도록 지령을 하였다. 지령을 접수한 윤명선 경사는 최초 위치추적 장소부근으로 출동하면서 2차 위치추적 결과 봉화산 택지 00한우 근처로 위치추적되어 단계지구대 순61호 근무자에게 그곳으로 출동하게 하였다. 본인은 위치추적 장소 부근에 있는 자살기도자의 주소지로 즉시 이동하였다. 00:08경 자살 기도자 주거지 아파트에서 신고자인 처에게 출입문 비밀번호를 알아내어 거실로 진입한 윤명선 경사는 안방문이 잠겨있고 연기가 나고 있는 것을 확인하고 안방으로 진입하였다. 안방에 진입하자 번개탄 3개를 불 피워 자살을 기도한 김00가 숨도 쉬지 않고 의식이 없는 것을 확인하고 자살 기도자를 윤경사와 윤순경이 직접 들고 거실로 이동시켰다. 윤순경은 안방문을 닫고 거실의 모든 문을 개방하고 윤경사는 숨을 쉬지 않는 자살 기도자에게 심폐소생술을 실시하였다.

5분여간의 심폐소생술을 하던 중 갑자기 자살 기도자가 거친 숨을 내

뱉는 것을 확인한 윤명선 경사는 윤순경에게 좀더 맑은 공기가 있는 아파트 복도쪽으로 이동시키자고 하여 둘이서 자살 기도자를 들고 아파트 복도로 이동시키고 재차 심폐소생술을 하였다. 때마침 심폐소생술 중 119구급대원이 도착하여 신속히 기독병원으로 이송하였다. 현장에 출동한 원주소방소 119구급대원은 의식이 없는 자살 기도자에게 신속히 심폐소생술을 한 윤명선 경사 등의 조치는 가장 적절한 조치였다고 전했다. 윤명선 경사는 살려내야겠다는 생각으로 할 수 있는 것은 다 해야겠다고 생각했는데 다행히 자살기도자의 생명에 아무런 이상이 없어 다행이라고 밝혔다.[282][283]

10. "자살비행 막아라" 항공사들 초비상

獨 여객기 '고의 추락' 충격[284] 독일 저먼윙스 여객기(편명 4U9525) 사고 원인이 부기장 안드레아스 루비츠(28)의 '의도적인 추락' 때문이라는 정황이 속속 나타나고 있다. 창졸간에 가족 등을 잃은 희생자 유가족의 비탄이 분노로 뒤바뀌고 조종사의 '묻지마 비행'을 막기 위한 대책을 요구하는 목소리도 커지고 있다.

1) "부기장, 18개월동안 우울증 치료"

AP통신 등에 따르면 독일 검찰은 루비츠의 뒤셀도르프 자택을 압수수색한 결과 여객기 추락 당일(24일)자 병가용 의료진단서를 발견했다고 27일(현지시간) 밝혔다. 독일 검찰은 이날 성명에서 "루비츠가 병가를 위해 발급받은 의료진단서들을 찾았으며 이 중에는 사고 당일을 위한 것도 있었다"며 "사고 당일용 진단서는 찢긴 채로 발견됐다"고 설명했다. 독일 검찰은 이 기록들이 루비츠 부기장이 사측과 동료들에게 자신의

---

282) 뉴스타운
283) http://www.newstown.co.kr/news/articleView.html?idxno=200775(2015.4.2.)
284) 안드레아스 루비츠(사진=페이스북)

질병을 숨겼을 것이라는 현재까지의 판단을 뒷받침하는 것으로 보고 있다. 카르스텐 슈포어 루프트한자 최고경영자(CEO)는 26일 "루비츠는 2008년 훈련을 받기 시작한 뒤 기술 및 정신 테스트를 모두 통과해 2013년 부조종사 자격을 얻었다"며 "비행을 하기에 100% 적합한 상태였다"고 강조했다. 독일 일간 빌트는 루비츠가 과거 18개월동안 우울증 치료를 받은 전력이 있었으며 독일 연방항공청이 관리하는 그의 신상기록에는 정기적 병원 검진이 필요하다는 'SIC'코드가 적혀 있었다고 전했다.

유럽 전문 매체 더로컬은 루비츠가 최근 들어 여자친구와 불화를 겪었다고 소개했다. 수사당국은 그가 인간관계나 금전적·정신적인 면에 문제가 있었는지를 조사 중이다. 루비츠는 2009년 미국 피닉스에서 비행조종 훈련을 받던 당시 '조종 불가' 판정을 받고 훈련을 반복해야 했던 것으로 전해졌다. 슈포어 CEO는 "대수로운 일은 아니었다"면서도 '의학적 기밀'임을 내세워 정확한 훈련 중단 사유는 공개하지 않았다. 검찰은 "진단서와 함께 루비츠가 적절한 치료를 받았다는 사실을 보여주는 의료기록들도 발견했으나 유언장은 없었다"고 덧붙였다.

2) 재발방지 대책 마련 나선 항공사들

여객기 사고 원인 가운데 조종사에 의한 '고의 추락'이 드물기는 하지만 처음 일어난 일은 아니다. 2013년 11월에는 모잠비크항공 여객기가 추락해 탑승자 33명이 모두 숨졌는데, 부기장이 화장실에 간 사이 기장이 일부러 기체를 추락시켰다는 점에서 이번 저먼윙스 사고와 꼭 닮았다.

미 연방항공국(FAA)에 따르면 2003년부터 2012년까지 발생한 2758건의 개인 비행기 사고 중 8건이 '자살비행'으로 분류된다. 이 중 6건은 조종사가 음주했거나 항우울제를 복용한 상태였고, 5건은 조종사가 비행 전 주변에 자살을 암시했다고 한다. 전문가들은 단독 자살비행과 달리 승객과 함께 고의로 추락하는 경우는 '묻지마 살인'을 저지른 뒤 스스로 목숨을 끊는 범죄자의 심리상태와 유사하다고 지적한다.

비행기를 동반한 조종사 자살 의심 사례

- 1997년 12월 싱가포르 실크에어 보잉737기 추락 사고
  - 기장이 비행기록장치를 끈 채 고의 급하강, 104명 전원 사망
- 1999년 10월 이집트항공 보잉 767기 추락사고
  - 조종석에 부기장 혼자 남은 상태서 자동비행장치, 엔진 꺼진 뒤 추락, 217명 전원 사망
- 2013년 11월 모잠비크항공 엠브라에르 190기 추락사고
  - 부기장이 자리 비운 새 기장이 여객기 고도 낮춰 추락, 33명 전원 사망

자료: http://www.segye.com/content/html/2015/03/27/20150327003904.html?OutUrl=daum

또 자살충동을 느끼는 사람들도 얼마든지 정신 테스트를 통과할 수 있다며 조종사 심리검사의 허술함을 꼬집었다. 항공사들은 부랴부랴 대책 마련에 나섰다. 영국 이지젯과 버진애틀랜틱, 아랍에미리트의 에미리트항공, 독일 에어베를린 등 여러 항공사가 앞으로 운항시간동안 조종실에 2명의 승무원이 함께 있도록 하겠다고 밝혔다. 9·11 테러 이후 테러리스트에 의한 여객기 납치를 방지하기 위해 조종실문을 밖에서 열 수 없게 만든 장치에 대해서도 개선 필요성이 제기되고 있다.285)286)287)

11. "자살보험금 면책기간 사망원인별 지급 차등화해야"

교통안전공단 강남석 사정사, "비례보상제도가 합리적" 보고서에서 주장288) 현재 삼성-한화-교보생명 등 주요 생보사들이 약관대로 지급하

---

285) 유태영 기자 anarchyn@segye.com
286) http://www.segye.com/content/html/2015/03/27/20150327003904.html?OutUrl=daum (2015.4.2.)
287) 세계일보 & Segye.com
288) 박미연 기자 | hawksnest@korea.com, 승인 2015.03.26 16:09:39

지 않고 있는 자살보험금관련 면책기간 연장과 사망원민별 지급보험금을 차등화하는 비례보상제도를 도입해야 한다는 주장이 제기됐다.

25일 보험업계와 금융소비자연맹(공동대표 조연행)에 따르면 교통안전공단 강남석 사정사는 '생명보험 자살 면책조항에 대한 연구'보고서를 통해 면책기간 경과 후 피보험자의 자살에 대한 재해사망특약과 관련해 법원의 판결에 근거한 금융당국의 조치에도 불구하고 대다수 보험사들이 보험금지급을 거부함에 따라 보험금 지급 논란이 지속되면서 이의 개선을 위해 이같이 제시했다. 업계에서 자살보험금 면책기간을 현행 2년에서 3~5년으로 연장해야 한다는 의견이 제시되고 있지만 이는 현행 제도와 차이가 없어 실효성을 거두기 힘들다고 주장했다. 또 그는 자살 원인별로 보험금을 차등지급하는 것이 효과적인 측면이 있다는 분석을 내놓았다.

정신질환에 의한 자살로 판명날 경우 일반사망과 동일하게 보험금 전액을 지급하고 일반자살이나 보험금 수령을 목적으로 한 자살에 대해서는 보험금 일부만을 지급하되 원인별로 보험금 지급의 규모를 차별화시키는 것이다. 강 사정사는 "자살 면책기간을 현행 2년으로 두고 2년 후 고의 자살사고가 발생한 경우 보험금의 30%를 지급하고 5년이 지난 후에는 50%를 지급하는 등 보험금을 차등 지급함으로서 보험금만을 목적으로 한 자살을 예방하고 유족들에게는 일정수준의 보상을 받음으로써 계약자의 과실부분을 수용하게 할 수 있다"고 설명했다.

그러나 그는 면책기간을 현재의 2년에서 3년으로 연장하고 이후 사망원인별 보험금지급을 차등화하는 것이 최선의 개선방향이라고 제시했다. 그는 "보험금 수령을 목적으로 한 보험가입과 이후 자살이라는 극단적 선택을 하기까지의 시간연장 효과를 거두고 면책기간 경과 후라도 자살 원인별로 보험금을 차등지급함으로써 자살의도를 가진 계약자의 자살 실행위험을 감소시킬 수 있다"고 설명했다. 이어 "보험계약자가 자살할 경우 최소한의 보장제도로서의 보험기능 이행과 예기치 못한 사고로 인한 피보험자 유족에게 최소한의 보상이 보장됨으로서 지급까지 제기된 문제점의 해결방안이 될 것"이라고 주장했다. 최근 면책기간 경과 후 피보험자의 자살에 대한 재해사망특약과 관련 법원의 판결에 근거한 금융당국의 지급권고조치에도 불구하고 대다수 보험사들이 보험금 지급을 거부함에 따라 보험금 청구권자가 금융소비자단체인 금융소비자연맹에서 보험사들 상대로 공동소송을 진행 중이다. 지난 1월 서울중앙지법은 약관에는 가입 몇 년이 지나면 자살을 해도 일반 사망보험금보다 많은 재해사망보험금을 주는 것처럼 표시해 놓고 일반 사망보험금만 지급해오던 삼성생명에 약관대로 보험금을 지급하라고 판결했다. 자살보험금 지급소송에 관련된 생보사들이 법원의 지급 판결에 불복하고 항소를 제기할 예정이다. 이에 따라 보험사들이 대법원의 최종판단까지 받아보겠다는 계획이어서 소송이 장기전에 돌입할 것으로 보인다. 한편 신임 임종룡 금융위원장은 자살보험금에 대해 약관의 규정대로 지급돼야 한다는 뜻을 밝혔다. 임 위원장은 다만 현재 관련 행정 및 민사소송이 진행 중이므로 사법부의 판단결과를 지켜보며 대응하겠다는 입장이다. 임 위원장의 이런 발언은 최근 법원이 '자살보험금을 약관대로 지급하라'며 삼성생명에 대해 내린 판결과 같은 의미로 해석된다.[289][290]

12. 자살보험금 미지급은 보험사기

"생보사들 이제와 발뺌, 망자 두 번 죽이는 일"[291] "약관상 실수가 아니라 이미 인지하고 있었음에도 판매를 해왔기에 지급을 거부하는 것은 명백한 보험사기나 다름없다"[292] 생명보험사들이 자살보험금(재해사망

---

[289] 금융소비자뉴스, 박미연 기자
[290] http://www.newsfc.co.kr/news/articleView.html?idxno=12759
[291] [심층인터뷰] 이기욱 금융소비자연맹 사무처장 "자살보험금 미지급은 보험사기", "생보사들 이제와 발뺌…망자 두 번 죽이는 일", 이성호 기자／ 2015.03.27 09:52:26, 이기욱 금융소비자연맹 사무처장, (사진=이성호 기자)
[292] 이기욱 금융소비자연맹 사무처장

보험금)을 주겠다고 했다가 막상 지급을 요구하자 하나같이 거부하고 있어 세간의 따가운 눈초리를 받고 있다. 지난 2010년 4월 이전까지 대부분의 생보사들은 특별약관에 책임개시일로부터 2년 이후 스스로 목숨을 끊을 때는 일반사망보험금의 2~3배에 달하는 재해사망보험금을 지급한다고 명시했다. 그러나 이런 내용이 보험사에 불리하다는 것을 인지, 2010년 4월 이후 판매하는 상품부터는 재해사망금을 주지 않고 일반사망금만 지급토록 약관을 고쳤다. 즉, 보험사들은 2010년 4월 이전에 판매한 보험에 대해서는 특약에 따라 자살보험금을 제공해야 한다. 하지만 보험사들은 이마저도 제대로 지키지 않았다. 금융감독원의 '미지급 재해사망보험금 및 재해사망특약 보유건수 현황'에 따르면 지난해 4월 기준으로 생보사들이 고객에게 지급하지 않은 자살보험금은 무려 2179억원에 달한다. 재해사망 특약이 포함된 보험계약은 총 281만7173건으로 추산되고 있다. 2014년 ING생명이 560억원(428건)의 자살보험금을 지급하지 않은 것이 확인돼 금감원으로부터 지급방안을 마련할 것과 기관주의 및 4900만원의 과징금을 부과받았다. 하지만 ING생명은 금감원을 상대로 현재 행정소송을 진행하고 있다. 또 금감원은 분쟁조정국에 접수된 자살보험금관련 민원 39건에 대해, 해당 12개 생보사에게 재해사망 특약에 따라 지급할 것을 통보했다. 현대라이프·에이스생명은 금액이 크지 않아 받아들였지만 나머지 10개사(ING·삼성·교보·한화·동양·동부·알리안츠·농협·메트라이프·신한생명)는 오히려 민원인 37명에 대해 보험금을 지급할 수 없다는 '채무부존재소송'을 걸었다. 이처럼 생보사들이 지급을 거부하고 있는 명분은 크게 2가지로 압축된다. 형법상 해석 및 사회통념상 자살은 재해가 아니라는 점과 약관상의 실수라고 주장하고 있다. 반면 자살보험금 피해자들을 모아 공동소송에 임하고 있는 금융소비자연맹(이하 금소연)측은 말도 안되는 소리라며 일축하고 있다.

이기욱 금소연 사무처장은 CNB와 인터뷰를 통해 "보험사 스스로가 지난 2003년부터 2010년까지 재해사망금을 준다며 7년간 보험을 팔아왔다"며 "약관상 실수가 아니라 이미 인지하고 있었음에도 판매를 해왔기에 지급을 거부하는 것은 명백한 보험사기나 다름없다"고 일갈했다. 금감원이 지난 2005년과 2008년에 조정한 분쟁사례를 보면 '계약의 책임개시일로부터 2년이 경과한 후에 자살하는 경우에는 피보험자가 고의로 자신을 해쳤더라도 보험자가 당해 보험약관에서 담보하는 보험금을 지급하겠다는 취지로 해석된다'고 판단했다는 것. 특히 자살보험금관련 민원 39건에 대해 지급하라며 해당 보험사에게 보낸 공문에서도 이같은 조정사례를 적시함은 물론 분쟁조정 전문위원 3명이 법률 자문한 결과도 넣었다. 원래 자살은 재해사고에 해당되지 않지만 약관에 의해 범위가 확장되는 효력을 가지며 약관의 규제에 관한 법률에서 정한 '작성자 불이익의 원칙'에도 합당해 지급함이 옳다고 했다는 부연이다. 약관규제법을 보면 약관은 신의성실의 원칙에 따라 공정하게 해석돼야 하고 고객에 따라 다르게 해석돼서는 안되며, 약관의 뜻이 명백하지 않는 경우에는 고객에게 유리하게 해석돼야 한다고 돼 있다. 이 처장은 "이미 금감원은 분쟁조정사례 등을 통해 자살보험금 문제가 불거질 것을 파악했지만 방치했고, 보험사들도 알고 있었지만 조치를 안했다는 것인데 이제 와서 '실수'라고 운운하는 것은 납득하기 어렵다"고 고개를 저었다. 보험사가 재해사망금을 준다고 특약을 작성했으면, 응당 그 약관에 따라 계약자에게 보험금을 지급해야 한다는 것이다. 그는 "금융당국·한국소비자원·국회 등에서도 지급을 하라고 했지만 보험사들이 오히려 소송을 걸고 시간을 끌며 피해자들이 제풀에 지치도록 하는 행태를 보이고 있다"며 "고객과의 신뢰를 저버리는 행동을 즉각 중단하라"고 목소리를 높였다.[293]

---

293) http://news2.cnbnews.com/news/article.html?no=285624(2015.4.2.)

제10장 자살예방의 전문지식과 정보

1. 지금 자살을 생각하고 있는 당신에게

　참으로 힘든 세상입니다. 스트레스도 많고, 괴로운 일도 많죠. 누구 하나 속 시원하게 나를 도와주는 것 같지 않고, 어느 것 하나 쉽게 얻기 힘든 세상에서 우리는 살아가고 있습니다. 그래서일까요? 때론 이 힘든 현실에서 도망치고 싶을 때가 있습니다. 모든 것이 엉망이 된 것 같고, 도저히 더 나아질 것 같지 않고, 그래서 그만 모든 것에서 손을 놓아 버리고 싶은 유혹이 들 때가 있습니다.[294] 그것은 당신만의 고민은 아닙니다. 보건복지부에서 발표한 2011년 정신질환실태 조사에 따르면, 우리나라 성인의 15.6%는 평생 한번 이상 심각하게 자살을 고민한 경험한 것으로 나타났습니다. 그리고 실제로 3.3%는 자살을 계획해 보고, 3.2%는 자살을 시도했다고 합니다. 1년간 자살시도자는 약 10만8000여명으로 추산됩니다. 그만큼 많은 이들이 자살에 대한 경험을 해보았다는 것이지요. 자살에 대해 생각하거나 행동하는 것은 결코 남의 일만은 아님을 알 수 있습니다. 이렇게 우리는 더러, 자살의 유혹에 사로잡히기도 합니다.

　삶의 의미를 느끼지도 못하겠고, 이렇게 사느니 차라리 죽는 것이 낫겠다는 생각이 드는 것이지요. 나를 도와줄 사람이 하나도 없는 것 같고, 혼자서 어려움을 헤쳐나가야한다는 막막함에 절망하기도 합니다. 내가 처해 있는 현실은 그만큼 냉혹하고, 나라는 인간은 그 두려움에 벌써부터 입술이 파랗게 질려옵니다. 이 거대한 괴로움이 파도처럼 밀려와 숨이 막히기 일보직전입니다. 하지만, 잠시 생각해보세요. 정말로 힘든 현

---

[294] 본 내용은 '생명사랑 캠페인'에서 인용하며 출처: 정신이 건강해야 삶이 행복합니다이며 저자: 대한신경정신의학회, 제공처: HIDOC입니다.

실 때문에 이런 생각이 드는 것일까요? 내 마음에 씌여진 안경이 눈앞의 현실을 더욱 어렵고, 어둡게 바라보는 것은 아닐까요? '정신적 현실(psychic reality)'이라는 정신의학적 용어가 있습니다. 사람은 누구나 본인에게 주어진 현실을 객관적이기보다는 주관적으로, 즉 과거의 경험, 무의식, 감정 등 주관적인 배경 아래서 현실을 받아들인다는 것입니다.

따라서 우울한 안경을 쓰고 내 앞에 놓인 현실을 바라보면 혼자인 것 같고, 희망이 없다고 느끼기 쉬우며, 극단적인 생각을 하기도 합니다. 내 마음의 눈에 씌여진 어두운 색의 안경, 그것이 '정신적 현실'입니다. 우리는 언제나 주관적으로 현실을 받아들이지요. 하지만 그것이 전부는 아닙니다. 그저 우리가 그렇게 보고 있지 않을 뿐, 객관적인 현실은 어쩌면 그만큼 절망스럽지 않을지도 모릅니다.

문득문득 죽고 싶은 충동이 생길 때는 어떻게 해야 할까요? 자신과 약속하세요. 지금은 눈앞의 현실이 힘들게만 느껴지겠지만, 이 순간이 지나면 달리 보일 수 있습니다. 이 모든 괴로움과 시련은 당신이 충분히 이겨낼 수 있는 것들입니다. 그러니 순간의 유혹에 넘어가지 마세요. 스스로 자신과 약속을 하세요. "나는 충동적으로 행동하지는 않을거야". 주변에 있는 위험한 물건들을 치우세요.

칼, 가위, 30cm 이상의 끈, 다량의 약, 농약 등 충동적으로 되었을 때 위험한 도구가 될 수 있는 물건들을 주변에서 치우세요. 환경을 바꿔주는 것만으로도 큰 위기를 모면할 수 있습니다. 술을 마시지 마세요. 힘들고 속상할 땐 술이 더 생각나지요. 하지만 너무 속상하고 힘들 때는 술을 피하세요. 술을 마시면 평소에 자신을 조절하고 있던 통제력이 약해지면서 더 충동적이 될 수 있습니다. 충동적이 되면 평소엔 생각만 하고 있던 것을 행동으로 옮기기 쉬워집니다.

혼자 있기보다는 가까운 사람과 함께 있으세요. 누군가 함께 있고, 내 주변에 나의 고통을 이해해주고 들어주는 사람이 있다는 것만으로도 극단적인 감정이 다소 누그러지기도 합니다. 괴로움을 들어줄 수 있는 가족, 친구, 내 주변에 있는 사람을 떠올려보세요. 그리고 그들과 이야기해 보세요. 누군가에게 당신의 고통을 말해 보세요. 내 고민이나 고통을 다른 사람에게 이야기하는 것에 대해 처음에는 두려움이나 수치심이 들수도 있습니다. 나를 과연 이해해 줄까? 내가 바보같다고 비난하진 않을까? 염려도 되겠지요. 하지만 당신의 이야기를 들어주고 도와줄 사람이 얼마든지 있습니다. 다만, 당신이 보지 못하고 떠올리지 못한 것일 뿐입니다. 주변에 말을 하는 것이 힘들다면 24시간 정신건강상담전화(1577-0199)를 이용해 전문적인 상담을 받아보는 것도 좋은 방법이 될 수 있습니다. 전문가의 도움을 받으세요. 가까운 정신건강의학과를 방문해서 어려움을 상의하고, 전문적인 도움을 구하기 바랍니다. 당신도 모르는 우울증, 조울증, 불안장애 등의 질환이 내 감정과 생각을 조절하기 어렵게 만들고 있는지도 모릅니다. 자살위기 상황시 24시간 도움을 받을 수 있는 기관의 전화번호를 알아둡니다. 1577-0199 정신건강 상담전화는 24시간 여러분들에게 열려 있습니다. 늦은 밤 혹은 이른 새벽, 홀로 고통스러운 생각과 극단적 감정에 시달릴 때, 상담전화를 이용해 여러분의 생각과 감정에 대해 털어놓고 상담해 보세요. 누군가 나에게 귀를 기울여주고, 진심으로 도와주고자 한다는 사실만으로도 큰 위안을 받을 수 있습니다.[295]

2. 정신건강의학과의 도움받기

과거의 경험과 현재의 상황을 의식적, 무의식적으로 연결하여 한 인간의 사회적, 관계적 상황에 대한 인간의 생각과 감정을 조절하고 행동적 반응을 결정하는 기관은 바로 뇌(brain)이다. 뇌는 신경과 신경전달물질의 너무나도 복잡한 구조와 기능적 네트워크로 이루어져 있고, 바로 그러한 뇌의 구조적, 기능적 이상으로 인하여 인간의 생각, 감정 그리고

---

295) http://terms.naver.com/entry.nhn?docId=2109960&cid=51011&categoryId=51011(2015.4.9.)

행동이 영향을 받는 것이다. 인간의 심리를 탐구하며 무의식을 연구하는 정신의학이 뇌과학의 발달을 근간으로, 이상행동과 이상심리를 과학적 토대 위에서 이해하고 치료하기 위하여, 그리고 주관적이고 심리적인 경험을 객관적이고 과학적인 사실로 증명하고 치료에 반영하기 위하여 노력해오고 있는 것이다. 정신의학적 치료는 단순히 말로 위안을 주고자 함이 아니고, 또한 단순히 약물로 증상을 완화시키고자 함도 아닌 심리적, 사회적 그리고 생물학적 관점에서 문제를 포괄적으로 바라보고 해결책을 찾아나가는 것에서 그 최상의 가치가 발현될 수 있다. 이는 자살을 생각하는 이들을 위한 치료에도 적용이 된다.

정신치료를 통해 자살을 생각하는 심리적 기전을 이해할 수 있다. 죽고자 하는 생각에 압도되어 있는 사람들은 모두 개개인의 문제를 가지고 있다. 사랑하는 사람, 건강, 인간관계, 직업, 폭력피해 등으로 인한 존엄성의 상실 등 개개인의 공통적 문제는 '상실(loss)'로 귀결된다. 이는 곧 사회적, 경제적, 그리고 본연의 가치있는 인간 주체로서의 기능 상실을 의미한다. 이러한 상실감에 대한 분노가 적절히 해소되지 못하면 밖으로 분출되어 공격적인 행동을 보이게 되거나 밖으로도 분출되지 못하는 경우 자신의 내부로 되돌아오게 되면서 우울을 야기하게 된다. 우울증의 심리적 기전을 '공격성의 내적 회귀'라고 표현하는 것은 바로 그 맥락에 인함이다. 정신건강의학과에서는 심리적으로 이러한 과정을 다루게 된다. 자신을 공격하는 것의 최후는 자해 또는 자살행위이다. 이러한 내적 심리과정을 다루어나감으로써 자살을 생각하는 사람들은 무엇이 나를 해하려고 하는 것인지 이해할 수 있게 된다. 상실은 사실로 벌어진 일이나, 상실에 대한 내적 반응은 사람마다 다 다르며, 정신건강의학과는 그것을 이해할 수 있게 돕는 것이다. 인지치료를 통해 비관적 생각을 객관적으로 검토한다. 정신건강의학과에서는 또한 자기자신(self), 자신이 살고 있는 이 세상(world), 그리고 앞으로의 미래(future)에 대한 사람들의 인지적 오류를 해결할 수 있도록 돕는다.

누구나 어떤 상황에 처하게 되면 자동적으로 어떤 생각을 하게 된다. 이를 자동적 생각이라고 하며 우울한 경우 대개 비관적인 자동적 생각을 하게 마련이다. 그러나 대개는 자신을 계속 우울의 구렁텅이로 밀어넣고 있는 부정적인 자동적 생각에 대한 점검은 하지 못한다. 정말 그 생각이 맞는 것인지, 너무 극단적으로 부정적 관점의 생각으로 밀어붙이고 있는 것은 아닌지에 대한 객관적 검토가 필요하다. 이런 것을 인지치료라고 하며, 정신건강의학과에서 받아볼 수 있다.

약물치료를 통해 뇌의 화학적 불균형을 정상화시킨다. 정신건강의학과 의사들은 종종 "그런 생각에 압도되는 것은 뇌의 화학적 작용의 결과일 뿐이야"라는 말을 하는 경우가 있다. 생물학적 관점으로 지나치게 단순화하는 것처럼 들릴 수도 있으나, 경우에 따라 너무 복잡할 경우에는 단순하게 접근하는 것도 방법이다. 몸에서 열이 나는 원인은 무수히 많다. 그렇다고 열이 나는 원인을 분명히 확인하지 못했기에 의사들이 아무런 처치를 하지 않는 것은 아니다. 물론 염증을 일으키는 균에 대한 항생제 반응 등을 관찰하여 적절한 치료를 하기 위해서 환자의 발열을 관찰하는 경우가 있을 수도 있지만, 대개는 열을 내리기 위한 처치를 하게 된다. 열은 그 자체로 매우 사람을 힘들게 하기 때문이다.

자살을 생각하게 만드는 우울도 이와 유사하다. 우울하고 불안한 이유가 무수히 많고 나는 어떤 이유로 인해서 우울하고 불안한지 자세히 들여다봐야 하겠지만, 객관적으로 자세히 들여다보기 위해서라도 마음의 열에 해당하는 우울은 조절되어야 한다. 증상을 잡아야 보다 심층적인 '내면 들여다보기'도 가능해지는 것이다. 때문에 정신건강의학과에서는 필요한 경우 약물로서 뇌의 화학적 작용에 관여하여 환자를 괴롭히는 우울함을 진정시키는 약물치료를 시도하기도 한다. 정교화된 약물치료로 우울만 개선이 되어도 사람들은 스스로 마음의 정리를 하는 경우가 많다. 소위 말하는 '정상적'이라는 것은 어떤 균일화된 마음의 규격을 의미하는 것이 아니다. 각각의 성장배경이 다르고 처한 상황이 다르기에 생각과 감정, 그리고 행동반응이 다양할 수 있지만, 다양한 것이 곧 비정상은 아니기 때문이다. 대부분의 사람들은 마음의 열이 내리면 스스로를 추스를 수 있는 힘을 가지고 있다. 자신의 주체적 능력을 결코 과소평가해서는 안될 것이며, 이러한 제반 과정을 정신건강의학과 의사와 상의하며 결정해 갈 수 있다.

대한신경정신의학회와 대한정신건강재단에서 운영하고 있는 해피마인드 홈페이지 또는 정신건강의학과 개원의사들의 모임인 대한정신건강의학과 의사회에서 운영하고 있는 온마음에서는 온라인 상담과 함께 전국의 정신건강의학과 병의원 정보를 검색해볼 수 있다.296)

3. 고통에 대한 경청

2013년 초 마포대교에서 투신자살하려던 시민을 모 개그맨이 구했다는 기사가 화제가 된 적이 있다. 이처럼 극적인 상황은 언제 어디서든 내 주변에서 실제로 일어날 수도 있지만, 이보다 더 흔한 일은 바로 주변에 있는 사람이 자살위험에 처해 있는데, 이를 모르고 지나치거나 어찌할 바를 모르는 경우이다.

1) 듣고 또 듣고, 마음을 다해 들어라

자살위험에 처한 사람을 돕는 가장 중요한 방법은 귀를 여는 것이다. 즉, 자살하려고 마음먹은 이유, 그가 처한 상황에 대해 가만히 들어주는 것이다. 자살을 생각하는 사람들은 이미 누구도 나를 이해해 줄 수 없다고 느끼거나, 얘기해도 소용이 없다고 생각하는 경우가 많기 때문에 좀처럼 마음을 열지 않는 경우가 많다. 때문에 위험을 직감했다면 최대한 빠른 시간에 편안한 공간에서 상대방이 마음을 터놓을 수 있도록 한 뒤, 주의깊게 경청하는 것이 가장 중요하다. 경청해주는 사람에게 고통스런 감정을 드러내는 것만으로도 자살예방에 큰 도움이 되는 치료적 효과가

---

296) http://terms.naver.com/entry.nhn?docId=2109972&cid=51011&categoryId=51011(2015.4.9.)

분명히 있다. 누군가 한 사람이라도 나를 알아주는 사람이 있다는 느낌은 살아가야 할 충분한 이유가 될 수 있다. 또한 듣는 과정은 자살위기를 극복하게 하기 위한 계획에 핵심적인 정보를 제공한다. 현재 어느 정도 자살생각을 하고 있는지 구체적인 자살계획을 가지고 있는지 상황을 파악함으로써, 다음 약속을 하면서 기다려 볼 수 있는 상황인지, 아니면 즉시 입원이 필요한 정도로 위험한 상황인지를 판단할 수 있다.

일단 상대방이 얼마나 위기에 처해 있는지 분명하지 않다면, 다음 만날 약속은 우선순위를 두고 가능한 한 신속하게 잡아야 한다.

2) 자살생각에 대해 구체적으로 물어라

경청을 위해 가장 첫 번째로 중요한 것은 단도직입적으로 묻는 것이다. 본인이 보거나 느끼기에 상대방이 자살위험에 처해있다고 느끼면 '설마'라고 생각하지 말고, "혹시 자살을 생각하고 있냐?"고 구체적으로 질문하는 것이 가장 중요한 첫 시작이 된다. 흔히 그렇게 생각하지도 않는 사람에게 괜히 자살에 대해 물어보았다가 역정을 내게 하거나 자살을 유도하게 되는건 아닌가하는 불안한 생각이 들 수도 있다. 그러나 실제 이런 경우는 거의 없다. 수많은 임상경험에 따르면, 대개 자살 고위험군은 자살에 대해 질문해 준 것을 고맙게 생각하는 경우가 많다. "너 혹시, 자살을 생각하고 있는건 아니니?" 이런 식으로 직접적으로 묻는 게 좋지만, 너무 직설적이라고 생각된다면 "너같은 상황에서 자살을 생각하기도 한다던데, 너는 어떠니?" 이런 식으로 우회적으로 질문을 할 수도 있다. 상대방이 자살생각이 있다고 인정한다면 천천히 조심스럽게 왜 그런 생각을 하게 되었는지, 얼마나 자주 하는지, 구체적으로 방법을 생각하거나 계획까지 가지고 있는지, 자살시도를 한 적이 있는지 등을 보다 구체적으로 질문하는 것이 필요하다.

3) 논쟁이나 충고를 피하자

자살이 옳은 일인지 나쁜 일인지를 따지며 훈계하는 것은 고통스런 감정을 드러내는 것을 방해할 뿐이다. 오히려 상대방은 무시당했다고 느끼고 역시 자신을 이해해 줄 사람은 아무도 없다는 외로움만 가중될 수 있다. "살 날이 얼마나 많은데 그런 생각을 하니?", "너희 부모님 생각은 안하니?", "자살같은 쓸데없는 생각은 하지마" 등등의 표현은 문제를 악화시킬 뿐이다. 자살은 죄책감과 관련이 있다. 상대방은 결코 가족이 중요한 것을 몰라서 자살을 생각하는 것이 아니다. 오히려 가족에게 부담만 주고 짐만 되는 자신이 한없이 초라해서 자살을 생각하고 있는 상황에서 섣부른 충고는 죄책감만 강화시킬 수 있다.

4) 말보다 중요한 것은 마음이다.

무턱대고 좋은 말을 해주는 것이 중요한 것이 아니라, 경청하는 태도가 문제를 해결하는 가장 핵심적인 열쇠이다. 적절히 눈을 마주치고, 고개를 끄덕여주고, 편한 분위기를 만드는 것도 좋다. 이러한 비언어적 표현이 말하는 이로 하여금 고통스런 감정을 자연스럽게 드러내게 한다.

상대방을 존중하면서 말로는 뭐든 표현해도 되는 따뜻한 분위기를 만드는 것도 중요하다. 이런 태도가 차갑게 닫혀 있었던 상대방의 마음을 자신도 모르게 열리게 하는 것이다. 이를 정신의학용어로는 '반영'이라고 한다. 상대방이 한 말을 "아, 그래서 네가 그렇게 힘들었던거구나"하는 식으로, 내가 이해하고 있음을 정리해서 다시 되돌려 준다면 힘든 감정을 더욱 잘 이끌어낼 수 있다.

5) 살아야 할 이유를 질문하라.

자살을 결심하게 된 이유와 그가 처해 있는 상황, 힘든 점 등 자살에 대해 충분히 이야기하고 나면 '그럼에도 불구하고 살아가야 할 이유'로 떠오르는 것이 있는지 질문한다. 살아가야 할 이유에 대한 질문은 대화의 내용을 고통에서 희망으로 가져가는데 핵심적인 질문이자, 자살위험을 파악하는 데도 중요하다. 가족, 종교, 일, 꿈 등 여러 가지 이유가 자살을 방지하는 살아가야 할 이유가 될 수 있는데 이러한 생각을 떠올릴 수 있다면 매우 긍정적인 반응이다. 반면, 살아가야 할 이유를 하나도 떠올리지 못하는 상태라면 응급상황으로 간주할 수 있다.

6) 격려와 칭찬과 함께 구체적 약속으로 마무리하라.

상대방이 자살에 대한 생각을 충분히 표현했다고 생각되면, 이렇게 하기 힘든 얘기를 잘 표현해준 것을 격려하고 감사의 말을 하는 것이 좋다. 예를 들어 "이야기하기 어려웠을텐데, 너를 도울 수 있게 나에게 이야기해 줘서 고마워" 이렇게 얘기하는 것이 좋다. 자살을 생각하는 사람이 누군가에게 그 이야기를 하게 되면 한편으론 후련하기도 하지만, 한편으론 상대방에게 어려운 얘기를 괜히 꺼내서 불편하게 했다는 생각에 죄책감을 가질 수 있기 때문이다. 또 해야 할 것은 다음에 만나는 약속이다. 다음에 만날 때까지 안전하게 지내는 것에 대한 약속을 하며, 혹시 힘든 상황이 생기게 되면 중간에라도 연락을 취하는 것에 대해 약속을 해야 한다.297)

4. 대한민국 정신건강의 현주소

우리나라는 해방 후 60여년의 짧은 기간 동안에 일본 제국주의에 의한 수탈, 그리고 전 국토를 잿더미로 만든 6·25의 참화라는 이중의 어려움을 극복하고 서양사회가 수 백년에 걸쳐 서서히 이룩해온 것을 불과 몇 십년만에 압축적으로 고도의 경제성장을 일궈냈다. 그 성과로 세계 7대 무역국 진입, G20 회의 등을 개최했으며, 2012년에는 세계에서 7번째로 1인당 국민소득 2만달러와 인구 5000만명을 동시에 달성한 "20-50"클럽에 가입했다. 제3공화국이 압축 경제성장의 시동을 걸면서 내걸었던 슬로건 "잘 살아보세"와 "국민소득 1000불, 수출목표 100억불"로 그리던 사회가 이제 현실이 된 것이다. 그러나 이와 같은 경제적인 외형의 화려한 발전과 풍요에도 불구하고 그속에서 살고 있는 우리 국민들의 내면

---

297) http://terms.naver.com/entry.nhn?docId=2109964&cid=51011&categoryId=51011(2015.4.9.)

에는 풍요가 깃들지 못하고 있는 것으로 보인다. 자살률은 몇 년 째 OECD 국가 평균의 두 배를 넘는 수치로 압도적 1위를 기록하고 있고, 학교폭력과 학업 스트레스 등으로 인해 스스로의 생을 마감하는 청소년들이 가파르게 증가하고 있으며, 2012년에 발표된 UN의 '세계행복보고서'에서 한국인의 행복도가 UN 150개 회원국 중 56위에 불과하다고 밝히고 있다. "잘살아보세"가 지향했던 국민소득 목표를 훌쩍 뛰어넘어 초과 달성한 오늘날, 적지 않은 국민들이 잘살고 있다는 느낌을 받지 못한 채 "과연 무엇이 잘사는 것인지" 반문하고 있는 상황인 것이다. 그동안 한국인들은 남들(외국)보다 뒤처진 것에 대해 조급증이 있었다.

어떻게든 빨리 물질적 궁핍을 탈출해야만 했다. 목표점을 향해 앞만 보고 달려나가기에 바빴다. 그 과정에서 눈에 보이는 성과에만 치중했던 것은 어찌 보면 당연한 현상이었다. 무한경쟁의 레이스에서 뒤처진 사람은 낙오자였으며 루저였다. 넘어진 그를 일으켜 세워 함께 어깨를 부여잡고 갈 정신적 여유가 우리에게는 없었다. 고도 경제성장의 과정에서 피곤하고 지친 마음의 아우성은 들어도 못들은 척 해야 했다. 그 후유증으로 곳곳에서 지친 마음이 아파하고 병들어가고 있는 것이다. 요즘 들어 난데없는 '힐링' 바람이 부는 것도 이와 같은 이유에서인지도 모른다.

UN의 세계행복 보고조사를 주관한 '행동하는 경제학자' 제프리 삭스 교수는 "경제발전의 측면에서 위대한 진보를 이룬 반면 비만, 흡연, 우울증과 같은 현대의 질병이라는 새로운 위기에 직면한 국가들"이 있음을 지적하고 있다. 마치 우리 나라의 현실을 두고 한 이야기처럼 말이다.

지금 우리 사회는 그 어느 때보다 '물질적 풍요속에 정신적 빈곤과 정신건강의 위기'라는 현상과 마주하고 있다. 이와 같은 정신건강의 위기는 객관적인 수치로 증명되고 있다. 바로 2011년에 보건복지부의 지원으로 '전국 정신질환 실태조사'가 그것이다. 이 조사는 병원에 온 환자들만을 상대로 한 조사가 아니라, 우리 가정과 사회속에서 일상적인 생활을 꾸려나가고 있는 일반인들 6000여명을 가가호호 방문하여 시행된 조사였으므로, 이 결과는 바로 오늘 이 시대를 함께 살아가고 있는 우리 국민 모두의 현실을 반영하고 있다고 볼 수 있다.

예상처럼 그 결과는 썩 밝지 않다. 우리 국민의 27.6%가 평생 한번 이상 우울증, 불안장애, 알코올 사용장애, 니코틴 사용장애 등의 정신질환을 경험하지만 이중에서 한번이라도 치료나 상담을 받는 경우는 15%에 불과한 것으로 나타났다. 즉, 정신건강의 문제로 고통받는 우리나라 사람들 중 85%가 전혀 치료없이 지내고 있다는 것이다. 더욱 안타까운 것은 치료받지 않은 사람들의 80%가 자신에게 정신건강의 문제가 있다는 사실조차 모르고 있다는 것이다. 경제성장과 더불어 건강에 대한 관심이 크게 늘어 가벼운 감기만 걸려도 병원을 찾고 밤늦은 시간 헬스클럽에서 땀 흘리는 사람들을 쉽게 찾아볼 수 있는 세상이 되었지만, 유독 정신건강의 문제에 대해서는 인식조차 못하는 사람들이 너무도 많은 것이다. 세계보건기구는 건강에 대해 '신체적, 정신적, 사회적으로 안녕한 상태'라고 정의하고 있다. WHO의 건강에 대한 기준을 잣대로 우리의 현실을 비춰 보면 결코 정신적 영적으로 안녕하다고 말할 수 없을 것이다.

바로 이처럼 정신적 측면을 소홀히 한 결과가 우리 사회의 정신건강의 위기로 나타나고 있다. 프로이트는 정신건강을 정의하기를 "일하고, 사랑하고, 놀 수 있는 능력"이라고 했다.

정신건강의 문제를 방치한다면 아무리 소득이 늘어나고 아무리 몸이 건강하다 해도 제대로 일을 할 수 없고, 가족과 친구들과 교감할 수 없게 되며, 좋아하는 것들을 즐길 수도 없는 것이다. 이제 우리 모두는 그 동안 소홀히 여겼던 정신건강에도 관심을 가짐으로써 심신건강의 균형을 찾을 때가 되었다. 정신건강을 가꾸기 위해서는 첫째, 우리 마음을 돌아보는 노력이 필요하며, 둘째, 우리 마음을 돌보는 노력이 필요하다.

먼저 마음을 돌아본다는 것은 우리 마음이 보내는 신호에 귀를 기울이는 것을 의미한다. 우리는 신체 감각에 조금만 변화가 와도 반사적으로 "혹시 몸에 무슨 문제가 생긴 것 아닌가?" 걱정하면서 우리 마음이 보내는 신호는 무시하는 경우가 많다. 물질적 풍요를 이루기 위해 사회에서 성공하기 위해, 앞만 보고 달려오는 과정에서 우리 마음이 크고 작은 상처를 입고 치유와 위안을 갈구하고 있지는 않은지, 우리 마음이 지금 우울해 하는지, 불안해 하는지, 그렇다면 얼마 동안이나 이런 마음이 었는지 한번 되돌아보면서 마음이 보내는 신호에 귀를 기울이는 노력이 필요한 것이다.

이렇게 마음이 보내는 신호를 포착한 다음에는 그 상태에 따라 우리 마음을 돌보는 노력이 필요하다. 우울증이나 불면증과 같은 질병이 있으면 망설이지 말고 치료를 받아야 하고, 질병이 없는 상태라 하더라도 더 좋은 마음 상태가 되도록 마음을 돌보는 노력이 필요하다. 운동을 하면 근육이 강해지듯이, 우리 마음도 노력하기에 따라 부정적인 감정을 줄이고 긍정적인 감정을 늘려 나갈 수가 있다. 각종 마음 건강 정보들이 그러한 여정에 길잡이가 되어 줄 것이다.[298]

5. 뇌의 신경전달물질과 우울증

우울증이 발생하는 원인은 매우 다양하다. 살아가면서 우리를 지치고 힘들게 하는 모든 것들이 다 우울증의 원인이 될 수 있다. 잘 낫지 않는 고질병부터, 배우자 등의 가까운 사람들의 죽음, 외로움이나 고립감 등의 감정, 파산이나 실직같은 경제적 어려움까지 다양한 요인들이 우울증의 원인으로 거론되고 있다.

즉, 우울증은 사회심리적으로, 경제적으로, 유전적으로, 생활환경적으로 여러 가지 원인들이 혼재되어 있다고 할 수 있다. 그중에서도 최근 가장 지지를 받고 있는 것은 생물학적인 요인이다. 우울증은 생물학적으로 감정을 조절하는 뇌의 기능에 문제가 생겨 유발되는 것이며, 스트레스 등의 외부적인 생활사건, 개인의 성격 등 복합적인 기전이 우울증 발

---

298) http://terms.naver.com/entry.nhn?docId=2109854&categoryId=51011&cid=51011(2015.4.9.)

생에 영향을 미친다고 본다. 과학자들은 이 중 뇌의 신경전달물질이 우울증과 연관이 있다고 생각한다. 이에 대한 근거로 다양한 연구들이 진행되었으며 현재에도 활발하게 연구가 계속되고 있다.

우리의 뇌는 약 천억개가 넘는 신경세포들이 모여서 전기적 신호를 통해 정보를 통합하고 교환한다. 그 과정을 통해 우리는 생각하고, 감정을 느끼고, 판단하며, 몸이 유지될 수 있게 생체리듬과 운동을 조절한다.

끊임없이 우리의 뇌로 공급되는 다양한 정보들을 처리하기 위해서는 뇌의 신경세포에서 정보를 전달하는 기본인 전기적 신호를 다른 신경세포로 전달하는 과정이 필요하다. 이를 통해 다양하고 복잡한 정보들을 전달할 수 있기 때문이다. 신경전달물질(Neurotransmitter)은 이렇게 어느 한 신경세포에서 다른 신경세포로 신호를 전달할 때, 전기적 신호가 할 수 없는 정보전달 역할을 하는 화학물질을 말한다.

우울증에서의 뇌 신경전달물질은 항우울제 약물의 치료효과를 설명하는데 중요하다. 여러 물질들 중 특히, 세로토닌(Serotonin), 노르에피네프린(Norepinephrine), 도파민(Dopamine)이 우울증에 중요하게 작용한다고 알려져 있다. 하지만 각각의 신경전달물질이 독립적으로 역할을 하는 것이 아니라, 수많은 신경전달물질들이 서로 영향을 주고 받기 때문에 몇 가지의 신경전달물질로 우울증을 설명하기에는 한계가 있다.

1) 세로토닌(Serotonin)

세로토닌은 우리 몸 전체에 영향을 주지만, 특히 뇌에서는 기분, 수면, 기억력, 인지기능, 충동조절, 불안, 초조감, 식욕 등과 연관이 있다. 특히 우리의 행복감에 관여하는 전달물질이라고 해서 '행복 호르몬'이라고도 부른다. 우울한 환자의 뇌를 연구한 결과, 세로토닌이 감소되어 있고, 세로토닌을 만들기 위해 필요한 전구물질인 트립토판(Tryptophan)이 부족한 경우에 우울증상이 악화된다는 연구 결과들이 있었다. 여러 종류의 우울증 치료제 중 많이 알려진 세로토닌 재흡수 차단제는 우울증 환자의 뇌세포에서 세로토닌을 다시 흡수하는 것을 막아, 뇌에서 부족한 세로토닌을 증가시는 방법으로 우울증상을 호전시킨다고 알려져 있다. 이와같은 기전을 지닌 약물을 '선택적 세로토닌 재흡수 차단제(SSRI)'라고 한다. 대표적으로 플루옥세틴(Fluoxetine), 파록세틴(paroxetine) 등이 있다.

2) 노르에피네프린(Norephinephrine)

노르에피네프린은 다른 말로 노르아드레날린(Noradrenaline)이라고도 한다. 스트레스를 받았을 때 분비되는 노르에피네프린은 심장을 더 빨리 뛰게 만들고 말초혈관을 수축시켜 혈압을 상승시키기도 한다. 뿐만 아니라 이 물질은 인간의 감정작용과도 깊은 관계가 있다. 노르에피네프린은 에너지와 흥미, 동기부여 등의 뇌 기능과 연관이 있는데, 연구에 따르면 우울증이 있는 사람들은 이 물질들이 부족하다는 것이 조사 결과 나타

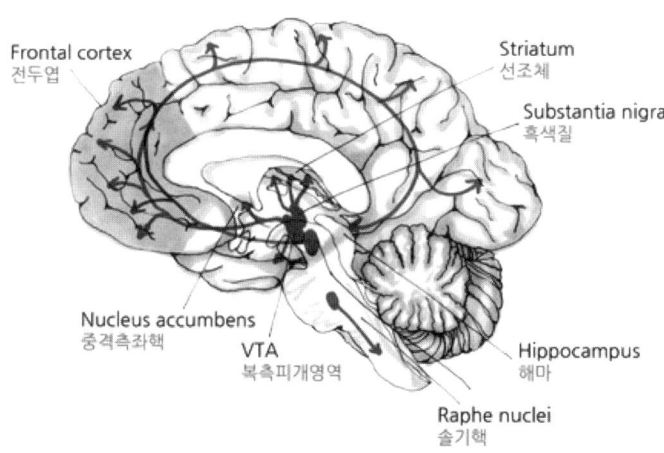

자료: http://terms.naver.com/entry.nhn?docId=2109904&cid=51011&categoryId=51011

났다. 아직 이에 대해서 명확하게 이론이 성립된 것은 아니지만 노르에 피네프린의 문제가 우울증과 연관이 있다는 것은 널리 알려진 사실이다.

대개 신경전달물질의 기능은 약물이 작용하는 기전과 약물을 사용한 후 나타나는 효과를 관찰하면서 알려지기 시작한 경우가 많다. 노르에피네프린도 마찬가지다. 노르에피네프린이 우울증과 연관이 있다는 것은 과거 뇌 신경세포에서 노르에피네프린의 재흡수를 막는 약물(예: 이미프라민)들이 우울증에 효과가 있다는 것이 알려지면서부터다.

3) 도파민(Dopamine)

도파민은 뇌에서 우리 몸의 운동기능의 조절, 새로운 것들에 대한 탐색, 주의력, 성취감, 무언가를 하고 싶은 마음 즉, 내적 동기의 활성화 등과 연관이 있는 신경전달물질이다. 정신과적 질환들 중 조현병, 우울증, 강박증, 주의력결핍과잉행동장애(ADHD), 중독 등 다양한 질환들이 도파민 분비의 이상과 관련있다고 알려져 있다. 예를 들면, 파킨슨과 같은 질환은 뇌의 특정 영역에서 도파민관련 신경세포가 줄어들면서, 운동기능이 조절되지 않고, 떨림 증상, 몸의 강직 등이 나타나는 질병이다. 도파민 물질이 근육경직 등을 야기시키기 때문에 감정이 없는 마네킹같은 표정, 근 움직임의 강직 등이 특징적이다. 도파민은 신체 뿐만 아니라 감정도 딱딱하게 만든다. 도파민 분비에 이상이 생기면 무기력하고, 무감정과 같은 우울증과 유사한 증상들이 함께 나타난다. 뇌의 도파민의 증가는 정신병적인 증상이나 기분이 들뜨게 되는 증상과 연관이 있다.

또 특정 행동을 한 후 긍정적인 보상이 이루어지는 경우에는 뇌의 도파민 신경체계(보상회로: reward system)가 활성화된다. 예를 들면, 도박에서 승리를 할 때 쾌감을 느끼고 다시 하고 싶은 욕구를 유발하는 것과 연관되어 있다. 반대로 도파민 활성이 감소되어 있는 경우는 우울증과 연관이 있으며, 무기력, 의욕저하, 활력감소 등의 증상들과도 관련있다는 주장도 있다.[299]

6. 공황발작과 공황장애

1) 불안, 공포, 공황

불안이란 무언가 안좋은 일이 생길 것 같은 느낌이다. 시험을 보기전이나 남들 앞에서 발표를 하기전이나 좋지 않은 결과가 걱정될 때 느낀다. 또 미래 건강에 대한 걱정, 경제적인 문제에 대한 걱정이 있을 때 사람들은 불안을 느낀다. 그에 반하여 공포는 걱정하거나 두려워하는 대상을 직접 접했을 때 발생하는 감정이다. 번지점프를 뛸 생각을 하며 느끼는 감정은 불안이지만, 발에 줄을 묶고 점프하기전에 느끼는 감정은 공포감이다. 학생이 좋지 않은 성적표를 가지고 집에 가는 길에 부모에게 혼날 것을 생각할 때 느끼는 감정은 불안이지만, 실제 부모님께 성적표를 보여드리고 불호령을 듣는 순간에는 불안이 공포로 바뀐다. 물론, 이 둘을 자세히 구분하여 쓰지 않고 일반적으로 불안이라고 뭉뚱그려 표현하기도 한다. '공황'은 짧은 시간에 공포감, 불안감이 급격히 증가하는 경우를 말한다. 갑작스러운 반응은 다양한 신체증상을 유발하고, 우리의 이성적인 판단을 멈추게 하며, 이러한 느낌과 신체증상속에서 이러다가 내가 죽을 수도 있구나, 또는 이러다가 내가 미쳐버리는 것이 아닌가 하는 생각이 들만큼 불안감을 느끼는 경우이다. 이와 같은 증상이 갑작스럽게 최고조에 달했다가 점차 줄어들게 되므로 '발작'이라고 표현하며 '공황발작'이라고 말하기도 한다.

2) 불안할 때 일어나는 우리 몸의 반응

불안은 느낌으로만 끝나는 것이 아니라, 다양한 심리적, 신체적 반응을 동반한다. 이러한 심리적, 신체적 반응은 일반적으로 알려진 스트레스 반응과 유사하다. 우선 심장이 두근거리는 것을 느낀다. 평소보다 빨리 뛰기도 하고, 가슴이 울리는 느낌이 들 정도로 더 크게 뛰는 것처럼 느껴지기도 한다. 숨은 쉬는데 무언가 충분치 않은 느낌이 들어 호흡을

---

299) http://terms.naver.com/entry.nhn?docId=2109904&cid=51011&categoryId=51011(2015.4.9.)

더 크게 하거나 빨리 쉬어보는 것, 가슴이 답답해지고, 소화가 안되어 불편한 느낌이 드는 것, 어지럽기도 하고, 땀이 나고, 얼굴이 붉어지거나 반대로 창백해지는 것 등이 모두 불안에 의한 심리적, 신체적 반응들이다. 이러한 신체 변화는 불안할 때 체내에 분비되는 교감신경 호르몬에 의한 영향이다. 진화론적으로 원시시대의 인류는 적이나 사자, 호랑이같은 포식 동물을 만났을 때 불안과 공포를 느꼈을 것이다. 이러한 상황에서는 맞서 싸우든, 도망치든 근육을 사용하게 된다. 불안에 따른 신체 변화는 이러한 근육 사용을 준비하는 과정으로 볼 수 있다. 심장 박동수가 증가하고, 호흡이 빨라지면서 더 많은 산소와 영양분을 혈액을 통해 근육으로 보낼 준비를 하고, 땀을 흘려 체온 상승에 대비를 하는 것이다.

불안이라는 정서적 반응은 우리의 사고, 판단력에도 영향을 미친다. 불안은 부정적이고 비관적인 생각과 판단을 하게 한다. 이는 최악의 상황을 예상하여 대비를 하게 하기 위함이다.

또한 각성 상태를 올리고, 집중력을 증가시키며 주변 상황의 변화를 빨리 알 수 있도록 한다.

3) 불안은 없애야만 하는 것

불안 증상으로 병원에 오는 환자들은 빨리 이 불안감을 없애달라고 호소한다. 그러나 불안이 늘 우리에게 부정적인 영향만 미치는 것은 아니다. 적당한 불안은 일의 능률을 올리게 한다. 불안감이 전혀 없는 상태를 생각해보자. 전체적으로 행동이 느려지고, 판단도 빠르지 않게 된다. 때문에 우리가 긴장할 순간에 너무 느긋하게 대응하면 오히려 일을 그르치게 된다. 시간 제한이 있는 수능시험을 볼 때 시간내에 문제를 풀어야 한다는 압박이 불안을 일으켜 시험문제에 집중하고 문제를 풀어나가게 된다. 이러한 압박과 불안이 없다면 동기부족으로 시험문제를 제시간내에 풀어내지 못할 것이다. 불안은 사람이 본능적으로 가지고 있는 정서적 반응으로 완전히 없앤다는 것은 불가능할 뿐만 아니라, 오히려 좋지 않은 상태가 될 수 있다. 생명을 위협하는 맹수가 많고, 예민하게 사냥감을 뒤쫓아야 했던 과거에는 불안으로 인한 몸의 변화가 생존에 큰 도움을 주었다. 그러나 현대생활에서는 이러한 본능적인 불안 반응이 되려 불편을 초래하여 정신질환까지도 이어질 수 있다. 현대인들은 원시 시대의 인류가 접하였던 적이나 포식자를 만날 일은 많지 않다. 우리가 마주쳐야 하는 불안은 과거처럼 도망가거나 공격한다고 해서 해결되지 않는다. 즉, 신체적인 불안 반응이 큰 도움이 되지 않는다는 것이다. 오히려 이러한 불안에 의한 신체 변화는 또 다른 불안 요인으로 작용될 수 있다. 갑작스럽게 호흡이 거칠어지고, 숨이 막히는 등의 불안 증상에 놀라 자제력을 잃고 도리어 더욱 불안해지는 것이다. 불안 반응의 악순환이다.

4) 갑작스럽게 찾아오는 공포의 공황발작

'공황'은 짧은 시간에 불안감이 급격히 증가하는 경우이다. 다양한 원인에 의해 촉발된 불안이 정상적인 사고와 판단을 막고, 최악의 상황만이 예측되면서 감정이 걷잡을 수 없이 폭발한다. 여기에 갑작스럽게 가슴이 답답해지고, 식은땀이 나는 등의 불안에 의한 신체 반응을 인식하게 되면, 몸의 이상처럼 느껴져서 순식간에 제어되지 않을 정도로 불안과 공포가 강하게 느껴진다. 이것이 바로 공황발작이다. 공황발작은 특별한 이유나 조건에서 일어나는 것이 아니다.

언제 어디서든, 누구에게나 갑작스럽게 일어날 수 있다. 예를 들어, 콩나물 시루같은 사람들이 초만원으로 들어차 있는 지하철을 탔다고 가정해 보자. 가까스로 타는 데까지는 성공했지만 이내 지하철안의 공기가 덥고 탁한 것을 느끼게 된다. 답답한 마음에 고개를 치켜들기 시작한 불안은 지하철내의 덥고 탁한 공기가 산소 부족 때문이 아닐까 생각하게 한다. 그런 생각을 하니 더욱 숨이 잘 쉬어지지 않는 것 같다. 불안증상이다. 하지만 나는 이것이 꼭 산소부족 때문에 생기는 호흡곤란으로 느껴진다. 당장이라도 지하철에서 빠져나가지 않으면 안될 것 같은데, 만원 지하철에서 쉽게 빠져나갈 수도 없다. 숨은 점점 막혀오는데 자칫 이대로 죽어버리는 것은 아닌가하는 불안이 엄습한다. 지하철에서 갑자기 일어난 공황발작이다. 이런 공황발작은 스트레스를 많이 겪는 현대인에게서 의외로 흔하게 발생하는 증상이다. 비행기를 타거나, 꽉 막힌 교통체증이 있는 도로 위에서, 자기공명영상(MRI) 의료기기속과 같이 좁고 제한된 공간에서, 사람이 붐비거나 낯설고 넓은 공간에서, 심리적 압박을 받는 상황에서, 심지어 집에서 TV보면서 쉬거나 잠을 자는 도중에도 느닷없이 찾아올 수 있다. 공황발작은 실로 다양한 공간과 상황에서 발생한다. 하지만 공황발작을 겪었다고 해서 곧장 공황장애로 진단되는 것은 아니다. 스트레스가 과도한 상황에서도 공황발작이 일어날 수 있기 때문이다. 전에 없던 공황발작이 발생했다면 혹시 최근에 스트레스를 받고 있지 않나, 한번 점검해 보는 것이 좋다.

5) 공황장애

공황발작이 반복되는 경우, 공황발작이 없는 동안에도 공황이 또 찾아올까 전전긍긍하여 일상생활에 지장을 주는 경우, 그 때문에 특정장소와 교통수단을 회피하게 되는 경우, 공황발작 경험 후 혹은 내 건강에 이상이 생겼다는 생각에 반복적으로 응급실을 방문하거나, 자주 병원을 찾아 진료를 받는 경우 등은 공황장애로 진단할 수 있다. 공황장애는 일상생활에 큰 변화를 불러온다. 혼자서 외출하기 어려워하고, 언제 찾아올지 모르는 공황에 대한 불안으로 힘들어하며, 공황발작이 발생할 때마다 죽을 것 같은 공포를 느껴야만 한다. 이러다 보니 생활의 위축이 생기고, 공황과 연결된 활동을 기피하게 된다. 예를 들면, 심장 박동수가 올라가는 것이 무서워서 뛰거나 계단을 오르내리기 싫어하고, 얼굴을 덮고 치료를 받아야 하는 치과진료를 받지 못하고, 지하철이나 기차, 비행기 등 교통수단을 못타거나, 고속도로 주행을 못견디기도 한다. 공황장애에 대한 사람들의 이해가 부족하기 때문에 사람들은 공황장애를 겪는 이들을 비논리적이고, 비상식적으로 겁을 낸다고만 생각한다. 때문에 그들의 불안감에 대해 논리를 앞세워 반박하거나, 때론 윽박지르기도 한다. 그러나 주변의 이런 태도는 도움이 되지 못한다. 도리어, 공황장애로 고통을 겪는 사람들에게 낮은 자존감을 느끼게 만드는 역효과를 낳는다. 그러므로 공황장애가 의심될 경우에는 반드시 정신건강의학과에서 필요한 치료를 받을 수 있도록 해야 한다.300)

7. 청소년 비행도 심하면 병

한 아이가 있다. 초등학교 때에는 성질이 급한 개구쟁이 정도였으나, 중학교 1학년이 되면서부터 어른들의 말을 잘 듣지 않고 공부에 관심이 점점 줄면서 집에 늦게 들어오는 경우가 많아지기 시작했다. 중학교 2학년 때는 밤늦게 집에 들어오면서 담배를 피우다가 들키기도 하고, 몰래 술을 마시기도 했다. 친구들이나 아는 형들을 따라 호기심에 시작했던 담배도 점점 더 많이 피우게 됐다.

집에 들어오는 시간도 점점 늦어지다가 급기야 어느 순간부터는 곧잘 외박도 했다. 부모님께는 학교에 간다고 거짓말을 하고 지각이나 조퇴를 빈번히 하다가 학교를 빼먹는 날도 많아졌다. 아이는 길가는 초등학생에게 겁을 주어 돈을 뺏기도 하고, 자전거나 오토바이를 몰래 타고 가서는 주인에게 돌려주지도 않았다. 마음에 안든다는 이유로 친구를 병원에 입원할만큼 심하게 때리거나, 편의점에서 물건을 훔쳐 경찰서에 가는 등의 심각한 사건도 있었다. 그걸 꾸짖는 부모님이나 어른에게는 심하게 대들고 거짓말도 양심의 가책없이 계속 이어졌다. 결국 학교에서 징계를 받은 아이는 학교를 그만 두게 될 지경에 이르렀다.

1) 사춘기의 반항

올해 초 방영된 KBS 드라마 <학교 2013>은 학교에서 벌어지는 풍경을 현실감있게 그려 많은 시청자들에게 큰 호응을 얻었다. 이 드라마엔 욕설을 아무렇지도 않게 하거나, 폭력을 휘두르고, 심지어 교사에게 위

---

300) http://terms.naver.com/entry.nhn?docId=2109924&cid=51011&categoryId=51011(2015.4.9.)

협을 가하는 청소년들이 여럿 등장해서 충격을 주었다. 비단 드라마에서 나 볼 수 있는 캐릭터만이 아니라는 점에서 문제는 더욱 심각하다. 우리 주변에서도 이와 같은 '망나니'나 '문제아'들을 쉽게 접할 수 있기 때문이다. 사춘기 한 때의 반항이라고 치부하기에는 그 정도가 지나친 아이들이 있다. 폭력을 휘두르고, 어른을 두려워하지 않으며, 물건을 훔치거나 빼앗는 등 청소년의 탈선이나 청소년 비행도 심하면 이 역시 '병'으로 볼 수 있다. 이런 청소년 문제는 그냥 사춘기라서 그렇겠거니하고 가볍게 여기거나, 일탈이나 탈선과 같은 행위에는 매가 약이라고 해서 매를 든다고 해서 해결되지 않는다. 이런 일들이 생기는 이유를 찾아 보고 도움을 주는 것이 먼저다. 특히 다른 사람의 권리를 심각하게 무시하고 방해하는 경우, 나이에 맞는 사회적 규범이나 규칙을 따르지 않는 일이 자주 반복되고 지속되어 일상생활의 문제가 커지는 경우, 대상에 대해 공격성을 띄는 행동을 자주 보이는 경우에는 '품행장애'로 진단할 수 있다. 품행장애는 다른 사람의 권리를 존중하는 마음, 충동조절능력의 어려움이 다양한 원인으로 생겨 문제행동이 계속되는 것을 말한다. 예를 들어, 다른 사람의 물건을 아무 이유없이 깨부순다든가, 어린 나이에 욕설을 아무 거리낌없이 한다든가하는 행동들이 그것이다. 이와 같은 품행장애는 보통 남자 아이들이 여자 아이보다 2.5배나 더 많다.

　품행장애 청소년은 초등학교 고학년이나 중학생이 되면서 증상을 보이는 경우가 많다. 거짓말을 하거나 싸움을 자주하며, 학교나 집에서의 규칙을 지속적으로 어기는 모습을 보인다. 특히 청소년기에는 사람을 향해 다양한 공격성들이 나타날 때가 많다. 다른 사람을 괴롭히거나 위협하는 경우도 있고 물건이나 돈을 뺏기도 하며, 개나 고양이 같은 애완동물을 괴롭힌다. 또래들과 몸싸움을 하거나 폭행을 가하는 일도 있다. 또한 집을 답답해하며 가출을 자주 하기도 한다. 이와 같은 문제 행동들은 어쩌다 한번으로 끝나는 것이 아니라 지속적으로 반복된다. 품행장애 아이들은 시간이 갈수록 충동적이고 공격적으로 변해가는데, 문제는 이런 행동들이 계속 악화되어가고 변화가 없는 경우, 일부는 어른이 되어 '반사회적 인격장애'로 발전할 수 있다는 것이다. 소위 말하는 '사이코패스'적인 존재로 성장할 확률이 높아지는 것이다. 흔히 어른들은 "아이들이 빗나간다"고 표현을 한다. 순종적이기보다는 반항적이고, 올곧게 나가기보다는 빗나가는 것이다. 어쩌면 질풍노도의 시기를 겪고 있는 10대 청춘들의 자연스러운 모습이자, 또 이 때에만 용인되는 모습일지도 모른다. 하지만 빗나가는 정도가 심하고 오래되면 단순히 사춘기의 혼란으로 치부할 수만은 없다.

2) 품행장애의 여러 가지 원인

그렇다면 왜 이와 같은 품행장애가 생기는 것일까? 그 이유는 다양하고 복합적이다. 아이들은 말로 자신을 표현하는 능력이 부족할 때 감정을 행동으로 표현하곤 하는데, 이때 과격하거나 거친 행동으로 감정이 표현되는 일이 많다. 또 부모가 매우 엄한 가정, 체벌이 잦은 가정에서 자란 아이의 경우에는 마음속의 쌓인 감정의 응어리를 비행 행동으로 표현하기도 한다. 남자 청소년의 경우 사춘기에 의해 친구에게 힘을 과시해서 호감을 얻고 싶어하는 경향이 있는데, 이런 경향이 어른들에게 반항하고 규칙을 깨뜨리는 것으로 발전하여 일탈 행동이 더욱 심해지는 경우도 있다. 충동성이 큰 아이의 경우, 행동이 거칠어지고 공격적인 모습이 많이 나타나게 된다. 부모나 선생님 등 보호자에 의해 이를 자주 지적받고 야단을 맞으면 자신감이 떨어지고 화가 쌓인다. 화난 마음이 충동성과 만나게 되면 화학반응을 일으킨다. 아이는 아무렇게나 행동하고 규칙을 어기며, 공부에는 흥미가 점점 없어지게 되고, 규칙을 지켜야 하는 학교 따위에는 그만 나가기가 싫어지는 것이다. 집에서는 부모님이 너무 냉정하거나 무서운 경우에도 아이들이 일탈할 수 있다. 또 아이를 대하는 모습이 일관적이지 않고 이랬다 저랬다 부모의 감정과 기분에 따라 아이들을 대한다거나, 부모가 자주 싸우거나 화목하지 못해서 집이 안정감을 주지 못하고 불안하게 느껴지게 되면 아이들은 집과 가정에

애착을 느끼지 못하고 멀어지게 된다. 이런 여러 이유로 부모와 골이 깊어지고 사이가 나빠지는 것도 품행장애 아이들에게서 나타나는 모습 중의 하나다. 최근에는 다양한 뇌기능 변화가 품행장애와 관련있다는 연구결과들이 많다. 아동청소년기는 심리 정서적인 발달과 뇌의 발달이 이루어지는 중요한 시기다. 이 시기에 품행장애를 보이는 아이들은 감정을 조절하는 뇌(변연계와 해마), 공포반응과 관련된 뇌(편도), 사회적인 인지나 보상과 관련된 뇌(안와전두피질) 기능의 이상을 보인다.

3) 훈계보다는 관심과 환경의 변화가 우선

자아정체성이 발달하는 아동청소년기에 이런 비행 행동들이 지속되면 아이는 건강하게 자라지 못한다. 이런 모습을 보이는 아이에게는 야단이나 훈계보다는 우선 관심이 필요하다. 아이가 자라온 환경이나 상황들을 잘 살펴보면서 아이의 마음이 비행으로 나타나는 이유를 찾아보아야 한다. 그리고 이런 행동을 멈출 수 있도록 옆에서 열심히 도와야 비행 행동을 바로잡고 고칠 수 있다. 간혹 아이들이 우울해서, 몸과 마음의 상처를 많이 받아서 비행으로 나타나는 경우도 있다. 실제 품행장애가 있는 청소년의 경우 40% 정도는 다른 마음의 병도 같이 있다. 우울증이나 불안증, 인터넷 중독, 주의력결핍과잉행동장애(ADHD) 등이 그것이다. 이런 증상이 같이 있을 경우에는 이런 모습도 같이 고쳐야 효과적이다.

품행장애 청소년을 위해서는 무엇보다 집, 학교, 친구 등 그들을 둘러싼 환경이 변해야 한다. 그리고 아이 스스로 자신의 행동에 대해 조절할 수 있도록 훈련하는 것이 필요하다. 청소년은 자신의 화나 감정을 조절하는 연습, 그리고 타인의 권리 존중을 위해 규칙을 지키는 방법, 스트레스를 관리하는 방법 등을 배워야 한다. 보호자에겐 무엇보다 아이의 특성을 고려한 양육과 교육방법이 중요하다. 특히 가정이나 학교에서 약자를 배려하고 공감하는 경험이 이루어져야 한다. 아울러 범죄 위험이 높은 유해환경들을 관리하는 사회적 노력도 필요하다.[301]

8. 자살을 생각하는 청소년에게 고함

"인생에서 의미를 발견한 사람은 어떤 힘든 일들도 이겨낼 수 있다." 오스트리아의 유명한 정신의학자인 빅터 프랭클(Victor Frankel)의 말입니다. 그는 자살을 생각하는 우울증 환자를 주로 치료하는 의사였습니다. 빅터 프랭클은 독일 나치의 수용소에 수감되어 부모와 부인을 비롯한 수많은 유태인이 아무런 잘못도 없이 죽어 나가는 것을 보며, 고문과 학대의 지옥같은 수용소 생활을 이겨낸 사람입니다. 그 당시 많은 유태인들이 끔찍한 수용소 생활을 견디다 못해 자살을 생각하고 실제로 죽는 사람도 많았습니다. 그러나 그는 절망하고 실의에 빠지기보다 오히려 죽음을 생각하는 동료들에게 위로와 희망을 전해주고, 그들이 희망과 용기속에서 삶을 영위해 나갈 수 있도록 도왔습니다. 살아남은 그는 <죽음의 수용소>라는 책을 펴내어 많은 사람들에게 삶의 의미의 중요성을 역설하는 희망의 전도사가 되었습니다. 여러분도 한번 상상해 보십시오.

이와 벼룩이 득실거리는 판자 수용소내에서 수십명이 더럽고 악취나는 몸을 맞부딪히며 자야 하고, 하루 종일 땅을 파거나 군수품을 만드는 중노동을 하면서, 건더기없는 멀건 수프 한 국자와 딱딱한 빵 한 조각만으로 하루를 버텨야 한다면 어떨까요?

게다가 그러한 생활이 언제 끝날지도 모르고, 아무런 기약없이 매일매일 되풀이된다면 말입니다. 사랑하는 부모, 형제는 지금 죽었는지 살았는지 소식을 들을 수도 없고, 같이 지내던 동료들도 매일 어디론가 끌려가서 돌아오지 않는 그러한 나날이 반복된다면, 과연 어떨까요? 빅터 프랭클은 그러한 절망스러운 삶의 한 가운데에 있으면서도 어떻게 희망을 잃지 않고, 다른 사람에게 도움을 주고, 좋은 영향을 끼칠 수 있었을까요? 그는 나치 홀로코스트에서의 자신의 생생한 경험이 자살하려는 사람에게 큰 도움이 될 것이라는 것을 깨달았습니다.

---

301) http://terms.naver.com/entry.nhn?docId=2109884&cid=51011&categoryId=51011(2015.4.9.)

그는 자신의 인생이 그러한 사람들에게 도움을 주기 위해서 존재한다고 생각했습니다. 그가 발견한 인생이란 '의미'입니다. 내가 무엇인가를 만들어내고 그것이 다른 사람에게 도움이 되는 의미, 인생에 있어 그러한 의미를 발견하고 그것을 소중히 믿고 살아가는 것이 인생이라고 여겼습니다. 빅터는 자신의 고통스러운 경험이 자살을 생각하는 수 천명의 우울증 환자에게 도움이 되는 '의미있는 것'이라고 여겼습니다. 그러자 고통이 괴롭기보다는 가치있는 것으로 다가오게 되었고, 자신을 괴롭히던 나치 경비병을 감화시키기까지 했습니다. 빅터가 살아남아 의사생활을 하고 있을 때, 부인을 잃은 한 의사가 우울감에 쌓여 찾아왔습니다.

"아내를 잃은 슬픔이 너무 커서 죽고 싶습니다. 아내가 없는 내 인생은 아무런 의미가 없습니다"라고 말하는 의사에게 그는 "만약 당신이 먼저 죽었다면 부인은 어땠을까요? 부인이 겪을 괴로움을 지금 당신이 대신 겪어주고 있는 겁니다"라고 했습니다. 그 이야기를 들은 의사는 자신이 살아있는 것이 부인을 대신하여 살고있다고 여기고 앞으로 부인이 살아있다면 하고 싶어했을 것들을 하면서 인생을 소중하게 살겠다고 했습니다. 지금 청소년 여러분이 처한 어렵고 힘든 상황이 있을 겁니다.

주변에 나를 도와줄 사람이 아무도 없고, 나를 힘들게 하는 사람들과 상황만 있다고 불만이 가득할 수도 있습니다. 나는 상황을 바꿀 힘이 하나도 없는 무기력한 존재이고, 아무런 능력이나 가능성도 없는 무가치한 존재라고 느낄지도 모릅니다. 하지만 여러분이 이 세상에 태어난 데에는 어떠한 이유와 의미가 있을 것입니다. 그리고 그것은 여러분이 지금 알지 못한다고 해도 분명히 중요하고 큰 일일 것입니다. 19세에 잡지에 실린 아프리카 흑인들의 사진을 보고 자신의 평생을 바쳐야겠다고 다짐을 했던 슈바이처 박사는 다음과 같은 말을 했습니다.

"가장 중요한 것은 나의 내부에 빛이 꺼지지 않도록 노력하는 것이다. 안에 빛이 있으면 스스로 밖이 빛나는 법이다." 밖이 어두워 아무 것도 보이지 않을 때, 아무도 빛을 비춰주지 않는 어둠의 시간이 길어질 때에도 여러분의 마음속에 희망과 의미의 불씨가 꺼지지 않게 스스로의 다짐으로 지켜나가는 것이 중요합니다. 만일 도움을 받아야 한다면, 청하기를 두려워하지 마십시오. 우리 주변에는 생각 이상으로 우리를 도와줄 수 있는 사람이 많이 있습니다. 만약 여러분이 자살을 생각하고 있다면 전문적인 도움을 받아야 합니다. 상담선생님이나 의사선생님을 두려워하지 마십시오. 그분들을 믿고 어떠한 사소한 것이든 적극적으로 도움을 청하십시오. 내가 힘들 때일수록 주변 사람들을 위하여 그들을 도와주십시오. 내가 그들에게 준 간단한 도움이 오히려 나를 더욱 강인하고 힘이 나게 만들어 줄 때가 많습니다. 주변 사람들에게 감사하고 사랑을 실천하고 내 인생의 목표를 위해 성실하게 한 걸음씩 나아가는 여러분이 되기를 진심으로 희망하고 기원합니다.302)

9. 자살없는 대한민국의 청소년들

독립된 한 인격체로 성장하기 위해 누구나 거치는 청소년기, 이 시기의 그들은 종잡을 수 없는 감정적 폭풍을 겪는다. 모범생이었던 학생이 어느 날 무단결석을 하기도 하고, 정직하고 겁많던 아이가 부모님 지갑에 손을 대기도 하고, 욕도 하지 못하던 바른 아이가 거칠게 말하기도 한다. 이런 그들에게 우리나라 특유의 학업과 진학문제는 더욱 스트레스를 가중시킨다. 게다가 학교폭력, 왕따 등의 문제는 밝아야 할 그들의 얼굴에 그늘을 드리운다. 그러다 보니 우리나라 청소년들의 우울증 발생 비율은 외국 청소년들보다도 높고, 성인들보다 높은 편이다. 이쯤 되면 "대한민국에서 청소년으로 살아가는 것이 녹록치 않다"는 말이 나오는 것도 무리가 아니다. 어른들의 책임감이 요구되는 대목이다. 청소년들을 위해 어른들은 과연 무엇을 할 수 있을까?

---

302) http://terms.naver.com/entry.nhn?docId=2109899&cid=51011&categoryId=51011(2015.4.9.)

1) 급격한 변화의 파도를 타는 청소년기

　청소년들은 신체적, 심리적으로 급격한 변화를 겪는다. 그들이 겪는 이 격변의 시기를 어떻게 보내느냐하는 것은 인생 전반에 걸쳐 중대한 영향을 끼친다. 청소년들이 어떤 변화를 겪는지 구체적으로 살펴보자.

　첫째, 엄청난 신체변화를 겪는다. 그들은 어른스럽게 커져만 가는 자신의 신체에 대해 스트레스를 받는다. 성호르몬의 작용으로 남자다움, 여자다움이 발현되면서 기쁘기도 하지만 창피하기도 하고, 한편으로는 당황스러움도 느끼게 된다. 더불어 이들은 자신의 신체 이미지에 관심이 급속도로 높아지면서 머리 스타일, 몸매, 옷, 화장 등에 열을 올리게 된다.

　둘째, 감정적이고, 충동적으로 반응한다. 실행기능과 참을성을 관장하는 뇌의 일부분(전두엽)이 미성숙한 청소년들은 이성적으로 판단하고 행동하기보다는 감정적으로 반응하게 되는 경향이 있다. 게다가 테스토스테론과 에스트로겐같은 각종 성호르몬들로 인해 감정이 오르락 내리락 할 때가 많다. 특히 성에 대한 관심이 증가하는데, 이를 미팅이나 단체활동을 통해 충족하게 된다. 성적, 공격적 충동의 경우 운동, 게임, 취미 등을 통해 자연스럽게 승화되기도 한다. 하지만 이런 충동성이 적절하게 조절되지 못하면 문제가 되기도 한다.

　셋째, 부모로부터의 독립이 시작된다. 많은 청소년들은 이 시기의 자신들이 어른이 되었다고 생각하고 독립이나 자유를 부르짖기 시작한다.

　이에 반해 부모들은 청소년들을 독립된 존재로서보다는 소아로 취급하게 된다. 이때부터 부모와 청소년들은 소소한 신경전이 벌어지게 되고, 급기야 반항하거나 비뚤어지게 되는 등 문제가 악화되기도 한다. 하지만 청소년들 자신도 아직 완전한 인격성장이 이루어지지 않아 부모로부터의 완전한 독립이 무리라는 것을 알기에 유명한 가수, 영화배우, 스포츠 선수 등 관심을 집중할 대상들을 찾기 시작한다. 또한 청소년들은 부모로부터 멀어지는 대신 친구관계에서 안정감을 느끼게 된다. 그러나 친구 역시 자신의 부모처럼 나만을 좋아해주고, 인정해주기를 바라기도

하는 등, 소아시기에 부모 사이에 있었던 문제가 다시 재발하기도 한다.

넷째, 주체성을 확립하게 된다. '나란 사람은 누구일까?', '무슨 직업을 가질까?'에 대한 고민이 시작되는 시기이기도 하다. 에릭슨(Erikson)이란 발달학자는 이런 청소년기의 과도기적 상태를 '주체성의 위기'라고 명명했다. 그 때문에 청소년들은 남들과 비교해서 약간이라도 다르거나 약점이 있으면 과민하게 반응하기도 한다. 5~6세 이후부터 인간은 사회에서 비교를 시작하면서 자신과 또래간의 차이를 인식하기 시작한다. 초등학교 아이들은 대개 "짝보다 시험을 보지 못했다", "○○가 나보다 더 예뻐"라는 말을 하면서 남과 비교를 하면서 나를 인식하기 시작한다. 나이가 들면서 이런 종류의 비교는 점점 증가하게 되고, 더욱 섬세해진다.

그리고 이런 것들은 자존감 형성에 중요한 영향을 미친다. 특히 사춘기가 되어 급격한 신체적 변화가 일어나게 되면 이런 것에 좀더 예민해진다. 신체적 약점, 얼굴형, 다리길이, 체형 등 남들 눈에 평범하지 않고 약간이라도 벗어나는 것 같으면 쉽게 상처를 주기도 한다. 이 때문에 본의 아니게 피해자가 된 학생들은 쉽게 기가 죽거나, 집단에서 따돌림을 당하는 경우도 생긴다.

2) 대한민국의 청소년들이 원하는 것

청소년기의 특징이 이해됐다면, 대한민국 청소년들이 처한 현실을 바로 보고 그들의 가슴에 귀를 기울여보자. 그들에게 어떤 도움이 필요한지 알 수 있을 것이다.

(1) "서열에 따라 저를 평가하지 말아 주세요"

대한민국은 줄서기가 강요되는 사회다. 이는 대한민국 청소년들의 가장 큰 스트레스가 학업인 것과 무관치 않다. 청소년들은 성적이라는 잣대로 한줄 서기가 강요된다. 성적 외에 다른 재능들을 찾아볼 시간적 여유조차 없기에 성적에 따른 서열이 매겨지게 되고 비교를 당하게 된다. 아이들 스스로도 이러한 줄서기에 따라 자신을 평가하게 된다. 이런 그들에게 자신도 알고 있는 비교의 결과를 들이대는 것은 바람직하지 않다. 누군가와 비교할 수 없을 정도로 넌 세상에서 하나밖에 없는 귀한 존재라는 사실을 각인시켜주는 것이 필요하다.

(2) "멘토이면서 지지자가 되어 줄 수 있는 가족이 필요해요"

자아정체성의 혼란을 겪는 청소년기는 늘 불안정하다. 한편으론 부모에게서 독립하고 싶기도 하고, 한편으론 의존하고 싶기도 하다. 이런 청소년들을 이해해 주고, 묵묵히 옆에서 지켜봐 주고, 응원해 줄 수 있는 사람이 바로 가족이어야 한다. 말하자면, 아이들이 '독립'이라고 하는 발달과업의 여정을 떠남에 있어 기름이 필요할 땐 수시로 그 연료를 채워 줄 수 있는 '주유소'와 같은 역할을 부모와 가족이 해야 한다. 만일 그런 역할을 가정이 하지 못하게 되면 아이들은 친구들을 가족 삼아 지내게 된다. 좋은 친구 나쁜 친구, 위험한 친구들을 분별하지 못하는 그들은 위험한 친구들을 집 삼아 기대게 될 수도 있다.

(3) "친구들과 땀 범벅이 되어 뛰어놀 수 있는 시간이 필요해요"

새벽에 일어나 밤 늦게까지 학원에서 쉴 틈 없이 공부만 하는 청소년들, 그들은 여가생활이나 취미생활은 꿈도 못꾼 채 그저 '공부기계'로 전락해간다. 청소년들은 늦은 밤 집에 들어와 취하는 휴식이라곤 인터넷으로 오락을 하거나 짬짬이 핸드폰 게임 등을 하는게 전부다. 사람은 하루 종일 공부만 하고 지낼 수 없다. 여유로움, 즐거움, 기쁨, 한가로움을 고루 맛볼 수 있어야 한다. 특히 청소년기에는 주입식 공부 외에 혼자 사색할 수 있는 시간, 독서할 수 있는 시간, 친구들과 땀범벅이 되어 뛰놀 수 있는 시간이 필요하다. 청소년들에게는 스트레스를 적절하게 해소하고 균형을 맞출 수 있는 놀이시간이 절실하다.[303]

---

303) http://terms.naver.com/entry.nhn?docId=2109875&cid=51011&categoryId=51011(2015.4.9.)

10. 우울한 청소년과 대화하는 방법

기성세대들에게 청소년들은 외계인이다. 같은 언어를 사용하고 있지만, 그만큼 대화하기가 어렵다. 호르몬이 요동치고, 감정이 롤러코스터라도 탄듯 오르락 내리락 하고, 모순되고 양면적인 태도를 보일 때가 많은 청소년들. 자녀들이 이 '질풍노도'의 시기를 보낼 때 많은 부모들이 그들과 어떻게 말해야 할지를 몰라 난감해한다. 특히 우울한 청소년과 대화하기는 매우 어렵다. 문제행동을 보이는 청소년과 대화하기는 더더욱 어렵다. 청소년들은 세 명 이상이 모여 있으면 말도 많아지고 행동도 과감해지지만, 혼자 떼어놓고 있으면 묵묵부답으로 일관하기 일쑤이다.

그래서 전문의들에게도 청소년과 치료적 관계를 형성하는 것은 많은 시간과 노력을 요하는 일이 된다. 정신건강의학과 전문의가 청소년과 치료적 관계를 형성하는 것과, 부모나 교사와 같은 일반적인 어른들이 어떤 해결할 문제를 가지고 있는 청소년과 이야기하거나 지도하는 것은 그 내용에 있어 차이가 있다. 하지만 기본적 관계형성의 측면에서는 유사성이 많다. 모형을 살펴보자. 보통은 청소년과 대화할 때 가상 상대방과 일정한 상호관계를 형성하는 경우가 대부분이라고 볼 수 있다. 즉, 도움을 주려는 사람은 건강한 측면과 문제적 측면을 저울의 양팔에 올려놓고, 문제적 측면이 클 경우 어떻게 하면 바람직한 방향으로 개선시킬 수 있을 것인지 고민하게 된다. 청소년에게 질문하고 의견을 제시하고, 바람직한 방향으로 따라오지 못하는 경우 건강한 방식의 '야단'도 칠 수 있다. 그런데 이런 과정에서 가장 중요하게 생각해야 하는 것은 바로 '건강한 부분에 대한 보호'이다. 아무리 비행청소년이나 폭력학생이라고 해도 그 아이의 모든 면이 비뚤어지고 잘못된 것은 아니다. 가만히 살펴보면 그래도 심성이 착하다든가, 공부를 하려는 의지가 있다든가 하는 건강성도 지니고 있다. 즉, 어른들이 문제행동에 대해 교정하는 과정에서 건강한 측면이 지나치게 상처받는 것을 최소화해야 한다는 의미이다. 항암제는 암세포도 공격하지만, 우리 몸의 정상세포도 공격한다. 그래서 항암제 치료 중에는 머리카락이 빠지거나 다른 기관이 손상을 입는 등 부작용을 겪게 되는 것이다. 선택적으로 암세포만 공격할 수 있는 표적 항암제가 아닌 한, 일반 항암제로 치료하는 동안에는 어쩔 수 없이 정상세포도 상처를 받게 되는 것이다. 심리적 치유의 과정도 마찬가지이다. 말없이 아래만 쳐다보고 있는 청소년들과 이야기해야 하는 어른의 경우, 웬만한 인내심이 없다면 얼마 가지 않아 짜증섞인 반응을 보이기가 일쑤이다. 이렇게 건강한 부분과 문제적 부분을 모두 도움을 주는 사람의 맞은 편에 위치시키고, 교정적 관점에서 접근해 들어가게 되면 본의 아니게 건강한 부분도 다치게 할 수도 있다.

우리는 맞은 편에 앉아 있는 청소년에게 이렇게 이야기 할 수 있다. "여기 이쪽으로 와서 저쪽에 있는 문제들을 같이 살펴보지 않겠니?" 실제로 자리를 옮길 필요는 없다. 단지 그런 메시지 전달이 필요하다는 뜻이다. 청소년의 건강한 부분과 치료적 동맹을 맺을 수 있다면 문제해결은 시간문제가 될 것이다. 그러기 위해서는 건강한 부분을 내 쪽으로 '초대'해야 한다. 이처럼 도움을 주려는 사람이 청소년들이 지니고 있는 건강한 면, 긍정적인 면을 인정하게 되면, 청소년은 자신들이 힘겹게 지켜나가고 있는 건강한 부분을 스스로 인식할 수 있게 된다. 더 나아가서는 어른들이나 사회의 부정적 판단으로부터 스스로를 보호할 수 있게 된다. 특히 청소년기는 '부모로부터의 독립'이라는 중차대한 발달과업을 수행하고 있는 것만으로도 벅찬 시기다.

이 시기의 청소년을 수동적으로 교정되어야 하는, '치료받아야 하는 존재'가 아니라, 부모나 치료자와 더불어 스스로의 변화를 위해 능동적으로 기능하는 존재로 여길 때, 비로소 문제해결의 실마리를 찾을 수 있으며 문제를 해결하는 속도도 높일 수 있다. "이쪽으로 와서 저쪽의 문제들을 같이 살펴보자, 그리고 같이 해결해 나가지 않으련?" 우리의 청소년들을 당신 옆자리의 치료 파트너로 앉혀 보자. 분명 효과가 있을 것

이다.304)

11. 부모와 선생님께 드리는 글

정서적으로 불안정하며, 스트레스에 대한 대응능력이 충분히 발달되지 않고, 인지적으로도 미숙한 청소년들을 바라보면 마치 외줄을 타고 있는 듯 아슬아슬하게 느껴질 때가 많이 있습니다. 청소년기는 감정에 휩쓸리기 쉬운 시기인만큼 주변의 관심과 돌봄이 필요합니다. 특히 아이들에게 큰 영향력을 미치는 보호자의 관심은 아이들의 위험하거나 극단적인 선택을 막을 수 있는 가장 좋은 보호막입니다. 이럴 땐 보다 세심하게 관찰해 주세요. 청소년들의 건강한 정서적인 발달을 방해하고 정서에 영향을 미쳐 극단적인 선택을 하게 만들 수 있는 요소를 '위험요인'이라고 합니다. 위험요인이 있는 청소년들은 다른 청소년에 비해 세심한 관찰이 필요합니다.

1) 위험요인
   (1) 우울증, 외상 후 스트레스장애, 정신분열증, 불안증 등을 가지고 있는 청소년
   (2) 심한 학교폭력을 당하고 있는 청소년
   (3) 가족의 지지체계가 안전하지 않을 경우(이혼, 별거, 가정폭력)
   (4) 최근에 부모나 형제, 가까운 친구를 잃은 경우

물론 위험요인이 존재한다고 해서 반드시 자살을 하는 것도 아니고, 또 위험요인이 없다고 해서 안심해도 되는 것은 아닙니다. 다만, 위험요인을 가지고 있는 청소년들은 그렇지 않은 청소년들에 비해서 극단적인 선택을 할 위험성이 높기 때문에 좀더 집중적인 관심과 평가가 필요합니다. 또한 자살을 시도하려는 청소년들은 시도전에 어떤 방법으로든지 자신의 죽음에 대해서 알리고 표현하려고 하는 경우가 많습니다. 따라서

---

304) http://terms.naver.com/entry.nhn?docId=2109894&cid=51011&categoryId=51011(2015.4.9.)

이를 미리 알아채고 마음을 다독일 수 있도록 주변 어른들의 따뜻한 관심과 세심한 관찰이 필요합니다.

2) 개입이 필요한 이상 징후들

(1) 평소 잘하지 않던 주변 정리를 할 때

(2) 평소 자신이 아끼던 물건을 주변사람에게 주거나 건네주며 잘 간직하라고 할 때

(3) 갑자기 성적이 급격히 하락할 때

(4) 섭식과 수면습관에 변화가 생길 때

(5) 짜증, 분노가 많아질 때

(6) 죽음에 대한 얘기들을 많이 할 때,

(7) "죽는게 나을 것 같아", "없어져 버렸으면 좋겠어" 등과 같은 말을 할 때

(8) 죽음에 대해서 긍정적으로 말하거나 이상적으로 표현할 때

(9) 무모하고 위험한 일에 가담해서 사고가 발생했을 때

(10) 약이나 칼 등을 찾을 때

위험요인을 가지고 있는 청소년에게서 위와 같은 변화가 생기면 좀더 효과적이고 체계적인 개입이 필요합니다. 위험한 우리 아이, 이렇게 대해주세요.

첫째, 잘 들어주시고 이해해주세요. 아이들의 말을 이해하고 경청하려고 애쓰는 것이 마치 아이들이 원하는 것을 다 해주고 수용해준다는 것과 같은 말이 아니라는 것을 명심하세요. 한 달에 한번 외래를 찾는 청소년들이 10분도 채 안되었던 지난 시간의 면담에 대해서 온전히 기억하고 있는 경우가 많습니다.

"선생님, 지난번에 말했던 아이 말인데요, 그 친구와 이번엔 이런 일이 있었어요. 10살 때 아빠하고 있었던 일 말했잖아요." 등 아이들은 상담자가 자신이 상담했던 내용을 다 기억하고 있는 것처럼 얘기하곤 합니다. 부모님은 상담실로 아이를 들여보낸 후 수많은 대화들이 오고 가

고 아이들이 가르침을 받아 뭔가 변화가 시작되기를 기대합니다. 하지만 정신과 의사가 한 일은 정말 잘 들어주고 이해해준 것 외에는 없습니다.

100%는 아닐지언정 충분한 교감이 이뤄지고 이해받았다는 느낌이 든 대화의 경험은 아이들의 머릿속에 깊숙하게 각인됩니다. 아이들은 온전히 나를 위해 시간을 쓰고 있는 의사와 그 시간을 통째로 기억하게 되는 것이지요. 부모님들과 갖는 대화 시간도 마찬가지입니다. 온 마음을 다해 아이가 하는 말에 집중하고, 아이의 감정에 이입되어 경청하는 순간, 꼭 닫혔던 마음의 빗장이 풀린다는 사실을 기억하시기 바랍니다.

둘째, 일방적인 훈계, 잔소리를 줄여주세요. "방이 그게 뭐냐? 청소 좀 해라", "수학성적이 왜 이렇게 떨어졌냐?", "동생 좀 그만 괴롭혀라" 사춘기가 된 아이들을 키우다 보면 모든 생활 전반에 있어 잔소리 할 것 투성이입니다.

잔소리는 말의 힘을 약화시키고 부모의 권위를 떨어뜨리게 합니다. 뻔한 이야기들이 왔다갔다하고, 그 와중에 아이들은 부모님의 뻔한 훈계가 지겨워집니다.

아이들 눈은 부모님을 향해 보고 있지만 마음속에서는 "또 시작이야"를 외치는 것이지요. 이런 사실은 부모 스스로도 느낍니다. "내가 왜 이러고 있는 거야." 이렇게 느끼셨으면 잔소리를 중단하세요. 말이 오가는 것이 아니라 짜증과 분노가 왔다갔다하는 것입니다. 부모님들은 말을 하기에 앞서서, 이렇게 말하는 것이 과연 내 아이에게 영향력을 발휘할까, 내가 짜증이 나서 화풀이하려고 하는 것일까, 잠시 생각한 후 반응해주세요. 쓰면 쓸수록 힘을 잃게 되는 말이 바로 잔소리입니다.

셋째, 아이들의 부족한 전두엽이 되어주세요. 전두엽은 우리 행동을 좌지우지하는 뇌의 사령탑같은 역할을 합니다. 대부분의 뇌 영역의 성숙이 사춘기가 되면 발달을 끝내는 것에 비해, 사춘기 이후까지 계속 발달을 하는 영역은 바로 전두엽입니다. 우리 뇌에서 전두엽은 일종의 코치의 역할을 하는 곳이랍니다.

전두엽은 과제를 할 때 집중을 유지하게 도와주고, 계획을 짜며, 일을 조직화하고, 사고가 보다 융통성있도록 만듭니다. 이외에도 충동조절 기능을 담당하고 있어서 내적 혹은 외적 제약을 고려해서 감정 및 행동을 조절하게 됩니다. 부모님이 전두엽이 되어 적절한 코치를 해주기 위해서는 평소 아이와 관계가 좋아야 합니다.

넷째, 아이를 있는 그대로 파악하고 잘 이해하고 있어야 합니다. 세상에 하나 밖에 없는 우리 아이지만, 그 마음을 들여다 볼 수 없는 것은 부모 역시 다른 타인들과 마찬가지입니다. 때문에 부모라고 해도 내 아이의 마음을 이해하기가 쉽지 않습니다. 아이의 마음을 잘 알기 위해서는 보호자 스스로 아이의 상황과 환경에 대해 이해하고 있어야 합니다. "육아와 관련된 책도 많이 읽고, 강의도 들었어요. 하지만 제대로 되지 않아요. 왜 그럴까요?" 그게 당연한 겁니다. 세상에 우리 아이는 하나입니다. 일반론적인 양육서는 우리 아이에 대해서 알려주고 있지 않습니다. 부모도 마찬가지입니다. 우리 아이를 정말 잘 파악하고 있고, 이해하고 있는지 스스로 질문해보아야 합니다.

다섯째, 그래도 아이가 힘겨워하면 망설이지 말고 전문가의 도움을 받으십시오. 아이와의 관계가 좋아졌다고 하더라도 아이들은 때로 우울해하거나, 혼자 있으려하거나, 밥도 잘 먹지 않고 짜증을 낼 수 있습니다. 아이들이 자라면서 겪는 문제는 다양하고 아이들은 그때마다 나름대로 어려움을 겪습니다. 겨우 친해졌는데 제자리로 돌아온 것 같다고 낙담하지는 마세요. 아이들과 친해지는 것은 문제해결을 위한 중요한 한 걸음이지만, 그것으로 모든 문제가 해결되는 것으로 기대해서는 안됩니다.

아이의 엄마로서 혹은 아빠로서 어떻게 해서든지 도와주고 싶은데 맘대로 되지 않는다면 전문가의 도움을 받으세요. 전문가는 그럴 때 이용하라고 있는 존재입니다.[305]

---

305) http://terms.naver.com/entry.nhn?docId=2109897&cid=51011&categoryId=51011(2015.4.9.)

〈부록〉 자살예방관련법

1. 자살예방 및 생명존중문화 조성을 위한 법률

법률 제10516호 신규제정 2011. 03. 30.

제1장 총칙

제1조 (목적) 이 법은 자살에 대한 국가적 차원의 책무와 예방정책에 관하여 필요한 사항을 규정함으로써 국민의 소중한 생명을 보호하고 생명존중문화를 조성함을 목적으로 한다.

제2조 (기본정책) ① 자살예방정책은 자살 위험에 노출된 개인이 처한 특수한 환경을 고려하여 성별·연령별·계층별·동기별 등 다각적이고 범정부적인 차원의 사전예방대책에 중점을 두고 수립되어야 한다.
② 자살예방정책은 생명윤리의식 및 생명존중문화의 확산, 건강한 정신과 가치관의 함양 등 사회문화적 인식개선에 중점을 두고 수립되어야 한다.

제3조 (국민의 권리와 의무) ① 국민은 자살위험에 노출되거나 스스로 노출되었다고 판단될 경우 국가 및 지방자치단체에 도움을 요청할 권리가 있다.
② 국민은 국가 및 지방자치단체가 자살예방정책을 수립·시행함에 있어 적극 협조하여야 하며, 자살을 할 위험성이 높은 자를 발견한 경우에는 구조되도록 조치를 취하여야 한다.

제4조 (국가 및 지방자치단체의 책무) ① 국가 및 지방자치단체는 자살의 위험에 노출되거나 노출될 가능성이 있다고 판단되는 자(이하 "자살위험자"라 한다)를 위험으로부터 적극 구조하기 위하여 필요한 정책을 수

립하여야 한다.

② 국가 및 지방자치단체는 자살의 사전예방, 자살 발생 위기에 대한 대응 및 자살이 발생한 후 또는 자살이 미수에 그친 후 사후대응의 각 단계에 따른 정책을 수립·시행하여야 한다.

제5조 (사업주의 책무) ① 사업주는 국가 및 지방자치단체가 실시하는 자살예방정책에 적극 협조하여야 한다.

② 사업주는 고용하고 있는 근로자의 정신적인 건강 유지를 위하여 필요한 조치를 강구하도록 노력하여야 한다.

제6조 (다른 법률과의 관계) 자살예방 및 그에 관한 정책의 수립·시행 등에 관하여 다른 법률에 특별한 규정이 있는 경우 외에는 이 법에서 정하는 바에 따른다.

제2장 기본계획의 수립 등

제7조 (자살예방기본계획의 수립) ① 보건복지부장관은 관계 중앙행정기관의 장과 협의하고 「국민건강증진법」 제5조에 따른 국민건강증진정책심의위원회 내 자살예방전문위원회의 심의를 거쳐 자살예방기본계획(이하 "기본계획"이라 한다)을 5년마다 수립하여야 한다.

② 기본계획에는 다음 각 호의 사항이 포함되어야 한다.
  1. 생명존중문화의 조성
  2. 자살상담매뉴얼 개발 및 보급
  3. 아동·청소년·중년층·노인 등 생애주기별 자살예방대책
  4. 우울증 및 약물 중독관리 등 정신건강증진
  5. 정보통신 등 다양한 매체를 이용한 자살예방체계 구축
  6. 자살위험자 및 자살시도자의 발견·치료 및 사후관리
  7. 자살 감시체계의 구축
  8. 자살 수단에 대한 통제
  9. 자살예방 교육 및 훈련

10. 자살예방에 대한 연구지원
11. 중앙 및 지역 협력기관의 지정 및 운영 방안
12. 그 밖에 자살예방대책과 관련하여 필요한 사항

③ 보건복지부장관은 확정된 기본계획을 지체없이 관계 중앙행정기관의 장 및 특별시장·광역시장·도지사·특별자치도지사(이하 "시·도지사"라 한다)에게 통보하여야 한다.

제8조 (연도별 시행계획의 수립 · 시행 등) ① 보건복지부장관, 관계 중앙행정기관의 장 및 시·도지사는 매년 기본계획에 따라 자살예방시행계획(이하 "시행계획"이라 한다)을 수립·시행하여야 한다.

② 관계 중앙행정기관의 장 및 시·도지사는 다음 해의 시행계획 및 지난 해의 시행계획에 따른 추진실적을 대통령령으로 정하는 바에 따라 매년 보건복지부장관에게 제출하고, 보건복지부장관은 매년 시행계획에 따른 추진실적을 평가하여야 한다.

③ 시행계획의 수립·시행 및 추진실적의 평가에 관하여 필요한 사항은 대통령령으로 정한다.

제9조 (시 · 도별 시행계획의 조정 등) ① 보건복지부장관은 기본계획에 기초하여 특별시·광역시·도·특별자치도(이하 "시·도"라 한다)별 시행계획을 조정하고 그 이행상황을 점검하여야 한다.

② 보건복지부장관은 시·도별 시행계획이 기본계획 및 중앙행정기관의 시행계획에 위배되는 경우에는 해당 시·도지사에게 이를 변경하도록 요구할 수 있다.

제10조 (계획수립의 협조) ① 보건복지부장관, 관계 중앙행정기관의 장 및 시·도지사는 기본계획 또는 시행계획의 수립·시행과 평가를 위하여 필요한 경우에는 관계 중앙행정기관, 지방자치단체, 관계 공공기관, 그 밖에 자살예방활동 관련 단체의 장에게 관련 자료의 제출 등 필요한 협조를 요청할 수 있다.

② 제1항에 따라 협조요청을 받은 자는 정당한 사유가 없는 한 이에 따

라야 한다.

제3장 자살예방대책 등

제11조 (자살실태조사) ① 국가 및 지방자치단체는 자살실태를 파악하고, 자살예방을 위한 서비스의 욕구와 수요를 파악하기 위하여 5년마다 자살실태조사를 실시하고 그 결과를 발표하여야 한다.

② 제1항에 따른 자살실태조사를 위하여 필요한 사항은 대통령령으로 정한다.

제12조 (자살통계 분석 및 정보관리체계 구축) ① 국가 및 지방자치단체는 자살통계를 수집·분석 및 관리하기 위하여 전문 조사·연구 기관을 지정하여 운영할 수 있다.

② 제1항에 따른 전문 조사·연구 기관의 지정 등에 필요한 사항은 보건복지부령으로 정한다.

제13조 (자살예방센터의 설치) ① 다음 각 호의 업무를 수행하기 위하여 보건복지부장관은 중앙자살예방센터를, 시·도지사 및 시장·군수·구청장(자치구의 구청장을 말한다)은 지방자살예방센터(이하 "자살예방센터"라 한다)를 설치·운영할 수 있다.

1. 자살관련 상담
2. 자살위기 상시현장출동 및 대응
3. 자살시도자 사후관리
4. 자살예방 홍보 및 교육
5. 자살예방 전문인력 양성
6. 그 밖에 자살예방을 위하여 보건복지부장관이 필요하다고 인정하는 업무

② 국가 및 지방자치단체는 제1항에 따른 자살예방센터를 「정신보건법」 제13조의2에 따른 정신보건센터에 둘 수 있다.

③ 국가 및 지방자치단체는 제1항에 따른 자살예방센터를 대통령령으로

정하는 바에 따라 민간에 위탁할 수 있다. 이 경우 국가 및 지방자치단체는 위탁업무의 수행에 드는 비용을 보조할 수 있다.
④ 국가 및 지방자치단체는 수시로 신고를 받을 수 있는 자살예방용 긴급전화를 설치·운영하여야 한다.
⑤ 제1항에 따른 자살예방센터 및 제4항에 따른 긴급전화의 설치·운영에 필요한 사항은 대통령령으로 정한다.

제14조 (자살위험자 지원 및 정신건강 증진 대책) ① 국가 및 지방자치단체는 정신건강에 이상이 생긴 것으로 인하여 자살 위험에 노출된 자에 대하여 필요한 의료적 조치가 적절히 제공될 수 있는 환경을 조성하여야 한다.
② 국가 및 지방자치단체는 자살위험자를 대상으로 한 정신건강 선별검사 도구를 개발하고 보급하여야 한다.
③ 국가 및 지방자치단체는 자살위험자의 조기 발견, 상담 및 치료를 위하여 필요한 조치를 하도록 노력하여야 한다.
④ 제2항에 따른 선별검사 및 제3항에 따른 상담·치료에 필요한 사항은 보건복지부령으로 정한다.

제4장 생명존중문화 조성 등

제15조 (생명존중문화 조성) 국가 및 지방자치단체는 생명을 존중하는 사회문화 환경을 조성하기 위하여 자살예방을 위하여 활동하는 민간단체 등과 협조하여 범국민적 생명존중문화 사업을 추진할 수 있다.
제16조 (자살예방의 날) ① 자살의 위해성을 일깨우고 자살예방을 위한 적극적인 사회 분위기를 조성하기 위하여 매년 9월 10일을 자살예방의 날로 하고, 자살예방의 날부터 1주일을 자살예방주간으로 한다.
② 국가 및 지방자치단체는 자살예방의 날 취지에 적합한 행사와 교육·홍보사업을 실시하도록 노력하여야 한다.
제17조 (자살예방 상담·교육) ① 다음 각 호에 해당하는 기관·단체 및

시설의 장은 자살방지 및 생명존중문화 조성을 위하여 자살예방 상담·교육을 실시할 수 있도록 노력하여야 한다.
  1. 국가기관, 지방자치단체 및 대통령령으로 정하는 공공기관
  2. 「노인복지법」에 따른 노인복지시설
  3. 「사회복지사업법」에 따른 사회복지시설
  4. 그 밖에 자살예방 상담·교육이 필요하다고 인정하여 대통령령으로 정하는 기관이나 단체

② 국가와 지방자치단체는 제1항에 따른 자살예방 상담·교육에 필요한 프로그램을 개발·보급하고, 자살예방 상담·교육에 필요한 비용의 전부 또는 일부를 예산의 범위에서 해당 기관·단체 및 시설에 지원할 수 있다.

③ 제1항에 따른 자살예방 상담·교육, 방법 및 내용과 제2항에 따른 프로그램의 개발·보급 및 지원 등에 필요한 사항은 보건복지부령으로 정한다.

제18조 (자살예방을 위한 홍보) 국가 및 지방자치단체는 교육과 홍보 활동을 통하여 자살예방에 관한 국민의 이해를 돕기 위하여 필요한 시책을 강구하여야 한다.

제19조 (자살유해정보예방체계의 구축) ① 국가 및 지방자치단체는 다음 각 호와 같은 자살유해정보가 유통되는 것을 차단하고 이를 조기에 발견하여 신속히 대응하기 위한 자살유해정보예방체계를 구축·운영하여야 한다.
  1. 자살동반자 모집정보
  2. 자살에 대한 구체적인 방법 제시 정보
  3. 자살을 실행하거나 유도하는 사진 또는 동영상 정보
  4. 독극물 판매정보
  5. 그 밖에 자살을 조장하는 정보

② 제1항에 따른 자살유해정보예방체계의 구축·운영 등에 필요한 사항은 보건복지부령으로 정한다.

제5장 보칙

제20조 (자살시도자 등에 대한 지원) 국가 및 지방자치단체는 자살시도자 또는 자살자의 가족 등에 미치는 심각한 심리적 영향이 완화되도록 자살시도자 등에게 심리상담, 상담치료를 지원할 수 있다.

제21조 (명예 및 생활의 평온에 대한 배려) 국가 및 지방자치단체는 자살예방대책을 실시함에 있어서 자살자·자살시도자 및 이들의 가족 등의 명예 및 생활의 평온을 부당하게 침해하는 일이 없도록 하여야 한다.

제22조 (전문인력의 양성) 국가 및 지방자치단체는 자살예방 등에 관한 전문인력의 양성·확보 및 자질의 향상에 필요한 시책을 강구하도록 노력하여야 한다.

제23조 (민간단체 등의 지원) 국가 및 지방자치단체는 자살예방사업을 수행하는 단체에 대하여 업무수행에 필요한 지원을 할 수 있다.

제24조 (비밀누설의 금지) 이 법에 따라 자살예방 직무를 수행하였던 자 또는 수행하고 있는 자는 직무수행과 관련하여 알게 된 타인의 비밀을 누설하거나 발표하여서는 아니된다.

제6장 벌칙

제25조 (벌칙) 제24조를 위반한 자는 3년 이하의 징역 또는 1천만원 이하의 벌금에 처한다.

부 칙[2011.3.30 제10516호]

이 법은 공포 후 1년이 경과한 날부터 시행한다.

2. 자살예방 및 생명존중문화 조성을 위한 법률 시행령

대통령령 제25532호(민감정보 및 고유식별정보 처리 근거 마련을 위한 공공기관의 운영에 관한 법률 시행령 등) 일부개정 2014. 08. 06.

제1조 (목적) 이 영은 「자살예방 및 생명존중문화 조성을 위한 법률」에

서 위임된 사항과 그 시행에 필요한 사항을 규정함을 목적으로 한다.

제2조 (연도별 시행계획의 제출)「자살예방 및 생명존중문화 조성을 위한 법률」(이하 "법"이라 한다) 제8조제2항에 따라 관계 중앙행정기관의 장 및 특별시장·광역시장·도지사·특별자치도지사(이하 "시·도지사"라 한다)는 다음 해의 자살예방시행계획(이하 "시행계획"이라 한다)을 수립하여 매년 12월 31일까지 보건복지부장관에게 제출하여야 한다.

제3조 (추진실적의 평가 절차 등) ① 관계 중앙행정기관의 장 및 시·도지사는 법 제8조제2항에 따라 지난해의 시행계획에 따른 추진실적을 작성하여 매년 2월 말일까지 보건복지부장관에게 제출하여야 한다.

② 보건복지부장관은 제1항에 따라 받은 관계 중앙행정기관 및 특별시·광역시·도·특별자치도(이하 "시·도"라 한다)의 추진실적과 보건복지부 소관의 추진실적을 종합하여 성과를 평가하고, 그 결과를 「국민건강 증진법」 제5조에 따른 국민건강증진정책심의위원회 내 자살예방전문위원회에 보고하여야 한다.

③ 보건복지부장관은 제2항에 따라 보고한 추진실적의 평가결과를 매년 6월 30일까지 관계 중앙행정기관의 장 및 시·도지사에게 통보하여야 한다.

④ 관계 중앙행정기관의 장 및 시·도지사는 제3항에 따라 통보받은 평가결과를 다음 해의 시행계획에 반영하여야 한다.

제4조 (자살실태조사의 실시 등) ① 법 제11조제1항에 따라 보건복지부장관은 전국을 대상으로 자살실태조사를 실시하고, 시·도지사는 필요한 경우에 관할 지역을 대상으로 자살실태조사를 실시한다.

② 제1항에 따른 자살실태조사에는 다음 각 호의 사항이 포함되어야 한다.
  1. 성별·나이·학력, 혼인 및 취업 상태 등 조사대상자의 일반적 특성에 관한 사항
  2. 자살에 관한 생각, 자살을 시도한 횟수 등 조사대상자의 자살 위험요인에 관한 사항

3. 그 밖에 자살실태에 관한 사항으로서 보건복지부장관이 필요하다고 인정하는 사항

③ 보건복지부장관 및 시·도지사는 자살률 증가 등의 사유로 추가적인 조사가 필요한 경우에는 제2항 각 호의 사항의 전부 또는 일부에 대하여 임시조사를 실시하여 제1항의 자살실태조사를 보완할 수 있다.

④ 보건복지부장관 및 시·도지사는 자살 시도의 원인 등을 파악하기 위하여 필요한 경우에는 제1항 및 제3항에 따른 자살실태조사 외에 자살시도자와 그 가족 또는 자살자의 가족에 대한 자살실태조사를 실시할 수 있다. 이 경우 미리 자살시도자와 그 가족 또는 자살자의 가족의 동의를 받아야 한다.

⑤ 보건복지부장관 및 시·도지사는 자살실태조사와 관련하여 수집한 자료를 목적 외의 용도로 사용해서는 아니된다.

제5조 (자살예방센터 설치·운영의 위탁) ① 법 제13조제3항에 따라 보건복지부장관, 시·도지사 및 시장·군수·구청장(자치구의 구청장을 말한다. 이하 같다)은 중앙자살예방센터 또는 지방자살예방센터의 설치·운영을 다음 각 호의 어느 하나에 해당하는 민간 기관 및 단체에 위탁할 수 있다.

1. 「정신보건법」 제3조제2호에 따른 정신보건시설
2. 「고등교육법」 제2조에 따른 학교
3. 「사회복지사업법」 제16조제1항에 따라 설립된 사회복지법인
4. 그 밖에 자살예방에 관한 전문인력과 능력을 갖춘 비영리법인 및 단체

② 제1항에 따라 업무를 위탁하는 경우에는 해당 민간기관 및 단체의 전문성·인력·시설 등을 고려하여야 한다.

③ 보건복지부장관, 시·도지사 및 시장·군수·구청장은 법 제13조제3항에 따라 업무를 위탁하려면 미리 위탁의 기준, 절차 및 방법 등을 위탁하는 기관의 게시판이나 인터넷 홈페이지에 공고하여야 한다.

④ 보건복지부장관, 시·도지사 및 시장·군수·구청장은 법 제13조제3항에 따라 업무를 위탁한 경우에는 위탁받은 기관 및 단체 등의 명칭과 위탁업무의 내용을 위탁하는 기관의 게시판이나 인터넷 홈페이지에 공고하여야 한다.

제6조 (긴급전화의 설치 · 운영 등) ① 보건복지부장관은 법 제13조제4항에 따른 자살예방용 긴급전화를 전용회선으로 설치하고, 전국적으로 통일된 번호로 24시간동안 운영하여야 한다.
② 관계 중앙행정기관의 장 및 시·도지사가 자살예방용 긴급전화를 설치하는 경우에는 제1항에 따른 자살예방용 긴급전화와 연계되도록 하여야 한다.
③ 제1항과 제2항에서 규정한 사항 외에 자살예방용 긴급전화의 설치 및 운영에 필요한 사항은 보건복지부장관이 정한다.

제7조 (자살예방 상담 · 교육 실시기관) ① 법 제17조제1항제1호에서 "대통령령으로 정하는 공공기관"이란 다음 각 호의 기관을 말한다.
  1. 「공공기관의 운영에 관한 법률」 제4조제1항에 따른 공공기관
  2. 「지방공기업법」 제49조제1항 및 제76조제1항 따라 설립된 지방공사 및 지방공단

② 법 제17조제1항제4호에서 "대통령령으로 정하는 기관이나 단체"란 다음 각 호의 기관이나 단체를 말한다.
  1. 상시근로자가 30명 이상인 사업장
  2. 「의료법」 제3조제2항제3호에 따른 병원급 의료기관
  3. 「초·중등교육법」 제2조에 따른 학교 및 「고등교육법」 제2조에 따른 학교
  4. 그 밖에 자살예방 상담·교육이 필요하다고 인정하여 보건복지부장관이나 시·도지사 및 시장·군수·구청장이 정하는 기관이나 단체

제8조 (민감정보 및 고유식별정보의 처리) ① 국가와 지방자치단체(해당

권한이 위임·위탁된 경우는 해당 권한을 위임·위탁받은 자를 포함한다)는 다음 각 호의 사무를 수행하기 위하여 불가피한 경우「개인정보 보호법」제23조에 따른 건강에 관한 정보, 같은 법 시행령 제19조제1호 또는 제4호에 따른 주민등록번호 또는 외국인등록번호가 포함된 자료를 처리할 수 있다.

  1. 법 제11조에 따른 자살실태조사에 관한 사무
  2. 법 제13조제4항에 따른 긴급전화의 설치·운영에 관한 사무
  3. 법 제19조에 따른 자살유해정보예방체계 구축·운영에 관한 사무
  4. 법 제20조에 따른 자살시도자 등에 대한 지원에 관한 사무

② 법 제13조에 따른 자살예방센터의 장 또는 법 제17조제1항 각 호의 기관·단체 및 시설의 장은 다음 각 호의 사무를 수행하기 위하여 불가피한 경우「개인정보 보호법」제23조에 따른 건강에 관한 정보, 같은 법 시행령 제19조제1호 또는 제4호에 따른 주민등록번호 또는 외국인등록번호가 포함된 자료를 처리할 수 있다.

  1. 법 제13조제1항 각 호에 따른 자살예방센터의 업무에 관한 사무
  2. 법 제17조에 따른 자살예방 상담·교육에 관한 사무

[본조신설 2014.8.6 제25532호(민감정보 및 고유식별정보 처리 근거 마련을 위한 공공기관의 운영에 관한 법률 시행령 등)]

부 칙[2012.3.26 제23679호]

이 영은 2012년 3월 31일부터 시행한다.

부 칙[2014.8.6 제25532호(민감정보 및 고유식별정보 처리 근거 마련을 위한 공공기관의 운영에 관한 법률 시행령 등)]

이 영은 2014년 8월 7일부터 시행한다.

3. 자살예방 및 생명존중문화 조성을 위한 법률 시행규칙

보건복지부령 제116호 신규제정 2012. 03. 30.

제1조 (목적) 이 규칙은 「자살예방 및 생명존중문화 조성을 위한 법률」 및 같은 법 시행령에서 위임된 사항과 그 시행에 필요한 사항을 규정함을 목적으로 한다.

제2조 (전문 조사·연구 기관의 지정) ① 보건복지부장관 및 특별시장·광역시장·도지사·특별자치도지사(이하 "시·도지사"라 한다)는 「자살예방 및 생명존중문화 조성을 위한 법률」(이하 "법"이라 한다) 제12조제1항에 따라 다음 각 호의 어느 하나에 해당하는 기관 또는 단체를 자살통계의 수집·분석 및 관리를 위한 전문 조사·연구기관(이하 이 조에서 "전문조사·연구기관"이라 한다)으로 지정할 수 있다.

1. 국공립 연구기관
2. 국공립 병원
3. 「고등교육법」 제2조에 따른 학교
4. 「정신보건법」 제14조에 따른 정신보건연구기관
5. 법 제13조에 따른 자살예방센터
6. 그 밖에 통계의 수집·분석 및 관리에 관한 전문성이 있는 기관 또는 단체

② 보건복지부장관 및 시·도지사는 제1항에 따라 전문조사·연구기관을 지정할 때에는 다음 각 호의 사항을 고려하여야 한다.

1. 통계의 수집·분석 및 관리에 관한 전문성 확보 여부
2. 필요한 조직과 인력 보유 여부
3. 자살통계의 수집·분석 및 관리에 적합한 보안성 및 안전성 등 확보 여부

③ 보건복지부장관 및 시·도지사는 전문조사·연구기관이 업무를 수행하는 데에 필요한 비용을 예산의 범위에서 지원할 수 있다.

제3조 (선별검사 및 상담·치료 등) ① 법 제14조제2항에 따라 보건복지부장관 및 시·도지사는 나이, 성별 및 사회적 환경 등 검사 대상자의 특성을 고려하여 정신건강 선별검사 도구를 개발하여야 한다.
② 보건복지부장관 및 시·도지사는 제1항에 따른 정신건강 선별검사 도구를 법 제17조제1항 각 호에 해당하는 기관·단체 및 시설에 보급하여야 한다.
③ 제2항에 따라 정신건강 선별검사 도구를 받은 기관·단체 및 시설의 장은 정신건강 선별검사가 필요하다고 인정되는 사람을 대상으로 선별검사를 할 수 있다. 이 경우 미리 동의를 받아야 한다.
④ 제3항에 따라 정신건강 선별검사를 한 기관·단체 및 시설의 장은 검사 결과 법 제4조제1항에 따른 자살위험자(이하 "자살위험자"라 한다)를 발견한 경우에는 자살위험자 또는 그 보호자에게 보건소, 「정신보건법」 제13조의2에 따른 정신보건센터, 법 제13조에 따른 자살예방센터 또는 의료기관 등에서 상담 및 치료를 받도록 안내하여야 한다.
⑤ 보건복지부장관은 제3항에 따라 정신건강 선별검사를 하는 기관·단체 및 시설의 장에게 정신건강 선별검사 실시에 필요한 교육을 할 수 있다.
⑥ 제1항부터 제5항까지에서 규정한 사항 외에 정신건강 선별검사 및 상담·치료에 필요한 사항은 보건복지부장관이 정한다.

제4조 (자살예방 상담·교육의 방법 및 내용) ① 법 제17조제1항에 따른 자살예방 상담·교육은 개별 면담, 강의, 시청각교육 및 원격교육 등의 방법으로 실시한다.
② 제1항에 따른 자살예방 상담·교육의 내용은 다음 각 호와 같다.
  1. 생명존중의 중요성
  2. 자살현상의 이해와 예방
  3. 자살위기자에 대한 상담 방법
  4. 자살시도자 응급처치 방법

5. 자살시도자 및 자살자의 가족 지원 방법

6. 그 밖에 자살예방 상담·교육의 내용으로서 필요하다고 인정되는 사항

제5조 (상담 · 교육 프로그램의 개발 및 보급) ① 법 제17조제2항에 따라 보건복지부장관, 관계 중앙행정기관의 장 및 시·도지사는 자살예방 상담·교육에 필요한 프로그램(이하 이 조에서 "상담·교육 프로그램"이라 한다)을 개발하여 법 제17조제1항에 따른 기관·단체 및 시설에 보급한다.

② 보건복지부장관은 상담·교육 프로그램의 개발 및 보급에 관하여 관계 중앙행정기관의 장 및 시·도지사를 지원할 수 있다.

③ 보건복지부장관은 상담·교육 프로그램의 개발 및 보급을 장려하기 위하여 우수 상담·교육 프로그램을 선정하여 홍보할 수 있다.

제6조 (자살유해정보예방체계의 구축 · 운영) ① 보건복지부장관은 법 제19조제1항에 따른 자살유해정보예방체계의 구축을 위하여 자살유해정보예방협의회를 운영하여야 한다.

② 제1항에 따른 자살유해정보예방협의회는 방송통신위원회·경찰청 등 관계 중앙행정기관, 법 제13조에 따른 자살예방센터 및 「정보통신망 이용촉진 및 정보보호 등에 관한 법률」 제3조제3항에 따른 정보통신서비스 제공자단체의 소속 공무원 또는 소속 직원으로 구성한다.

③ 제2항에 따른 정보통신서비스 제공자단체는 「정보통신망 이용촉진 및 정보보호 등에 관한 법률」 제44조의4에 따른 정보통신서비스 제공자 행동강령에 자살유해정보의 유통 차단 관련 사항이 포함되도록 노력하여야 한다.

부 칙[2012.3.30 제116호]

이 규칙은 2012년 3월 31일부터 시행한다.

■ 노 순 규(魯淳圭) 경영학박사

<약 력>
- 고려대(석사) 및 동국대(박사)
- 서울대학교 행정대학원 박사과정 수료
- 배성여상상여상 등 6년간 교원역임
- 새마을본부 연수원 5년간 교수역임
- 한국기업경영연구원 원장(26년간 재임중)
- 한서대학교경영대학원 강사역임
- 대한상공회의소, 한국경총, 한국생산성본부
- 한국능률협회, 한국표준협회, 현대중공업
- 현대자동차, 한국전력, 롯데제과, LG산전 강사
- 건설기술교육원, 건설산업교육원
- 영남건설기술교육원, 건설경영연구원
- 전문건설공제조합 기술교육원
- 건설기술호남교육원 외래교수
- 경기중소기업청 공무원 경영혁신 강사
- 한국기술교육대학교 노동행정연수원 강사
- 경기도교육청(갈등관리와 교원의 역할) 강사
- 대구시교육연수원(리더십과 갈등관리) 강사
- 충남교육연수원(공무원노조의 이해) 강사
- 서울시교육연수원(교육관련 노동법) 강사
- 경남공무원교육원(단체교섭 및 단체협약 체결사례) 강사
- 속초시청(공무원 노사관계) 강사
- 부산시교육연수원(교원노조와 노사관계) 강사
- 울산시교육연수원(공무원노조의 이해) 강사
- 전남교육연수원(갈등관리의 이해와 협상기법) 강사
- 제주도탐라교육원(갈등 및 조직활성화 전략) 강사
- 경북교육청(학교의 갈등사례와 해결방법) 강사
- 제주도공무원교육원(조직갈등의 원인과 유형) 강사
- 경북교육연수원(인간관계와 갈등해결) 강사
- 전북공무원교육원(공무원노조법) 강사
- 충남공무원교육원(사회양극화 해결방안) 강사
- 대구시공무원교육원(복지행정) 강사
- 부산시공무원교육원(조직갈등의 해결방안) 강사
- 광주시공무원교육원(투자활성화의 기업유치 전략) 강사
- 대전시공무원연수원(갈등의 원인과 해결) 강사
- 충북단재교육연수원(교원단체의 이해) 강사
- 경남교육청(학생생활지도와 인권교육) 강사
- 강원도교육청(직장인의 스트레스와 자기계발) 강사
- 전북교육연수원(커뮤니케이션의 기법) 강사
- 경북교육청(학교경영평가의 배경과 대응전략) 강사
- 경북교육연수원(청소년의 심리와 정서 이해) 강사
- 충남공무원교육원(소통에 대한 이해) 강사
- 대구시교육연수원(학생교원 인권교육) 강사
- 새마을운동중앙회(협력적 노사관계와 커뮤니케이션) 강사
- 전북인재개발원(문제해결과 자아성찰) 강사
- 충북단재교육연수원(교사의 자기관리) 강사
- 경북, 인천시, 광주시, 강원도 교육연수원 강사
- 한국방송대(전략적 인적자원 개발론) 강사
- 현대파워텍(노사관계와 노사협의회) 강사
- 건설기술호남교육원(건설업의 리스크관리) 강사
- 충북자치연수원(인간관계 개선과 커뮤니케이션) 강사
- 한국교원대학교 교장자격연수과정반(인성교육의 이해와 방법) 강사
- 한화테크엠 현장리더(현장의 리더십과 품질관리) 강사
- 현대엔지니어링(해외건설 노무관리) 강사
- 경북교육연수원(행복한 재무설계와 노후설계) 강사
- 숭의여대(인생목표와 장래비전) 강사
- 한국강사교육협회 회장
- 한국자살예방연구회 회장

강의문의 : 011-760-8160, 737-8160
E-mail : we011@hanmail.net

<주요 저서>
- 건설업의 회계실무와 세무관계
- 건설업의 원가계산과 원가절감
- 한미韓EU FTA와 경제전략
- 건설업의 VE(가치공학)와 품질경영
- 토지투자와 부동산경매
- 협력적 노사관계의 이론과 실천기법
- 종업원의 동기부여와 실천방법
- CM건설경영과 시공참여폐지의 노무관리
- 교원노조(전교조)와 노사관계
- 학교운영의 리더십과 갈등관리
- 프로젝트 파이낸싱(PF)과 건설금융
- 한·EU FTA와 경제전략
- 공무원의 갈등관리와 리더십 및 BSC
- 교수와 대학의 개혁
- 노동조합의 개혁과 역할
- 조직갈등의 원인과 해결방법
- 학생지도방법과 인권보호
- 지역갈등-주민갈등-사회갈등
- 칭찬의 감동효과와 조직관리
- 건설공사관리와 건축행정
- 사회양극화 해결과 복지행정
- 미래사회의 변화와 성공방법
- 학교와 교원의 개혁방법
- 사업계획과 사업타당성 분석
- 커뮤니케이션 기법(skill)과 효과
- 리스크관리(Risk Management)
- 공정한 사회의 실천방법
- 지방자치단체의 기업유치 전략
- 학생체벌의 사례와 금지효과
- 건설업의 원가관리(Cost Management)
- M&A(인수,합병)의 사례와 방법
- 학교장의 역할과 혁신의 리더십
- 기업가치평가의 방법과 실무
- 직장인의 스트레스와 자기계발
- 창의력 개발과 인성교육
- 청렴교육·국민권익·옴부즈만
- 복수노조·타임오프제3노총
- 친절교육·고객만족·고객감동
- 학교폭력의 원인과 해결방법
- 퇴직후의 인생설계 재무설계
- 진보교육감과 전교조 전략
- 가정폭력의 원인과 해결방법
- 성폭력의 이해와 성희롱의 해결
- 1인 창조기업의 창업경영
- 윤리경영과 기업윤리(사회적기업)
- 청소년 문화이해와 상담보호
- 소통의 교육 행정 경영 효과
- 주폭(酒暴)과 음주문화의 개선
- 담배흡연의 폐해와 금연방법
- 미인되는 방법과 미인의 효과
- 입학사정관제 분석과 합격전략
- 아동 성폭력의 해결과 예방
- 문제해결 자아성찰 목표관리
- 한류열풍(K-POP)과 강남스타일
- 싸이(PSY)의 강남스타일 성공과 한류
- 건설업의 원가계산과 공사비
- 삼성전자의 조직과 전략
- 현대자동차의 품질과 경영
- 자기주도학습법과 입시전략
- 대우건설의 성장과 세계경영
- SK텔레콤의 서비스와 마케팅
- 정년 60세 연장법과 경영방법
- 혁신학교의 사례와 성공방법
- 진로교육의 사례와 지도방법
- 창조경영과 창조경영
- 인성교육의 사례와 방법
- 정부 3.0과 행정혁신
- 한국사 ① 선사시대와 고조선
- 한국사 ② 고구려 백제 신라
- 한국사 ③ 통일신라와 발해
- 한국사 ④ 고려
- 한국사 ⑤ 조선
- 한국사 ⑥ 일제식민지와 해방
- 한국사 ⑦ 이승만 대통령과 6.25
- 한국사 ⑧ 박정희 대통령
- 한국사 ⑨ 전두환 노태우 대통령
- 한국사 ⑩ 김영삼 김대중 대통령
- 한국사 ⑪ 노무현 이명박 대통령

- 건설업의 타당성분석과 사업계획서
- 건설업의 노사관계와 노무관리
- 경영전략과 인재관리
- 부동산투자와 개발실무
- 21세기 리더십과 노무관리
- 신입사원의 건전한 직업관
- 공무원노조와 노사관계
- 산재고용연금건강의 사회보험 통합실무
- 교원평가제와 학교개혁
- 교사의 올바른 역할과 개혁
- 비정규직의 고용문제와 해법
- 학교의 갈등사례와 해결방법
- 녹색성장과 친환경 경영
- 리더의 자기관리와 성공비결
- 사교육 없애기 공교육 정상화
- 학교장 경영평가와 CEO 리더십
- 건설업의 클레임과 민원해결
- 자살원인과 자살예방 외 160권 저서

자살원인과 자살예방

정가 30,000원

2015년 4월 27일 초판인쇄
2015년 4월 30일 초판발행

저 자 노 순 규
발행인 노 순 규
발행처 한국기업경영연구원
　　　　서울특별시 양천구 목동 505-11 목동빌딩 1층
등 록 제2006-47호
전 화 (02) 737-8160, HP : 010-3760-8160

판권본원소유

<제본이 잘못된 것은 교환하여 드립니다>

값 30,000원

ISBN 978-89-93451-81-8